U0540646

THE HUMAN MEASURE
Social Thought in the Western Legal Tradition

人的尺度
西方法律传统中的社会思想

政法 —— 中国与世界

主办单位

北京大学国家法治战略研究院

北京大学区域与国别研究院

主编

章永乐

编委会（按姓氏笔画排序）

于　明　华东政法大学法律学院

孔　元　中国社会科学院欧洲研究所

田　雷　华东师范大学法学院

刘　晗　清华大学法学院

陈　颀　中山大学法学院

邵六益　中央民族大学法学院

欧树军　中国人民大学政治学系

赵晓力　清华大学法学院

常　安　西北政法大学人权研究中心

章永乐　北京大学法学院

强世功　中央民族大学

魏磊杰　厦门大学法学院

人的尺度

西方法律传统中的社会思想

唐纳德·凯利 著

邵八益等 译 邵八益 校

当代世界出版社
THE CONTEMPORARY WORLD PRESS

THE HUMAN MEASURE: Social Thought in the Western Legal Tradition by Donald Kelley
Copyright © 1990 by the President and Fellows of Harvard College
Published by arrangement with Harvard University Press
through Bardon-Chinese Media Agency
Simplified Chinese translation copyright © 2024
by The Contemporary World Press
ALL RIGHTS RESERVED
版权登记号：图字：01-2023-3967 号

图书在版编目（CIP）数据

人的尺度：西方法律传统中的社会思想／（美）唐纳德·R. 凯利著；邵六益等译. -- 北京：当代世界出版社，2024.1
ISBN 978-7-5090-1781-4

Ⅰ. ①人… Ⅱ. ①唐… ②邵… Ⅲ. ①法律-思想史-研究-西方国家 Ⅳ. ①D909.5

中国国家版本馆 CIP 数据核字（2023）第 232296 号

书　　名：人的尺度：西方法律传统中的社会思想
作　　者：唐纳德·凯利
监　　制：吕　辉
责任编辑：张　阳
出版发行：当代世界出版社
地　　址：北京市东城区地安门东大街 70-9 号
邮　　箱：ddsjchubanshe@163.com
编务电话：(010) 83908377
发行电话：(010) 83908410 转 806
传　　真：(010) 83908410 转 812
经　　销：新华书店
印　　刷：北京新华印刷有限公司
开　　本：880 毫米×1230 毫米　1/32
印　　张：17.5
字　　数：380 千字
版　　次：2024 年 1 月第 1 版
印　　次：2024 年 1 月第 1 次
书　　号：978-7-5090-1781-4
定　　价：79.00 元

法律顾问：北京市东卫律师事务所　钱汪龙律师团队　(010) 65542827
版权所有，翻印必究；未经许可，不得转载。

总 序

自古以来,中国就以"修身齐家治国平天下"作为最高政治理想。中国人始终致力于建构一整套文明秩序来囊括和整合不同的地理空间和社会风俗,由此形成一套独特的政教体系。革故鼎新,生生不息,天下一家,万物一体。这一切始终构成着中国文明的精神,体现了中国人的核心价值观。由此,中国文明的生成演化过程体现出不断传播、不断吸收和不断上升的过程。用今天时髦的话来说,这个过程也就是不断推动走向全球化、一体化的过程。商周帝国的视野差不多囊括了整个东亚地区,从秦汉以来的丝绸之路到宋代以来南洋贸易圈的逐渐形成,直至明清朝贡贸易体系卷入全球贸易体系中,中国逐渐成为全球化的积极推动者、参与者和建设者。由是观之,辛亥革命以来中国不断探索国家治理体系和治理能力的现代化,到今天"一带一路"倡议和积极参与全球治理,都是中国文明在推动全球化的历史进程中不断自我更新、自我发展、自我提升的内在环节。

在这样的历史时空中,我们不可避免地要面对过去五百年来中国文明秩序和西方文明秩序相互接触、沟通、学习、冲突、征服和更新的历史。就政治而言，这可以看作是西方威斯特伐利亚体系和中国天下体系之间的冲突，这无疑是两种文明秩序之间的冲突。从目前流行的西方中心主义的历史叙述来看，这一冲突过程被描述为西方文明的普适主义不断扩张，将中国天下体系及其背后的文明秩序降格为一种作为文化传统的"地方性知识"，将中国从一个文明秩序改造为威斯特伐利亚体系所要求的民族国家，从而纳入到西方文明秩序中，以完成普适主义进程的历史终结。这个过程也是一些人所说的现代化过程，即中国人必须抛弃中国古典天下秩序的文明构想，系统接受西方文明秩序中形成的资本主义经济秩序和民族国家体系的政治秩序，以及由此形成的市场经济、自由人权、民主法治等"普适价值"，并按照这些"普适价值"来系统地改造中国。

从这个角度看问题，全球化的历史很容易被理解为西方文明的扩张史。对中国而言，这样的现代化无不打上西方化的烙印，从器物技术、法律制度到政教体系莫不如此。因此，法律移植、法律现代化很容易在"冲击—回应"的框架下沦为西方中心主义的意识形态教条。而与此同时，基于法律地方性想象的"本土资源"论说，也不过是在相反的方向上与西方中心主义的法律全球化叙述构成合谋，以至于法学界虽然一直为"刀制"（"法制"）与"水治"（"法治"）的区分争论不休，但二者似乎分享了对法律的规则化、技术化和中立化的普遍理解。法律主义（legalism）的技术化思路正随着法律共同体的成长在思想意识形态领域日益获得其普遍的正当性，并逐渐渗透到政治和文化思想领域，从而侵蚀着政治和文化思想领域的独立性和自主性。以至于中国文明除了放弃自身的历史传统和价值追求，按照所谓西方普适价值的要求与西方"接轨"之外，不可能有任何正当的前途。

这种西方中心主义背景下的"普适价值论"和"接轨论"不仅造成了对中国文明传统的漠视，而且包含了对西方文明传统的简单化误解。为此，我们必须区分作为过去五百多年真实历史中的"全球化进程"与冷战结束后作为意识形态宣传的"全球化理念"。如果用西方政治哲学中的基调来概括，前者乃是主人的世界，即全球不同文明秩序相互碰撞、相互搏斗、相互征服、相互学习、相互形塑的过程，这构成了全球历史活生生的、动态的政治进程，而后者则是末人的世界，即试图以技术化、中立化因而普遍化的面目出现，试图将西方文明要求变成一项普遍主义的正当性要求，以历史终结的态度拒绝回应当下的历史进程，拒绝思考人类文明未来发展的任何可能性。

由此，全球化在今天展现出前所未有的内在矛盾：一方面全球化正以生机勃勃的历史面貌展现出来，特别是全球秩序因为技术革命、阶级冲突、政治冲突以及文明冲突释放出新的活力，激活了每个文明来构思全球秩序的活力；而另一方面，西方启蒙运动以来形成的普适主义叙事已变成历史终结论的教条，窒息着对全球化进程和人类文明未来的思考。由此，西方启蒙思想正在滋生一种新的迷信，也就是对西方文明秩序中普遍主义叙述的迷信。这不仅无法面对全球化带来的挑战，而且丧失了探索重构全球文明秩序、追求更好生活方式的动力，以至于我们似乎进入了一个追求表面浮华但内心空空荡荡的时代，一个看似自由独立却身陷全球资本主义秩序不能自已、无力自拔的时代。

"启蒙就是从迷信中解放出来。"启蒙运动曾经勇敢地把欧洲人从中世纪基督教神学构想的普适价值和普遍秩序的迷信中解放出来，从而塑造了西方现代文明。而今天能否从西方中心主义的迷信中解放出来,从法律主义的迷信中解放出来,从对法律的技术化理解中解放出来,则意味着我们在全球化陷入经济危机、债务危机、福利社会危机和政治危机的时刻,在西方文明塑造的世界体系因文明冲突和地缘冲突趋于崩塌之际,在西方文明不断引发虚无主义阵痛的时刻,能否重新思考人类文明的未来,重建天下文明秩序。

政教秩序乃是文明秩序的核心。在现代西方文明秩序中,法律乃是建构政教秩序的重要工具。法律不仅建构了国家秩序,而且建构了社会生活秩序,由此产生与之相匹配的价值体系。然而,在现代法律高度发达所推动专业化和技术化的过程中,滋生出一种"法律主义"倾向,其以为通过法律主义的技术化思路可以解决一切社会问题,甚至试图用法律来解决政治问题和文化价值问题。由此,不少法律学人开始弃"政法"而张"法政",陷入法律规则不断自我繁殖、法律人不断膨胀扩张、制度沦为空转的"恶循环"之中。这恰恰是西方现代文明试图通过技术化手段来推动西方文明普适主义扩张的产物。

"法令滋章,盗贼多有。"试图用法律技术来解决社会问题等于砍"九头蛇"的脑袋。中西古典文明的伟大哲人很早就对"法律主义"提出了警告。我们对法律的理解需要反思技术化的"法律主义",反思西方普适主义的法治理念,反思西方文明秩序中理解普适主义的路径。这意味着我们不是把法律从政教秩序中抽离出来进行简单的技术化思考,而应当恢复法律的本来面目,将其作为构建社会关系和安排政治秩序的有机纽带,而重新安置在政教秩序和全球文明秩序中。法律需要扎根于政治社会文化生活中,扎根于心灵秩序中,成为政教秩序的一部分，成为人们生活方式的一部分。这意味着我们需要重新思考中国古老的礼法传统和现代的政法传统，中国文明如此，西方文明亦如此。无论礼法还是政法，这些概念可能是来自中国的，而其意义恰恰是普适的。柏拉图和亚里士多德无疑是西方礼法传统的典范，而现代政法传统原本就是西方启蒙思想家开创的。

"法是由事物的性质产生出来的必然关系。"以政法的眼光来思考法律问题，恰恰是恢复到"法"的本来意涵。"天命之谓性，率性之谓道，修道之谓教。""命-性-道-教"的广大世界必然有其内在的"法"，而法律不过是对其内在法则的记载，只有重返这个广大世界中，才能真正找回它本源的活力。这不仅是政法学人的治学路径，也是思考中国文明秩序和重构全球文明秩序的必经之途。唯有对西方政法传统有深刻的理解，才能对中国文明秩序的正当性有更深切的体会，而唯有对中国礼法传统有真正的理解，才能对当代西方文明秩序陷入困境有更真切的感悟。一个成熟的文明秩序就在于能够在"命-性-道-教"的世界中将一套完整普遍的最高理想落实到具体的政教制度、器物技术、日常伦理和生活实践之中。

然而，在全球化的历史进程中，当代中国文明由于受到西方文明的冲击，不仅在价值理想上存在着内在的紧张和冲突，而且在制度、器物、风俗、生活层面都呈现出拼盘特征，虽然丰富多彩但缺乏有机整合。我们不断引进西方各国的"先进制度"，但由于相互不配套，以及与中国社会的张力，其日常运作充满了矛盾、摩擦和不协调，因为每一种技术、制度原本就镶嵌在不同的政教体系和文明秩序中。如果说，近代以来我们在不断"拿来"西方政教法律制度，那么在今后相当长的时间里,我们则面临着如何系统地"消化"这些制度,合理组装,逐渐把这些西方文明中的有益要素吸收在中国文明的有机体中,生长出新的文明秩序。这就意味着我们必须直面全球化,重新以中国文明的天下视角来思考全球秩序,将西方文明所提供的普遍主义吸纳到中国文明对全球秩序的思考和建构中。

全球秩序正处于动荡中。从过往西方中心主义的视角看,全球秩序发展距离"历史终结"似乎只有一步之遥,目前已进入了"最后的斗争"。然而,从中国文明的漫长发展的历史进程看,过去一百多年来的动荡不安不过是中国文明在全球化进程中自我更新的一段插曲。"风物长宜放眼量",对当下西方文明的认识无疑要放在整个西方文明的漫长历史中,而对中国文明未来的理解则更需要放在整个人类文明的历史中来理解。"旧邦新命"的展开,无疑需要中国的政法学人持续推进并贯通古今中西的工作。我们编辑出版《政法:中国与世界》文丛,无疑希望在此伟业中尽微薄之力:鼓励原创思考、精译域外学术、整理政法"国故"、建构研讨平台,将学人的思想火花凝聚成可代代传递的文明火把。

是为序。

丛书编委会

序 言

> 习俗是第二自然并摧毁了第一自然。
>
> ——帕斯卡:《沉思录》

"习俗是第二自然",这句古话很好地表达了本书主题,帕斯卡的评论则对其做出进一步的界定。尽管帕斯卡是蒙田(Montaigne)的崇拜者,并在智识上受惠于他,但是帕斯卡在一个问题上不同意蒙田,即蒙田以理性为基础去论证习俗的正当性;而帕斯卡认为"蒙田错了。习俗之所以应该被遵循仅仅是因为它是习俗,而不是因为它是合理的或正义的"。[1]人们"相信真理是可以发现的,它存在于法律和习俗之中……法律和习俗将其古老性当作真理性的证据";但是帕斯卡写到,实际上,在人类的能力范围内"没法将真理或者正义引入其中",习俗是自我形成并建立其合理性和正当性的。

为了维护这个观点,帕斯卡也在其他地方对这个古老的真理做了多种形态的引申,"习俗是第二自然并摧毁了自然,因为习俗不是天然的。我毋宁认为自然本身只不过是第一习俗,而习俗是第二自然"。在道德相对主义、怀疑人文主义和粗心的历史主义的现代舞台上，帕斯卡选择色拉叙马霍斯（Thrasymachus）而非苏格拉底，选择诡辩家而非柏拉图（选择尼采而非康德），并且对人类理性的巨大力量持怀疑态度。因为，就像他所写的那样，"当我开始研究人类时，我发现这些抽象科学并不适合人类"，尽管帕斯卡以宗教而非诡辩为基础进行推理，他依旧认为，"真正的自然正在消失，万事万物成为自己的自然；正如真正的善正在消失，万事万物成为自己真正的善"。[2]

尽管生活在"科学革命"的时代、信奉数学和自然哲学，帕斯卡仍以这种方式重申了人文科学的自主性——就如维柯（Vico）将在下一个世纪更加详细证明的那样，并推翻了人文科学需要在第一自然中有个超验基石的观点。随着人们逐渐意识到人类状况的复杂性、我们所必然置身的语言海洋的丰富多彩性，上述转变并不是一种罕见的反应。用尼采或赫拉克利特式夸张的表达来说，"'表象'世界是唯一的真实，'真实'世界只是虚幻地构建出来的……"[3] 在自身的光芒和特有术语中，人文科学是命名者、神话制造者、法律的来源和意义的创造者。无论信奉何种宗教或者哲学，自我认知要求人类以自己的视野、在自身的条件之下穿越那些不完美，去创造自己的尺度。这就是本书的主题：在语言的范畴下继续人类对自我尺度的古老探寻。

十多年来，我为自己手头的这项研究主题取名为 Nomos。* 当然，要不是考虑到"法律"（law）一词的限制性含义，我或许可以借科林伍德（R. G. Collingwood）的《自然的观念与历史观念》一书带来的启发，将本书命名为《法律的观念》。由于 Nomos 具有复杂的文化根源——无论是古代的还是现代的、基督教的还是异教的，因此法（Nomos）也有着多重含义：不仅有法律的含义，还有习俗、牧场（pasturage）、熟悉的地方，甚至"历史"的含义 [《苏达辞书》的一位编者说，"这也叫历史"（etiam dicitur historia）]。[4] 在我晚近或许后现代的用法中，它意在描述具有相当内在连贯性的一组问题，并构成了理解和应对长期以来人类社会、文化和共同经验问题的努力的组成部分。当然这不只是一个问题——如什么是人类"社会""文化"或其他这样的历史衍生分类，但这命名的过程本身就是社会和规则性（nomical）理念中的重要组成部分。Nomos 意味着对重复性或规律性的承认、共同经验的交流、规则的确立以及律法的定义，用一个短语说就是"人

---

* Nomos 是全书的主题，也是最难翻译的一个词。章永乐教授在《此疆尔界》中评述施米特《大地的法》的翻译时，也对 Nomos 的翻译颇为纠结。本书中对 Nomos 有这样几种处理方式：第一，通常情况下将 Nomos 翻译为"法"，这也是常见的译法。第二，在希腊时期"自然与习俗"（Physis and Nomos）是一组常见说法，在这些情形中 Nomos 翻译为习俗，而且作者在其他地方表述 Physis and Nomos 时，也是从希腊时代的自然与习俗之分而来的，所以在这些时候也都将 Nomos 翻译为习俗。第三，在某些地方 Nomos 与 law、ius、lex 同时出现以示区别，Nomos 翻译为习俗更合适，以表示 Nomos 与国家法律的区别。第四，当 Nomos 作为概括性的词出现时，如导言和结论中，Nomos 是对全书表示习俗、法等不同含义的 Nomos 的总结，有时directly译为任何含义都不准确，因此直接使用 Nomos 原文。第五，Nomos 的含义大体上有分期，一个不十分精确的概括是：在希腊时代 Nomos 是与 Physis 相对的习俗；当罗马时代国家立法兴起后，Nomos 是与国家法相对的习俗；在神学时代，Nomos 是与神法 [也体现为逻各斯（logos）] 相对的实证法；而在实证主义法学兴起后，Nomos 是与自然法相对的人的法。最后，为了方便读者，我们一般在译文中保留 Nomos 的原文。——译者注

类尺度的发现",这构成了对共同人类行为进行更为系统性思考(如果不是管理的话)的前提和"前见"。

本书既是对我第一本书《近代历史学术的基石》中某些诠释的扩展,也是对该书的补充。那本书几乎集中在早期近代历史的,甚至是历史至上主义态度的相关表述上,因此忽视了人类文化中一些更大和更为传统的观点,而且它倾向于低估人造物和神话在历史学术中的作用。在这本书中,我将通过关注天平的另一端,关注由文化自我理解所开启的对智识和语言传统的更长期研究,这或许也是西方自我理解中更为根本的特征。对这段历史的任何方面更恰当的解读,都需要像文艺复兴时期的作者那样,回溯到最早的阶段,并以文本为基础,我也将谦逊地遵循文献学的这一古老戒律。

然而,我对回溯性思想解读层面上的"理念的历史"并不太感兴趣,我的兴趣也不仅仅是对文本原旨含义——纯粹作者意图——的探究,即不关心盖尤斯(Gaius)或韦伯的生活和思考的历史背景。相反,本书通过对话语、争论、批评、表达与再表达的基于文本的长时段扒梳,去探究社会和文化理念的变化着的表达和解释——它们正是法(Nomos)的外在形态。思想的历史不是永恒哲学(Perennial philosophy),而是误解的历史——一幅误读和误用的地图;这倒并不是因为如保罗·利科(Paul Ricoeur)所说,"文本的语义学自主性"[5]鼓励错误传达或者忽视从其他文本推导出来的语境;而是说,恰恰是交流和理解的环境、语言的中介决定了在时间流逝中去进行大致合理的解释的可能——如果不是说这些决定了各种思想彼此相会的可能。

文化或者习惯(custom)总是与自然成对出现:习俗(Nomos)与

自然（physis）。因此，在研究社会思潮及其著作的历史时，我一直提醒自己，无论是从广度、深度、创造性方法还是对材料的掌握上来说，自然科学历史的近期著作都要比社会科学历史的著作早至少一个世代[在人文科学的任何领域，从未出现乔治·萨顿（George Sarton）或者托马斯·库恩（Thomas Kuhn）这样的学者]。我并不信服范式理论或任何特定的知识范式适合用来描述人文科学的历史，但是我的确相信，历史学家应该致力于维持一些基本共识、词汇、解释风格和专业行为的连贯性。当然，在社会思想研究中贯彻这一点，比在自然哲学经典中要困难很多，（因为）亚里士多德主义已经给后者做了正式的、名义上的界定。我解决这个问题的办法是建立与亚里士多德传统的粗略类比。本书的一个核心前提是，从历史学的角度来说，人文研究的传统以及术语上的首要问题已经持续两千多年了；"法律科学"并不在自然法则的大千世界中，而是孕育在更令人熟悉的 Nomos 的温床中，这一点在西方法学传统中尤其如此。（Nomos 实际上是一个亚里士多德主义的词，但是从来没有成为自然这个层次上的核心范畴。）

习俗（Nomos）与自然的一个根本差别在于我所说的关于真实的结构。在 Nomos 语境中，正如亚里士多德所理解的，"真实"与实践智慧联系在一起；在鉴别、判断和行动中，我们无法期待这种真实能够超越人类经验的视野和时代的束缚而成为普适和超验的观点，或想象一个阿基米德式的支点。"苏格拉底革命"部分来自于这一认识，但是在柏拉图哲学中，宇宙动力（cosmic urge）被保存了，那些持有实际视角——被称为"经验的视域结构"——的智者学派被批评为低劣的和唯利是图的。尼采认为，柏拉图"割裂城邦与天性的联系"。[6] 相比之下，人类的立场经由性、家庭、劳动、语言、社群、商业、政治和战争而扩大，在科学发展出其"超验性基石"之前，早就已经形成了对哲学和认识论问题的理解。等到笛卡尔发展出心灵与身体二分的二元论时，法学传统早已经发展出由诸如所有物、商品、财产等具有社会意义的"真实"所构成的体系，并将自由主体（"人"）置于框架的正中心。["物"（res）不仅具有广延性的特征，还可以区分为有形物与无形物、私法的物与公法的物、动产与不动产，等等。][7] 不同之处在于，在笛卡尔哲学中经验场域指的是思想或意识，而在法律框架中指的则是行为或自由。与其说"我思故我在"，不如说"我为故我在"。

我当然意识到了自然科学范式对我们这个时代的统治，这一范式隶属于并部分地来自于亚里士多德自然哲学，并因而使得这一视角显得有些古老、陈旧。实际上，在法学传统——Nomos 的基地和家乡——中，自然的力量有着重大的影响并且经常处于优势地位，17世纪以来尤其如此，20世纪的法律实证主义、"纯粹法理论"以及新自然法强化了这一趋势。[8] 但是，在我归入 Nomos 的内容中保留着些许活力、整全性和功利性，而且我将自己的视野限定在以自己的术语去观察和解释人类社会和文化生活的学术传统之中，大体上限定于分析性且通常持还原论立场的现代社会科学，即试图以这样或那样的方式揭开文化的面纱，发现某种客观的、行为主义的、可计量的或者可预测的"自然"。忽视自然的力量或许是不明智的，但是我认为我们已经对自然施予足够的尊重和历史关注——当与自然的长期的竞争者或影子 Nomos 相比时更是如此，Nomos 既没有被崇拜或神化，也没有被完备化（matrified），甚至没有获得重要的观念上的地位。

Nomos 的故事在西方思想史上是一个次要情节，即使大的情节相似，演员表也不尽相同。但是，Nomos 的传统无论其外在表现形式、内部构成，还是从各种变形上来看，都比自然科学更接近人类经验，因为总的来说，它与西方语言整体分享着共同结构（和"前结构"）。最恰当的概念模型可能是汉斯·布鲁门贝格（Hans Blumenberg）所说的"神话研究"，尤其是与法学传统相关时更是如此。[9] 一般而言，社会经验的结构如同语言结构，为人类判断、行动、"社会意义"的形成提供了连续的框架（这也是神话的功能之一）。最根本的是，法律的语言被保存了许多个世纪——以知识习惯、专业惯例、技术术语、谚语、公理和类似形式，在表面上维持了绵延不绝且相当连续的对话，进而形成了西方法学的基本准则，形塑了其学术风格。

这也引出了规范科学和物理科学之间的另一组基本的对比，用最简单的术语来说就是意识形态问题。[10] 社会语境在设定和塑造假设、价值和目标时，与文化或知识传统非常不同，社会语境关注的是特定时间、特定群体中的个人境况；在习俗（Nomos）的语境中，"意义"总是不可避免地是"社会的"。这并不是要接受下述幼稚的观点——自然科学是不受文化束缚的，科学术语的意义不由理论决定，或者说科学语言不是自我隐喻的；而仅仅主张社会思想更多地是由社会语境下的参与、判断、行动所限定的，更具有不确定性和人为性，尽管为了表述的完备性，我们还要加上一句免责声明：行动本身当然也具有"客观性"和"科学性"。在某种意义上，的确是社会思想的困窘构成了当代意识形态批判及其理论重构的基石，这一理论重构包括了"知识社会学"和更晚近的"知识人类学"。我希望本研究有助于人们从理论上和历史上去思考对人类而言最重要的事业:人类的尺度。

接下来我将对过去十多年间发表的各种研究成果做一个粗线条的介绍。许多研究成果已经收录在《历史、法律和人文科学》(History, Law, and the Human Sciences)文集(London: Variorum Editions, 1984)中,其他的还有《人类学:晚年马克思的研究》[Journal of the History of Ideas, 45 (1984), 245-62]、和邦尼·斯密斯(Bonnie Smith)合写的《何为财产?——法国社会问题的法学视角》[Proceedings of the American Philosophical Society, 128 (1984), 200-30]、《新思想的古代表达:法学传统与法国历史法学派》[History and Theory, 26 (1987), 319-38]、《文艺复兴时期的公民科学:解释的问题》[The Languages of Political Theory in Early-Modern Europe, ed. Anthony Pagden (Cambridge, Eng., 1987), 57-78]、《完美法学家:作为文艺复兴者的法律人》[Journal of the Warburg and Courtauld Institutes, 51 (1988), 84-102]、《第二自然:历史视角中习俗的理念》[Science, Education and Philosophy Studies in Intellectual History in Honour of Charles Schmitt (London, 1989)]。

像许多其他研究一样,我非常感激保罗·奥斯卡·克里斯特勒的帮助,虽然我不确定他是否会支持我的研究进路。我也要感谢高等研究所的同事们,尤其是菲尼克斯·吉尔伯特、约翰·艾略特和克里夫德·格尔茨;感谢国家人文中心的同事,尤其是查尔斯·布利策和肯特·穆利金;感谢华盛顿富尔杰·莎士比亚图书馆的富尔杰中心的同事,尤其是J. G. A. 波考克和莉娜·奥林;感谢普林斯顿大学戴维斯中心的同事，尤其是劳伦斯·斯通和安东尼·格拉夫顿；感谢约翰·西蒙·古根海姆基金会和国家人文资助计划在过去十数年间对本研究及相关主题研究的各个阶段的支持。本研究的最后部分是在哥廷根举行的自然法研讨会的启发下完成的，汉斯·埃利希·波德克和伊斯特万·洪特领导了这次会议；我也应该感谢汉斯·埃利希·特洛耶，尤其是保罗·格罗希对原稿的评论，他的法学造诣和深刻见解是我所不敢奢望企及的。我还要感谢《观念史杂志》的合编者，特别是路易斯·贝克、佩雷兹·扎戈林、罗宾·拉德拉奇；感谢罗彻斯特大学同事们的帮助、宽容和忍耐。

　　最重要的是邦尼·斯密斯的支持，她对"人的尺度"有着自己独特的理解，感谢她对我的生活世界无限的提升。

罗彻斯特，纽约
1989 年 8 月 24 日

目 录

总　序　/ 1
序　言　/ 7
第一章　导论：法的理念　/ 1
　　自然与法律　/ 1
　　自然科学与社会科学　/ 9
第二章　希腊源流　/ 20
　　灵魂的觉醒　/ 20
　　从神话到法　/ 25
　　法与城邦　/ 31
　　习俗与自然　/ 36
　　诡辩学派　/ 43
　　人即尺度　/ 49
第三章　罗马基石　/ 54
　　从神法到人法　/ 54
　　市民法　/ 59
　　罗马解释学　/ 64
　　法律科学　/ 69

我们的盖尤斯 / 75

第四章　**拜占庭教会法** / 84
　　《国法大全》 / 84
　　真正的哲学 / 90
　　万民法 / 96
　　罗马-拜占庭遗产 / 100

第五章　**基督教传统** / 104
　　从法到逻各斯 / 104
　　基督法 / 109
　　罗马法下的教会 / 116
　　两种自然，两种法律 / 121
　　教会法 / 127

第六章　**日耳曼的入侵** / 136
　　习俗 / 136
　　蛮族法 / 142
　　封建法 / 147
　　习惯法 / 152
　　习惯的理论 / 158

第七章　**中世纪的重建** / 166
　　12世纪的复兴 / 166
　　公民科学 / 172
　　教会科学 / 180
　　新万民法 / 184

第八章 意大利式的法学 / 193

意大利风格 / 193

法律的解释 / 200

法律理性 / 208

现代用法 / 212

公民人文主义 / 218

第九章 传统与变革 / 224

神学法律体系 / 224

世界范围内的教会法 / 231

至上主义及其改革 / 238

法律的束缚 / 243

第十章 英格兰的发展：普通法 / 250

普通法 / 250

第二自然 / 255

法律之法 / 263

纯粹的、经过验证的理性 / 272

在普通法之外 / 277

第十一章 法国式的法学 / 282

高卢的法律研究 / 282

民族的世界 / 288

系统化的法理学 / 297

习惯法与习惯的 / 302

法国法的精神 / 306

第十二章　哲学学派　/ 316
　　方法的探求　/ 316
　　完美的法学　/ 322
　　法的精神　/ 332
　　法典化问题　/ 336
　　法的死亡与重生　/ 340

第十三章　历史学派　/ 346
　　历史法学　/ 346
　　新科学　/ 354
　　法律人类学　/ 362
　　历史法学派　/ 368
　　法律与社会问题　/ 374

第十四章　从公民科学到人文科学　/ 383
　　被哲学超越的法律　/ 383
　　被经济学颠覆的法律　/ 391
　　被人类学超越的法律　/ 400
　　被社会学俘虏的法律　/ 408

第十五章　结论：法的遗产　/ 418
　　社会科学主义　/ 418
　　人的尺度　/ 423

注　释　/ 429

索　引　/ 508

译后记　/ 530

第一章
导论：法的理念

> 过去是……持存者之聚集……这消息用我们为传信者。
> ——海德格尔：《从一次关于语言的对话而来》

自然与法律

在 R. G. 科林伍德身后出版的一部著作中，他追溯了"自然"这一理念从古希腊到当今世纪的发展脉络；[1] 与此同时，这本书还研究了其他主题，其中就包含了与"自然"平行并在某种程度上类似的"法律"理念。这种类似性因下述考虑而变得突出：作为法律最基本也最根本形式的习俗，在同样的时段中被称为"第二自然"。自然与法律、自然（physis）与习俗（nomos），这两对孪生概念构成了人类智慧遗产的两极，在将近 2400 年的西方知识传统中彼此影响；实际上，在这一古老争论的现代版本中，两者的互相作用还在继续。C. P. 斯诺（C. P. Snow）所说的"两种文化"、海因里希·李凯尔特（Heinrich Rickert）所说的"自然科学"和"文化科学"、伊曼努尔·康德所说的

"头顶的星空与心中的道德律"、厄恩斯特·特尔慈（Ernst Troeltsch）在17世纪时描绘的"自然主义与历史主义之间的战争"、笛卡尔对身体与心灵的二元划分、文艺复兴时期经院哲学与人文主义的冲突、中世纪巫术与法律的争议，以及哲学与修辞之间古老的辩论，上述所有这些都是两种理念间争论的反映，在一定意义上，它们都是公元前5世纪为智者学派阐述但被柏拉图反对的古老两极的遥远子嗣，甚至可以追溯到前苏格拉底时代的语言之中。[2]

在进行这一学术探究时不必要搞得剑拔弩张——例如将"硬"科学与"软"科学对立起来，将唯物主义和唯心主义对立，或者将主观主义与客观主义对立起来；但是，在接下来的文字中坚持以下区分是有用的，即两套话语束的立场及假设之间的区分：一个侧重于关注宇宙整体上的结构、文本和演变，另一个关注转向人类及其创造、境况与命运。这种区分不是绝对的，但是它确实与某种基本的智识重点相一致，而且它也的确隐含着提出问题和回答问题的不同方式。它也对应着西方语言中的多种二元结构，这些二元论决定了类似问题与答案的形式。

让我们从现在开始去探寻 Nomos 这个变幻莫测的名词的踪迹吧。尽管"自然"在前苏格拉底哲学家的思索中表现为多重面孔，但发现 Nomos 的踪迹比发现自然的踪迹要困难很多。这条道路是更不清晰的，行走其间的也是一些比自然哲学的伟大建构者和立法者们更小众化的角色。实际上，在维柯之前都没有"主要作者"（major author）（即便维柯本人的这一地位也广受质疑），甚至没有一个人能够像牛顿、莱布尼茨或亚里士多德阐释自然哲学原理的丰富性和魅力那样，去阐释社会哲学的丰富性和至上的地位。结果是缺少与自然科学理论对应的规范（nomical）科学的编年史传统，也没有可以与科林伍德《自然的观念》相媲美的著述，除了政治理论——通常以新亚里士多德主义的形式表达出来——在哲学史或更普遍意义上思想史中找到了一席边缘之地。[3]

不过，我仍然认为 Nomos 的踪迹可以被勾画出来，而且实际上它也的确穿越了一些领域——尽管在地图上不起眼，这些领域值得被探索，以便对西方思想有综合性的理解。这样我们至少可以说，就像自然哲学家探索了宇宙的秘密，人类行为的观察者们对社会生活做了类似的探索；并且，同样地，他们也试图以各种方式去控制社会生活。在这一传统中也有着"主要作者"，尽管对精通思想史准则的人来说，这些人的名字并不那么熟悉；但我希望经过我的努力，他们的边缘性地位在后期可能得以改变。从最具体和实际的层次来说，我认为，这项工作的先驱并不是那些迟缓地将其关注点从天空转向人类社会的宇宙学家，而是那些直面人类社会之困境的立法者们。简单地说，我的第一个假设是，Nomos 的基本动力是西方法学的传统，它植根于希腊思想——像自然科学那样但是在很多方面独立于前者，在罗马时期得以形成并被发扬光大，经过欧洲的解释者和改编者们不同进路的阐释，在经过复杂的升华、日趋自由化甚至毁灭性的批评后，最终演变成被普遍认可的"现代"社会科学和文化科学。不管怎样，本书所致力的对人类的理解，并不是原初的物理或社会生物意义上的存在，本书的叙事主线是自我创生的"第二自然"。

那么，要从何处开始呢？"太初有道"（In the beginning was the Word）

是一个只适用于神学家或者特定哲学家的准则;对于历史学家来说,"道"(Word)和逻各斯(logos)仅仅在最后出现,并且总是不完美地出现。最先出现的是前逻辑的、前意识的,是神话性的;事实上有一项经典研究将这些源头的变化特意描述为"从神话到逻各斯"。[4]当然,神话是比Nomos更令人困惑、富有争议的迷思。"历史之井深邃非常",在探究起源问题上最具想象力之一的当代研究中,托马斯·曼(Thomas Mann)以此开头。"我们是否该说这是一个无底洞呢?"这一点在法律的起源上绝对适用,在任何社会,法律的起源都是"粗糙的"或明显非结构性的;因此,对我来说,法律的起源像是一个社会和文化行为的附随概念,无论多么含混不清、难以预测。

那么我们就从如同语言本身那样根本的预设开始吧,比如海德格尔意义上的一些"前见",这些在逻辑上难以论证的特定知识"前结构"是语言交流的基本预设。在对"人"本身的研究中也是如此,有些问题无法被理性地回答而只能被假定,例如,个人的地位和角色,性别的相互关系,家庭的角色和限度,与其他群体的关系,占有、所有和继承问题,行为规则,以及涉及共同体起源与命运的更大困惑。最终,古代法学对这些问题给出了正式的分类:人(法律主体)、地点、(法律)行为;但是最先的回答总是以神话或宗教术语给出的——就像语言表明的那样。在人类有文字的历史以前,我们或许可以说法律只不过是宗教行为的一个面向、神话的一种含义;因此社会思想只能从难以辨识的前逻辑语境中提炼出来。

以最长的视角来看,法律术语和理念及其预示的社会意识,不能与我们关于人生和自然世界的总体观点相分离。诚如亨利·弗兰克福特（Henri Frankfort）所写，在古代近东的思辨思想中，"自然的领域和人类的领域并不是截然二分的"。[5] 尽管在过去的批评中，印欧文化只是对神话的"简单领域的研究"（汤因比的著名论断），但印欧文化首先是作为对自然的回应出现的。意识首先出现在自然尤其是生理学术语言中，如心智被理解为呼吸的形式，由于它与大脑相连——比其他的身体部分高，因此也具有了神圣性，就如灵魂在古罗马的情形那样。[6]

相似地，法律的理念与自然秩序或失序的理念之间经常具有一致性——如果不是无法区别的话。因此，社会思想似乎在刚开始时发挥了对世界的宇宙论或宇宙起源论进行理解的功能。创世论神话在一定意义上也是赋予规则的神话，"事物的存在方式"按照事物应当的样子被以这样或那样的方式构建起来，其演变的过程被理解为超越人类意志的力量的恰当运作。通常说来，对宇宙最宏大问题的思辨性回答，可以为最直接和非反思性的社会行为提供条件和解释，就如语言再一次表明的那样。在这个意义上，Nomos 可以被看作从自然中引申出来的，事实上也就是亚里士多德所说的"第二自然"。[7]

即使是在比较语言学和神话学的帮助下，我们又可以在"历史的深井"中前进多少呢？"所有的智慧来自东方。"文艺复兴时期的一位东方学研究先驱这样宣称，这种信仰至少从希罗多德时代开始就在西方具有神奇的魔力。[8] 在荷马之前很久，近东文明就对"正当性"和"正义"形成了复杂的理解，最显著的是在关于智慧的诗书中，如《埃及亡灵书》（Egyptian Book of the Dead），广泛列举了应当避免的社会行为以展示一种道德视野，（如果从更少浮夸的意义上来说，它们）

类似于希伯来人的"十诫"或者如乔达摩（Gautama）和琐罗亚斯德（Zoroaster）克里斯马式人物的教诲。*

一定水准的法律科学（与道德思想相区别）可以从亚述人或赫梯人法典尤其从汉谟拉比法典中看出来，后者的崇高造诣启发了后世的查士丁尼和拿破仑野心勃勃的目标与壮志豪言。汉谟拉比法典对许多世代以前散落的习惯做了纯世俗化的整理，对许多常见的诸如财产和继承事项做出了规定，然而这位"正义之王"的立法视野建立在不朽的永恒真理上，而不仅仅局限在人类的创造物上。汉谟拉比警告其继位者，"不可改变我做出的法律裁决，这是我为这个国家做出的决断"。[9] 尽管更接近于宗教和道德戒律，但印度法（梵文的、佛教戒律）的圣书，尤其是《摩奴法典》，则是更有雄心的、更详尽的，它收集了一千年间印度教的习惯和禁忌，这被19世纪的许多学者认为反映了印欧法律文化和社会思想发展史中一个开创性的阶段。

更晚近的学者们试图从西方神话、宗教模式以及印度、迈锡尼乃至赫梯文化的法律概念中追本溯源。比如，是否可以将"印欧文化中交换与互惠的神祇"在语言学上追溯到盗神赫尔墨斯（Hermes）[在他与评论家之神赫尔墨利亚（Hermeneia）关联起来之前]？[10] 在大部分时候，精确的通道依旧是神秘的，即便不是文化"偏见"，也是元语言的或人类学推测。太多继续存在的问题抵制了最终的答案？神话流传？各种影响因素？互相渗透？人类自然的常量？抑或就是巧合？学者们难以达致任何重大的跨学科共识，除非我们倾向于采取杰弗里·

---

* 乔达摩是佛教创始者释迦牟尼的俗家姓氏，琐罗亚斯德是古代波斯国国教拜火教之祖。——译者注

史蒂芬·柯克（G. S. Kirk）为回避这个问题所创的"现象学进路",或许这是一条出路。[11]

由于上述原因,在一本致力于探索西方的 Nomos 的研究中,对古代近东社会思想的探索一定会处于次要地位。我的研究起点必然是希腊城邦的神话和社会遗产,我的第二个主要关注点是罗马共和国与帝制时期更为具体的构建——它们是希腊遗产最主要的受益者。只有在探究完这些古代的根源和基础后,才有可能进入到欧洲法律传统的衍生和分叉的复杂性中,这一探索终结于 Nomos 的早期形式那难以辨识、遥远的智识后裔。

从编年史上来说,这个故事横跨两千多年,从梭伦到马克思、梅因,或许还涉及了韦伯和涂尔干。在这幅全景画中,我将选取西方知识历史的某些方面,包括罗马-拜占庭时期对法学进行的系统化努力,犹太基督教和早期德意志传统中的法律理念,12、13 世纪罗马法的复兴,神圣罗马帝国之下不同的国家形态,自然法哲学和历史法学派的兴起,以及 18、19 世纪现代的社会和文化科学兴起中法律传统的影响。

当然,我并不试图对西方法律思想做一个专业的或者学科式的编年史研究,我也不打算严格遵循历史学的方法来讨论法律权威。已经有大量的研究和丰富的专著文献讨论法律的"外在历史",这些研究致力于在解释的连续层背后揭示法律文本的"原始"含义。我更关心的是读者接收到的而非作者想要表达的信息,我的研究计划并不是对法律古文物的检验,而是探究法律准则的展现、解释和转型。我的目的是探索汉斯-格奥尔格·伽达默尔（Hans-Georg Gadamer）在试图界定诠释学的目标时所说的"传统的体验",并对这个传统在长时段中的含义流变进行分析。为了"传统的体验"的眼前目标以及追溯解释(当然也包括误释)的目的,需要对非常长期的知识连续体进行批判性回顾,这种知识的中心是西方法学准则——创建于经典文本之上,并被保存在包含多种文化、持续许多世代的知识传统之中。在某种意义上,西方法律传统呈现为巨幅的"误读之图"(map of misreading),历史学家对其完整性和分散的文本片段都大为着迷。

一般而言,法学家们在斯蒂芬·图尔明(Stephen Toulmin)所谓的"概念形成"的知识工程中处于先锋地位,概念的形成起初是"在为后来的理论分析提供原料的实际事务中遭遇紧急状态"的产物。[12] 在图尔明的观点中,"律师、法官和法学教授不断地处理某些实际程序问题在前,哲学分析在后"——他最常用的例子是梭伦先于苏格拉底,这一见解为我的解释提供了另一个前提。

另外需要特别注意的是,有必要将这一传统与特定的历史时刻和环境相隔离,因为"法学家共和国"的成员们宣称忠于他们崇高的"科学"理念而非某个特定的客户。[13] 在过去许多个世纪中,在不同的国家里,他们彼此说过并且现在依然这样说,不仅援引知识上的祖先,同时还关注其后裔;不仅关注其先驱,还关注其后学。从希腊演说家到罗马法学家,再到现代法律和社会"科学家",一些特定的假设、术语、概念、权威、"偏见"以及更大的知识惯例以多种方式被保存、发展和改进,这需要置于、有时候需要超越某种特定的历史语境才可能被理解。

在这个意义上,某种"辉格党视角"的批判性变种是无可避免的甚至是必要的。尽管从 20 世纪的视角看来，Nomos 的故事是积累性的，但是它几乎不能被简单理解成通向启蒙与进步的发展。学识和批评当然在积累，但与此同时，新的偏见、新的文化和意识形态结构，或那些服务于社会需要、利益和假象的杜撰也在增长。尽管法学家们坚持其事业的科学性，但是从长远来看，更像是汉斯·布鲁门贝格（Hans Blumenberg）所说的"神话研究"。现代法律学者拒绝了中世纪法学博士们的错误理念，但是他们紧接着替换上自己对古代共同传统的理想，而 17 世纪的理性法学家们则受到准笛卡尔主义的影响，将法律哲学从古老的学术中完全解放出来。接着，在 19 世纪，历史法学派试图重新诉诸所有古老的神话，这一次他们戴着批判历史学——如果不是保守的社会政策的话——的面具。我可以提供的仅是进一步的"神话研究"，因为这是所有历史学家普遍遭遇的困境，在任何情况下，（就如布鲁门贝格所说的）"神话的终结"是所有神话里最盛大、最持久，也是历史学理解中最虚幻的错觉。[14]

自然科学与社会科学

就像第一自然和"第二"自然那样，自然科学和社会科学也展现了一个根本性的类比。A. C. 克隆比（A. C. Crombie）写到，"科学的历史，就是关于自然世界思想的系统的历史"。[15] 这样的看法启发我们将法律传统向更大的视野开放——如同科林伍德在其对自然的观念所做的研究那样，或许也将法律引入或者拽回到西方哲学的轨道上来。托马斯·库恩在反思其科学范式概念的基础上，赞成芬利（M. I. Finley）

爵士的评论,指出"法律的历史将会提供一个更具有启示性的平行叙事";事实上,安东尼奥·德·热纳诺(Antonio de Gennaro)已经试图将法律历史看作"范式"的不断演进:分别以宇宙论、神学、结构学和历史学为中心。[16]

我避免滑入对库恩进路的引申与发挥之中,他的理论在社会科学的复杂研究中被过度使用了;但我将大胆地借助科学史上的另一位学者马歇尔·克莱杰特(Marshall Claggett)有启发性的观点来扩展克隆比的学说。克莱杰特评论到,"对于科学史学家来说,以下观点是非常显明的:无论是伽利略式的、笛卡尔式,还是牛顿式的物理学概念,尽管它们看上去可能很激进,但是这些概念在很多方面都建立在一定的学术基础之上,这些基石从古代和中世纪一直保留到近代早期。任何一个对近代科学的复杂形成过程真诚地感兴趣的人,都需要对前一个时期的一般性概念做细致的检视。这种检视会为我们提供一些深刻见解,帮助我们理解原科学理论(proto-scientific theory)如何被批判、修正,直至不再成为一个有说服力的整体。同时它也将向我们揭示,对旧体系的批评如何恰好成为驶向新体系的基础的"。[17] 在宽泛的框架中,这一模式看上去至少可以概括直至19世纪的西方科学的历史:从概念化或者方法论术语来看,这段历史看上去在很大程度上是对亚里士多德的一系列的脚注,这也解释了怀特海(Whitehead)关于柏拉图与哲学关系的评论。

我此处的目的是以类似的方式来观察社会科学的历史,这项研究并没有建立在亚里士多德或者牛顿的基础上,甚至都没有一个源于亚里士多德哲学或作为其反应存在的清晰界定的明确作为指导性思想而存在的"思想体系"。但是,作为某种范式的模糊阴影存在的"体系"的轮廓,的确在后来的研究中逐渐呈现(第四章);接着回到克莱杰特所说的由长期的解释者传统所进行的"批评和修正"(第五到八章);然后发展出广为接受的实践性"科学"方法和术语,并且形成了核心的研究议题(尤其是第十一章、第十二章);到了牛顿的时代,这些都成为后面体系的起点(第十二章到第十五章)。如果没有那些真正的"科学革命"的话,我们也能发现"规范科学"的丰富的传统,这一传统支撑起大量的、有效的合作性研究,并且经历了一系列转变与转型。在总结这个导言的时候,我将尝试从现代社会和文化思想的视角入手,归纳出几条法律科学传统的主要特征。

Nomos 的第一个重要特征是其人类中心主义、或者说某种程度上的拟人化导向。它并没有采取一种宇宙的或星际的视角,而是侧重在"人"的概念及附随的"经验的视野结构"上,这又是它和神话的一项关联。弗兰克福特指出,"对于现代科学武装起来的人类而言,现象世界首先是第三人称的'它'(it),但是对古人和原始人来说却是第二人称的'你'(Thou)"。[18] 尽管在历史层面上无法获得,但意识是法律的前提——法律知识的前结构的组成部分,也是语言的前提;(意识)被法律科学转化成人格的基本类别,由包括意志、自由、理性、责任或者还包括良知在内的特定属性进行界定,这些属性还有更多现代的形式,如个性、假定"主体性"等,尽管这些总是与家庭、家事相关。唯意志论实际上构建起法律的结构——不仅是法律的制定,也包括法律的实践;"意志自由"的法律假设远早于基督教的良知理念。

紧接着,与自我意识的状态不可分的是主体与物理"真实"的关系,尽管这第二大法律类别("物")不仅仅指客观自然界,还包含具有生活意义的物质手段:与劳动和某种形式的财产相关的婚姻状况(和"不动产")。在这里,事实与法律相遇、自然与文化相遇,尤其是法律上的"占有"概念,[就像欧根·埃利希(Eugen Ehrlich)所说的]"(占有)是经济秩序的真正法律",或许我们也可以补充一句,(占有)还是"惯用"(nomic)秩序的真正法律。[19] 如果用更详尽的法律术语来说,这第二种法律类别产生我们所说的"类别属格",即所有、占有和时效。

这里我们可以看出社会的原始辩证法,不仅有"我的"与"你的"的区别,还有人类异化的源泉。社会存在的基本条件就暗含在法律传统之中,这在黑格尔、马克思以及其他学者以哲学化的方式表达出来之前很久就已经存在了。或许没有人比爱默生(Emerson)下面小诗说得更贴切了:

> 有两种不同的法则,
>
> 互不调和——
>
> 人类的法则和事物的法则,
>
> 后者筑城挖壕,
>
> 一旦它失去控制,
>
> 就会推翻人类的统治。[20]

第三个也是最后一个基本法律概念类别是"诉讼",即在经济"现实"舞台上人们之间的社会交往。诉讼(actio)标志着从自我意识变成社会意识的理论拐点,以及那表达在语言和行为中的人类意志的决定性能力、转为社会行为和法律规制的必须。也正是在这里,伦理的、经济的和社会的规则被宗教加强,形成了其公共惩罚制度和制度性的表达,或许也从口头形式转变为书面形式。

尽管是一种宏大和元历史的理想,这个"三分法"看上去的确契合了民法自古以来的三重结构:人、物、诉讼;相应地,以现代社会科学"价值无涉"的语言来表达的话就是,与社会心理学、经济学和社会"行为理论"相契合。[21] 更根本的是,不论是否深深植根于西方意识或潜意识,它也确实暗示了与印欧语言——主体、客体、行为——的同质性。从社会的视角来看,人类行为和交往的逻辑是一种"句法规则"(syntax);因为在"经验的视域结构"中,人类状况只能通过语言或类似的习惯来表达;就像埃米尔·本维尼斯特(Emile Beneveniste)所试图揭示的,主观性及某种形式的唯意志论是语言不可避免的前提。[22]

或许,其对立面的"事实"也是如此。[实在(realitas)是物(res)的集体性"实体化"。]伽达默尔在其论文《事物的性质和事物的语言》中,对语言学和法学中"事物"的理念做了类比,两者都仅仅在个人的意识和交谈中才能获得意义。[23] 法律和自然再一次展现出类似关系,因为在自然哲学的历史上,"物"也是中心。最显著的是,笛卡尔将之引入其还原性和二元论的形而上学之中,概括而言,其学说建立在最彻底的人、物分离——心灵与身体二分——之上,同样地,也建立在个体意识和个人意志的人类特质之上。

法学和语言学上的三分法最终导向 Nomos 的认识论基础:以主体为中心,并从中心向不断扩展的行为和经验铺开,这一过程在由文化

第一章 导论:法的理念 13

边界（最终是法律边界）所确定的复杂社会场域中完成。从这个经验或大量主体的互动和互相交织中，产生了社会组织和共同体的观念、理念和构想，也产生了从家庭、亲属关系、宗族到多种经济、军事、民事和政治形式的观念、理念和构想。机制和法律是由立法意志——原初的立法者或政治领袖——在神圣源泉的启发下创立出来的，这是一个被神话和权威所强化的文化习俗；但是早期法律的本质证实了这样一个观念，在得到政治制裁的保障之前，（早期法律）就已经不断被使用，进而具备了正当性，并且达到了埃利希所说的"普遍化"的程度。[24] 以罗马法中的"血亲"体系为例，在它被民法表达之前很久，就已经具备社会效力了，进而与习俗一起构成了封建法和现代财产法的基础。"法律起源于现实"是法学家们所认可的自明之理，尽管他们声称相信法律最终有一个神圣起源。

现代法律术语中与 Nomos 最接近的可能是古斯塔夫·胡果（Gustav Hugo）和约翰·奥斯丁（John Austin）从中世纪法学中改编而来的"实在法律"的概念［奥斯丁与奥古斯特·孔德（Auguste Comte）或更晚近的"法律实证主义"没有任何关联］。在每个社会中，甚至在那些表面上以一部"法典"开端的社会里，或许尤其是在这样的社会里，法律首先以下述形式存在：在口传文化和长老智慧的表达中保存下来的、用以解决纠纷的规则与规范。同样，在每个社会中，法律通过适用于新问题和新情况时的"解释"而得以发展，Nomos 的事业再一次成为阐释学的中心。在人类组织中很少有东西是直接源于自然的——没有个人的"自由"，尽管这已经是一个有用且被广泛接受的谎言；就像"基因"模式一样，没有哪种家事关系模式完全符合民法和教会法；

没有（天然的）财产，尽管"占有"和"所有"或许是普遍的起点；包括国家在内的更为高级、复杂的机制更少。不管对道德哲学或深度心理学而言有多大的用处，"自然状态"在人文科学中没有地位——除了说它们构成了"第二自然"以外。

在一定意义上，自然它（她）是人类发明的无数神话之一，这些神话赋予其社会条件以意义。Nomos 原初的、神话学的表达来自希腊人，对他们来说，正义和其他原始法律概念在万神殿上都有一席之地；但是创制神话的过程在后面所有时代都在继续，包括我们今天。罗马人将公共秩序和他们的国家"精神"进行人格化和神圣化；基督传统则从"司钥权"和理想化的"初期教会"的法律假说中汲取力量。每个国家差不多都发展出他们自己的法律神话：意大利的罗马法梦想、英国的"古老习俗"、法国的"萨利克法"、德国的古代"自由"。在更晚近和世俗化的时代，法律神话学丝毫没有减弱，反而转向更为普适的主题，如社会契约、自然权利、原始共产主义，以及多种形式的，情感的或者科学的乌托邦。对神秘过去的着迷、对更加不可捉摸的未来的焦虑，以及对维持现有秩序的希望，使得 Nomos 的这个方面表现出勃勃生机。

法学想象力除了有上述产品外，西方法学传统还保留了各种各样的分类、类型和两极对立——这些依旧是社会思想之基础的一部分，不仅存在着自然与社会、战争与法律的分野，公私之分也是西方社会对人类状态进行思考时的永恒特征，在涉及公司结构、阶层划分、遗产的理念和继承的假说的习俗领域中也是如此，更不用说性别的原始辩证法——这些都远远超过了今天我们所说的性别的"天然"差异。

第一章 导论：法的理念 15

使得这些社会模式复杂化的最大原因是长期以来对法律神圣起源的假设。在这一观念多种多样的形式中,涉及的不仅是从狄奥多西(Theodosius)到拿破仑及其后来者这一长串名单所构成的最高立法者群体,还包括了西方教会法的罗马(Romanoid)模式——将"法律"提高到一种圣礼的系统。

但是 Nomos 的人类面孔一直能够成功渡过超验性的衰落期,而社会思想本身则继续穿越常规的通道。西方法学传统及其参与者们一直依赖于克利福德·吉尔茨(Clifford Geertz)所说的"地方性知识"和 18 世纪的德国学者所说的本土理性(Lokalvernunft),即便他们触及了知识更具普适性的表达。[25] 为了达至特定的判断,法学家们一直将他们对人类的理解局限在特定的地理、历史和文化条件中;而西方社会思想则同时继承了法学的限制条件和普适性的双重愿景。

现代(12 世纪)以来,尽管还保留着法学传统的大体结构与文本——如基本分类、经受了时间经验的假设和"箴言"、判断标准和分析方法,古老的法学传统已经历了巨大的转型。在专业准则中,文本已经丧失了其绝对的权威,它们先后遭遇了许多的批评:先是经院法学的批评,接着是法律人文学者的哲学和历史法学,然后是比较法和系统法理学基础上的各种各样的法律改革,最后是 17、18 世纪自然法学家们的理性分析。但是 Nomos 幸存下来,超越了民法的主流,以各种准法律系统的遗迹的形式存在:从维柯的"普世法"到孟德斯鸠"法的精神",至少还包括了现代社会和文化科学中的某种先驱式的努力,如马克斯·韦伯既对法学传统进行了"科学的"和普适性的研究,还进行了规范化的和"地方性"的研究。

与法律习俗平行发展、并在某种意义上作为前提出现的是语言,语言还是其动力——如果不是法学传统的模范的话。正如亚里士多德的术语学(和后来的数学)为自然哲学提供了持续的表达中介那样,罗马法学家在希腊修辞学的基础上,发展出了详细的术语学,维持并丰富了社会思潮;直到今天,这一术语学也"侵入"并塑造了各地的方言和各国的传统。从 Nomos 立志于成为法律和社会科学的意义上来说,其实质和外表是一种口头表达;"意义"的确定总是从确定法律的"文本"开始——无论是被定义为权威性的"意图"还是语言学的逻辑或规范。习惯首先通过被普遍回忆和认可的规则形式确定下来,但是对这些规则的后续适用和"扩展"是"解释"的必需品,终于变成了专业垄断性的超验理由和常识:首先是祭司们、后来是律师们掌握这种专业知识,这两类人都可能会正当化并扩展这一垄断地位。最后,专业、传统的术语学转而支持并形成了"标准"法律科学的结构,这一结构将事实和价值判断与对特定社会的理念(或偏见)的关怀结合起来,但它仍旧是技术性的,无法"打下"理解的基础。

语言学的维度也体现在另一个持续性主题之中,多个世纪以来,该主题为自然与习俗(Nomos)提供了普遍的基础,这也是那本书尤其是"自然之书"的隐喻。恩斯特·罗伯特·库尔提乌斯(Ernst Robert Curtius)以及更晚近的汉斯·布鲁门贝格已经追溯了这一主题在多个世纪中的形成过程:从其圣经起源——在《以赛亚书》(34:4)和《启示录》(5:1)中都写道天堂是一幅展开的画卷——到其现代阐释(包括布鲁门贝格对梦和基因密码的破解)。[26] 当然,世界(自然、历史和生命)之书的理念从根本上来说是矛盾的,(因为它)一方面指向了创世行为的神圣权威性,另一方面又在试图解释上帝,这种努力可能包括了从神义论到伽利略的"数学哲学"——以几何学的语言去处理自然之书。简单地讲,本书的隐喻既可以从作者也可以从读者的立场去理解。但无论在哪一种情形下,它都体现了表达自然与习俗(Nomos)、自然与"第二自然"之别的另一种传统进路。

如果说自然之书是以"几何学的语言写就的"的话(伽利略语),那么在最客观的语境中,人类在社会形式下的本性之书则是以法律的语言写就的。法律的古老艺术和社会文化的当代科学之间的特定联系尚待研究,但是应该明确的是,一般而言,法学从刚开始就不仅仅建立在关于"第二"自然或人类自然的假设之上,一定还有必要去探究社会角色、社会结构、社会行为以及他们多种多样的"地方性"条件。沃尔特·厄尔曼(Walter Ullmann)评论说,"通过将法律看作一种社会现象,中世纪法学被迫阐释出社会的一些基本准则,进而导向了那些在现代学术体系下由社会学家而非由法学家所处理的主题"。[27]我的预设(以及观点论证)是,这一见解或许可以恰当地扩展到整个西方法学的传统——关于 Nomos 的整个知识事业,进而再扩展到所有人文科学(包括经济学、人类学、历史学和社会学),这在很多方面继承了古老法学传统的知识计划,分享着一些共同的语言、方法和目标,当然它也在努力摆脱其束缚。

以专业法学为前提预设的社会思潮的发展中心是"解释"理论和实践,即法学诠释学,它与各种形态的文献学、哲学和神学平行发展或者超越于它们之外,尽管其意义从来没有在思想史上被普遍性地重视。例外的是埃米利奥·贝蒂(Emilio Betti)和伽达默尔,他认识到

（并未详尽阐述）法律诠释学对于人文科学的重要性。[28] 诠释学从未假装获得了科学地位：受制于语言和文本，继而也受制于人类习俗和实证研究（如果没有受制于神话的话），诠释学满足于被当作一种技艺，至多是实践智慧（phronesis, prudentia）的一种形式，在这个意义上也是一种"地方性知识"。因此，作为其实践形式，法律强调的是"实践智慧"，[法学（jurisprudence）是一种与法律有关的实践智慧，而非与法律有关的科学（jurisscience）]，强调的是法学家们作为审慎者或更明显地作为解释者的称号。与法学一样，诠释学也要考虑人类的"意图"、语境、意外事件乃至恶意；随着诠释学从常识性判断和回顾性思维阅读的幼稚希望发展到关于解释、批评和重构的复杂、专业的理论，其复杂性随之大大增加，也形成了"双重焦点"。

"将先前外来的东西变成自己的，这依旧是诠释学最终极的目标。"保罗·利科如是说。[29] 这不仅适用于总结古代和中世纪法学传统的法学家们，也适用于希望将 Nomos 的故事追溯到我们的"希腊记忆"的现代历史学家们——如果不是一直追到史前和神话阶段的话。但是，语言的一般性基础使得这个努力至少是貌似可能的，不管这一基础是多么的不牢靠和易于流变。品达（Pindar）曾反复颂传，"比行为更长的是文字"，对于当下的这份学术努力而言，我们唯一能够期待的是，古人不仅给我们留下了诗歌，还留下了一些真理。[30]

第二章

希腊源流

习惯是后成的自然。

——亚里士多德：《论记忆》，第二卷。

灵魂的觉醒

让我们从研究保罗·利科所说的我们的"希腊记忆"入手，尽管这一说法流变不定且不尽完美，但它构成了我们梳理相关概念记忆时无法回避的出发点。遗憾的是，对这记忆的溯及无法到达更为遥远的神话传说之中，它甚至都不能被溯及到前苏格拉底时代的那些半神话性质的思辨之中。为了开展对于人类之尺度的探讨，我们既不以宇宙秩序为始，也不以人类共同体为始，而是要追随苏格拉底的脚步，从那些生活于自己居住地的人类自身开始。[1]

或许西方历史中最为重大的现象或附随现象就是"意识"（consciousness）的出现——意识到灵魂或心智（的存在）。以语言为媒介，我们得以对前历史时期做出一定的思考：在那人类思想的黎明时分，不仅闪现着普遍的逻各斯的微光，更闪烁着对个人灵魂（Psyche）的最初认知；经过公元前6世纪和5世纪的社会变革，前者逐渐在拓宽，而后者也逐渐在深化。毕达哥拉斯是最早探讨灵魂道德重要性的哲学家之一，赫拉克利特则首次在其宇宙计划中囊括了灵魂——"我研究了我自己"，在与其他宇宙学家一道醉心于寻找宇宙潜在规律的同时，他坦言"研究自己"明显困难得多。"你永远找不到灵魂的目的，"他宣称，"尽管你尝试了所有的办法，灵魂的逻各斯依旧如此深邃。"[2]自我当然无法孤立存在，而必须在与某些"他者"的关系中才能定义自身，这种关系在某种形式上即社会或文化。但是对"自我"的原初定义的确在一个最为根本的意义上代表了社会思潮的发轫点。

康纳德·艾肯（Conrad Aiken）描述的那个"小而明亮的意识圈"的出现是一个神秘的过程，我们只能主要根据语言学方面的间接证据进行一些猜想性的或推理式的追踪调查。荷马史诗中并没有人格或灵魂的存在——除了物质和生理层面。[3] 正如柏拉图从词源学角度进行的思考所指出的，灵魂是一种存在于胸腔或心脏中的力量，它以一种原生性的、自然而然的转喻（metonymy）来表达，这种力量与人的气息尤其血液相通。作为社会团结的核心，希腊的家庭也彰显了血缘的力量；早期希腊的法律反映并尊崇这种基本的力量——因为它既影响了宗教实践，又获得了社会表达——尤其是在父权方面。[4] 祖先的法律传统在很多方面回到了英雄时代的本源，继续与新的市民社会构造竞争和互动，后者预设了一种更高层次的社会意识。

还有其他的方式可以解释自然与社会的联系。如将其视为从"耻感文化"向"罪感文化"的转变，前者将外在"污染"视为主要威胁，后者将（外在）压力内在化和道德化了。[5] 一位现代荷马研究者指出，总的来说耻感（aidos）是"社会显性规范的弱点"，也是"美德的情感和情绪根基"。[6] 个性看起来似乎产生于接连不断的矛盾纷争之中，这些纷争常常与"对血缘束缚的反抗"和"古老的家族联结的松动"相联系。这种情况在抒情诗（包括梭伦的）和戏剧中表现得淋漓尽致，虽然那些戏剧因其描绘了神灵们的滑稽动作而显得活泼生动或被威胁了，但其基本关注点仍是"人类及其彼此的相互行为"。[7] 另外，这些戏剧也在古希腊的智者运动中得以概括，智者运动使得教学权威与父系权威相对抗，并且通过奖励口头论争和质疑传统——实际上是灵魂的解放——而"腐蚀青年"。在这样的语境下，诸如"正义"（Dike）这样的古老神话式建构不仅被概念化了，而且也被内在化为文明人的核心美德之一。梭伦认为，正义事实上就是城邦的"灵魂"，是对过去、现在和未来的知识；柏拉图则将正义视为其哲学视野的核心理念。[8] 因此可以说，希腊人以这种方式用人类正义替代了奥林匹亚众神的罪行。

这一转型的另一个维度或许可以从语言的发展中看出，尽管需要再次强调的是，从口述文化向书写文化的转变或许还只能以间接方式考察。埃里克·哈夫洛克（Eric Havelock）就曾尝试通过研究"'to be'的历史"来追踪这一转变，这相当于哲学思想的某种考古学。[9] 总体来说，这段历史关乎概念推理的逻辑基础，或者更确切地说是其句法基础。通过概念推理，抽象的概念得以经由识别、定性、分类及其他依靠人类心智的排序方法而得到塑造和处理。这是人类为万物命名的神话般的原初故事，同时也是人类对于自然世界的概念殖民，由此，人类开始为属于他们自己的法（Nomos）的教化结构奠定基石。包括"正义之神"在内的众神或自然力不再自发地作用或擅自"前来"；它们现在则被要求遵守成文的惯例与成规。在那充斥着神话和简陋粗鄙的荣辱观的世界里，正义无关人类意志，而是宙斯的一位不可预测的伴侣；在柏拉图理念世界中的光明之地，正义却从属于与神灵无关的分析，"什么是正义？"然而，作为《理想国》的基本问题，柏拉图在回答它时并没有去考察自梭伦以来的有效的现存法，而是通过逻辑以及对理念、论据和语言的巧妙操纵的句法技艺来实现。

希腊人总是着迷于语言——尤其是在希腊的城市生活的自我意识的压力下，由此与赫尔墨斯产生了联系。赫尔墨斯既是信使之神，又是传达德尔斐神谕的祭司（其格言之一正是"了解你自己"）。作为一个"诡计多端且欺诈成性的信使"（在柏拉图看来），赫尔墨斯同时也是盗贼之神；据一位现代语言学家的研究，他还可能还是印欧文化中的交易之神。[10]"诠释学"（Hermeneutics）的词根正是 Hermes，是一门解释的理论与实践，保留了某些这种迂回曲折。总的来说，在亚里士多德于《解释篇》（*Per Hermeneia*）中建构的经典形式中，解释学的基础一直是语法和句法规则；尽管它强调的重点越来越转向逻辑——从理性的角度来说是从惯例转向自然。不过，始终有一个强大的哲学解释学传统的存在，这以对荷马史诗的批评为主角。批评学技艺中的比喻法、讽喻法、语法学方法、历史学方法和辩证方法都是为了探究文本背后的真义而逐步发展起来的，这一"真义"在柏拉图看来就是"实在"。这部分是通过我们将要采用的解释传统及其技巧实现的，在本章和后面几章中，我们将去探索西方意识领域中生成的自然和文化理念。[11]

灵魂的诞生意味着认知的出现,可是,认知什么呢?其对象当然包括父母、家庭、社群、外邦人("野蛮人")、外来力量,以及宇宙整体;同时也包含了对于时间、变化、衰老、死亡以及广泛多样的不恒定性和不确定性。第一个难题是如何为这些被感知到的外在于自身的形象和力量赋予意义,乃至于学会控制它们。一个看似很"合乎自然"的方法是用同心圆式的结构将这些被感知物组合到一起,从最小的家庭圈向外扩展,一直延伸到大地和天空所反映出来的宏大宇宙——或许是因为我们与古希腊人本就同出一源,归属于同一个"意识连续体"(通过语言、制度和"解释学"),进而引出了"我们的希腊记忆"。从我们的视角来看,希腊人是最先以自然世界和人造世界——自然与社会、自然(Physis)与习俗(Nomos)——之间的基本区分来定义自我意识的人。

如果自然世界可以用一种普遍逻各斯来解释,那么在解释人造世界的时候则需要公式、分类学与一种依据相当不同的规则的解释学——观察家们大约倾向于这样理解。归根溯源,或许因为人类是自然的一部分,因而必须服从于一些普遍的原则;但这一假定,无论被表达为对人类本性的一种理想或是愤世嫉俗的还原论式的观点,事实上都与灵魂的直接(事实上也是自省性的)感知相龃龉。为了自我理解,尤其是为了进行社会评判和行动,必须要做出这一区分。在这样的条件下,正如马里奥·昂特斯坦纳(Mario Untersteiner)所写,"形而上学已经被人类学所取代,后者从政治行为中寻求自己的终极意义"。[12]正是通过区分人类学和宇宙学,希腊人为习俗的王国赋予了定义。

从神话到法

在柏拉图《法律篇》(*Nomoi*)的开篇,雅典人问,"先生们,是谁制定了你们的法律呢?"[13]克里特人真诚地答道,一位神,确乎而言,是宙斯。在最初的希腊思想里,法律(nomos)自诞生始便被蒙上了神性色彩,正义本身亦是在谨遵神的旨意。在宙斯的诸多形象中,那富有魔幻色彩又恫慑人心的乃是"城邦及其律法的父权式护卫者"。无论诸位能否领悟迈锡尼和印欧语系的隐喻[如同马丁·尼尔森*(Martin Nilsson)与乔治·杜梅齐(Georges Dumézil)所主张的那样],希腊的众神史诗中饱含法律的原初要素,尤其是在宙斯酷罚普罗米修斯的故事之中:当狡黠的智慧(*metis*)让位于理性,任性的意志也就让位于正义的标准。[14]我们正是要在这样一个神话世界里,去找寻那同 Nomos 这一概念有原初关联的、具有自我意识的社会思潮传统的最初的微光。

在希腊神话里,从单纯的强力向法律的转变同时受到了性激情和理智力的影响,这是因为宙斯的心绪变化正是受到其妻子们影响。宙斯的几段婚姻关系各不相同,有的以利益为纽带,有的则因爱欲而结合。宙斯首任妻子是美狄丝(Metis),后因他发现美狄丝是纷争之源,于是便将其吞入体内。他的第二任妻子是公理女神西弥斯(Themis),略去诗意地说,即宙斯神谕的化身,且这位万神之王要求其作出的

---

* 马丁·尼尔森(1874—1967):瑞典语文学家,希腊、罗马及泛希腊化地区宗教体系研究者。

"审判"（地美士第，themistes）需符合他的意志。[15] 在希腊的万神殿中，这位被品达称之为"好律法家"（Themis of the good counsel）的女神位列第二，仅次于大地之母盖亚（Gaia）；希腊诗人埃斯库罗斯（Aeschylus）则直接将西弥斯描绘为地母盖亚的一种形态，因此她也成了"大地上的神谕力量"。在荷马史诗中，西弥斯不单可以召集和解散集会，亦是盛宴的主持者。在词源学上，她有可能与盎格鲁-撒克逊语中的"判决"一词有所联系（经 Sanskrit *dhaman* 而来），该词意指诸神为家庭所立的规则。

在母系氏族和母权制人类学研究的全盛时期，简·哈里森（Jane Harrison）认为，西弥斯是母权的终极标志。"她是聚拢、凝结男女老少的核心力量，她是'群体本能'，是集体意识，是社会裁判力。她是神圣法则（*fas**），是无可违抗的社会规定。"尽管西弥斯本身不是宗教，但她"是宗教的母体"。[16] 不管这番性别主义式的论调听上去多么似是而非，但法律的两种意象——活跃而进取的执行模式与社会静止和稳定的理想——之间所构成的"两极对立"，本身似乎是古代社会思潮的永恒模式。尽管显得遥远而平淡无奇，罗马语境中的"利剑与托加（toga）** "之形象，的确是继承了"好战的宙斯与温和的西弥斯"这对希腊神话中的两极；事实上，立法功能中所包含的阴柔气质，也经常是阳刚之气、尤其是高贵的护教学议题。

---

* 拉丁文。意为"许可的""正当的"，指神的言说为人的行为划定界限，具有宗教意义。延伸为"神圣法则"（divine law）。——译者注

** 古罗马男性公民的一种典型服饰，又名"托加长袍"。由于士兵们不穿托加，因此托加往往被视为和平的标志。西塞罗曾在《论责任》（De Officiis）一篇中说过："让武力屈服于托加"。——译者注

在不受约束的时候，宙斯很有可能成为一个恐怖而野蛮的暴君；在家庭生活中，他表现得几乎同凡人无异。宙斯与记忆女神摩涅莫辛涅（Mnemosyne）缠绵之后，九缪斯诞生了，她们甜美的嗓音为人间带去了愉悦与谅解。而在宙斯与西弥斯的后裔之中，有几位社会秩序的护卫者［命运女神莫伊莱（moirae）不算在内，因其发挥着一个更为基本的规制功能］，其中最著名的要数狄刻（Dike）、欧诺弥亚（Eunomia）和厄瑞涅（Eirene）三女神。狄刻，那"宙斯神圣的女儿"，以善施"恰当的报复"闻名于人世，赋予正义理念以人性——所代表的正义原则乃家族法规而非其母亲西弥斯所代表的国家法令，这使得人类可以超越动物性，居于动物世界之上。赫西俄德（Hesiod）写道，"那远见卓识的万神之王宙斯，克洛诺斯（Chronos，古希腊神话中的时间之神）之子，善施惩罚（dike）"；此后，"dike"将成为法律诉讼的标准用语。[17] 在《伊利亚特》中，"dikaioi"（该词可能来自 *dikein*，在词源学上与拉丁文词 *dico* 相关联）是在争议双方之间居中裁断的法律顾问，其公平之心特别与狂妄自大的傲慢相对。[18] 正义女神狄刻手握对道德、政治以及宗教方面事务的评判权。正是她的存在，使得宙斯的"审判"（themistes）公正不阿（后来她的名字被用于某种特定类型的案件）。她的姐姐欧诺弥亚（Eunomia）以这种公正性为基础，代表维护社会与法律秩序的和谐；她还成了和平女神厄瑞涅（Eirene）的榜样。总的来说，尽管有不和女神厄里斯（Eris）与违法女神迪丝诺美亚（Dysnomia）等所代表的反对，这三位女神仍旧共同为和谐（homonoia）的社会观念建构起基础；这种"和谐"后来被梭伦和伯里克利带入雅典，并在柏拉图和亚里士多德的著作中以理想化的，或者说是怀旧式的口吻被称颂。

神话学的奇幻假设并没能阻挡法律之人性层面上的降临尘世。梭伦说，即使正义是神圣的，特定的法律却是由人制定的（中世纪法学家们会教导我们说，上帝建构正义，而人类仅仅制定律法）；其更为实证化而直白的理念必当倚仗凡人，如果非要添上一点传奇色彩的话，就是要仰仗于立法者。在这个意义上，同非正义（*adikia*）相抗争的职责就由特定的人间立法者来承担了，尤其是德拉古*（Draco）和梭伦之法（他们所立之"法"往往被称为 *thesmoi*），以及公元前5世纪的克里斯提尼之法（当时 *nomoi* 第一次在"立法技术"的意义上被使用）。正是在这时，我们不再追随神迹，转而凝视人性——将诸神征战之地留给好胜而贪婪的人类，将对神话源流的关注转移到历史的话语之中；我们同时也摒弃了将法律视为某种宇宙公理、视为品达所说的"一切有朽者与不朽者之王的法（Nomos）"的古时观点。这一由希罗多德和品达在公元前5世纪所提出的"法秩序之王"（King Nomos, *Nomos Basileus*; *nomos despotes*）的概念已不再是某种神话式的创造物了，它也不再需要依附于任何的化身；它成为人定法、习俗和文化成就的生命力之所在。[19]

根据最近的对这一概念的史学研究，Nomos "在希腊生活和思想中扮演了中心角色"。那么，它对人类而言到底意味着什么呢？词源学研究将 Nomos 与词根 nem-联系在一起，从荷马开始，这一词根意味着

---

* 德拉古，古希腊政治家，立法者。他曾统治雅典，于公元前621年整理雅典法律，并写出一部完整的法典。该法典因限制了贵族的违法乱纪而受到一部分人的欢迎，但该法极其残酷，规定所有罪行均处死刑。他的继任者梭伦将他的法典废除，只保留有关谋杀的部分。后人常用德拉古式（Draconian）一词来形容严酷刑律。——译者注

某种分配，正如在宙斯的权力中，伟大的雷斯（Nemetor）"把财富分配给众人"；之后这一词根进一步被引申为支配权。[20] 涅墨西斯（复仇女神）（Nemesis）是雷斯的直系后代，这位女神在观念和神话学意义上都与命运和时运摩伊赖（Moira）和堤喀（Tyche）息息相关，而且可能是海伦（Helen）的母亲；颇具讽刺的是，海伦是诸多混乱无序的源泉。从赫西俄德（Hesiod）到希罗多德，Nomos 的内涵变得更加多样化，总体上囊括进分割、分配、职业、行政管理和社会秩序等多方面内容。一开始，Nomos 似乎是指动物的啃牧（browsing）之地，后来则指由天命或社会授予的人类领地；再后来，Nomos 开始触及"自然"的观念，而在该项词义下，Nomos 的内涵变得丰富起来，包括了常规的、规则性的，甚至普遍性的事物和法则，比如亲属、生育或语法、音乐的法则（nomoi）。然而，另一方面，Nomos 也居于自然的对立面，比如赫西俄德认为，人凭借宙斯的 Nomos 得以与动物相分离，动物的生活没有正义的指引，会吞食同伴。再后来，比如在品达和赫拉克利特年代，Nomos 成了最高的社会和政治价值，成了人类共同体根本的逻各斯。尽管如此，Nomos 仍旧保留了某种任意专断特质，赫拉克利特说，"遵循一人的意志也是 Nomos"。[21]

紧接着，从表面上看似乎是随着语言学发展模式的倒转，Nomos 的语义似乎从一般性转到特殊性——从某种自然规律性转向了特定的人民和城邦的习俗和社会规范。这个转变在希罗多德的人类学用法（独裁专断性的）和阿里斯托芬的讽刺性用法中都显而易见，同时这个转变也更强化了习惯与自然之间的对比。所以 Nomos 用来表示特定的仪礼、习惯、人类社会规则和对策，最终指向"实证法"，以及整个意义上的习俗。在公元前5世纪,通过公元前507年克里斯提尼改革,Nomos被正式用于成文法和律令;它同时也在这种政治的意义上为剧作家和哲学家所使用,其中最为著名的就是在柏拉图专著《法律篇》中。

有意义的是,不像希腊神话中任何其他"神化"(apotheosis),Nomos是一个彻彻底底的人造概念——无论是好是坏。但是,尽管是由人创造的,Nomos却高于任何一个特定的人;尤其是要求崇敬神明,服从家族尊长。起初,这些要求本来是不成文法(agraphos nomos)所考虑的问题,但在早期成文法令中,它们也占据着很高的地位。从历史的角度来看,或许有人会认为Nomos反映了人类社会化的进程,标志着从氏族社会到社群社会的过渡;而且,由于记录律法是书写的原动力,因此Nomos或许也标志着从口述文化到书写文化的过渡。荷马史诗中的英雄们最高的追求曾是捍卫自己的男性尊严,但后来这被建构公共秩序的渴求超越;摆脱了粗浅草率的"部落禁忌"式的存在模式,Nomos成了保障公共秩序的重要手段,并适时地扩展它的影响范围。当被问及应当如何回应诸神,德尔斐神谕应该会说,"遵循城邦的法(Nomos)";赫拉克利特也会说,"公民要像保卫城邦的城墙那样为城邦立法而战"。[22] 就是这个看起来并不专业化的传统,使得"法秩序之王(King Nomos)"的统治成为可能。然而出于这一目的,公民不再需要服从于万神殿中的诸神;而是如梭伦所提倡的,"服从城邦法官,无论正义与否"。[23] 这就是希腊城邦的法(Nomos),也是希腊城邦逻各斯(理性)。

法与城邦

城邦是 Nomos 的第一故乡,在此语境下,我们可以发现 Nomos 这一概念稍逊吸引力的另一面。在社会现实的角度下,作为法(Nomos)根本基础的正义理想,似乎像是另一种被阿里斯托芬嘲笑的苏格拉底式的"云";公元前 5 世纪希腊城邦国家的大量经验似乎表明,赫拉克利特所说的"战争(*polemos*)才是万物之父,是万物之王",[24]而非法律。其实,在西方传统中,法律经常可能是被怨恨、蔑视或讽刺的对象——比如赫西俄德所哀叹的"受贿的法官",或者是伊索克拉底(Isocrates)[以及他之后的塔西佗(Tacitus)]的习语中所述,"法律烦冗"是糟糕政府之常态。[25]尽管欧诺弥亚仍受重视,但不幸的是,她的姐妹迪丝诺美亚也在法(Nomos)的王国中占据了一席之地,并且秩序似乎确实经常超越人们的控制。

一旦社会共同体取代了部落氏族,很快就会出现阶级划分;而不必多言,妇女的从属性就是希腊"文明"中一个根深蒂固的特征。如沃纳·耶格(Werner Jaeger)所言,当法律"去神话化"且"被制度化"之后,它变成了"早期国王和贵族的司法霸权象征",正如正义变成了"阶级冲突所迸发出来的战争怒吼"一般。[26]根据雅典政制(有时将其归功于亚里士多德的记述),"穷人及其妻儿,要受富人奴役";就整体而言,奴隶制和自由的共同发展也阐释了芬利所谓希腊文明"最后的悖论"的含义。[27]"反常"(anomaly)甚至"二律背反"(antinomy),都是词根 *nem*-和 Nomos 概念的产物,这不仅表明"秩序"

的含义；而且正如杰奎琳·德·罗米丽（Jacqueline de Romilly）所言，表明在实然和应然之间，在实证性和规范性的价值观之间，存在着一种令人不安的"张力"。[28]然而这种张力，以及随之而来的对人类社会困境和对城邦的优缺点的认识，很可能提升了法（Nomos）作为分析和理解社会之基础的价值。

即使在柏拉图的时代，希腊的法律观念也绝不是一种纯粹理性化的建构。在雅典社会，法律保留了其大部分原初的宗教性，这在其与执政官（archon balieus）的神职机构的联系，以及所谓的"诠释家"——精通于解释公民惯例——的活动中体现出来。[29]尽管希腊的法典由智慧之人创建，但它们还必须被"询问神意"以求得德尔斐神谕（Delphic oracle）的赞成；并且通常来说，它们也是宗教崇拜的对象。家庭继续是宗教传统的一个集中地，而且古老的信仰也一直存在于希腊城邦的公民和法律的意识形态中。[30]祖先崇拜从私人领域扩展到公众领域，对子孙后代的关切也是如此。每个城市都有自己的守护神和相应的仪式。哪怕民主制度做出了一些革新，这也不意味着对宗教的拒绝，因为连抽签都被视为一种神圣意志的启示。因此真正应当被我们铭记于心的是法律的制定过程，不论口头传诵还是颁布成文法典都概莫能外。最终意义上，正是宗教构成了法律和政治整全性的基础；也就是说，"自治"——虽然可能显得自相矛盾——其实是Nomos的另一后裔。

直到公元前5世纪，雅典的法律历史都被神话掩盖，这甚至还反映在当时被认为是富有历史性意义的《雅典政制》和亚里士多德另一部更具思辨性的著作《政治学》中。关于德拉古（621—620?）时期的法律，除了（用普鲁塔克的话来说）知道它们是"用血而非墨水书写"的之外，[31] 我们所知并不多。毫无疑问，广泛诉诸极刑的做法肯定具有平等化的影响——如果不具有社会化的影响的话。总的来说，雅典法律的发展模式紧随着雅典政制（politeia）的发展变动而变化：从部落制度到公共社群制度，从国王（basileus 仅仅是一种宗教机构）到执政官。主要的司法机构是德拉古式法官委员会（Draconian Council of Areopagites），通过这一机构，从血仇权开始，国家开始鼓动对私人生活进行干预。梭伦的改革正是建立在此基础上：通过宪制改革、建立上诉和颇受欢迎的陪审员制度，尤其还颁布了他那传奇般的法律（Solonoi Nomoi），但也如德拉古的法律一样，已经被掩埋在时间长河的流沙之中了。

梭伦应当是与希腊（或至少是雅典时代）的 Nomos 齐名的英雄。作为一个将自己的血统追溯到海神波塞冬（Poseidon）的半神话般的人物，这位最为务实的"智者"在法律、文学领域留下了超越传奇的成就。和其他许多立法者一样，梭伦在公元前 594 年转向社会改革之前，最初也是在战争中扬名；但是他不倾向于寻求神的直接帮助（除了追求诗歌效果之外）。成功或失败，和平或战争，都是集体意志的产物。他强烈主张要向宙斯祈祷，但不要因不幸而"怨恨神"，要铭记，"在每个方面，神的意志都是向人类隐藏的"。他在一段法律抒情诗写到，"如果我们的城市面临毁灭，那绝不会是因为宙斯的天罚和神灵的意图，只会是人们因自己的愚蠢而企图毁灭我们伟大的城邦"。[32] 梭伦在他从 horoi——象征被迫劳动和人身依附的纪念石——解放这片土地时，有意识地唤醒了欧诺弥亚；他将"遵守法律"理想化为维持"一切事物井然有序，和谐统一"，并建立"对不公正行为的束缚"，他的这一处方特别实际。他的立法不仅仅是为了安抚众神，也为集体意志赋予了制度化的表达：通过立法规定代际的自然义务来巩固家庭，同时又使之服从于公共秩序；通过废除古老债务来缓和阶级冲突，但仍保留了对盗窃、口头谩骂以及对内部秩序的其他威胁的严厉惩罚；侵犯了私人生活的许多领域，但坚持了公共权威的至上性。

在整个公元前6世纪，地方法官和陪审团都保持了对梭伦的"既定法律"（*keimenoi nomoi*）的忠诚。"我将根据雅典的法律（laws）和法令（decrees）来判断"，这是德摩斯提尼立下的誓言，"至于法无规定之事，我将根据最公正的意见来决定"。[33] 尽管自德拉古和梭伦时代开始，法律在时间的流逝中逐渐湮没，但却很少引发混乱。它们被公示在城市各处的木碑和石碑上（*axones* 和 *kyrbeis*）以便人人皆可知悉，这是一个颇具有象征性意义的表达：它代表了从口头文化到书写文化、从习惯到法律的转换；也代表了 Nomos 的公共形象，尽管 Nomos 一词也仍被用于指称不成文法，继续不断被援引。其他一些术语也在特定的法律中获得了应用，尤其是 *thesmos*（梭伦偏好此词）和 *psephisma*；但法（nomos）意味着一种更为基本和永恒的规则，这一层含义最终占了上风，尤其是在法律和政治层面上。nomos 一词的社会化完成于公元前507年，其标志是克里斯提尼的民主改革将 nomos 作为一部成文法的官方名称。

这样一来，Nomos 也成为了语言学意义上的"国王"。在其支配下出现了各种各样的词源学列表，包括 *eunomia*，*dysnomia* 和 *anomia*，尤其还有政治权利平等（*isonomia*）。显而易见的是，对于执政官梭伦来说，Dysnomia 并非赫西俄德笔下 Strife* 与 Night** 等神祇的后代，而是雅典失序状态的产物；正如 Eunomia 代表着人类的法律救济手段、有组织正义意义上 Dike 的产物。在这个意义上，eunomia 作为 anomia 的对立面，也出现在了《雅典政制》中。就意识形态的角度而言，isonomia 的观念更能引起共鸣，它成为被公元前 5 世纪的众多作品广泛赞颂的反暴政与民主理想的法律面向。因此，建立在宪政语境中、尤其是由梭伦构建的"规范"术语失去了它们神秘的光环，并且开始被用于指称那些社会思潮中的关键概念。[34]

雅典民主制度建立后，新的法律经过自由民组成的市民议会投票表决通过、由公民大会（boule）的批准后，被添加到原先的法律系统中；这样一来，Nomos 就变成了社会上一股不断变化的力量。在公元前 5 世纪晚期（公元前 410—公元前 403），古老法律的收集工作由被任命的"篆刻者"（anagrapheis）负责；公元前 403 年内战结束、恢复民主制度后，由立法者（nomothetai）与公民大会一起进行该工作。[35]与此同时，通过书面建言或起诉（Grapheparanomon）的手段控告"不法性"或"不合适的法律"，使得限制专断的立法成为可能，这超越了对公私领域（dike idia；dike demosia）特定案件的起诉模式，但仍然是口头法律文化的一部分。以这样那样的方式，法律得以与社会实践相结合，并能够更积极地回应大众意志；与法（Nomos）相关的种种理念创造了一种模范、一个传说，它的影响范围越过了希腊文化圈，启发了罗马乃至整个现代西方社会，如文艺复兴时期的佛罗伦萨。

---

* 又名"Eris"，是纠纷女神，其母是夜晚女神。——译者注
** 又名"Nyx"，是夜晚女神。——译者注

然而，Nomos 最主要的胜利却出现在社会和文化思想领域，特别是在"悲剧时代"，尼采将之与意识的觉醒、自然与文化的分离，以及柏拉图的有害影响——"割断了天性与城邦的关联"——联系起来。有一点很清楚，即对社会概念化进程至关重要的自然与社会惯例的对立关系由于定居城市而得到了加强，特别是因为家庭私人生活——"经济"和"伦理领域"——与第二领域或说公民的"政治生活"（bios politikos）的分野。当然，旨在打破部落主义的克里斯提尼的法律安排，在最基本的意义上似乎是不自然的，不过亚里士多德后来以理性化的视角作了相反解释。很少有比亚里士多德将城邦视为一个"自然"的造物更加有影响力的观念，特别是他将人描述为"政治动物"（zoon politikon）这一点，但他所假设的社会性与生物性之间的平衡是无法被经验或此后的历史所证实的。更为显著的是在战争、内乱和犯罪中，人性的自然性一面与社会性一面的持续对抗。事实上，这种相互作用或许是雅典在公元前 5 世纪所谓的"启蒙运动"的所有条件中最重要的一个［正如弗里德里希·索尔姆森（Friedrich Solmsen）所称的那样］——尽管这常常被遗忘于一些现代古典主义者美好的重建运动之中。[36] 大部分的光明，以及伴随而来的热量，都是由自然（Physis）和习俗（Nomos）两大力量之间的冲突和相互作用提供的。

习俗与自然

让我们来更直接地考虑处于这项探究核心的根本"两极性"——自然世界与人类世界的对立。[37] 在神话思维中，这个对立是含混的、被回避的，或者像有些人所说的那样，被超越的。因而，宇宙（cosmos）这个希腊人在阐述其经验结构时的核心词，既被用作描述一个良序人类共同体的概念，也被用作描述一个可知宇宙的概念（在亚里士多德那里是与 *dyskosmia* 意思相对的 eukosmia）。当社会急剧变化，种种冲突发生于城邦内与城邦间社会生活的熔炉中时，这种同一性的观念势必无法维持。公元前 5 世纪，私人生活与公共交往之间的区分和矛盾变得日益尖锐了：在私人生活中存在着恐惧、奖赏和惩罚；而在公共交往中，则有着权利、责任，还有各种全然不同的优先权与期望的集合。人们经此区分逐渐获得了新的意识视域。无论如何，这就是奠定了在自然与习俗——或者从一个更为宏阔的视角说，自然与法律——之间作出区分的需要的社会形态。

自然（*Physis*）与习俗（Nomos），两种令人生畏的力量，然而，它们中哪一个都不能与古老的诸神联系起来，尽管赫西俄德曾一度将西弥斯女神描述为胜过了自然（Physis）。西方思想意识中这一重大的辩证思维、这一核心的对立与命题究竟从何而来？将其仅仅归结于"希腊民族意识"[如菲利克斯·海涅曼（Felix Heinemann）和杰弗里·史蒂芬·柯克所做的那样]看起来有些草率，但其神话的和前意识的根源也一如既往地只能是推测性的。那么，这是希腊思想中天生的"两极对立"的另一种表达吗（类似于"地球-天空"和"男性-女性"）？或者是语言的内在二元性的反映（如"主语-谓语"）？杰弗里·史蒂芬·柯克想要知道这与人类理解力中根深蒂固的二元模式之间的联系；但就像现代的那种关于"领地观念"的地理心理学考察一样，这种对二元性的大脑与新的社会意识之间关系的推测，甚至比柯

第二章 希腊源流 *37*

克用于研究神话的"现象学进路"还不靠谱。*

我们能否在普罗米修斯违抗宙斯为人们取得正义（dike）的故事中看到一种神话上的类比呢？历史学与人类学有关进步的理论"显然站在习俗（nomos）的一边"，[38] 格思里（W. K. C. Guthrie）如是写道。普罗米修斯带来了文化，却不得不为这些知识付出代价。"而真理，"尼采写道，"是那只撕咬着普罗米修斯般的文明先行者之肝脏的秃鹰"。[39] 此外，潘多拉（Pandora）通过普罗米修斯的兄弟厄毗米修斯（Epimetheus）**——相对于"先觉者"普罗米修斯被称为"后觉者"——不仅得以赋予人类言语，也伴随着人类理性意识的觉醒，带给人类无尽的恶。其后果是人类与自然和神圣命运的不息斗争，以及昂特斯坦纳所说的"精神的悲剧"，它成为人类觉知中悖论的基础，并催生了诡辩和怀疑论。[40] 在某种意义上，人类觉知与自由的代价是精神与生活、理性与实在之间的分离，以及思想中的口是心非和表里不一。诡辩派们在这种不一致中狂欢陶醉，而剧作家们则以之撩拨观众的心弦。根据著名的欧里庇得斯（Euripidian）准则，"这是大自然的旨意，与法律毫无关系"。[41]

自然与习俗之间这一区分的一个根源或许在前苏格拉底思想中隐

---

* 柯克的神话学研究为《神话：它在古代和其他文化中的意义和作用》（G. S. Kirk, *Myth: Its Meaning and Functions in Ancient and Other Cultures*, Cambridge University Press, and University of California Press, 1970)。——译者注

** 厄毗米修斯与普罗米修斯相反，是最愚笨的神之一，名字有"后知后觉者"的意思。宙斯命令火神制作出一个美丽的女子并赐予她语言的天赋，并在这美丽的形象背后注入恶毒的祸水，他为此女子取名为潘多拉，意为"给所有人类的礼物"。宙斯将将潘多拉嫁给厄毗米修斯，结果从"潘多拉之盒"中飞出了疾病、罪恶等灾难降临人间。——译者注

约显现，在其中，我们发现了另一个与"自然"概念有着矛盾性关联的不寻常的词根"Ethos"。这个词最初意味着寓所或常住地，或者说"世界"，更特别地说是"家"。无论如何这只是海德格尔的建构，他将赫拉克利特著名的残篇 *ethos anthropo daimon*（no.119）阐释为，"人熟悉的居所正是对恶魔敞开的地方"。[42] 这句话更通常的译文是"性格即命运"。无论如何翻译，这神秘的洞察揭示了另一个准则——个人性格或更推广地说，社会"习俗"（custom），是某种"第二自然"，[43] 这一准则在西方思想尤其是法律和社会思想中有着非凡的命运。

人原初的生理性与第二天性的对比，在亚里士多德这里更为明显。对他而言，至少在两个语境中，习俗（ethos）要在概念上次属于自然（physis）。在他论记忆与回忆的文章中，习性似乎近于自然，甚至取代了自然，就如同回忆的经验被汇聚为普遍性观念那样。《修辞学》在惯习（habit）的意义上谈论习俗（custom），在其中也能看到这种从特殊到一般的类似转变。在这里，亚里士多德将快乐定义为灵魂向其自然状态的运动，他评论说，"那些已成为了习惯的，便像是自然的一样了；因为'经常如此'（*pollakis*）和'始终如此'（*aeon*）相去不远，自然属于'始终如此'，而习惯则属于'经常如此'"。[44] 这些主题在后来的许多哲学和社会语境中都会反复出现。

对自然与习俗两极的另一个经典阐释出现在柏拉图的《克拉底鲁篇》中，在这里，它与认识论最基础的问题之一——语言的起源关联在一起。[45] 当然，柏拉图-苏格拉底在这一问题上选择了自然符号说，而反对语言哲学的文雅对应物。此处与他对话的是赫墨吉内斯（Hermogenes，赫尔墨斯之子），也正是在这里，柏拉图批评阐释之神为

"言语上狡猾的、欺骗的……和雄辩的……"。相当讽刺的是,这部对话集的大部分都在致力于做一种最为精彩的词源追溯,以得到名称背后的"真实"。这也为数个世纪以来的语源学的思索确立了范式:从伊西多尔(Isidore of Seville)到维柯再到海德格尔。[46] 对柏拉图来说,这也是证明哲学家应当是社会真正的和至高无上的"名称赋予者"(onomastikoi)或"法律制定者"、进而远优越于雄辩家的另一种方式;雄辩家所提供的不过是蒙昧的意见、习俗和惯例(doxa, ethos 和 nomos 都是贬义的用法),他们看不到自然真实。这也是否定习俗(custom)是"第二自然"的一种幼稚和物理主义的方式,暗中关闭了不那么教条主义的人类学探究的大门。

对欧洲法律和社会思想更为重要的是亚里士多德在《尼各马可伦理学》中的阐述,在那里,两种"政治正义"被区分开来——"自然的"正义(physikon dikaion)和"习俗的"正义(nomikon dikaion)。[47] 亚里士多德告诉我们,前者是不变的,而后者是可变的,二者正如共性与特性那样相关联。接着,在这本书中,亚里士多德确定下了人文科学与自然科学(即"实践的"和"理论的")之别的基本词汇(框架):这一区分又始于对以数学为代表的纯粹科学(episteme)和"实践智慧"(phronesis)的区分,后者必然涉及经验(empierias)。就如在经济(oikonomia)、立法(nomothesia)以及政治学的其他几种科目,这些都显示出"意见多样性与波动"的特性;修辞学同样不幸,亚里士多德将之贬为一种更微末的技艺(techne),并在解释中使其从属于辩证法。除了关于习惯秩序(Nomos)的这些术语惯例,亚里士多德很少谈到法律,或者他谈论法律的部分在《政治学》已经散佚的篇章中。尽管如此，他的分析框架对后来的罗马法学家、特别是中世纪评论家产生了难以磨灭的影响，而亚里士多德思想内在的自然主义偏爱加强了哲学上对习俗（Nomos）的隐没。

"自然"本身隐藏了一个悖论，尽管至少从亚里士多德开始，哲学家们就付出了很多努力去解决它，但它对哲学一直是个困扰。一方面，自然（Physis）涉及物质的有形实在，包括动物本能与物质过程。在这个意义上，至少从遗传学角度而言，它与习惯的观念相联系。我们在"世代枯荣"中看到亚里士多德所采取的自然主义解释模式，我们也可以看到诗人眼中弱肉强食的自然界。另一方面，自然（Physis）也被等同于普遍理性、理想、完善，以及"终极因"——被亚里士多德定义为自然事物的终极目的。在这个意义上，它似乎恰好与习惯的经验相关。主流哲学传统更偏好对自然（Physis）的第二种建构，当然也偏好其规律性而非习俗（Nomos）的不规律性。这一令人反感的习俗（Nomos）概念，最权威的引证章节在柏拉图的作品中，特别是《理想国》，同时也包括《法律篇》，在这些地方，正义优美的理性与习俗的不稳定性、不规律性形成了对比。[48] 在这一理性主义的意义上，自然（Physis）不仅是政治科学中那崇高概念的基础，也是绵长而迷人的乌托邦思想传统的基础。

尽管自诩为理性，自然（Physis）的拥护者们也在某种意义上有助于保存了神圣和神话对人和社会的支配权。也许这会像布鲁诺·诗奈尔（Bruno Snell）宣称的那样，"神被哲学置于低地"，[49] 但事实上，在柏拉图主义甚至亚里士多德主义中，神话（mythos）都存留了下来。柏拉图（或苏格拉底）常常诉诸隐喻和寓言来探究现象与意见——亦即习俗——背后的邈远真理,而亚里士多德同样延续了前苏格拉底的宇宙论者对单一本源或逻各斯的探究。对他(和他们)来说,理解只有通过语言和逻各斯——可为命题形式所表述的、可被证据(apodeixis)验证的、确定的而非仅仅为可能的一套逻辑——才能实现。总的来说,科学的对象是自然,它可被一个由原因(aitia)和原则(archai)所建构的系统明确地表达出来,进而能被给定一个理性的、理论的形式。因果关系和归类是亚里士多德自然主义的基石,至少二者延续到了所有最强有力的、令人生畏的"哲学"传统之中(有些时候被用坏了)。

文献学者们认为,历史地看来,自然与习俗(nomos)的对立首先出现在宇宙论和本体论的思考中,尤为著名的是在巴门尼德(Parmenides)与恩培多克勒(Empedocles)那里,二者被比拟为意见与真理(doxa-aletheia)的对立,甚至更根本地,被比拟为言语与行动(logos-ergos)的对立。受到这种对立的撕扯,逻各斯不仅意味着故事中的言词(logoi 的最初含义),还意指言词背后的理念。"自然地"来讲,言语只是单纯的声音;通过习俗惯例方具备属于人的意义。(术语就这样参与到西方关于语言起源的无尽辩论之中。)德谟克利特解释说,"颜色与味道通过习俗惯例而存在,真实存在的只有原子与虚空"。[50](这些术语就这样为物理科学的认识论发展所用,从古代原子论一直延续到中世纪的唯名论,再到伽利略的"新科学"及以后。)此外,安提丰(Antiphon)说"正义就是在证人在场时尊重法律,而在其他时候遵循自然的准则",因为"法律是人造契约,它们缺乏自然生长的必然性"。[51][这些观念从此确立,为后来的"自然状态"与"社会状态"等理论所用;从亚里士多德主义的经院派解释学家,到"新古典"

（antique-modern）自然法学说的拥护者，这些理论都是西方政治思想的核心。]

对社会思想来说，重要的是证明习俗（Nomos）与后来的实证法概念之间的关系，以及它对记忆的依赖，这尤其可以通过路易·热尔内（Louis Gernet）提醒的法庭经验而得到例证。[52] 这与德谟克利特准则的相似之处很明显，人们借助习俗，依据特定的习惯与文化要求来行动；"实际上他们是由相同本能和恐惧驱动"，或由相同的理由和价值联合起来的自然生物。如果说亚里士多德式自然主义的政治与社会"科学"趋向于强调这一准则的第二部分——即基础性的"实在"，那么对人类行为的历史学和人类学的基本考察则更关注第一部分。

这一传统的开端，习俗（Nomos）王国的第一次开拓，是一种典型的对超验关怀的怀疑主义态度——既是哲学意义的也是神话意义的，尽管这种怀疑不针对人类判断与行动的世界。格思里观察到了这一点，从而给出了原初自然与"第二自然"区分的另一种表达，"如果自然哲学始于好奇，伦理学则可说是始于怀疑主义"。[53] 这个讽刺性的关联在怀疑主义创始人皮浪（Pyrrho）的一个观点中也有所隐含，即"除了习惯与惯例之外，没有什么显著的可以支配行为之物，因为没有一个事物超出自身"。[54] 此后，智者们将会把这个批判性的洞察转化为积极的概念体系。

诡辩学派

最开始的时候，习俗（Nomos）王国就是智者运动所凭借的概念大本营;的确,只有放在自然和文化的基本分歧——后者占据优势地位——的语境下才能理解他们的哲学或反哲学事业。正如沃纳·耶格所说,自然(physis)与习俗(nomos)之间的差别,"当它被诡辩家安提丰、希庇亚斯和柏拉图所著《高尔吉亚篇》中的卡里克勒斯(Callicles)所使用,以论证通行的法律和被广泛认可的社会习惯仅仅是惯例和专断决策的产物时,才具有了最重要的实践意义"。[55]

诡辩家认为,"仅仅"能用惯例和"专断的"决策来预示柏拉图主义者,当然也因为或者很大程度上因为柏拉图,他们广受批评。亚里士多德沿用了《高尔吉亚篇》中对法律的界定,将其理解为惯例,"对相互权利的一种保证,(他又按照自己的理解补充道)但并不能实现公民整体的善或公正"。[56] 如果我们仅从已有的负面的角度看待"诡辩术",就会听到对它的如下控诉:仅仅关心可能性而非真理、愿意为争议的任何一方辩护(或许是为了钱财)、对启蒙的虚假承诺、政治上的表里不一、倾向于无神论等。演说家就是最恶劣形式的"高尔吉亚式诡辩"(Gorgianize)。普罗塔哥拉(Protagoras)不就是因为颠覆作乱的教学而被雅典驱逐了么?柯里西亚斯(Critias),一个曾认为立法者"伪造神性"就是迫使无秩序的事物重获秩序的政治幕僚,不也面临着相同的境况吗?安提丰认为没有哪个人类思想观点只具有单层含义,他不也因其颇具创造性的活动而被判罪。更不必说柏拉图、色诺芬、亚里士多德以及其他正统哲学信仰流派对诡辩论的蔑视(但是他们却忘记了苏格拉底的命运),以及他们对诡辩论者显然毫无原则章法的教学行为的否定。

但是,这显然是由一系列与诡辩者所持观点的概念特性无关的历史情境所支撑的片面观点。耶格提醒我们，这些人正是"最早的人文主义者"，而更晚近的格思里将他们比作西方另一场"启蒙运动"的启蒙思想家（philosophes），因为他们相比于形而上学更关注社会议题。毫无疑问，就像苏格拉底哲学一样，诡辩术也可能被误用；但是阿里斯泰德（Aristides）也曾提出这样的疑问，"希罗多德难道不把梭伦称作诡辩者吗？反过来，他又是如何评价毕达哥拉斯的？"[57]这一疑问同样适用于七智者、苏格拉底甚至柏拉图。诡辩者同样也以他们的方式追寻逻各斯，他们实际上是最早的语言专家，也正因此，柏拉图承认他们是"公民科学"（ta politica techne）的第一批开拓者。[58]

在为诡辩术辩护时，首先要强调的是演说的艺术，特别是修辞学，不能同哲学分离。《双重论证》（Dissoi logoi）的作者这样写道："我认为以一种简洁明了的风格演说、理解事物的真理、知道如何在法庭上做出正当的决断、能够进行公共演讲、能理解修辞的艺术，以及教授万物的实质——包括它们的状态和由来，这些技艺都是同一种艺术，可以归于同一个人。"[59]

诡辩术的积极方面也并非不为人知。[60]古代对"最早的人文主义者"的这种辩护几乎无一留存，至少在希腊如此；但是在文艺复兴时期人文主义复苏了，这最鲜明地表现于洛伦佐·瓦拉（Lorenzo Valla）发表的反对亚里士多德学派的长篇演说，以及埃尔莫劳·巴尔巴罗（Ermolao Barbaro）与柏拉图主义化的皮科·德拉·米兰多拉（Pico della Mirandola）的著名论战之中。而19世纪时，乔治·格洛特（George Grote）尝试改造修辞学，如果说近期的"新修辞学"还是没有使修辞术得到足够热情的接纳的话，也至少使人开始关注其社会价值。尽管如此，对修辞学地位的这种正面评价仍然仅仅是少数观点，在社会科学领域中尤其如此，这或许是自然（Physis）在与习俗（Nomos）周期性竞争中拥有优势力量的另一个证据。但是，诡辩术以及对社会学和人类学思想中实践智慧的捍卫者们的重要意义却绝非被夸大了，特别是当我们考虑到修辞学和法律之间的不断汇聚与联结的趋势之后。最先在诡辩术的支持下出现的这种协作，构成了西方社会思想史叙事中另外一个经久不衰的主题。

公元前5世纪对习俗（Nomos）的推崇助推了新的怀疑论的兴起，尤其是对昂特斯坦纳所说的"悲剧性的认识论"，普罗塔哥拉对其作出了经典的表述，他的一大成就是为雅典的殖民地图里（Thurii）（希罗多德曾于此居住一段时间）编纂了一部法典。普罗塔哥拉也是一个十分具有传奇色彩的人物，许多故事记载了他的论辩、迅捷的反驳以及高昂的收费。他或许是第一个语言哲学家，人们普遍认为他确立了演讲的原则模式（根据一份回忆录，这包括叙述、诘问、应答、指令、报告、恳请和引诱），他也被认为是"第一个坚持认为在每一段经验中都存在着相互抵触的两种'逻各斯'的人"。[61]普罗塔哥拉认为对自然的直接认识是不可能的，因为理性——逻各斯——是呈现在现象而非实在中。他对自然知识和理性神学的拒斥使得他经常被认为是怀疑论者和无神论者，但是他的思想中还有一些更为积极的内涵，这就是语言哲学。正因如此，普罗塔哥拉也坚定地致力于保卫惯例、反抗自然的战斗——即使他被同时代人以"逻各斯"相称。比如他相信，"我们的父辈"的智慧正是否认逻辑的精湛技艺的有力证据，"在神圣事物上玩弄自己的小聪明"是非常错误的。

以上论断绝非是说修辞学所持的是遵从社会成规的保守观点；恰恰相反，相比于他们的哲学批判者，诡辩家们更乐于拥抱变革和新事物。希庇亚斯（Hippias）曾问道："苏格拉底啊，你还在说着那些我很久很久以前就已经听你说过的老生常谈吗？而我一直在尝试讲些新的东西。"[62] 安提丰在为其创造新词的实践辩护时，提出过一个更加含蓄精微的反抗哲学正统的观点：新词是一种不仅可能冒犯古典学者，也可能冒犯理性主义者的东西；因为对新词来说，实在（reality）在实质上是元语言的。

无论是否"悲剧性"，以上就是修辞学这一新艺术（科学）的认识论基础，也是这一学科与被苏格拉底的精神后裔们所垄断的正统"哲学"之间绵延数世纪争斗的主要场域。"每个人生来都要么是柏拉图主义者，要么是亚里士多德主义者"，这一被奥利弗·哥尔德斯密斯（Oliver Goldsmith）和其他人广为传播的老生常谈更是强化了上述垄断，并将修辞学排斥在严肃的概念化之外。在亚里士多德的辩证视野中，习俗（Nomos）王国可以被降格为自然支配下的一个领域，人类本身也可以仅仅被当作某种生物学研究的一个对象。对亚里士多德来说，"第一哲学"不是人类学，甚至也不是苏格拉底意义上的自我认识，而是形而上学；所以在对人类言辞的分析中，语言分析应当让位于逻辑分析——在某种意义上是惯例让位于自然的又一实例，正如在对行为的分析中，心理学让位于生理学一样。甚至在政治和社会研究中，基于亚里士多德的辩证法规划建构起来的认识框架，都保持了最初规划中的自然主义风格，正如波利比乌斯（Polybius）这样"务实"的解释者在历史的研究中那样。[63] 修辞学的重要意义首先在于将概念化思想的视野扩展到具体的社会经验，以及以它自己的术语体系——人类的语言——所表述的人类文化的科学之中。对修辞学和诡辩家们而言，对言语机敏和说服技巧的兴趣绝不仅仅是唯利是图或煽动的野心，它也代表了对文明的一种原初而根本的理解进路，即通过语言的基础语汇、人的意志、人的造物和人的价值来理解文明。

在面对这些曲解失真的史料记载时，"第一代人文主义者"的思想遗产后来如何？它们奄奄一息地幸存下来，比如出现在苏格拉底学派的叛变者，同时也是高尔吉亚（Gorgias）的学生伊索克拉底的教学之中。[64] 伊索克拉底生活于公元前 4 世纪，一个社会秩序瓦解和充满幻灭的时代——如果说有一个秩序的话，他在著作中对柏拉图思想中"好辩论"特征持强烈批判态度（同时他也在当时通行的庸俗和贬损的意义上"反对诡辩派"）；他对此的补救则是将修辞学提升到哲学的高度。对伊索克拉底来说，意见不是被超语言逻辑或抽象范畴所塑造和超越的，而是被实在知识所塑造和超越的，这些知识的最终目的是至少在国家的层面上实现社会的联合。根据耶格的说法，他对文化的理想并非"在任何领域中实际知识的累积"，而是"关注将社会联合在一起的力量，这些力量被归结为逻各斯这个词"。[65] 尽管在伊索克拉底的时代，抱持这样一种文化联合的理想是徒劳的，但是这一概念的确能作为一种可行的人类科学的向导，一条为习俗（Nomos）王国提供概念化形式的路径，使其有可能在一个更为合适时代得到应有的探索。

人即尺度

倘若我们从一个所谓准则式的或普遍法则式的视角来归纳中心意旨,那就是:人即尺度(*metronanthropos*)。"人是万物的尺度,"普罗塔哥拉含糊地说到,"是存在者存在之尺度,亦是非存在者不存在之尺度。"[66] 人类是事实上的命名者、立法者、历史学家、评论家、哲学家——当然也是对所有这一切持怀疑态度的否定者。

总之,普罗塔哥拉的这句格言(不论其原初"意旨"为何)似乎反映了自我意识的出现,也就是前文所说的"灵魂的觉醒";这一表述常常与苏格拉底相连,因为他切实地以德尔斐神殿上的"认识你自己"为座右铭,并依循它的训诫"把哲学从天上引向人间"(西塞罗语)。但普罗塔哥拉在这一思想的内在化与社会化上做了进一步的深入。因为从我们的角度来说,"人即尺度"既是一种认识论原则,即世界经由人的理解与判断方得其定义;又是哲学层面对人类价值的呼唤。这正是普罗塔哥拉声称对神无知的真正根据,因为并非众神而是人类创立了法(Nomos);是社会而非自然,以因为"政治化"而明显理性化的形式创造了人类。哪怕这样看上去像是把法律同单纯意义上的意见绑定在了一起,它也是一条谦逊而节制的提议;如格思里所主张的那样,它与普罗米修斯神话的一个更为世俗和理性的版本相一致,与一条更直接有效地解决神话中隐含问题的路径相适应,并与一个在看待人类境况与"意义"问题时大体上更富历史性的视角相对应。诡辩主义不单用人类的评判替代神话,同时也意味着人类学对形而上学和神话产物的超越。

神话不断地显形于有关人类境况的普罗塔哥拉式思考之中,最受人瞩目的要数柏拉图关于文明开端的寓言。毫无疑问,"无神论者"普罗塔哥拉基于其诡辩的目的塑造了这个传统故事,或者说这就是他呈现于柏拉图对话录中的样子。"从前,世上仅有诸神存在,了无凡间生灵",[67]他这般开始。当各种生物经诸神之手、以土与火为原料制作出来以后,被交由厄毗米修斯与他的兄弟普罗米修斯来分配天然属性;但由于厄毗米修斯的短视(还记得他的名字原意为"后知后觉者"),人类的天然优势属性被剥夺;作为补偿,普罗米修斯("先知先觉者")从诸神[赫菲斯托斯(Hephaestus)与雅典娜(Athena)]那里盗取了火与实用技艺以便生存,尽管他没能同样幸运地为人类夺取到为宙斯所拥有的政治智慧。普罗米修斯受到了惩罚,而人类获得了恩惠,那就是享有"知晓神"与"敬奉神"的排他特权,以及更为实用的命名与生存技艺。但由于仍缺乏政治理解力,人类的社会造物时常陷入混乱无序之中;但好在宙斯派赫尔墨斯授予所有"人"正义感,以及基于此的社会目标——如果说没有实现社会目标的手段的话。不必多说,这一蕴含了怀疑主义与相对主义隐义的神话故事并不能使苏格拉底(或柏拉图)满意,但这与诡辩主义中人类中心说的指向——我们也可称之为"人类行为学的"——相协调。

然而,关于人类境况的这一诡辩式的理念挑战了种族中心主义与正统学说,这些隐微的意涵可以从普罗塔哥拉派别的其他人那里推导出来,其中就包括《双重论证》的佚名作者。"有关好与坏的双重论争由古希腊的那批致力于哲学思考的人提出,"他说道,"有人说'好'

是一种东西而'坏'是另一种,但其他人说它们是一样的,一件事物出于这个目的时或许是好的,但出于其他目的时可能就是坏的了,或者出于同一个目的却时好时坏。"[68] 从普遍逻各斯(即宙斯的意志)中提取出的东西被注入人类的判断之中;因此注意力从一个抽象的习俗(Nomos)转向了一套特定的习惯(nomoi),希庇亚斯将其定义为"城邦居民以成文的形式所规定的什么应当做、什么不能做的契约"。[69] 并且不仅如安提丰决意主张的那样,正义也可能是"不正义的",而且"希腊人与野蛮人之间也没有什么真正的区别"。[70] 在这样的条件下,社会思想的要旨必定是经验主义的,而且有可能是相对的,这是亚里士多德学到的重要一课——如果不是柏拉图所学/认识到的话,至少他的政治科学的经验主义维度上如此。

对经验主义的转向与对人种学的兴趣呈现在各类历史、地理和医学著作中,在现代意义上这些都是与"人类学"毗邻的领域。希波克拉底的论著《论空气、水与所在》(Airs, Waters, Places)就是例子之一,其直接将习俗-自然(Nomos-Physis)的二分用于描述亚洲人与欧洲人的"民族气质"。[71] 至于人类学传统的其他开创性作品,就要数德谟克利特和波塞多纽(Posidonius)的著作,E. R. 多兹(E. R. Dodds)认为他们二位有可能是"第一代真正的田野人类学家"。[72] 最有影响力的作家则是希罗多德,就如他首倡的那样,他将相对主义转化为"历史学"的一种方法论原则。如果人们被要求选出世上最好的习惯(nomoi),他认为,"人们会考察世上所有的习俗并最终仍青睐他们自己的那一套,他们会确信自己的习俗远远超越了其他任何人的"。尽管希罗多德一直以希腊的法与自由之优越性作为自己的主题,但是他的

"历史"理念也涵盖了对起源、神话、宗教习俗与希腊文化魔力圈之外形形色色民族习俗的种种记述。[73] 不过他也绝非是不加鉴别的,实际上他区分了真理与神话("非逻各斯的逻各斯")、目击者的证据与道听途说者的证词、理由(*aitia*)与借口(*prophasis*);此外,他还是早期社会思想的最初"命名者"之一——命运与机遇、变化与成长、民族性格与"法律"等词都出自他的贡献。也是在这样一种原初社会的意义上,希罗多德才是他所称的"习俗之王"(King Nomos)的忠实臣民。

但是,这样一条通向人类学的经验主义路径只呈现了由习俗(Nomos)所界定的主要传统的一个次要方面。希腊人的成就是蔚为壮观的。他们发现了有意识的自我,并将人格置于其社会文化思考的中心;他们在私人意识与公众意识、私人行为与公共行为之间作出了基本的划分;他们发明(设计或改造)了一套术语体系,用于理解体现了上述差异的、以法律理念为中心的社会与政治秩序;他们还将语言塑造为一种工具,既可以用于解释社会结构与社会进程,又可以用于社会的实际管理。他们没能做到的是创造一种通常意义上的法律科学,这部分是因为希腊人的演说术从未发展成为一个成熟的职业;部分是因为希腊人有关社会结构与社会变迁的观念大都沿着自然主义的方向展开,至少从理论层面来看是这样的;另外也部分是因为希腊人带有离心色彩的社会体验趋向于削弱他们对于法律统一性的强烈愿望。这种追寻法律统一性的可能性被留给了更富决断力也更有组织性——或许也就不那么具有反省性或富有想象力——的人们,由他们将社会思想的传统从自然(Physis)的世俗神话转向习俗秩序(Nomos)的人类建构，并在这样的基础之上，踏上了一条系统化的寻求尘世间人的尺度的道路。

第三章
罗马基石

就好像习俗是某种第二自然。

——西塞罗:《论至善与至恶》

习俗反对自然。

——塞涅卡:《书信集》

从神法到人法

社会思想的罗马传统看上去回到了与希腊传统相当不同的方向,或许也是一个更容易被人理解的方向。[1] 由于缺少对抽象理念的冲动,罗马人显然满足于更多地把他们的习俗、惯例和偏见予以理性化,仅仅在最后阶段才通过本土化的"阐释"进路(所谓的罗马解释学)容纳、吸收外来文化,以达到某种普遍性。[2] 在很大程度上,他们似乎满足于他们自己所创造的"第二自然",而非希腊思想中的原初自然。

通常说来,罗马文化不具有反省和沉思的特质,也并未致力于宇宙论的思辨:罗马人中没有出现柏拉图,没有出现亚里士多德,甚至没有形成一个能与诡辩派比肩的哲学传统。然而他们之中却出现了一位哪怕在其哲学思维——绝大多数是沿袭和派生的——中也显出法律家特质的人，那就是西塞罗，他首要的理想典范是祖先的智慧（*mos maiorum*）。罗马的精英被引向"实用"知识而非"理论"知识，西塞罗大加颂扬的正是那些"我们的祖先在此类智慧上远超越其他民族"的道路和方法。[3] 他们最先关注的是他们的共同体的维系、组织和扩张，此后才关注其传统的正当化。换句话说，他们基本上献身于其惯例而非自然。（因此，罗马人在科林伍德对"自然的观念"的探究中没有获得一席之地，即使是老普林尼也不例外。*）实际上，罗马人直到其历史上的相对晚期才意识到必须在自然与习俗之间作出区分，而且这还是拜希腊人的教导所赐。总的来说，罗马人珍视记忆胜过理性，珍视实用哲学胜过理论哲学——这或许都为"罗马的意识形态是以历史化的形式出现的"这个论断提供了充分的支持。[4]

罗马社会意识的起点与希腊不同，既非诗学也非宇宙论，而是如亨利·萨姆那·梅因（Henry Sumner Maine）曾发现的那样，"罗马的历史肇始于一部法典，也终结于一部法典"；[5] 对历史学家来说，十二铜表法实际上成了荷马史诗和所有前苏格拉底哲学家的替代物。尽管在哲学上这种替代性鲜有踪迹可循，但是在十二铜表法这"一切法律的源泉"的残片里，仍能够找寻到（口述的和记忆的）诗歌特性的映像。西塞罗曾谈到，十二铜表法在他的青年时代仍然被广为传诵（虽然后来就不再有了）。公元前5世纪中叶被授以法律编纂任务的十人委

---

* 盖乌斯·普林尼·塞孔都斯（Gaius Plinius Secundus）：古罗马自然主义哲学家，生于公元23年，卒于公元79年，世称老普林尼（与其养子小普林尼相区别），其代表作为《自然史》一书。——译者注

员会（decemvirs）游历雅典，他们向智慧的人咨询的故事被李维（Livy）和其他史家所记述，并且仍然被广泛采信；这种传统或许更吻合于对立法者个性的古老信念，而非对希腊法特定的借用和接纳。[6] 事实上，希腊理念大量涌入的时期要晚得多，对罗马法与梭伦立法的类比也是如此——包括西塞罗及后来的盖尤斯所指出的那些。希腊与罗马的法律思想之间的主要联系或许只是简单的，是法典化的理念本身：（法典化是）对写下并"公布"法律的实践的延展，以及与之相伴的公私法之分的推论，这实际上是罗马的核心，就像历史之于希腊的意义一样。

从一个长远的视角来看，罗马的社会思想和希腊一样，产生于宗教的语境之中，并且必须将其与印欧神话背景相区别，尽管印欧神话与希腊神话在许多方面有相似之处——无论是因为共同的起源还是彼此的渗透。[7] 罗马宗教的典型与独特之处在于其实践化而非理论化，罗马的神祇也倾向于特定社会价值的人格化，而非宏大自然原则的人格化。平等、仁厚、美德、和谐、荣誉、胜利、虔诚、"精神"或"思想"（mens），还有最重要的信仰（fides）——这些是罗马特质的守护力量，并被供奉于神庙之上。[8] 罗马人与他们的神祇之间有一种务实并且常常是契约性的关系，神灵需要通过协助人们世俗目标的实现来回报人们。法律的理念与历史的理念一样，都是宗教传统的产物，它们首先在宗座学院（pontifical college）中被详细阐述，这些学院同时也是解答有关法律原则与法律程序问题的权威。罗马人的宗教态度首先被保存在家庭对他们深远的、永不停息的影响中，尤其是家庭扩展形式的氏族（gens）（与希腊语中的 genos 等同），它被古朗士（Fustel de Coulanges）描述为"起初这是社会的唯一形式"。[9] 栖身于家长制机构之上的"家庭宗教",在某种意义上就是由家庭构成的公民社会之精神对应物,它构成了罗马共和国的核心。

由于对宇宙论持续而普遍的忽视,罗马传统更多依赖奠基神话而非创世神话。除了埃涅阿斯(Aeneas,早在维吉尔将其移植到希腊传说之前,他就已经与伊特鲁里亚文化有千丝万缕的联系),罗马传统中的核心人物形象就是拥有同名史诗作品的罗慕路斯了,他是"法律和祖先习俗的监护者",也是罗马传统教仪的监管者。[10] 尽管这个建立在拉丁-萨宾(Latin-Sabine)基石上的城市事实上在伊特鲁里亚人的统治和著名的"驱逐诸王"事件之后才出现,但罗慕路斯仍然成为罗马人主要品质的象征。作为罗马的筑城者(conditorurbis),他把很多其他较为次要的传说和形象都集于自己一身;在这些其他事物中,将社会等级以及家父权这一市民法在家庭事务上的焦点引入罗马城的功劳也归于他;而最重要的则是罗慕路斯犁出了神圣的曼杜斯沟(pomoerium),一片环绕着城市、为罗马人的领土提供神灵护佑的禁区。*

罗慕路斯的继位者努马·庞庇里乌斯(Numa Pompilius)赋予这个领土象征以法律效力,据说他"决定无论何人,只要开掘了土地的边界线,他和他的牲畜都将一起被祭献给地府的众神"。[11] 罗马的第二位国王(历史学上可能是第一位)的政策很好地阐明了罗马人将地产占有吸纳进入宗教原则的倾向。尽管他因虔诚向神,以及将人受神约束的宗教仪式规范化而获得声望,但努马国王仍然以确定城市的边界

---

* 曼杜斯沟,是古罗马城一个具有宗教意义的壕沟,原建于古罗马城外,围罗马城城墙,由罗马传说中被神化的第一位王罗慕路斯在罗马城破土之日犁出,又被称为"圣界墙"。——译者注

为其第一要务,当然这本身也是一种"宗教性"的行为,在多面的护界神*的庇护之下得以施行。奥维德(Ovid)曾描绘了界碑节(terminalia)的盛况,并记载下了节日的祷文:"哦,护界神!不论你是一块石头或是筑于地面中的一根长杆,自遥远的古代开始你就已经位列神祇。"他进一步记载道,"你稳固了人、城市和庞大王国的边界,没有你,每一片土地上都将是争吵的场景"。这再一次与希腊文化形成了显著的对比。宙斯发布了他的"地美士第"来指导希腊人,而朱庇特的化身护界神则为罗马人守卫着疆土。父神的这种形象被蒙森(Mommsen)所说的"弑神"形象强化,"不仅是罗马人更是整个意大利人崇拜的中心意象"。像罗马宗教一样,罗马法也为一种不可抵挡的"领地本能"所支配。[12]

　　以上种种都是神法(fas)的根基,这是一种被设想为神圣命令的权利,在这种神圣原则之下,财产得到保护,战争——罗马霸权扩张的原初形式——也得以发动。总的来说,罗马社会思想的出现与从口述文化到书写文化的过渡基本同步,它是下述运动的产物:罗马从由不成文习俗统治,由神法(fas)的农耕社会,向由世俗的、超家庭的法律(ius)统治的城市社会转型,法律被书面化并超越了古老的家父式家庭,扩展到平民和后来的殖民地及其民众。

　　像神法(fas)一样,法律(ius)最初都是指称某个口头词,确切地说是证明某事为真的誓言(源于 iurare)。Ius 和 dike 相似,因为它表示一种比律法(lex)(与希腊语中的 thesmos 相似)更加普遍化的规则,

---

　　* 护界神(Terminus),罗马神话中的神,具体形象就是界碑,每年的2月23日对界碑进行祭祀。一般认为,萨宾人在罗马共和国初期引进的,护界神是大神朱庇特(Jupiter)的一个化身,并在朱庇特神庙里供奉着这样一个界碑。——译者注

58　人的尺度

同时 ius 与它的拉丁语近亲 dico 也有特别的密切关系［就像法官（iudex）与司法审判（iurisdictio）的关系那样］。更进一步地，类似于术语"习俗秩序"（nomos），ius 表示一种源于公众意志的规范，或许这与词汇"治权"（imperium）形成了对比，就像 lex（源自 ligare，意为约束；或源自 legere，意为阅读）与 rex（源自 regere，意为统治）形成的对比那样。这是典型的"不成文法"的例子，亚里士多德（称之为 nomos agraphos）和西塞罗（称之为 ius non scriptum）将它与成文法严格区分开来。尽管最初的语源可能被遗忘，一些潜在的含义在西方社会思想的漫长历程中却被保存了下来。在某些方面，罗马的 ius——其实应当是整个 ius 语汇家族［如正义（iustitia）、法学（iurisprudentia）、司法审判权（iurisdictio）等］——代表了 Nomos 在智识上第一次被明晰地界定，不过在法学家和哲学家对 ius 予以理性化的进程里，它也内含了一种最终抵达自然法则似的普遍性的雄心壮志。[13]

市民法

罗马宗教在世代的继替中逐渐被世俗化、稀释，渐渐屈从于各种域外的掺杂元素；但总的来看，罗马宗教是被政治化的而不是被理性化的（从对罗马历史的回溯中也能看到）；它进化的最终形态不是哲学，而是罗马国家的意识形态。[14] 正如我们从文献典牍的残章断篇中看到的那样，以神法（fas）为依据的罗马市民法反映了共和国的世俗生活。对罗马法律最早的系统性阐述——包括多多少少有些神话色彩的王政法（leges regiae）和帕皮里法（Ius Papirianum）（因传说中的第一位教皇而得名）——是由宗座学院所创制的；但十二铜表法却不像其他的原始"法典"那样被假定拥有神圣的源起。[15] 实际上，这部法首要的正当性依据或许可以由最有名的一句格言揭示，"让人民的福祉成为至高之法"（lex populi suprema lex esto），以及最后一表的最后一条"无论人民最终颁布了什么，都应该被认为具有法律约束力"。如同梭伦的法律一样，这部"一切公法和私法的源泉"的法典（西塞罗语）在文本上也受到了质疑；但是它被铭刻于木匾以及后来的铜版之上，在口口相传之中被保存，在文学和古文物研究中也多次被顺带提及。特定的立法又汇入这原初市民法的核心内容之中，这些立法工作在3世纪时从主教们的手中转移至世俗的执法官手中；并随着平民开始参与公共生活，立法工作逐渐受到公共讨论——以法学家的"意见"的形式——的制约。但是，在理论上，权威的终极来源始终是一贯的，即公元2世纪时盖尤斯所写的那样，"法（Lex）是人民（Populus）的命令和决断"。[16]

市民法是罗马社会的表达，它的含义远不止法学家们在技术层面上所定义的公众意志的产物。更根本也更具体的是，它是由个人为解决特定争议而发起的"诉讼"所形成的。这些"法律诉讼"（legis actiones）也有宗教性的根源，从它们最早形式的"誓金之诉"（Legis actio sacramento）就可以清楚看出；尽管原初的意义已然消亡，但诉讼的例行化形式却在后来的法律汇编中保存了下来。然而这个基本的法律程序也被世俗化了。彭波尼（Pomponius）曾讲述过誊抄者甫拉维乌斯*

---

* 甫拉维乌斯是执政官克劳狄乌斯（Appius Claudius）的秘书，他利用职务上的便利，相继把诉讼方面的程序和进行诉讼的日程表公布于众，开始打破了神职人员垄断法律知识的局面。——译者注

(Gnaeus Flavius)的故事,在公元前300年左右,他仿效普罗米修斯,从宗座学院里偷窃了有关市民法的书,并将它们传播给人民,从此终结了神职人员对法律的垄断。[17]这些书所涉及的法律诉讼的基本形式因而得到广泛传播,后来的成文法(leges)进一步确定了更多不同种类的法律诉讼形式。尽管规则程式复杂多样,所有这些"诉讼"都置于同样的一种程序中,即竞争的当事人依据市民法规范解决分歧(或许这也反过来帮助塑造了法律规范)。在元首政治之下,成文法律被更加直接地应用于公共领域,但在绝大部分情况下,它们依然还只是 ius 理念的一些特殊推论。

罗马社会的基石是家庭,这一点甚至比希腊表现得更为显著。从根本上讲,罗马的社会(宗教、经济和政治)思想的所有元素都来自于这个私人的、前历史的,而且据说是"自然"的制度中。在市民法中,婚姻并非基于宗教,而是基于合约,也就是人的意志,尽管人类意志的结合——即圆房完婚——并非构成"公正"的联合的必要条件。如果家庭是(社会制度的)基石,那么其拱顶就是社会的物质财富,在普遍意义上称为"财产"。[18]

罗马家庭的统治性原则是男性的支配地位,这在印欧神话中得到了广泛的反映,尽管这种见解至少从约翰·雅各布·巴霍芬(J. J. Bachofen)开始就受到了母权论者的挑战。然而,从十二铜表法反映的习俗开始,家父权就是绝对的、全面的,它的目的非常明确,就是财产的保全和增值——无论是不动产还是别的财产,无论是在时间维度还是在空间维度。与之相伴地,父权制也包含了父权对宗教仪式的控制,这些宗教仪式通过塑造祖先和后代的虔诚关切赋予家庭以凝聚力。家庭就是一个微缩的帝国，家父（*paterfamilias*）的夫权（*manus*）就相当于人民的主权（*maiestas*）或皇帝，私有财产（*res privata*）就相当于罗马国家（*Res Publica*）。父亲对其子女和奴隶享有生杀大权，对其自由还是奴役有决定权。根据十二铜表法，甚至妻子在技术上也居于财产的地位——基于占有［或时效取得（*usucapio*）］而获得，因而也须屈服于父系统治。因此，父亲是祭司，也是君王；是丈夫，也是祖先，更是曾经统治历史——至少是政治和社会思想史——的男权主义的原型和样板。

前历史的但几乎没有神话色彩的父权权力与政治权威之间的联系一直是深远悠长、相互强化的。国王以及后来的执政官（*dictator*）和皇帝（*imperator*），在某种意义上也是"家长"，尽管从技术层面上来说，政治权力是由拥有土地的家庭——那些构成全体公民（the *Populus Romanus*）的微缩帝国——委任而产生的。正是因为父亲是一户家庭事实上的君王和神，所以"父亲们"（*patres*）和他们组成的"贵族阶层"拥有终局性的权力［元老院准可（*auctoritas patrum*），这一直是用来形容元老院权力的词］，因而也拥有了罗马共和国的"至高权威"。

简言之，正是私德（*virtus* 是男权语境下的词）在公信与公共服务上的投射，才使国家的政治稳定和辽阔幅员得到保障。"公共信仰"（*fides publica*）正是这种投射的名字，在建城的第三个世纪，罗马人建立了一座神庙使其得以被礼敬。[19] 正如历史学家们指出的那样，通过这些和其他的一些方式，罗马的社会发展被打上了同源性的标签——私法和公法、家庭制度和政治制度、道德哲学和法律哲学的同源性。在特殊的意义上，这也同样代表了从自然向惯例的发展，也就是说，从一个主要是生物意义上的社群到一个由人自觉构建的社会的发展，很多后来的阐释者们都设想过这种文化进程。

从最为根本的意义上说，罗马人是"现实主义者"——关注与"物"（res）相关之事，无论在公共领域还是在私人领域，他们都投身于关涉"不动产"的种种事务。他们拥有强烈的"对盗贼的憎恶"（盖尤斯语），他们的国家首先建基于对财产权的尊重之上——当然此处指他们自己的私有财产。[20] 这一社会经济制度，不仅构成了亲属关系和"外邦的"继承制度的基础，也给十二铜表法中已经很显著的阶级分化奠定了基石。法典中认可了五个社会集团，但是根本的区别存在于旧贵族和被排除在外的其他人之间——平民、门客、自由民（这些人在城市发展的进程中都被吸收进公民的行列）和奴隶。社会分化的一个更为直接的反映是对有产者（adsidui）和无产者（proletarii）在"金权政治上"所做的区分。十二铜表法中不仅包含了市民法，也包含了"神圣的"法；进而在宗教的协助下，对土地的控制成为确定社会形态的决定性因素，或许在所有的印欧文化的社会中都如此。根据杜梅吉尔（Dumézil）的观点，罗马三主神——朱庇特（Jupiter）、马耳斯（Mars）和奎里纳斯（Quirinus）和他们的"燃灯祭司"（flaminesDialis, Martialis, Quirinalis）——分别与三个普遍的社会阶层对应：教士、武士和所有权人。不仅如此，他们还与某些特定的"罗马历史的基础"相一致：对神灵的尊敬和信仰、城市的建立和守卫，以及随后的帝国建构。[21] 无论在实体还是精神意义上，人法（Ius）——市民法抑或宗族法——都是神法（Fas）的产物。

罗马人的总体倾向——尤其是在共和国时期——是将其宗教忠诚 41

社会化、政治化，进而"大众化"，并进一步将"人民"予以提升和实体化，元老院和人民共同构成一个超然的精神全体和权威来源。如西塞罗评论的，"加图（Cato）曾说，我们城市的优越性依赖于这样一个事实：其他城邦的法律和制度几乎都来自于一个立法者……而我们的共和国并不是依靠任何个人的天才式的创造，也不是在一代人的生命周期中一蹴而就的，而是历经了无数的世纪"。[22] 恺撒以降的君主政治可能削弱了这种确信，但大约直到公元3世纪，古典法学都保留了这一见解，并对社会思想的发展起到至关重要的作用。

罗马解释学

就像神圣法让位于市民法那样，市民法也以同样的方式被法学家的法所取代，这其实是一种传统，即在特定事件和争议中，法学专家将赋予十二铜表法和其他立法的未经雕琢的文本以形式和意义。[23] 这种至关重要的"解释"过程最初是由宗座学院开展的，宗教性的评注和批复不仅涵盖了宗教议题，也涵盖了民事问题。[24] 这一法律传统的宗教性阶段在穆奇（Mucian）家族伟大成员们的工作中达到高潮——普布利乌斯·穆奇乌斯·司凯沃拉（P. Mucius Scaevola）、普布利乌斯·李锡尼·克拉苏·穆奇安努斯（P. Licinius Crassus Mucianus）和昆塔斯·穆奇乌斯·司凯沃拉（Q. Mucius Scaevola），他们全部都是祭司长。公元前1世纪，法律解释的绝大部分工作都移交给了世俗法学家们，他们以不同方式——无论是作为律师、法官或顾问，还是那些起草法令和为案件提供"知识"的地方执法官（cognitio，或审判管辖权，等同于司法审判权）——为市民法的完善做出了贡献。法律解释从一个教士垄断的事务变成了一项公共的志业，正是通过这个行业成员们的共同努力，所谓的长官法（*ius honoratiorum*），即市民法的实用性化身拥有了科学化的程式体系。

在古老的时代，解释实质上是一种宗教占卜活动（就像早期现代的"诠释学"那样），依据碎片化的文本来源——主要是宗教程序集和司法意见——来作出判断，当时的解释学直到元首政治时期都还停留在字面和形式主义阶段。然而法学家的法律阐释工作却要求技能、敏感和关于世界的渊博知识。大体上，如西塞罗教导的那样，法学家需要精通下面三件事：审判案件、提供辩护和撰写文书（*respondere*、*agere* 和 *cavere*），这些就是早期的法律职业对从业者的要求。到西塞罗的时代，这些专业知识成为对执业的律师——即"雄辩者"，以及地方执法官和法官的普遍要求。这些人都没有接受过正式训练，尽管在西塞罗的柏拉图式理想中，他设想这些雄辩者拥有渊博知识和深厚实务经验，甚至比得上柏拉图理想模范的罗马版本——亦即"哲学家执法官"。但是，在很大程度上，罗马法学采纳的是希腊教育理念（*paideia*）的修辞学而非哲学的视野。由此带来的不同之处在于，诡辩派的罗马继承者们也同样致力于一种"公民科学"，他们在经济利益和政治权威之间建立了更为坚实的专业化基础，更为重要的是，维系了二者之间持续的纽带。

到西塞罗的时代，长官法进入法学家传统的控制之下，这些法学家对社会思想的贡献远远超出了西塞罗式的夸夸其谈者（*pragmatici*），或是那些在地方执法官任上短暂任期的业余者。[25] 从共和国晚期开始,这些专业的法学家(*jurisconsulti*、*jurisprudentes*、*jurisscientes*)的社会来源更加多样,既有出身寒微的演说家,也有那些致力于获得执政官职务的望族子弟。当法学家三项专业职能中的一项获得官方认可时——解答(*respondere*)在著名的(虽然可能被高估)解答权(*ius respondendi*)机制中被正式化——法学家们实际上获得了立法和司法双重意义上的权威;他们便用浩如烟海的文献来表现这一权威,尤其是立法评注 [包括对制定法(*leges*)、元老院决议(*senatusconsulta*)和告示(*edicta*)的评注],对特定话题(例如解答、询问和争论)的论述,以及教科书。虽然法学家们在意识形态上有分歧——就像所谓的保守派、共和主义的"普罗库勒"学派,以及更具有帝国意识的萨比尼昂(Sabinian)学派,但他们因为共同的"科学"性依旧联合在一起,这种联合剂自维斯帕先(Vespasian)皇帝之后变成了对皇帝和他的事业的忠诚。

古典时期最为卓越的法学家是帕比尼安(Papinian),他是3世纪的一位禁卫军长官,也是用修辞学风格写就多部论著的作者,其著作的典型形式就是关于"某某"的抽象案例的课堂"提问",意在引导出正确"解答"。在他的同事和注释家中还有保罗(Paul)和乌尔比安(Ulpian),他们可能是最具有哲学家气质的罗马法学家;以及盖尤斯,他的《法学阶梯》(*Institutes*)是该传统遗留下的唯一一部经典著作;还有莫迪斯蒂努斯(Modestinus),他是同行中的最后一位,死于公元234年。[26] 这五位被弗里茨·舒尔茨(Fritz Schulz)称为"法学传道士"的法学家,被著名的《引证法》(公元426年颁行)赋予了特别的权威,这部法律宣布,这五位作者的审断意见具有决定性的效力,尤其是帕比尼安的意见,在某个案件中发生意见冲突时具有更强的效力。在"官僚时期"的后古典式法律汇编中,这些法学家的观点为古代的社会思想保留了一条传递渠道,也成为一股塑造性的力量,不仅塑造了西方文化中的法学和法学教育,还塑造了政治和哲学。

但市民法及其在长官法上的扩展,自然也有不那么光彩的一面。这些法律在罗马历史的熔炉中铸就,因此它们从未完全褪去阶级冲突、野蛮的帝国扩张和连年战争的伤痕。它们绝不仅仅反映了"人民命令了什么",更反映了人民曾遭受了什么。这一法律传统中充满了时代的错误。"时光的长河中流淌着古老的著述和废弃的习俗",奥卢斯·格利乌斯(Aulus Gellius)如此写到,"而正是根据这些古老的话语,法律的观念才能得到理解"。在这一精神之下,正如盖尤斯在古老的法律程序(legis actiones)于公元2世纪时被法律所取代时对前者所做的探讨,格利乌斯也在"十二铜表法中的古老智慧被爱布兹法(Lex Aebutia)取代而步入长眠"时探讨了"普罗大众"(proletariuscivis)这个词。[27] 市民法中也同样充斥着诸多不公正的内容,以至于不止一个现代历史学家试图将其视为一种实质上的"社会控制的手段"。最后,市民法更由于所谓的修辞的两面性和表里不一而声名狼藉。西塞罗曾告诫人们要对"诉讼语言"和"常人与演说家的语言"做出区别,而且他也"不乏诡辩"地提醒读者,辩护律师可以为案件的任何一方找到辩护理由。[28] 与他们诡辩派的祖先类似,律师长期有着人尽皆知的坏名声。"法律越多,城邦越坏"是希腊的一个谚语,它也被罗马的批评家们用来形容他们自己的社会(plurimae leges, pessima republica);当时的流行意见也倾向于增强对尚讼风气的疑虑,将其看作古老美德衰落的确切标志。在一些志同道合者的墓志铭中,其中有一篇就这样写道,

"让所有的骗子和所有的律师都远离这方坟墓"。[29]

法律传统的张力和矛盾在西塞罗的公共生活中得到了淋漓尽致的展现,其生涯看上去几乎就是市民法命运的概括。他担任执业辩护律师直至不惑之年,这段激烈拼争的峥嵘岁月对他的法律和社会意识产生了持久的影响。他为党派活动辩护却又谴责党派主义;他极力鼓吹"混合政体"的优越性却又对柏拉图哲学勾画的乌托邦理想不吝赞美。简言之,在他的职业生涯中,西塞罗将最强烈的现实主义和关于正义、法律道德权威的最高尚理念结合起来,其现实主义由于和前帝国时代罗马社会、政治和司法中令人失望的腐败的关联而增强。通过为罗马公共性价值提供一种理想化范式,西塞罗事实上把罗马精神(Romanitas)提升到了普适人性(humanitas)的高度。在盖尤斯看来应当归因于罗马人民的共识以及法学家的"实践智慧"的,西塞罗则认为是人类理性使然。这就是他将柏拉图《理想国》中壮丽华美的蓝图适用于罗马传统的方法;也正是因为他在这方面跟随斯多葛学派的脚步,所以他在后世会被"自然法"的现代信徒们所跟随——再一次败坏了Nomos的名声。[30]

相比于西塞罗,专业法学家们则对这些受惠于希腊的概念持更加批判性的态度,但他们也乐于见到斯多葛学派的自然法则力量的到来,以协助罗马法秩序(Nomos)。市民法与希腊概念化系统的这一相遇,尤其是通过与希腊语言哲学相关的术语体系和解释学技术,使得长官法——它被视为"市民法尚存于世的绝响"——向一门羽翼丰满的科学的转化成为可能。这些长官法——乌尔比安称之为"法律教士"的新秩序——继续着一项长期的智识努力,一位历史学家将其盛赞为一场对社会思想和法学都产生了至关重要影响的"科学革命"。[31] 在二十个世纪后向前回望，这些法律在马克斯·韦伯看来正站在西方社会科学的源头上。

法律科学

谈及罗马的法律传统，有一件事必须始终铭记于心，那就是市民法与雄辩术或修辞学——罗马人再一次以希腊人为师而习得[32]——之间时而平行时而交汇的命运轨迹。这个关键的联系可以在罗马人将古老的"习俗"概念——法律的原初形式——命名为"第二自然"以及与语言的这一区分的联系中看出来。除了诸如老普林尼、萨鲁斯特（Sallust）和塔西佗等作家的一般用法外，"习俗"（consuetudo）这个术语同时被西塞罗和昆提利安*在语言共同体规范的意义上使用，可以与"习惯"（mos）和"使用权"（usus）等词的含义相比拟。西塞罗故意把日常的、习惯的生活（vitae consuetudo）与柏拉图《理想国》中的哲学理想进行对比；大体上来说，惯例存在诸如格利乌斯、瓦罗（Varro）等文献学家的设想中，被赛克斯都·恩披里克（Sextus Empiricus）等怀疑论者认为是一个社会标准而不是逻辑标准。[33] 在所有惯用语中最为人熟悉的一句，也被昆提利安、西塞罗和老普林尼反复提及的就是，"习俗是人类言辞以及更普遍意义上人类生活的统治者"，无论在

---

* 马库斯·法比尤斯·昆提利安（Marcus Fabius Quintilianus，约公元35—100年）：罗马帝国西班牙行省的雄辩家、修辞学家、教育家、拉丁语教师、作家。其著作在中世纪学校与文艺复兴时期的文章中被广泛适用及引用。——译者注

个人（在个人习惯的意义上）抑或共同体（在社会惯例的意义上）层面都是如此。所有这些假定在法律中都有对应，并在某种意义上将其与自然哲学区分开来。私法本身就是历史学家"研究中明白易懂的领域"［赫尔穆特·科因（Helmut Coing）借用阿诺德·汤因比之语］。

当然，希腊影响最为显著的地方照例还是形式哲学。从长远来看，罗马法律科学可视为罗马的习俗（Nomos）和希腊的自然（Physis）杂交的产物，"自然法"赋予市民法的实质内容以形式和方法。罗马人对希腊才智的一些方面公开表示蔑视，尤其是对诡辩术和声名狼藉的不可信论（以讽刺性的语说就是 graeca fides），但他们在侵取、吸收希腊精神上却毫无顾忌。无论历史真实性几何，十人委员会游历雅典的传说（被彭波尼和其他人反复述说——直到维柯的时代）简洁明了地象征了罗马人对希腊思想根本的借用。

虽然传播渠道尚朦胧不清，但柏拉图的理念、亚里士多德的分类法、诡辩学派的习语，以及辩证法，的确将罗马形式主义、准宗教性的法律教条转变成一门理性化和国际化的学科，一种希腊化的"科学"（法学家将他们的研究领域称为 legitima scientia）。[34] 这种视野的扩展在西塞罗不乏夸张的语句中再一次得到了反映，他赞美苏格拉底把哲学从天国带到人间，但却希望凭借一己之力把社会思想再次提升到宇宙论的高度——普适的自然法则（Physis）的高度。跟随着柏拉图哲学的世俗神话，西塞罗事实上回到了法律神圣起源的古老观念。在他看来，"法律科学"既非"如当今多数人设想的那样来自裁判官的法令"，也非"如人们过去一向认为的那样来自十二铜表法"，而宁可说"来自于哲学中最深的奥秘"。[35]

至少在最初，市民法的"科学革命"伴随着一场根本性转变——希腊政治哲学的自然主义方向上的转变。对西塞罗来说，法律被定义为最高的理性（summa ratio, recta ratio），是自然意义上的伟大共和国的秩序性原则，也是正当构建的人类政府的原则。但即使是西塞罗，在他强烈的希腊化热情中，也一直在尝试着往法律的理念中投射罗马本土化的元素。他至少在哲学意义上拒斥将法（nomos）与词根"nemo-"相联系的语源学做法，因为后者表示分配的含义或给予每个人其应得的；相比而言他更愿意认为法律（lex）源于"lego"，意味着在善与恶之间的取舍和选择。[36] 对西塞罗来说，法律不是一种数理科学，而应是一种实践智慧的形式，要求的是道德判断和"公正"。正如乌尔比安在他的名言中所说的那样，法学是"善和公正的艺术"（arsboni et aequi）。[37]

如罗马历史学家彭波尼所说，是法学家而非雄辩家"为市民法奠定了基石"。[38] 法学家们倾向于对政治理论持不信任的态度，这部分由于政治理论中充满争议，部分由于它在哲学上的非专业性；法学家们必然将注意力集中于罗马历史在数个世代中积累下来的大量法律惯例，以及私法规范和中观社会问题的层面上。他们在法律科学领域所取得成就的深度和广度在查士丁尼《学说汇纂》的残卷中得到了并不完美的展现。能领会他们所实现的智识"革命"的唯一路径或许在于考察语言的转化、技术性术语和论证模式的发展，以及将法律知识和程序系统化的尝试。但这是一项远在西塞罗之前就已经开始的事业，对于最早期的语言和概念变化的模式究竟为何，我们也只能猜测。

法律诠释学和其他种类的诠释学不同，包含了对事实和法律的双重判断。一般而言，法学家的任务总是从经验、特定的案例、诉讼和质询中推论出有效且合乎现实的结论：司法判决根据特定的法律经验主义被扩展为普遍性的原则。在一个不断扩张的地中海经济、军事和政治舞台上，法学家也被迫相应地扩展他们的专业视野。在与城市的和国际的问题遭遇之际，他们开始自觉采用更广泛的概念策略，包括公理、假设、类比，以及更为通常的一些概念，比如权威、优先权、类型化、比照和诉讼。他们对法律概念作了系统化的区分（*divisiones*, *differentiae*，对中世纪的评注家来说是 *distinctiones*，对应于亚里士多德主义的 *diairesis*）；早在老司凯沃拉（Q. Mucius Scaevola）的时候，他们就开始将法律素材按照种属次序进行排列整理；他们也开始为在案件中给双方辩护的实践作诡辩主义的正当化（*disputatio in utramque partem*，类似于希腊语汇中的 *dissoi logoi*）；他们同时也投身于有关"公正"的理论和实践。通过这些不同的手段，在哲学和法学之间孕育了持久却经常充满争议的联姻。[39]

多样化的定义和规则（*definitiones* 或 *regulaeiuris*，对应于希腊语汇中的 *horoi* 或 *kanones*）的发展，是法学与哲学联姻的最为影响深远的产物之一。*regulae antiqui iuris* 最初含义是"模型"或"范式"，它流行于希腊化尤其是古典时代，之后被查士丁尼汇编，进化成为普遍性的规范和"箴言"，在数个世纪中都充当了评注和解释的主题。[40] 这些规范有些保守（如"血统权利不能被市民法所废除""在两人的权利请求中占有者的立场应更可取"），有些理想化（如"自由高于一切""奴役等同于死亡"），有些则是文本主义的（"当法律的词义模棱两可时，应采用最为可信或最常用的含义"）；但绝大部分似乎是常识、习惯和经验的产物，常常超越分析所能及的范畴。但无论如何，它们都代表法律智慧所依赖的底层基础，这种智慧在罗马的习俗秩序（Nomos）视野下得以积累，并在某种程度上被希腊的概念体系所形塑。它们除了在某种意义上是涂尔干所说的"社会学方法论原则"的法学始祖，也作为内在于市民法的一系列规范而得以存续；这些规范中最首要的规则当然是"法律并非源起于这些规则，恰恰相反，这些规则由法律而建立"。

"所有的定义都是危险的。"这是另外一个法学原则，它意味着法学家须将自己的独立思考和推理置于其专业传统的惯例和话语的世界之中，并在习俗秩序（Nomos）王国中留守自己的领域。[41] 无怪乎罗马法学家更多地倾向于希腊的语法和修辞学，而不是苏格拉底式的正式哲学。"演说家们"当然会在他们的论证中采用所有的逻辑学资源，但语言的传统惯例模式对法律科学来说却更为重要。对类比的使用，以及最重要的"习俗"和"权威"等一致性观念，对语言来说至关重要，但对哲学就没那么重要了。法律受语言特别是书面语言的约束，因而（法律）也依赖于相似的解释理论——尤其是从文本的文字来推断意义这一经典问题，在法律的语境中，这意味着从法律词汇（*verba*）来推断立法者的目的和意图（*voluntas*）。这里有另外一个著名的并被反复提及的规则，"要理解法律，不能仅限于词汇本身，而必须抓住这些词汇蕴含的力量和意涵"。（*vis et potestas*）[42] 所以市民法可以被视为对立法意图（批评家们称之为"意图谬论"）进行诠释学辩论的最初语境，尤其是自由解释与严格解释之间的论争（可类比为形象的、理性的解释风格与文本至上、注重语法分析的解释风格）。这就是法学家和社会思想者们对"法律的精神"(mens legis, ratio legis) 的不懈探究的初心，从塞尔苏斯（Celsus）和乌尔比安到孟德斯鸠和维柯以及后来学者们，概莫能外。

从晚期共和国开始，最终塑造罗马法律观念并指明其发展方向的是有关普适自然——尤其与惯例相区别——的宏大理念；而罗马对法律结构的观点也基本上是对希腊概念的翻译：自然法和市民法之间的对立（ius naturale 和 ius civile，对应于 physei dikaion 和 thesei 或 nomon dikaion）、万民法和市民法之间的对立（ius gentium 和 ius civile，对应于 koinon dikaion 和 politikon dikaion），以及成文法与不成文法之间的对立（ius scriptum 和 non scriptum，对应于 nomos gegrammenos 和 nomos agraphos）。[43] 市民法、自然法、万民法、习俗，这（还需加入神圣法）就是两千多年以来西方法律和社会思想的基本范畴。

希腊人带来的概念礼物中最后但或许最具价值的，是对系统化思维的喜爱，以及实现这种思维模式的一些方法。斯多葛学派在尝试将法律理念普适化的努力中具有特别的重要性，而热切的罗马学生们则以将斯多葛学派赞颂的自然法进行罗马化来回应他们的老师。在征服世界和建立普遍秩序的道路上不懈前行的罗马法律传统，和孜孜以求于为自然秩序创立一套支配性原则（arche）的希腊传统，这两种思想运动的交汇，为创造一个全球法律体系及相应的社会思想的综合体系的法典努力打下了基础。法律体系、法典的理念在执法官法令以及西塞罗和恺撒所设想的一些特定法律改革中（ius in artemredigere 就是其准则）已见端倪，但主要的智识工作是由新的法律专家阶层尤其是法律教师们所完成的。在市民法的体系化过程中着墨最多，或至少站在现在回望最应当获得赞扬的学者,是公元2世纪的法学家盖尤斯,他的《法学阶梯》(在19世纪早期奇迹般地被复原了)是唯一一部对古典法学给予了广泛全面考察的著作。有了盖尤斯,罗马的法律传统实现了一种"科学化"的形式。虽然在数个世纪中都没有得偿所愿,但"盖尤斯主义"的内在目标一直是以罗马语言兑现嵌入罗马法学中的古希腊理想,这一目标出现在斯多葛派辩证学家克律西波斯(Chrysippus)提出的著名准则之中,并赞颂着我们所探究的主题,"由神到人,Nomos 统摄万物"。[44]

我们的盖尤斯

我们对法学家盖尤斯知之甚少,甚至不知道他的全名。[45] 他的学术背景也不甚明晰,除了知道他似乎倾向于罗马法学中的萨比尼昂学派——偏好宽松灵活的解释而非严格的文义解释,授课、讲演之余还做顾问外,其他的就不甚清楚了。他留下的许多著作中有对十二铜表法的评注,有对执法官告示和行省法令的评析,有对法律规则的注释,以及对市民法许多具体案例和话题的解析。由巴托尔德·格奥尔格·尼布尔*(Barthold Georg Niebuhr)发现的盖尤斯《法学阶梯》著名手稿[抄写了圣哲罗姆(St. Jerome)的书信的重写羊皮纸]不仅提供了对一个古代法学家的独特看法,也展现了公元6世纪查士丁尼皇帝那一既

---

* 巴托尔德·格奥尔格·尼布尔(Barthold Georg Niebuhr, 1776—1831):德国政治家、银行家、历史学家,研究领域为古罗马史,是现代学术历史编纂学的奠基人。——译者注

有破坏性又有重建性的法典编纂工作完成之前的正式法学的面貌。这部《法学阶梯》的文本并没有太多新奇，看上去很像是一个学生所做的讲座笔记。事实上盖尤斯仅仅是应用了一些三个世纪以前就已经因克温图斯·穆奇乌斯·司凯沃拉（Q. M. Scaevola）而有名的技术，而司凯沃拉才是"以庄重风格呈现第一个法律的辩证体系"最有可能的创造者；只是因为文献学上的机缘巧合才让我们去赞美盖尤斯传统而不是穆奇乌斯的传统。[46]

无论如何，作为唯一一部近乎完整的前查士丁尼时代的法律文本，盖尤斯的《法学阶梯》变得比诸如帕比尼安和乌尔比安等更为权威的法学家的著作更具影响力。通过提炼、简化和组织古老的法律智识资源，盖尤斯不仅成为罗马人的导师，也成为拜占庭人的导师，甚至通过广泛的现代法典成为整个欧洲人的导师。对查士丁尼和从古至今的许许多多法学家来说，他就是"我们的盖尤斯"（Gaius Noster）；他过去是，或者可以说现在仍然是"我们的老师"。

作为罗马社会思想的第一次系统化表述，盖尤斯主义（Gaianism）可以由三个突出的特征来定义。首先是基本上的历史学进路，这从《学说汇纂》有名的二级标题中可以得到最突出的展现——引用了彭波尼专著中的名字"论法律的起源"，但在盖尤斯的《法学阶梯》中体现得更为具体，（因为）这部书可以说是罗马社会经验和法律智慧名副其实的宝库。其次就是辩证方法，盖尤斯以此发展出基础的部门划分、特性差别和解释方法。最后但也是最重要的，就是他对古典的法学三分法所进行的系统阐述，这种三分法一直被放置在"论法律的划分"（*De iuris divisione*）的题目下，"我们适用的所有法律要么涉及人，要么涉及物,要么涉及诉讼"。换句话说,社会领域被无遗漏地划分到三个类别中,即"人格""实体"(虽然对法学家来说"现实"世界的"物"可以是无形的,也可以是有形的)和诉讼,以及人和物彼此之间的相互作用,包括商业贸易和财产争端。[47] 这一根本的类型化区分不仅蕴含了道德上的优先性和赋予社会现实以秩序的手段,也是一种理解、构建以及潜在地控制社会领域的独特模式。

这一弥散在罗马(以及很多现代的)社会和法律思想方方面面的根本三元结构到底源自何处?对于一些关注法律"主观性"和"人格性"的评论者来说,这种同心结构似乎并不需要解释;其他的学者则将其归结于罗马人对"三分法"的普遍偏爱的一种表现形式。[48] 尽管很难证实(因此很多法学家认为这种观点是站不住脚的),最为合理的意见或许是这一法律三分法与语言结构——拉丁语或印欧语系的语法本身——的类似性,即主语和谓语、包括宾语和动词之间的关系。无论如何,人-物-诉讼的分类法构成了罗马社会思想形而上学(或者元规范)的根基——起初含蓄隐微,之后直白明确。考虑到其后续的发展,它们也可以被看作一个可以与亚里士多德学说中自然秩序构造相匹敌的体系,是自然(Physis)与习俗(Nomos)——原初自然与第二自然——之间多面对比的另一种版本。

在最为根本的意义上,罗马法学是人类中心主义的。灵魂被希腊人唤醒后,成为罗马社会思想的中心和指针;有意识的"人格"(*personalitas*)也一直是认知"现实"(*realitas*)世界的根本焦点。(拉丁世界的企业组织也会被赋予一种理论上的"人格"来适应法律惯例,并获得法律上的行为能力)。罗马法的根基过去是并且在很多方面一直是

"习俗"［consuetudo，或不成文法（ius non scriptum）］；而这"第二自然"范畴也依据个人及其意志的力量、自我负责的行为而得到阐释。[49] 从部落法向市民法的转变（从 ius gentilitatis 到 ius civitatis）正是通过广泛法律行为实现，这些法律行为囊括了从私法正义的特定请求到公共立法。换句话说，成文制定法始于地方执法官依据提案（rogatio）而发起的"行为"，而私法则起源于对通过"诉讼"（legis actiones）回应特定诉求的解答。相似地，法学家们所确定的法律的基本含义则是建立在最初法律制定者的"意图"（mens, intentio, sententia）上，无论他是立法者还是司法立法者。[50] 换言之，法律和司法审判（ius 和 iudicium）都是人类的创造，在这种意义上它们都是惯例的表达，而非自然的表达。从罗马人的视角来看，社会秩序总体上不是一个自然现象，而毋宁说是人类努力的结晶，是一种"信仰"的行为，它主要是社会的、政治的现象，同时也是道德的、宗教的德性现象，法律科学自然也逃不开这个预设。

市民法不可抹消人类中心主义的另一个表现是对个人"自由"的强调，因为自由意志实际上是"人格"的决定性特质。[51] 或许"法律地位"是描述"自由"的一个更好的词，因为自由（libertas）有等级之分：从自出生起就享有自由的［liberi，或那些在他们自身的法律下叫作自权人（sui iuris）］，到被解放的自由民（libertini），再到"外邦人"和那些被赋予更少的自由的群体——如士兵和殖民地人民。所有这些"人"都有法律上的身份，人的"意志"，以及法律上的责任能力，最终都被纳入罗马公民的范畴。除了有产的自由人（排除妇女、孩童、外国人和其他丧失能力者）外的所有其他人便是奴隶，大多数情况下他们都被转移到了下一个类别，即"物"和财产。法律也不会将权利授予那些不能掌控自己命运的人，如"精神病人"，以及"被禁止管理其财产的禁治产人没有意志能力"。那些被承认拥有完整人格的公民的自由，事实上就是国家的公权力在私法领域的对应物，它被如此地神圣化，以至于杀害一个自由人被看作最为恶劣的犯罪——如同弑父母一样，众所周知，奴役与死亡无异。

这里可以再一次注意与希腊对人性观的比较，希腊人依据理性和参与公民或"政治"生活来定义人的概念。罗马法学家们则以更加具体和社会性的方式来阐释这个概念——或许也是更为狭义的层面。但如果将从自由"人格"到公民的定义简单看作是罗马精神（Romanitas）的一种法律形式的话，那么它就被法律科学扩展到了对人性（humanitas）的一个更宽的概念上，这就超越了（也吸收了）希腊关于社会化灵魂的概念——即亚里士多德所言"政治动物"。罗马法这一基本类别（即"人类的状态"）的政治角色在后世得到了进一步延展。事实上，正如皮科（Pico）和其他人文主义者所赞颂的那样，这一主题与文艺复兴中"人的尊严"的观念有直接的联系。若把眼光放得更长远，这一主题也直接与法国的《人权宣言》相连，这一宣言也在民法后来的众多化身（即《拿破仑法典》和它许许多多的"后代"）[52]中获得了独立的法律地位。

第二个法律类别——"物"（res，在原初的意义上就是指"实在"）——引起了无穷无尽的有关如何取得、保有、交换和遗赠物质所得与财富的问题，或者说如何将这些行为予以正当化。[53]"物"以家庭的混合制度（自然-社会）为中心，也是个人和社会之间的基本联结。罗马家庭的物质基石是它的地产（技术化一点说，即为"财产"），这同时也是家长权力和政治地位的来源和体现。从前历史或者任何哲学的视角来看，所有权（dominium）的根源，简单而言，就是对"我的"和"你的"（meum et tuum）之间差异的一种认知；但人的社会状态的复杂性和多变性为这个"延伸自我"——在维持肉体生存的要求下，财产在一般意义上确实是自由和人格的一种自然延展——的主题增添了无穷无尽的变量。

与私有财产在逻辑上相关联的——如果不是在法律上的话——就是关于所有的法律，这是一个简单却具有欺骗性的理念，意味着权利、"善意"以及物质占有；在后来的多个世纪中，它成了异常错综费解的论争的主角——尤其是与共有财产的概念联系起来的时候，共有财产来自于罗马政治中的下述实践：罗马共和国在扩张过程中，"公地"（Ager Publicus 或曰 Romanus）被分配给罗马公民。它成为日后有关原始共产主义和国家集体主义讨论中常见的引证，甚至超过了柏拉图的设想。[54] 当然，所有权权属判令在很大程度上是被设计为对暴力侵占的一种救济。第三个相关概念就是"时效"——使得某个历史学家所说的"分类属格"完整了，它将时间因素引入对占有或财产的正当化之中。然而罗马社会现实的核心要素，仍然是其市民社会的初始成员们所谓的"奎里蒂法所有权"*（dominium ex iure Quiritum）。和它在公共领域的对应物一样，这样的私法支配是"占有个人主义"的典型代表，

---

* 奎里蒂法所有权，盖尤斯在《法学阶梯》（G. 2, 41）中把奎里蒂法所有权视为"对物的完全权利"，认为同一个物上只能有一个所有权人存在，是典型的一元所有权。——译者注

更是罗马精神的本质。

市民法中生气勃勃、活力四射的原则也可以由同样复杂多变的有关诉讼的概念来代表,诉讼被划分为人身之诉和财产之诉两大类。[55] 无论公法和私法,在某种意义上首先是由一个源起性的法案——开始于古老的法律诉讼,并将后来的"所有权之诉"包括在内——所创造的,进而提供了法律救济和(累积性的)法律规范;其次是由法律上的"例外"创造的,这指的是被告的"反诉"。通过这些"法律行为"——每一个都对应了一项特定的"义务",只要他们有法律上的"事由"[存有争议的债(*obligatio*)]并遵循诚实信用,个人及其代理人不仅可以行使其自由权,也实现了其自由意志。尽管带有技术性特征,诉讼的社会舞台却是充斥着各种人类价值的世界,在某种意义上,是人们尝试规制刑事法领域社会互动所带来的副产物。通过"诉讼"——这一法律三分法的第三位成员,以及现代"诉讼理论"的古老版本,个人得以将他们的意志和利益伸展到家庭领域之外,直到更远的社会边缘,并有意无意地在内容和形式上帮助创造了市民法。[56]

如果说盖尤斯主义运用了希腊的素材,它也同时赋予(这些希腊素材)拉丁化的风格和外观。在《法学阶梯》教学性的目的背后,很明显蕴含着罗马特质的哲学含义。首先请考虑罗马法人类中心主义的——如果不是拟人化的——社会类别秩序的重要含义(这当然合乎诡辩派的观念)。对盖尤斯来说,理解的起点不是宇宙,而是灵魂:人作为主体,其意识的第一因素是意志,然后才是权利。这构成了某种初始意义上知识社会学的核心;然后,随着视域场的确立,视线得以扩展进而将其他的个人和自然客体包括进来,即潜在的财产；最后通过对人类行为和交互的观察和判断，对社会场域的认识完满起来。与罗马特质密切相关的第二点是，盖尤斯体系绝不仅仅满足于因果解释——比方说价值中立的科学，而是针对人类的问题：提供实用易行且合乎规范的判决，决定补偿救济，形成更宏大的社会准则。

总的来说，罗马风格的社会思想看上去是以同心圆的形式组织起来的：它遵循着现代诠释学所说的"经验的水平结构"，[57] 从一个私域的核心向外延伸，到达一个遥远的、公共的，甚至是外国的和异族的边界。人处在圆心上，围绕他的第一圈是家庭，每户家庭建立在婚姻之上，并在一个更为公共性的意义上与社会形成了一个基本的、家庭间性质的联结。虽然还保留着其宗教意识形态，家庭在共和国时期已经转变为一种世俗制度，婚姻也是如此。它由血缘关系所定义，但其存续和发展并不必然依赖于血缘关系；因为事实上，或更确切说在法理上它的根本原则是父权，即控制家庭成员并决定财产继承的男性意志，并进一步塑造了未来并维持着整个政治国家。[58]

私域和公域之间存在着一个主要的交汇，因为公有物（*Res Publica*）一直都依赖于确认私有物（*Res privatae*）秩序的权利。罗马法学的核心关切是保护和增强统治阶级（的利益），理论上来说，仍然是起源于元老院象征着家父群体（的利益）——如果不是代表的话。在这个层面上，除了对人格的最外圈——即公民身份权利——做一些更为仔细的界定、使私域从属于公域以及赋予法律科学更大的话语权外，罗马帝国阶段的到来并未从根本上改变罗马的社会准则。对于像乌尔比安这样的法学家来说，法律科学（*legitima scientia*）并不只是罗马 Nomos

的表现而已，它是 *vera philosophia*——真正的哲学，已经远非希腊意义上的哲学。正因如此，法律科学才会历久弥新，绵延多个世纪。[59]

第四章
拜占庭教会法

古老的习惯作为法律得到遵守。

——尤里安

习惯是法律最好的解释者。

——保罗

《国法大全》

一位文艺复兴时的法学家曾评论道,罗马从希腊人那里拿走法律后,又将法律归还给他们。他指的是在公元 6 世纪,查士丁尼皇帝在其法典化的不朽努力中对罗马法传统的编纂。[1] 罗马拜占庭的《学说汇纂》以及《法学阶梯》象征着法学在希腊式冲动下迈向哲学化的巅峰。《国法大全》保存并神圣化了古老的盖尤斯三分法、私法与公法的基本区分、自然法作为正义之最终标准的理念和经典法律科学的许多其他特征。查士丁尼体系是一个野心勃勃的工程,不仅意在实现"真正哲学"(化)的法律理念,而且实际上开启了(法律作为)社会工程的第一个系统;查士丁尼也表达出希望其法典"永世长存"的意图。[2]

如果说罗马法始于一部法典、终于一部法典,那么它同样也终于神圣性主张,正如其始于神圣性主张:实际上它沿着从神法(fas)到人法(ius)又回到神法(fas)的轨迹来回运动。因为查士丁尼不仅宣称对"几乎1400年的"古罗马精神(Romanitas)遗产拥有继承权;他也坚持民法跟他的皇帝人格一样圣洁、神圣。罗马法中宗教的色彩一直非常突出——从查士丁尼所说的神秘起源,到古典法学家"法律祭司"的自吹自擂,再到与基督教相趋同并将三位一体学说作为正当性基础的帝国诉求。一个世纪前,《狄奥多西法典》(Theodosian Code)就已经被设计出来作为西方基督教共同体的完整"生活指南";*"狄奥多西主义不仅从总体上软化了古罗马法的严酷,向蛮族施加了恩惠,随着异教的终结,它也标志着宗教统一性的开始。"查士丁尼的事业是这种新法律信仰的巅峰,这种笃信实际上到了这样的程度,以至于他"希望上帝成为整个工程的作者和首领"。[3] 因此,根据皇帝的意图,《国法大全》不仅体现了旧民法的教条化和终局性的重构,也是普适的自然(Physis)的超验性表达——基督教理性及其帝国化身的决定性和普遍性的社会根基。

市民法起源于祭司的法,它通过康斯坦丁改宗和基督教法律化获得新的神圣性,基督教精神先是完善了、后来却颠覆了旧的罗马众神庙。就像康斯坦丁新硬币两面上无法征服的太阳和十字架图像一样,

---

　*《狄奥多西法典》是罗马法史上第一部正式编纂的官方法律汇编,其于公元429年开始编辑,终于在公元438年编成,共16卷,收录了公元313年—公元438年间从君士坦丁到狄奥多西二世时期罗马皇帝签署的所有谕令。——译者注

基督教精神与罗马精神成为这一帝国货币的两面。犹如尤西比乌斯（Eusebius）所坚持认为的那样，新的宗教非常古老，最后成为"合法的异教"（religolicita），事实上是个"贪婪的团体"——一个既有尘世需求，精神上又很自负的虚拟"人格"。米兰敕令——查尔斯·诺里斯·科克伦（Charles Norris Cochrane）称之为"新共和国的伟大宪章"——的结果就是如此，它赋予基督的信徒原属恺撒的东西。[4] 对法律传统而言，现在几乎完全从属于皇帝的意志，这意味着确立了一个新的终极目的，一个统一和良好秩序的新来源；因此三位一体（尼西亚的三位一体而非盖尤斯三分法）成为"罗马"法学的统治性原则。* 如奥古斯丁（Augustine）所评论的，三位一体事实上"无所不在"。基督教道德和社会教义与经典的秩序和政治意志传统的趋同将会加强"政教合一体制"——康斯坦丁保留了"最高祭司"这一异教头衔——下法律的系统化动力，并将伴随结合了两种截然不同的实证法传统所带来的复杂问题。

　　试图建立法律体系的冲动在公元前2世纪开始的法律科学的"革命"中就已经隐约可见了，但是推行一个如此的乌托邦计划最终依赖于强有力的中央权威。在查士丁尼统治的第一年的三月十五日（古罗马历）（公元528年2月13日），他开始将"化法律为艺术"的抱负转变为准宗教的使命。他任命了一个由奎斯托·特里波尼安**（Quaestor Tribonian）领衔的十人法学家委员会，以研究罗马法学的丰富素材，

---

　　*《尼西亚信经》（the Nicene Creed），传统基督教三大信经之一，确定了圣父、圣子、圣灵三位一体原则。——译者注

　　** 特里波尼安：查士丁尼《国法大全》的编订者［Tribonian，希腊文 Τριβωνιανος（trivonia´nos），约公元500年至约公元547年］。——译者注

并在此基础上形成一部法典，给他的帝国带来法律与秩序。这项工作在令人惊叹的短短四年时间里就完成了。其核心作品即《学说汇纂》[或称《潘德克顿》(Pandects)]，《学说汇纂》是一部古典法学的集大成之作，包含了39位学者对大概三百万行文字的阅读后所做的摘录，并按照传统分类和篇目进行编排。《法学阶梯》是一本教科书，是根据"我们的盖尤斯"计划对《学说汇纂》进行的某种意义上的"汇纂"；而《新律》则是近期立法的合集。这些著作从公元530年开始出版，构成了民法的神圣经典，在某种意义上也成了罗马法学的墓碑；这一体例实际上成为所有后续西方法律结构的模板，在很多方面也是系统社会思想的原型。[5]

"一部法典既是一部历史，也是一个体系"，一位现代法学家如此评论；这对特里波尼安和他的编辑同事们所开展的工作而言尤其如此。[6] 首先，《学说汇纂》是对罗马法学之父们（veteris iuris conditores）表示孝顺虔敬的产物；皇帝本人宣称他"崇敬古代"，尊敬"古代学问的丰碑"，为承认这一点，彭波尼的法律史［《论法的起源》(De origineiuris)］被包含在《学说汇纂》第二章，紧随关于法律哲学、法律结构和法律目标的导言性章节［《论法和正义》(De iure et iustitia)］[7]之后。

与此同时，查士丁尼并不想被过去束缚住——"因为，古代怎么能干涉我们的权威呢？"他修辞性地问道。所以他自负地命令所有冲突都应被去除，他同样自负地禁止任何司法的或学术的"解释"。[8] 这一凌云壮志背后有两个动机：一个是皇帝的意志应成为法律唯一的渊源（这是"绝对权威"观念的经典出处）；另一个则是社会秩序应一劳永逸地由一个法律的"完美"体系予以保证（这也许是开明专制观念的经典出处）。所以查士丁尼的"新律"无论是对威权主义政府还是对某种社会工程来说都是模板。

查士丁尼《国法大全》的根本目的本质上乃是为其所构想的帝国提供意识形态。绝对统治权（*imperium*）的真正基础当然是军事扩张，但问题产生于特里波尼安对帝国荣耀所进行的学术事业。在中世纪对查士丁尼《法学阶梯》的注释——现代罗马神话的核心——中，一个年轻学生回想起皇帝将本人及其后继者称为"战士"，提出了以下疑问：那么为什么会有这么多法律上的混乱呢？"孩子，我这样回答你，"阿库修斯*（Accursius）代查士丁尼回答说，"这适合于每一个皇帝为两个时代做好准备，即武力的时代和法律的时代……在战争的时代，他会以武力进行统治……于是他就会成为征服者和成功的胜利者。然而，在和平的时代，他会以法律进行统治……于是他将惩罚罪犯的邪恶乐趣，凭此他将成为最虔诚的人。"[9]"化干戈为玉帛"（*Cedunt arma togae*）是其主题，"宝剑屈服于长袍"；不过这种和平角色所需要的毅力一点儿也不比征服少，查士丁尼和拿破仑（及他们之间的许多立法者）非常明白。如果绝对统治最初意指军事力量，那么它将越来越扩展到表示君主对其臣民的私人生活和公共生活的最高意志。

查士丁尼效仿上帝本人，摆出是自己造物之主的姿态，通过"法律的权威——这些法律恰当地规制所有事务，既包括神圣的，也包括人世的"来宣称其全能。历史实际上被勒令止步，不仅压制了除皇帝

---

* 阿库修斯（Franciscus Senior Accursius，1182—1263）：罗马法学家，因为组织对查士丁尼的罗马法法典《国法大全》的注释工作而闻名。——译者注

意志外的其他任何古代法律渊源——包括元老院的权威和司法的"解答权",也禁止解释,并否认在编辑的法学家文稿里存在任何矛盾(*antinomiae*)。这种教条主义观点需要一种法律教育体制来维持,这一体制的目的是生产出"查士丁尼新人"(*novi Justiniani*,"查士丁尼新人"是授予给在君士坦丁堡、贝鲁特和罗马这三所帝国学院的一年级法律学生的昵称)。这个体制成了西方后来若干世纪法律研究的模板,它是司法性神职的训练基础,加入到法律的神秘性之中,进而维系查士丁尼所预想的社会宇宙的秩序。这就是乌尔比安在《学说汇纂》最开始的几行所赞美的"真正哲学"的社会基础——看上去他援引的是与诡辩术形成对比的柏拉图哲学。

但查士丁尼并没有对人的脆弱性视而不见,指望历史在他的意志前止步;因为在最后的分析中,他承认"唯有神圣之物才是完美的"。他继续说道,"人类法学的特点是其无限延展性,没有能永世长存的东西,因为自然在不断加速产生新的形式"。[10] 这一承认提供了一个漏洞,后来的法学家们据此提出了大量的严格来说非法的"解释",进而导致了查士丁尼担心但预测到的"后人自负的话语"。普适主义法律理论那令人生畏的复兴在帝国和斯多葛修辞中比在罗马-拜占庭法学的实质中更加明显。总体上,尽管有着对自然法的理性主义主张和援引,罗马传统的实质体现为人类惯习、经验性的判例法和既判力(*res iudicatae*)。一言以蔽之,罗马法表达了一种习俗(Nomos)的形式——一种特别复杂的形式,因为罗马法原文被特里波尼安的修订(后来被称为 *emblemata* 甚至是 *crimina Triboniani*)压缩和转化了,在后来的欧洲情境中它还会遭遇更多古怪的蜕变。[11] 也许这样说更好,查士丁尼

《国法大全》为习俗（Nomos）与自然（Physis）的一场系列的对抗划定了战场，这些对抗在塑造西方社会思想方面富有生命力并具有决定性。

真正的哲学

查士丁尼的出版物，尤其是《学说汇纂》，构成了自面世后一千多年间法律职业的圣经。它们简直成了"真正哲学"（vera philosophia）的表达，"真正哲学"是乌尔比安从各种"模仿的"修辞变种中区分出来的。[12] 但是与此同时，这些著作也体现了致力于人类福祉的"审慎"和某种"实践艺术"：仰赖于对事实的具体裁判，终结于将法律原则运用于特定问题。以这种方式，民法经典也体现了两种法律主题的平衡与互动：审慎性与科学性、历史性与哲学性，这些主题在《学说汇纂》中都被奉为神圣。两极性在同样有名的将法学等同于"真正智慧"［奥古斯丁和西塞罗所说的"智慧"（sapientia）］的努力中也很明显，它被定义为"神圣事物与人世事物的知识"。[13]

罗马-拜占庭法学的知识框架在《学说汇纂》的前五章得到了概述，这几页书不仅展示了法律科学的各要素，也展示了西方通识教育——至少是从12世纪至今——的关键部分。法律曾是一门独特的科学，因为它跨越了亚里士多德对实践知识与理论知识的划分：既需要理解正义观念，又需要将之运用于人类情境。它之所以独特，还因为它预设了要跨越个体与普遍之间的鸿沟，这也是私人空间与公共空间之间的另一种言说方式。但个体始终处于中心焦点，而同心圆想象似乎可以恰当地描述第一章《论法与正义》中所呈现的概念的演替，这一章很大程度上建立在已佚失的乌尔比安《法学阶梯》的基础上。最外边的圆是自然法领域，乌尔比安（令人好奇而又充满争议地）将之定义为"自然教给所有动物的法则"。[14] 接下来是"万民法"领域（*ius gentium*），万民法仅限于人类——理性的集体性，如崇敬上帝、顺从父母，这取自彭波尼。后来法学家们将这等同于他们所谓的"原初自然法"，即纯粹理性的自然法，以区别于"次级自然法"。范围更有限的是特定的国内法（*ius proprium*），在此可理解为罗马的市民法，尽管后来其他部族的法律可能会被取代。正如盖尤斯在著名的 *Omnes populi* 法中所说："所有受法律和习惯规范的民族，他们一方面适用自己的法，另一方面也适用全体人类的共同法。"（*partimsuo proprio, partim-communi omnium hominumiure*）[15] 然而，最一般化的公分母仍然始终是正义理念。

从《学说汇纂》第一章到第二章的转换在某种意义上是从共时性到历时性的转换。研究"法律起源"的重要性在于从原因和渊源的双重意义上理解其原理（*principium*）[类似于希腊的"本原"（*arche*）]的需要；但它也涉及重建罗马法学史，至少部分地如查士丁尼在他的一篇序言中所说，出于"崇敬古代"的缘故，以及为了法律传统的奠基者们，尤其是那些在查士丁尼的选集中得到尊敬、获得一席之地的奠基者们。这一章所呈现的历史考察是对彭波尼专著《论法的起源》的特别精选，而该著作呈现了法律历史编纂学的普遍的原初样态（*primum in genere*）。在《十二铜表法》之后的一千年中，已经产生了几种法的渊源——法律（*leges*）、平民会决议（*plebiscita*）、元老院法令（*senatus-consulta*）和解释性的 *ius honoratiorum*，尽管这些都包括在查士丁尼之后

第四章　拜占庭教会法　91

的帝国立法中。时间因素也在第三章被纳入考虑之中，尤其是与法律的废止或取代、习俗及其废弃问题（consuetudo 和 desuetudo）、"解释"的疑难问题相联系。尽管是不成文的，但是赫尔莫杰尼安（Hermogenianus）宣称，"长期确立的习俗"与成文法具有同样的拘束力，因为它建立在"公民的默示同意"之上。此外，根据另一位这里引用过的法学家所说，"习俗是法律最好的解释者"。[16]

法学的核心问题继续是"解释"问题，尽管查士丁尼防止司法篡权的禁令在形式上得到遵守。但是"善良和正义的技艺"最终需要对全部范围的诠释学问题加以关注：从语言学和文体风格到哲学，从对文本的阅读到对现实的裁判以及对潜在原则的调用。其语言学和历史学特色尤其是与《学说汇纂》最后一章的标题——"论语词的含义"（De verborum significantione）和"论法律的多种规则"（De diversis regulis iuris antiquis）——密切相关，在此语言规范问题与作者"意图"或立法"意图"问题相对立。[17] 从哲学上来说，法学家应当将惯习性规则纳入与自然法标准的和谐相处中。除此之外，在将法律适用于社会情形时，应该采取一种对二者都恰当适宜的方法，也应将法律体系作为一个整体来看待，同时还应与特定的"衡平"要求相一致。为避免法律古而有之的僵化，法学家们在职业上有义务找到"法律的理性"，以此寻求惯习与自然之间的平衡。

理解下面这一点至关重要，至少从古典时代以来，法学就已经成为一个独立的领域——无论是在概念上，还是在职业上。它最终既不从属于语言学的标准，也不从属于哲学的标准。虽然词源学上会有其他假定，但是根据法律科学的说法，法律源自正义，特定规则的权威建立在法律的基础上，而绝非相反。法律解释理论总是在这些限制之内起作用，关于语词和裁判含义的具体问题亦是如此。在社会思想根本意义的两个方面，法律诠释学不同于语言学诠释学、哲学诠释学和神学诠释学。首先，法学家们必须根据语境承认含义的变化，并因此接受最接近适合争议案件的含义。其次，法律解释无法避免会被卷入"现实"和"诉讼"的世界，（因此）不会像其他更常见的诠释传统那样受制于文本。

总体上来说，查士丁尼保持了对罗马法传统、特别是"我们的盖尤斯"的观点的忠诚，盖尤斯为查士丁尼自己的《法学阶梯》提供了模板。特别是，查士丁尼保留了盖尤斯学说中的三分结构，并传之于后人。人类意志因素依然居于中心地位。个人意愿（*voluntas*）从"自由"的角度获得了法律上的定义，统治者的意愿从"权威"的角度获得了法律上的定义，而社会的稳定就依赖于私人力量和公共力量之间的平衡。类似的平衡还必须在大众"习俗"与立法之间维持，"习俗"代表了"人民的意志"，立法则被查士丁尼试图排他地等同于法律：Nomos 的两种对立形式占据了社会变迁的两极，从不成文的神法和习俗到制定的人法，以及有意的法律改革。[18]

对这一两极对立最有名的表达也许是第四章开头的"君主决定之事"（*Quod principi placuit*）准则："无论皇帝颁布了什么样的法令，都具有法律效力，因为根据一项已获得通过、涉及皇帝主权的皇室法令，人民已经将他们全部权威和权力赋予他。"[19] 在这一被大量使用乃至有被滥用嫌疑的悖论中，我们既可以看到政治绝对主义的原生表达，也可以从提炼出神秘君王法（*lex regia*）的第二分句中看到大众政府的

第四章 拜占庭教会法

原生表达。这种二元主题也贯穿了西方政治思想的整个历程,不仅体现在权威主义政府和民主政府的概念中,也体现在立法权与司法权永无止境的辩证法中。

至于个人之外的"现实"——"物"的——世界,民法经典汇集了关于经验和规制的大量不拘一格的遗产。人世之物区别于神圣之物和共同之物或公共之物,要么是有形的,要么是无形的;要么是被"解放"的,要么不是。在前述任何一种情形下,物的概念都是异常复杂的社会场域的客体,该场域被称为"类别属格",它是另一种"法律三分法",涉及关于财产、占有和时效的法律。[20]

占有看上去可能是三要素中最基础的部分,当然它的范围也最广,不仅涉及事实状态,还涉及法律状态——可以同时既是"自然的"又是"社会的"。民事占有(区别于"自然"占有)需要有意识形式、(善良)意志和物理控制。与往常一样,其法律表达通过"法律诉讼"产生,具体而言是"占有之诉";一旦"占有之诉"得以证明,就具有完整的财产权。占有法的作用是维持私人正义,在此之外还维持公共秩序。它依旧与财产法相分离,法学家们也坚持认为两者之间"没有任何相同之处"。占有与时效的观念密切相连,要求持续地善意占有一段具体长度的时间(如10年,20年,30年)。时效,尤其是"(长时)取得时效"(*praescriptio longae temporis*)自公元2世纪起就在社会上变得重要起来,它主要是对抗漫不经心或缺位所有者的一种补救机制。[21]

恰当地说,所有权是帝国私法的对应物。第一个要问的问题是,财产如何获得;第二个问题是,财产如何处分,如何流转传承,受到怎样的限制。与通常一样，基本的条件是一种人类"意志"——法律意图（*animus*）、赠与、私人协议、遗嘱等。法学家们假定财产权或支配权起初是通过占有和使用而"自然"确立的（usucapio，时效取得），其后则通过家庭继承或其他正当的转让方式——无论是自然的（家庭的），还是传统的（通过虚拟的"意志"）。在罗马传统中，作为个人自由的物质基础的私有财产权，在所有时段不仅是社会"现实"的真正基础，也是政治秩序的真正基础，甚至，根据最近一些辩护者们的说法，乃是文明本身的真正基础。正因如此，它也已经成为社会和政治争议的中心。[22]

在罗马-拜占庭的法律中，盖尤斯三分法的第三个成员或许更好体现在"义务"而非更具体的"诉讼"种类上，严格意义上说，"诉讼"是强制实现个人义务的唯一方式。在某种意义上，债（*obligatio*）是社会的黏合剂，它通过法律机器维持着秩序，尽管同时也依赖于个人的诚信。与占有一样，义务既可以是自然的，也可以是社会的；但只有后者在司法上是可执行的，尤其是当与自然义务相一致时，如遵守合同的义务 ["约定必须遵守"（*pacta servanda sunt*）]。理解"义务"的最佳方式也许是将其视为人类谈判的控制性价值，既是救济性的，又是合约性的。就义务问题的判断而言，至关重要的是客观"因果关系"和"过错"的观念——从法律的角度而非道德角度来理解（尽管法学家们通常并不倾向于区分二者）。在这一框架内产生了销售、雇佣和其他经济机制，也产生了合伙和其他类型的联合机制。虽然社会和经济互动的这一场域可能看似有一个合逻辑的、在这个意义上也是"自然"的结构，但事实上它依赖于社会价值、社会规范和社会惯习，并因此属于习俗（Nomos）的范畴。

从此处所采纳的观点来看，法学成了某种程度上的替代性的社会科学。罗马法学家当然被要求既裁决事实问题又裁决法律问题，既关注社会"效用"又关注抽象正义，既关注因果关系又关注责任；盖尤斯三分法也同时拥有社会学和司法意义，它实际上包含了社会心理学问题、政治经济学问题和"诉讼理论"问题。尤其是在其身后的生命中，罗马-拜占庭法学被接纳进世界上的所有地区——这些地区原先是由罗马公民身份界定的，也被接纳到由万民法所界定的广阔世界。

万民法

民法是帝国主义的、无所不包的、人类中心的和人类崇拜的。对它而言，尽管有着超验的哲学主张，但是任何人类的东西都不是陌生的。由于对人格和自由行动的强调，它在很多方面区别于希腊哲学的自然主义倾向——与基督教信仰相似、但独立于它，这再次表明了自然与惯习之间的两极对立。在罗马法中，这两个概念的每个都有其位置：第一个是一种理性规范，等同于自然法；第二个则是一种人类内容：市民法，以及罗马之外被作为"万民法"收集和理性化起来的积累物。[23] 但是，与从一般原则开始推理的自然主义或数理策略尤其是欧几里得式的策略不同，盖尤斯的学说突出并优先考虑人的方面，突出"实在法"，然后再经验主义地上升到更高的理性和普遍性的层次。在这个过程中，罗马人对"三分法"的痴迷几乎和基督教三位一体学说一样根深蒂固，尽管前者比后者更少有争议；事实上，它或许比希腊政治哲学更多地塑造了西方社会思想的基本结构。正如亚里士多德主义为研究自然（Physis）提供了基础，类似地，盖尤斯的学说则成为探究习俗（Nomos）的框架。

民法以社会中的存在、生存和生活这些根本问题开始。通过法律诉讼保护和扩展的自由和财产，是罗马法学的基石，也是罗马对西方思想之贡献的核心主题，这种贡献持续了许多世代，体现在大量的文献中。罗马社会结构和法律心智之复杂，在法学家们所考虑主题的范围中得以体现：家庭法、妇女地位、奴隶制、外国人的地位、监护、继承、嫁妆、遗产和信托；有关专有权和占有的法律、时效、所有权的取得和转让、对所有权的限制和针对所有权的犯罪；债权法、合同法、责任法、合伙法和企业组织法；以及相伴随的无尽的程序、证据和解释问题。用不了几个世纪，西方文明就会产生可与法律科学和社会科学体系相比拟的各种体系，并在许多方面派生衍变。

民法不仅不能与人类境况分离开来，它甚至也不能被局限于人类境况的罗马部分。"所有人归万民法管辖"（*populi sunt de iure gentium*）是法律的一条规则，另一条则是"所有诉讼归万民法管辖"（*actiones sunt de iure gentium*）。[24] 其推论是，所有万民法之外的较次要的族类，他们的习俗、事务和世界地位，也必须被纳入考虑之中，事实上，每个部族都有自己正当的"市民法"。这是罗马经典（Roman canon）中的巨大漏洞，后来欧洲法学家们将抓住这一点，详加阐释。

从许多方面来说，罗马法扩张令人印象最深刻、最持久的后果，是它以"民族间"和"超民族"法律的框架容纳了异族的习俗，这记录了罗马的帝国使命的一些间接影响。从调整地中海世界交易的规则

第四章 拜占庭教会法 97

("交易法", *ius commercii*) 和调整战争的规则（"战争法", *ius belli*）中，产生了一种"共同法"（*ius commune*），这一共同法超越了罗马人的特别法（*ius proprium*）。[25] 其结果是，就像异族的法律被市民法继承那样，市民法也被万民法遮蔽了——至少潜在可能上如此：万民法本身反映了罗马人统治世界的欲望；（市民法）也被罗马人与日俱增的倾向遮蔽了，他们倾向于再次遵循希腊先例并采纳基督教式的态度，将他们的民族传统等同于人类全体的传统。总体上来说，万民法是在"理性"的基础上汇集起来的，但是这一"自然理性"（*naturalis ratio* 是盖尤斯的用词）[26] 意味着常识而非希腊式的理性，尽管如彼得·施泰因（Peter Stein）所指出的，它后来"从法律应植根于经验和现实的呼吁退化为不适用法律的蹩脚借口"。[27] 万民共同法所隐含的"自然法"不仅被罗马法学家们定义为抽象理性，用乌尔比安著名的话来说，也被定义为"自然教授给所有动物的法则"，这尤其指交配的本能和"自我保护的法则"。然而满足这些欲望的方式各不相同，民族间的规则必须通过经验来决定，并通过考虑了诸如战争、奴隶制、财产权和经济交往机制这些社会问题的实证法学来制定。

由罗马法学家建立的、作为世界帝国副产品的"万民法"是一座未完成的丰碑。在与地中海周围"蛮族"的军事和商业接触中得到了原始的人类学观察，这些观察汇聚成万民法；它是一个开放、扩张的国际法和比较法体系，其事业不仅与帝国的事业平行，而且比它更持久；事实上，就跟民法一样，它将借助包括现代国际法在内的几种后来的化身传承下来。格劳秀斯（Grotius）、维柯所承认的中世纪"万民法"所容纳的人和习惯，显然超乎罗马人的任何想象的范围，但是其基本原则和对自然法的依赖却历经几个世纪而不变。在一个相当真实的意义上，古代万民法为制度的历史和比较研究提供了最宽泛的框架，也为实证人类学提供了一个主要的概念基础。简言之，万民法就是"第二自然"的化身。

在公元476年罗马帝国从形式上，或者至少象征性地终结之前，罗马法已经溢出了它自己的国内渠道，将不断增加的外来传统卷入它的洪流。关于许多部族的种族和文化起源，就像另一法律准则所说的那样，罗马事实上是它们"共同的祖国"（*Roma Communis patria*）。[28] 罗马法学的古典时期在3世纪时开始走向终结，当时它与基督教的法律和社会观念之间忧喜参半的遭遇开始了。在官僚时期，从戴克里先（Diocletian）到查士丁尼，民法与教会法的联盟确立了；康斯坦丁在公元313年对基督教的正当化加速了二者间攸关性命的相互渗透。在《狄奥多西法典》（公元438年）中，盖尤斯三分法与基督教对应物结合起来，象征着罗马文明新的意识形态一统（unity）[如果不是完全一致（uniformity）的话]。在西方世界，这个时期也是蛮族入侵和另一种相互渗透进行的时期，即民法与大范围的日耳曼习俗（相互渗透）。罗马、基督教和日耳曼文化之间的这一三角关系蕴含了西方帝国古代法的复杂共生关系。就是在这一语境下，罗马法真正成为所有民族的法律，比其宗教对应物更稳定，也更不容易分裂。

（此时）在西方发生的是罗马"平民法"（vulgar law）的出现，不论其被评价为是进化还是退化，罗马"平民法"建立在传统、先例和公证实践的基础上，在很多方面疏离了经典渊源和法律科学。它是不断变化的法学，正如恩内斯特·莱维（Ernest Levy）所说，"（它）由社会和经济考虑而非法律考虑所控制"。[29] 随着旧的罗马个人自由观念被诸多政治和经济压力限制和包围，财产权的观念被剪掉了古典的复杂性，开始适用于行省和意大利的土地之上，占有越来越意味着永久的所有和控制，而时效则被确立为和平占据的一种实质要素。

这一"平民法"在很多方面告别了理性与永恒的古典理念，并通过灵活和经常并不那么专业的"解释"，在某种意义上回到了更谦逊的惯习和效用的观念。受基督教价值的影响，经验法学也许已经找到了达至"社会正义"的更好方式〔如爱德华·皮克曼（Edward Pickman）所指出的〕，例如对"人"和财产采取一种更宽泛、更自由，或至少更仁慈的观点。[30] 在任何一种情形下，尽管在法典化的尝试（其在查士丁尼的伟大立法远见中达到顶峰）中有集结自然法则之力的努力，习俗（Nomos）却再次成为西方之王——却是在许诺带来某种超验性的另一种普遍化力量的语境下。在基督教理性中，就塑造社会思想而言，习俗之王（King Nomos）有一个更令人生畏的对手。

罗马-拜占庭遗产

《国法大全》处在西方社会思想延续的一个关键节点上。其意涵问题跨越许多个世纪，不仅必须通过对其渊源、结构以及特里波尼安向其形式和内容所引入的革新之决心进行"轮回"分析来确定，也必须通过追踪它在来世（afterlife）、转世（reincarnation）和轮回（transmigration）中的后来命运来确定。尽管查士丁尼试图强加他作为皇帝的意识形态，但是民法并不仅仅代表某一特定信条——无论是政治信条、社会信条，还是哲学信条。它被用以支持自由，也被用以支持法律与秩序；它被用以保护公共财产，也被用以保护私有财产；它被用以支持民主和革命理念，也被用以支持极权主义和绝对主义理念。因为，事实是，民法已经成为一个具有多种含义和多种可能解释的工具——其不同面目取决于社会情境及其与其他智识思潮的融合情况。罗马-拜占庭经典在一个方面保持了一致，它是12世纪以来被称之为"实在法"的西方传统的最全面表达，亦即习俗（Nomos）的典范。

在其身后的生涯中，用西方的话来说，罗马法为许多文明生活提供了词汇——术语学、概念化、规则、前提等"前结构"。[31] 它以典型的法条主义和实用的方式，保存了诸多哲学观念，比如属和种、模式和"形式"、理性和确定性、认知和"因果关系"；它也在人的层面保存了这些观念，这不同于哲学传统或哲学课程，但通常更为基本。比如，"确定"——后来被维柯为他自己的知识论目的而直接挪用——意指质量（quale）和数量（quantum）都很清楚的物（quid）。罗马法也保存了道德判断的诸多范畴：善意和诚实、损害和有责性，而且同样是以更实用、可能也更重要的方式，这源自意志、代理和责任概念在司法思维中的中心地位。

也许，最值得注意的是，罗马法确立了社会行为和结构的术语和范畴，它确立了关于"合同"、"利益"（eoquod interest），尤其是财产权问题的谈论、行动和裁判方式；与占有法和时效法相伴随的是另外两种"类别属格"及盗窃（furtum）的各种变体。它定义了各种社会（condiciones, gradus）等级，从最低层的普罗大众（proletarius）到最高层的贵族（nobilitas）或神圣君权（imperial divinitas），以及各种社会组织

第四章 拜占庭教会法 *101*

(*societas*)——大学（*universitas*）、修会（*ordo*），等等。它提供了与政治行动的链接，并为政治行动提供证成，尤其是通过诉诸公共福利——人民利益（*salus populi*）和公共利益（*utilitas publica*）——的方式。不仅是家庭生活和继承，兼并和政治也在民事传统（*civilian tradition*）中获得定义。当然，它也通过对古旧（*antiquitas, vetustas*）和新颖（*novum*，特殊意义上也用 *novitas*）、现行和废弃进行特征化，以此适应、区别并对随着时间而产生的变化做出判断，这一特征化过程借助"今日"、"现在"和"此前"（*hodie, nunc, olim*）这些词，尤其是优先性和滞后性等敏感性问题〔因为，谚语有云，"后法废除前法"（*posterior laws annul prior laws*）〕。

总之，罗马法形成并以某些方式制度化了西方文化中的几个基本极性（*polarity*），这仍然影响着西方社会思想——即便是不经意地通过语言惯习。这里具有核心重要性的，是从希腊哲学继承而来的"自然"与"社会"的区分——比如，*naturaliter* 与 *civiliter* 相对，或者"自然占有"与"民事占有"。类似地，民法也承认"事实"问题和"法律"问题之间的基本分离，尽管意识到下面这一点非常重要："事实"本身是被具体适用于人类行为的，它体现的是一个法律和社会概念，而非自然和哲学的概念。"公共"和"私人"的区分对罗马法学而言也至关重要，尽管两者的范围从未被精确界定过。而且，事实上，像"自由"和"财产权"这样的概念在后来法学家和公共知识分子（*publicist*）的著作中也已经变得众所周知地愈发政治化了，但这是大多数人所描绘的法律传统的形象。

不成文与成文形式的区分虽然更不明显，但是丝毫没有更不重要。

习惯和口头形式保留在了罗马-拜占庭文本中，但从实质和定义上来说，民法是成文法（ius scriptum），以罗马法术语制定的欧洲各法典也是如此［尽管有些严格来讲是不成文法（ius non scriptum）］。甚至"行为"（actus）这一观念表示的也是意志的书面表达或记录——不论是私人的还是公共的；法律人对"文书"（instrument）、"准则"、"规则"、"证言"、"证据"和弄虚作假的问题——如"伪造"、"诽谤"（ibellus-famosus，这是一个被现代雄辩家们广泛评论的法律主题）——的关注表明，即使是"乡村"事务，民法也很大程度上被保留给识字文化圈的职业垄断，并且也可以推断，也被保留给政治干预和控制。

  在这种联系中，查士丁尼的成就和声明代表了欧洲的——直到拿破仑及其后的——社会和政治传统中的一种"绝对"模型，其政治影响已经被承认很长一段时间了，当然也言过其实了；言过其实是在这一意义上说的，法律人的"职业垄断"虽然一直存在并反复发生，却经常被法典化和查士丁尼式的立法主权那更具轰动性的政治含义所遮蔽。一直受到相当少关注的，是司法的语言、观点、假定、范畴、思考与书写方式在更大的社会和文化思想传统中的传播、解释和改编。现代思想与古代法律科学之间的一个基本联系被基督教会以尘世化的形式所塑造；这一折中、充满神秘，但并不更缺少帝国性的传统是Nomos故事下一章的主题。

第五章
基督教传统

> 但是我主基督称自己为真理,而非习俗。
>
> ——居普良:《书信集》

从法到逻各斯

基督教对旧的法律传统作出了新的阐述。《福音书》在习俗(Nomos)和自然(Physis)的古老辩证法中增加了第三个维度:一个超验精神的神学综合体:逻各斯。但是这是宗教视野下的逻各斯,而不是理性分析或劝说论述中的逻各斯。[1] 在早期基督教教父们的希腊化解释中,基督处于诡辩术的对立面并超然于自然之上。在教父们看来,基督在某种程度上似乎是更高级别的柏拉图主义者;塞尔苏斯甚至认为基督读过柏拉图〔就像俄利根(Origen)认为柏拉图读过摩西一样〕。[2] 然而,基督代表的不是善的理念而是上帝自身,进而潜在的辩证法不在于自然和"第二自然"之间,而是在于自然和超自然之间。再一次地,就像在神话时代那样,法律并不被理解为人类意志甚或普遍理性的表达,而是神圣的命令;宗教共同体本身也并不是建立在旧习俗之上，而是建立在超验的、元哲学的 Nomos——《圣经》——之上，这一逻各斯之于柏拉图甚至都是未知的。从某种意义上说，人法（*ius*）再一次变成了神法（*fas*）。

和罗马人一样，犹太人在追寻其法律的理念时也表现出强烈甚至无法撼动的民族性。摩西律法具有一种普遍的外表，这也被下述不断重复的强调所表明，"应当存在一部对市民以及生活在你周围的外来者来说共同的法律"（例如，《利未记》19：34，24：22；《民数记》15：16）。但是，《申命记法典》和摩西之后以色列的司法代理人——包括法律专家、利未族的祭司，以及后来的法利赛人，都将耶和华的指令解释成令人难以置信的复杂和具体的特殊性（地方性）。由此导致的部落习俗、图腾和禁忌的集聚正是 Nomos 的独特的显现［犹太人的法的概念——《律法书》（Torab）——经常出现在《旧约圣经》的希腊七十士译本中］。《罗马法和摩西法的对照》（*Collation of Roman and Mosaic Laws*）这个 14 世纪的文本不仅强调了两种实证法律传统的相似性，也认为后者在某种程度上衍生自前者。[3] 希腊的影响使得圣经学者将犹太法与自然法相联系；但至少在某种程度上说，这也正是一神论将立法与造物之神（creating Deity）等同的趋势所致，并由此推理《律法书》所要求的"铭刻在心上的法"（是什么），基督教徒将其理解为"良知"。[4] 在很大程度上，尽管有像菲洛（Philo）这样主张普世法优先于"制定法"（*nomoi*）的希腊化教师的努力，犹太教还是保留了其遵循法律的特质，而且在罗马帝国的政治打压和苦难中变得更加尊重法律。[5]

在福音派基督教观点中，犹太法似乎仅仅概括了那些与启示法

（就此而言，也可以叫作自然法）相对立的"人类传统"部分（带有贬损意味）。[6]这一对立类似于惯例与自然之间古而有之的对立，除了自然（Physis）被归入神圣的超自然法则（Meta-Physis）外，这事实上将法律的理念恢复到了原始的宗教情境之中——就像希腊人、罗马人和犹太人、基督教徒所承认的那样。对俄利根和德尔图良（Tertullian）来说，自然法就是上帝法——尽管这种说法不够彻底和全面；而且这种观点也将被吸收进教会法之中，其专业性的需求将会以一个著名的等式来联结自然世界和超自然世界："自然 = 上帝"（Nature id est Deus），[7]这一等式隐含了某种法律泛神论（如果不是神学的话）。

诚然，这一综合体与早期基督教徒思想相距甚远，对他们来说，无论是自然，还是习俗惯例，都没有太大的吸引力。这也正是为犹太教的基督分支进行概念化做出最多贡献的人的态度。使徒保罗［之前的犹太名叫扫罗（Saul）］，曾经"满足所有人的需求"，却惹人怨恨地坚持旧法和由基督带来的新特许之间的对立。使徒保罗在其《迦拉太书》中宣称，"基督已经将我们从法律的诅咒中赎回"，他攻击与基督教精神性"自由"相对立的摩西法的"束缚"。[8]第一位基督教殉道者圣史蒂芬（St. Stephen）则以生命为代价传递了相似的讯息，（因为）他的犹太听众们报告说，"因为我们听他说过，这个拿撒勒人耶稣将要毁灭这片土地，也将改变摩西传达给我们的习惯"。犹太法律规定了石刑来对付这一冒犯，保罗自己也正是被传统的方式处死的。圣史蒂芬教诲的价值以及对他的不公平的定罪，随后不久就给保罗带来了曙光，并促成了他那传说中的改宗。但是保罗的布道并没有过多表明犹太法律的不公正，因为它与基督教信仰的强制力并无关系。不是人类惯例而是终极真理，不是法律束缚而是精神自由，这些是超越法律的新保罗信仰的箴言。

对保罗来说，异教徒并不比犹太教徒生活得更好，因为"他们没有律法，他们就是自己的律法"。[9] 犹太人生来就要接受割礼，所以，根据自然法——或许等同于未被教化的良知、"写在心灵上的法"，异教徒不需接受割礼。尽管希腊人"没有在其他事情上耗费时间，但他们要么表达了、要么聆听了什么新东西"，他们是纷呈的哲学流派的牺牲品；尽管事实上他们拒绝神话，却将逻各斯置于自我之中，并将其称为哲学或科学。他们对"自然法"的倚重是一个巨大的障碍，就如同犹太律法主义对基督教真理一样。习俗（Nomos）和自然（Physis）同样地忽视了基督——如果不是彼此敌对的话；因为就像保罗所哀叹的那样，"犹太教徒需要的是神启，而希腊人寻找的则是智慧"。

保罗在布道时以超验和真正普遍的逻各斯代替这些理念。他前往大马士革的史诗般的顿悟之行开启了他超越法律和自然之旅。第一阶段涉及发现了自我的一个新的层面，一个精神（psyche, animus）理念：超越了人类的自由与意志，将"良知"和对罪的关注包括进来，即包括了人类状况的全部，而不再仅仅局限于国民的自我形象。当面对雅典人时，保罗引用了一位雅典诗人［亚拉图（Aratus）或者克里安西斯（Cleanthes）］的话，"因为我们也是他的后代"，[10] 以此诉诸被雅典人热爱辩论和排外性格所隐藏的世界主义。因为保罗"满足所有人的需求"，他可以用犹太人身份对犹太教徒传道，可以用罗马人身份对罗马公民传道，因此他也在雅典人面前展示了自己的希腊遗产。保罗的"逻各斯"是超自然和超法律的，其著名的准则是，"既非希腊的也非犹太的，既非遭奴役的也非自由的，既非男人的也非女人的"；其普遍性在各个层面得到显现，"同一个主，同一个信仰，同一种洗礼；同一个上帝，所有人的父"。但是，出于这个福音派理想主义的考虑，保罗意识到了法律的需要，当然不是"针对一个正直的人，而是针对那些缺乏法律约束的不服从者、亵渎神灵者和罪人；针对那些不守教规的异教徒、那些杀害父母亲的凶手、那些过失杀人犯"。[11] 不幸的是，这本就包含了很大一部分的人性。

保罗无法回避的二元主义——以精神反对法律（无论是自然法还是实证法）——由早期的基督教辩护者们更完满地实现了，他们中的大多数人都是"异教徒"，并且在某种程度上比保罗更倾向于概念上的反犹太主义。对俄利根、德尔图良和其他早期教父来说，犹太人伪善的形式主义已经被"新法"和只留下精神印记"新割礼"代替了。[12] 因为基督是新的立法者，他的追随者就生活在这种新的基督法（Christonomic）的荫蔽之下。诺斯替教徒托勒密在这其中看到了某种代际冲突，圣子基督扮演了圣父那时有缺陷的命令的解释者和批评者的角色，运用摩西十诫，但是拒绝将其视为过时的复仇命令，而仅仅将其视为由摩西和以色列先辈们立下的形式化的或迷信的要求。对"福音法"这一矛盾理念的最极端表述出现在马吉安（Marcion）的作品中，他完全摒弃圣经旧约，因此事实上创造了圣经新约，尽管他对保罗理论的新颖的、激进式的解读很难为"传统的"作者所忍受。[13]

这些态度的颠覆性含义很难掩饰；圣经原教旨主义给所有的传统"权威"造成了威胁，这丝毫不比诉诸纯粹理性的观点弱。因为保罗否定了犹太法，因此俄利根通过援引终极自然法逻各斯来正当化基督教对罗马法中不公平、不公正之处的抵抗。马西昂派（Marcionites）甚至颠倒了基督的免责声明（马太福音5：17），"不是去执行法律而是去废除法律"；当然，基督徒坚持殉教的价值强化了他们的颠覆者形象。[14] 难怪犹太学者对保罗的原教旨主义感到恐惧，也难怪像塔西佗和普林尼这样的罗马观察家谴责基督教是"致命的迷信"，甚至根本就是无神论。

逻各斯所代表的是一种新的、未经检验的自由和正义（即正当）理念，它超越了古代法的理想——无论是犹太法还是罗马法。基督教的良知所代表的是一种超越古代文明的理性主义和部落主义的全新的、不受限制的心态，包含了邪恶感以及肉体和精神之间无止境的斗争。[15] 从某种意义上说，基督教经验的中心主题就是通过逻各斯的运用，来避免习俗（Nomos）的破坏性和约束性的影响，避免自然（Physis）所隐含的虚假许可。这当然取决于"上帝的正义"，它最初体现为一种"新法"，并必然成为一种新传统的起点，同时也成为 Nomos 新形式的起点。

基督法

基督"新法"被教父传统详细阐释和解释，并在某种意义上被法典化了，这反过来又提升了"教父的权威"；它遵循罗马人的模式，但此时则是以精神的方式，对应着被奥古斯丁称为"上帝之城"的共同体，与罗马的"地上之城"（*civitas terrena*）相对。教父、使徒、希腊人和拉丁人所做的一项根本性的工作便是，不仅让逻各斯适应于犹太人和希腊人的预想，而且要适用于罗马的帝国使命；为此，他们势必要将注意力转移到"传统的"人类问题上来。[16] 从罗马的克莱门特（Clement）和巴拿巴斯（Barnabas）开始的"使徒教父们"发现或编造了理论上连续的路径，特别是通过对旧约的寓言式的解释，以便为基督教提供历史的正当性；从殉道者游斯丁（Justin Martyr）开始的后使徒时代的护教论者们发起了对基督徒生活方式更为直接的辩护，并表达了在帝国法律下被平等对待的期盼。能够穿越这些辩护式的限制的是对教义错误所带来的混乱的攻击，这体现在反对这种或那种的人类误解或背离的完整文献中——认为它们每个都"违反（新）法"。

这种以书面方式捕获（capture）逻各斯的尝试中出现了融贯的基督教意识形态的萌芽，尤其是在爱任纽（Irenaeus）和亚历山大学派［克莱门特，希波利特（Hippolytus）和俄利根］的著作中。爱任纽将行邪术的西门（Simon Magus）作为其主要的靶子，他被认为是"所有的异端衍生之源"，特别是，后来人们将由律法主义和物质主义过错所致的新犹太人精神的腐败定为"simony"（买卖圣职罪）。[17] 亚历山大学派的克莱门特，出身雅典，承认希腊哲学为真正的知识（gnosis）和正义做了准备；但他否认正当的第一动因或原则可以从自然中发现，因为真正的文化（paideia）只有通过基督才能传授。希波利特（一个"反教皇"的人物，其雕像于1551年被发现，上面刻有他遗失作品的清单）不仅批评了犹太人的律法主义，而且批评了禁欲主义者颠倒的物质主义——他们出于过分的人类自豪感而拒绝了肉、性以及其他提供舒适生活的物品。[18] 这是些试图给基督教义——包括了正统观念的某种更为律法主义的形式、如有约束力的信条和教条——带来人类秩序和权威的先驱者。

希腊教父中最擅于综合的思想家当然是俄利根,他试图将基督教逻各斯转化为人类的规则和原则(kanones, archai)。对俄利根(其写作时间是3世纪)而言,基督教已经建立了一种社会共识,或许是一种圣经之外的"制度传统",以及一套逻辑自洽的教义;他否认塞尔苏斯的批评——塞尔苏斯认为这一宗教既不具有创新性也不具有革命性。[19] 俄利根始终忠于基督论典范,以各种各样的方式试图保持精神与肉体的平衡,他认为这一化身(incarnation)允许了超验的逻各斯与习俗(Nomos)、进而实际上也是与异教古物之间建立起联系——以道成肉身的某种社会化的表达方式。

俄利根表达这种形而上(和元规则)真理的最具特色的方式是通过圣经——基督教(也是犹太教)信仰的核心象征,并且建立在文本的文字与精神的区别之上。俄利根的诠释学最有可能来自于对荷马的寓言解释(俄利根通过亚历山大学派获悉),类似于词语和意义(verba 和 voluntas)、民法中的"有形物"和"无形物"的区分。和法律"科学"一样,基督教的"真理"也是通过穿透文本表面、直抵赋予生命精神意义的层次来实现的。另一方面,这种思想使得天启与历史事件(包括了犹太文化和古典文化的)的联系成为可能。俄利根认为,"所有可见范畴的事物都可以与不可见的事物联系起来,有形物可以与无形物联系起来,显现的也可以与隐藏的东西联系起来"。[20]

因为精神超越了文字,所以逻各斯也超越了言语,爱任纽指出,"虽然世界的语言是不一样的,但传统的含义只有一个,是相同的"。[21] 这一辩证法的终极来源当然是基督自身以及按其形象所造之

第五章 基督教传统

人的双重自然本性。通过这种神秘的、神话性的综合体，基督徒将他们的超验信仰、对未来的希望和他们的当前困境、过往记忆联系起来。（也正是）通过这种方式，基督教开始弥合雅典与耶路撒冷、西塞罗与基督的分歧，从而在圣言和法律之间、在天启和人性，亦即"第二"自然和第一自然之间寻求平衡。

基督的"新律"如何以人类的方式保存下来？首先是通过口头传统，特别是通过福音传道（kerygma）来传播福音；当然，时间的流逝和抄写文化的缺陷使得这个过程变得复杂甚至被破坏。因此，基督教修辞偏爱更新的、净化状态的观念，如果这种状态无法长期维持，那么就要周期性地、不时回到这种状态。如果个体的灵魂需要"重生"，（那么）整个社会、地上的教会，都需要长期的"改革"；而"初兴教会"的神话则贯穿"改革"运动，直至希尔德布兰德（Hildebrand，教皇圣格里高利七世的俗名）和路德（Luther）时代。改宗本身就是一种被"改革"的方式，后来，正规神职人员的录用、教皇和宗教立法会议的各种努力也被改革。然而，除了一些修道院运动外，"改革"的观念通常不是乌托邦式的；它是非常保守的、向后看的。6世纪的一则教规要求，"如果前面的委员会的法令由于时间的流逝中而被忽略了，现在它们必须受到秩序复兴的谴责"。[22]

事实上关键在于传统（paradosis），这是一个与罗马的继承法以及神圣的传播相联系的观念，基督已经宣告，"一切所有的，都是我父交付我的"。变化是不可避免的，但正如居普良写到（这也是教会法学家不断引用的），"没有传统就没有创新"（Nihil innovetur nisi quodtraditumest）。[23]从精神意义上说，在教父用来塑造异教和犹太遗迹的教义连续性的努力中，传统就隐含在其中；而在制度层面，它与"使徒传统"相连，爱任纽认为这掌握在主教手中。早在3世纪，爱任纽的门徒希波利特就这个主题（使徒悖论，*Apostolike Paradosis*）完成了一部经典著作，在这个主题之下他考虑到了教会政府的结构以及灵魂救赎中所固有的社会和教会问题。优西比乌斯（Eusebius）的"为福音的准备"（*praeparatio evangelium*）的概念则是为传统提供基础的另一种更具推测性、更富神话色彩的方式，就像5世纪莱兰的文森特（Vincent of Lerins）的渐进主义观点、红衣主教纽曼（Cardinal Newman）对宗教体系的进化论解释的教父学原型一样。[24]

成熟的"传统"观念是抄经文化的一个产物，它标志着基督教教义口头阶段的结束，或至少是严重地限制了其范围。此后，传统越来越被确定为与使徒传统、正统性和普遍性并列的问题。直到波伊提乌斯（Boethius）时代，传统才被置于圣经之邻，即使圣经本身的时间以及真实性与规范性的矛盾问题也被认为是"传统的"。[25] 在西方的教会语境下，特别是在新教改革之后，"传统"实际上意味着天主教的现代形式。

伴随着基督教传统的建立，出现的是一种独特的基督教社会的观念——一个"信徒的聚会"，如果不是"圣人的团契"的话，它首先被认为是通向自由、正义和智慧的真正原则的唯一方法。2世纪《丢格那妥书》（Epistle to Diognetus）的作者写道，"基督徒不是因为国家、语言或者他们遵循的习俗而区别于其他人"，相反，他们是由其思想而定义的，"他们附着在肉身上，但不活在肉体下。他们在地上过日子，但他们是天国的公民。他们遵守规定的法律，同时又超越了生活的法则"。这个作家总结说,灵魂之于身体,就像基督徒之于这个世界一样。[26]

拉丁教父尤其愿意尝试着给基督教社会赋予人类的定义。德尔图良从俄利根那里得到启发,强调了积极的"信仰规则"(regula fidei)——为基督教传统提供了圣经之外的合法性。[27] 他的学生居普良为"教会统一"提供了一个更全面的辩护,既是寓言式的(即基督逻辑的)又是精神上的(灵魂的"一致")。在后来的教父[安布罗斯(Ambrose)、奥古斯丁和哲罗姆]的著作中,教会的神学理念是人性化的——合法化了和社会化了的,这是通过采用人民同意理念(consensus iuris,奥古斯丁语),以及诸如基督教的祖国(patria)、国籍(natio)、氏族(gens)、平民(plebs)和最重要的人民(populus)等术语的应用实现的。这种术语意味着法理结构、独立性、正当性以及神圣基础,神法再次被塑造成人法,但是这次是以一个基督教教皇的形式。[28] 后来,这个过程变得更加清晰,因为神学家所设想的"教会神秘的身体"(corpus mysticum ecclesiae)被转化成一个由法律人所解释的类人"团体"。

基督教的思想中又一次体现了第一自然与第二自然或习俗之对抗的主题,当然这二者都与超自然相对。从居普良和德尔图良到伟大的教会法学家,基督徒需要注意的是,基督所宣称的不是"我就是习俗",而是"我就是真理"。(约翰福音14:6之后)[29] 像西塞罗和塞涅卡(Seneca)一样,奥古斯丁和哲罗姆将"习俗"(consuetudo)理解为第二自然,理解为对人性和人法的腐败的投降,理解为对基督精神遗产的进一步疏远;就像亚历山大的克莱门特所那样,"就像抛弃一些致命的药物一样抛弃习俗"。[30] 简言之,在早期的基督教思想中,

"习俗"通常被认为是"不好的习俗",是从理性或恩典或两者兼而有之的堕落。

在神学体系中,逻各斯学说从4世纪起占据上风;而基督学、三位一体和救世教义则反映了基督教意识形态的超验主张。然而,基督徒生活的很多方面都很难被圣经的规则所覆盖,如圣职受任、告诫忏悔、礼拜、修道和"堕落",更不必说财产和犯罪或者至少是非要经过卓越"解释"的努力不可。[31] 尽管保罗认定基督教是"自由"和平等的,但是在早期教会中有许多武断的规定和礼节。比如,女人与男人相提并论,但她们无法在教堂里露面,并且必须保持沉默。子女必须顺从父母,仆人必须顺从主人,最重要的是,公民必须顺从权力,因为"恺撒的东西"的显然是 Nomos 的领域中享有神圣效力的一部分(从圣经解读也是如此)。总的来说,许多犹太教和罗马的法律主义被隐藏在教父们的作品中,事实上很难不如此,因为他们焦虑地要去避免异教徒或马吉安(Marcion)那样的诺斯替教徒的极端唯心主义。

如果基督可以被回顾性地认同为逻各斯,那么彼得和他的继任者就不得不采取一个不那么完美无瑕的姿态。如果《圣经》、逻各斯是纯粹的精神,教会的"基石"(petra)将在物质上为 Nomos 奠定更加稳固的基础。在"救赎灵魂"和将教会建立成一个有资产的团体最终成为一种政治统治集团的压力下,收集人类惯例和"实证法"是不可阻挡的,就像"真实的灵知"(true gnosis)的转变一样,被爱任纽定义为"使徒的教义和整个世界的教会的古代秩序"——一个结构化的基督教社会(*societas christiana*)。[32]

这个新社会是以血缘关系为基础的国家的精神对手,通过早期殉道者自身赋予了血脉上的一致性，他们的牺牲提供了"教会的种子"；后来经历了法律的强化，特别是通过洗礼和团契的圣礼，将身份关系界定为"上帝的家庭"的成员；经由后来的解释，提出在教会社会之外没有救赎——天谴就等同于精神放逐。基督教在很多方面丧失了超验的地位，[从盖伊·斯旺森（Guy Swanson）开始流传的话来说] 越来越变成一个"内在的"宗教，它接受、正当化着、进而体现了"人类传统"。[33] 通过某种形式的社会化身的过程，逻各斯再次让位给习俗（Nomos），神法让位给人法。

罗马法下的教会

教会被称为古罗马帝国的幽灵，但是接受和继承的隐喻可能更恰当，因为在许多方面教会既接管了法律传统也接管了恺撒的统治机器，并就像谚语所说那样，"教会生活在罗马法下"（Ecclesia vivit sub Legeromana）。[34] 萨尔维安（Salvian）在5世纪写到，"只要有罗马人的地方，就有许多罪恶"。[35] 但是只要有罗马人地方也就有法律；基督教思想家，先是无意地、而后更加有意地利用了这一遗产。在最高层次是基督与皇帝的平行关系，他们都是大卫模式下的"国王祭司"。他们既是"王"（lord）也是"救世主"（soter），并且分享了许多夸张的修饰词，包括神（theos）和巴赛勒斯（basileus）；两者都是法律的最终来源（basilikos nomos）。除了这种祭祀术语之外，有组织的教会沉迷于广泛借用帝制的话语和变相的伪装。一般来说，教区是市民社会（civitas）的继承者，主教法院是最高法院的继承者，而罗马"教皇"当然也接管了大祭司（*Pontifex Maximus*）的帝国头衔并且居住在古代恺撒的首都。

像通常那样，这一过程始于基督教意识形态的创始人。保罗否认他提出了一个"新的立法"，但实际上他的布道暗示着一种行为法典和社会规范，以及一种新的灵性。怎么可能还有别的可能呢？因为保罗的人设就在"法"中，注定要成为一个拉比，他经常断言基督的目的不是要废除而是要实现犹太法律。保罗同时也是一位罗马公民，以自己的公民身份为荣，而且时刻准备着诉诸罗马帝国的管辖权。他曾经询问过耶路撒冷的一名罗马百夫长，"你鞭打一个为被定罪的罗马人是否合法？"[36]

在"归于恺撒"的领域中，保罗将法（Nomos）置于逻各斯之上以作权宜之计，保罗用比其他人更多的方式证明了罗马法的影响。即便是在谈论他对于基督信仰的承诺时，他也采用罗马法中"进入家庭"的术语来表达：不仅意味着有了新的父亲和兄弟，而且也会得到应许的一份（精神上的）遗产。他和他的皈依者变成了"上帝的后嗣，和基督同作后嗣"，整个的关系就是合同或立约（covenant）的关系。从某种意义上说，上帝（父）拥有终极的父权，就像他的罗马对应者可以为他的子女选择自由或奴役、生或死。其他的类比——包括要式口约（stipulatio）被类比为一个人对教会的义务，以及婚姻誓言被类比为尼西亚信经（Nicene Creed）的一种形式——都支持了这样一个论点：保罗神学的框架是人类中心主义的，关注"自由"和"正义"的价值，体现了罗马法的某种升华版本。

基督教的传统甚至比古罗马更为深刻地建立在父权原则的基础之上，父权原则不仅具体体现为上帝的权威，也体现为教父教义的权威，以及最重要的，体现为附着于罗马教皇身上的使徒传统，这从君士坦丁时代起就如此。就如福音牧师的牧师职能——特别是对灵魂的"救赎"和"养生"——意味着精神职位的社会维度，教皇的至上性主张——教皇权（Papatus）是法律人的用语——包含了政治维度，其对"罪"的主教管辖权将大大扩张。[37] 回顾一下，这个世俗主张的正当性是建立在对所谓的"天钥圣权"的解释之上的：对任何事物都有约束力或可以放松约束，行在地上，如同行在天上。把基督对彼得的这个评论（马太福音，16：18-19）转化为法律语言——圣彼得委托的僵化，构成了原始的双关语——代表了教会法叙事的中心主题；在这一联系上，罗马人的法律再次被采用，尽管是以圣经和神学转化的形式。罗马传统在一个方面代表了上帝圣言的敌人，因为查士丁尼的"恺撒式"主张可能被视为是保罗的犹太和贬义的"法律"的转世。然而，实际上，基督法（Christian Nomos）的建构主要是在罗马法律科学的基础上实现的。

　　信仰与法律之间的共生关系被原始基督教的国际性及其帝国使命进一步加强，"所以你们要去，使万民作我的门徒"（马太福音，28：19）。基督教刚开始是犹太教在另一个世界的分支，后来成为一个广阔的教义帝国，它宣称对真理有完全和独占的统治权。保罗本人对罗马的克莱门特大为赞叹，"向全世界传授正义"。他的传教野心向西延伸至西班牙，包括了"野蛮人"，准确（经典）来讲，就是所有的人类。不仅把基督融入犹太人的弥赛亚和希腊人的逻各斯中，而且还吸收进征服者恺撒之中，这赋予福音书以历史形象，创造出一种意识形态和普世教会的谱系。从这里生发出优西比乌斯所崇拜的两种帝国主义，

"两个强权完全源于同一条河流,它们给了所有人和平,并把所有人团结在友爱之中:罗马帝国从那时起就是一个王国,以及救主的力量,他的帮助马上延伸到每个人身上,也建立于每个人身上"。[38] 他认为,一个完美的联合不仅是恺撒和基督的结合,也是人类传统和普遍真理的结合。因此,统一的君士坦丁罗马帝国——优西比乌斯为其撰写辩词——与优西比乌斯参加的尼西亚会议所宣告的神圣统一性结合,并得以强化。保罗所宣扬并被编纂在《尼西亚信经》的"同一个主,同一个信仰,同一种洗礼",使得服从全能的皇帝在思想上被强化了。

在其他方面,逻各斯被镌刻在根据法(Nomos)组织起来的尘世共同体中。罗马化的影响可以从西方教父们的著作中看到,或许最显著的就是德尔图良的著作,他是基督教事业的第一个也是最有影响的倡导者。德尔图良是对罗马法律肤浅和不平等的严厉批评者。他痛惜罗马法律臭名昭著的扩张、不稳定性和不公正(如对基督徒提起欺君之罪的指控),特别是不敬(这使得神和正义原则似乎只是人的创造)。[39] 然而德尔图良有法律人的头脑(事实上通常与《法律汇编》中的同名法学家一致);他毫无顾忌地使用罗马法的工具,尤其是在为基督徒辩护时,他(同时)援引犹太教的、哲学的和法律上的先例。对他来说,基督教是一个拥有充分人性权威的正当传统;同时他谨慎避免非法的解释,尤其是马吉安的那些解释,马吉安的抽象希腊化致使真正的基督教徒的教义财产被异教侵吞,并激发了德尔图良将"指示"法律化的努力。其他的宗教思想——比如人对自己的罪行的"赎罪"(satisfaction)——大概也来源于民法。在德尔图良的各种社会关切中,他遵循罗马法的指导,事实上似乎正在系统化地朝某种基督教的

"生活规范"努力。

罗马法的理想被直接保存在中世纪思想中——或许以某种淡化和扭曲的方式,后来汇入教会法传统的一个总结是《论法律》这部小书,它后来成为7世纪时塞利维亚的圣伊西多尔*(St Isidore of Seville)所编纂的百科全书的第五卷。在这些《词源》中,伊西多尔试图用一种对古典方法相当笨拙的、推测性模仿的方式,努力通过思辨推导去发现关键词语字面背后的意义。"法律"来自"正义"(尽管伊西多尔无疑知道在语言学上其关系是相反的),而特定的法律则来自阅读行为(lex a legere)——因为成文形式的要求(lex scripta)。[40] 法律是由特定的作者——摩西、梭伦、努玛等人——制定的,虽然罗马人很显然已经用梭伦的法律取代了原来的神法,(梭伦之法)被"翻译"和记录在《十二铜表法》中。自君士坦丁开始确立"新法律"、狄奥多西进行法典化后,试图将民法系统化的努力并没有成功。伊西多尔以传统方式总结了法律的主要分支(民法、自然法、国际法、公法和私法),并声明法律"应该"不仅是为了公共利益,而且也应该实现"光荣的、公正的、可能的、遵循本性、尊重国家的习惯,并因事因地制宜"的实践需要。其结果是,罗马法被删减了大部分特殊性,并被缩减为一般的规范,可以引入基督教传统却不必担心被异教感染的一套范畴。

在沃尔特·厄尔曼所说的"欧洲的罗马化"进程中,罗马教皇在很多方面都或明或暗地提及了帝国传统的法律财富。居住在罗马,教

---

* 塞维利亚的圣伊西多尔(约560—636):担任塞维利亚大主教三十余年,被誉为"古代世界的最后一位学者",在托莱多和塞尔维亚的大公会议中起到极重要的作用。中世纪后期有关伊比利亚半岛的历史学写作都是基于他的著作。——译者注

皇和教会的领导阶层掌管了许多的城市政府和行政官署的机构（如"大祭司"）以及废弃的寺庙；在帝国从法律上灭亡之后，他开始确立自己"君王式"地位和立法权威的诉求。[41] 在显示"上帝最低下的仆人"（servant of the servants of God，罗马教皇自称）这个精神头衔高傲的谦卑的同时，教皇也登上了地上之"主"的地位，最后模仿了查士丁尼和大卫，成为祭司王（priest-king, *rex-sacerdos*）。实质性的一步是在公元8世纪迈出的，当时的教皇宣布独立于东罗马帝国，并与加洛林法兰克人形成了划时代的联盟。其结果是世俗意义上的"帝国的复兴"，但是这短暂存在的"加洛林复兴"的主要受益人是罗马教会，它正在成为一个世界性的王国、一个幸存的"罗马"（在"基督教"的意义上）法律传统的代理人。

两种自然，两种法律

从公元4世纪开始，优西比乌斯所赞美的"两大强权"之间的关系就比较紧张了，当时早期欧洲文明发现了一个新的意识形态基础，但从某种意义上说，却付出了灵魂的永久分裂的代价。[42] 再一次，正如君士坦丁的著名硬币那样，一面是十字架，一面是太阳神的形象，教会和帝国虽然被结合（在一枚硬币上），却是彼此对立的。但它们彼此间的相互促进得以继续，尤其是在法律领域。一方面，教会利用民法来追求其社会参与、（建立）"僧侣统治"组织、实现帝国使命；另一方面，罗马法以基督教的模式重铸，三位一体的原则在狄奥多西和查士丁尼的伟大法学编纂中居于优先地位。从君士坦丁时起开始了一个长期或许不均匀的立法传统，在物质和意识形态方面偏好教会和教士，并接管了反对异教和异端的教父运动。朱利安皇帝在废除了基督教法律之后，进行了"恢复古代习俗"的理想主义努力；但这只是一个小插曲，在法律传统中只留下了很少的痕迹，朱利安对这种法律传统持一种抱残守缺式的尊崇。在410年阿拉里克一世（Alaric）洗劫罗马之前，新、老法律已经水乳相融——就像基督和人类的两种本性，或者如基督教思想家所希望和主张的那样。

然而，这两种传统或本性之间的张力仍然存在，一个以罪为基础，另一个以为恩典为基础。这一点在拉克坦提乌斯（Lactantius）的作品中显而易见，他是4世纪初期"基督教中的西塞罗"，他谴责罗马人根深蒂固的"贪婪"，怀疑他们伪称的理想。罗马人"以正义的名义为自己立法，用那些最不公平和最不公正的措施对抗群众的力量，来保护自己的盗窃和贪婪"。[43] 相反，他赞扬君士坦丁统治下罗马传统所采取的形式和真正正义的确立，尽管它包含了旧异教法的许多内容，正如从狄奥多西和查士丁尼的汇纂中可以明显看出来那样。

在4世纪末，米兰的安布罗斯主教，一名执政官的儿子，试图将以审慎和正义为中心将基督教的新道德与古罗马的美德结合起来；但他对"牧师的职责"的讨论以西塞罗对义务的讨论为模板，使得西塞罗的道德哲学服从更新的良心理想。安布罗斯非常尊重皇室，并在书信和悼词中盛赞狄奥多西。但是，在著名的帖撒罗尼迦大屠杀事件中，他毫不犹豫地认定，皇帝虽然可能在民法之上（legibus solutus），但受到基督教良知的统治，或许还要受到教会可能选择强加的苦修赎罪的惩罚。通过这种方式，基督开始与恺撒对抗，或者说（如在哲罗姆传说的梦中那样）开始与西塞罗对抗；正义的民间理想被赋予了精神的或者说教会的形式。

到此刻，两个传统的最后对抗发生了，精神最终彻底战胜了肉体，或者胜利者这样吹嘘。这一冲突在公元382年那场著名的胜利女神祭坛事件中明显地表现出来。在这个从奥古斯都时代就存在的祭坛上，罗马的元老发誓要维护皇帝的法律。基督教施压下撤除祭坛，在朱利安恢复祭坛之后，又有了第二次撤除，以及随后元老们的又一次抗议。他们的发言人教皇圣西玛库斯（Symmachus）代表传统进行了辩解，"对习俗的热爱是伟大的，"然后他又问道，"我们应该在哪里发誓遵守你们的法律和命令？"罗马的荣耀与它的古老传统紧密相连，并且，西玛库斯要求，罗马人应当被允许"把我们在孩童时代得到的东西留给子孙后代"。作出回应的是主教（和之前的统治者）安布罗斯，他代表与罗马血腥过去的罪恶形成鲜明对比的"一个更好的进程"发声。普鲁登修斯（Prudentius）作为对维吉尔的帝国诗的最佳基督教式回应者，附议安布罗斯，哀叹罗马"已经为被征服的国家制定法律和正义"，（因而）应该与无知野蛮人的迷信相联系。[44] 不论怎样，"进步"一方彻底战胜了古代传统一方，十多年后，异教主义被狄奥多西的立法所禁止。法（Nomos）的罗马基础虽然没有被取代，但已经被动摇。

于是，基督教思想的根本二元性被提升到了政治层面，保罗的灵肉之争——被普鲁登修斯在其诗作《精神之争》（Psychomachia）中以详尽的寓言所赞颂，在法律传统的竞争中找到了社会对应物。或者，我们是否应该说，逻各斯以更适合于天主教会所发展出的"法律宗教体

第五章 基督教传统 123

系"的方式，获得了另一种人类（现在是制度的）形式？

这种两极性在奥古斯丁的著作中得到经典的表述，他被公元410年罗马遭洗劫所震动，这件事普遍被归咎为基督教的影响。在《上帝之城》中，奥古斯丁以宇宙的视角（以及在保罗的前提下）审视了两种罗马传统。地上之城（civitas terrena）的荣耀并不建立在宗教之上，而是建立在迷信之上，就像以色列一样，建立在兄弟相残之上（罗慕路斯就是罗马的该隐）；而所谓的"胜利"不是德性的结果，而是"统治的欲望"的结果。罗马的法律并不是神圣地被赐予的，而是从其他国家挪用来的，并建立在罪恶和暴力之上，不是真正的正义。他们也没有带来和平与和谐。奥古斯丁认为，为不和建造一座寺庙是比较合适的。[45] 在这个"内部分裂"的城市之外的世界是上帝之城（Civitas Dei），它是"和平与正义"的真正化身，是几个世纪来"政治奥古斯丁主义"箴言的化身。因此，罗马教会按照自己的帝国主义风格，既掠夺、努力抹黑古代文化遗产，同时又宣称要继承它。这种文化的最有价值的部分显然是其法律传统——自由、正义和理想的来源，根据基督教的重新评估，变成了"真正的哲学"的来源。

教会的法律和政治主张的最有名的表达，体现在对圣经中自负的"双剑论"的解释中。与王权相比，在5世纪末，教皇格拉西乌斯一世（Pope Gelasius I）写道，"教士的宗教权威更大，原因在于他们必须在上帝审判人类君王之前提供清单"。[46] 查士丁尼和狄奥多西所认可的教皇权威，由查理曼大帝给予最后的批准。根据西方所有文化神话中最普遍说法中的一个（帝国的"转化"或"创新"）罗马的法律遗产与基督教的宗教遗产趋于一致。[47]

从"法兰克人之王"开始,查理曼在死去时(根据他的墓碑上的铭文)已经是"罗马人的皇帝";除此之外,他还恢复了"成文法"。他的"法令集"由"立法委员"收集起来以"国王之令"为名发布,并由改组的司法和行政系统执行,其法令集实际上是5世纪以来西方的第一部立法。在800年被加冕为皇帝之后,这些法令进入了私法领域,比如婚姻领域;也进入了神职人员的社会生活中——不论是常态生活还是世俗生活。在9世纪帝国分裂后,教皇更多接管了"基督教帝国"(*imperium christianum*)的遗产。

尽管求诸逻各斯,但是教皇和帝国也都成为法(Nomos)的俘虏。10世纪奥托皇帝的第二次"帝国改革"复活了对"双剑"的辩论,但由于所谓的"专有教会"(Eigenkirchen)——中世纪后期民族教会的日耳曼起源——以及与此相关的授职仪式问题,给这一争论带来了新的转折。这个问题在11世纪以"主教叙任权之争"的形式爆发,也可以部分地被视为法律传统之间的冲突,特别是像〔格尔德·特伦巴赫(Gerd Tellenbach)所说〕"古老的(罗马)教会法与中世纪早期的'日耳曼'特权教会法之间的冲突"。[48] 主教叙任权之争以封建社会的政治术语,(重新)概括了保罗关于自由和奴役的古老辩证法;但对教皇而言,这也带来了古罗马精神教会化的一个高潮,以格里高利的呐喊"教会自由"为标志。教会的自由(*Libertas Ecclesiae*)或者罗马的自由(*Libertas Romana*)远不只是简单地独立于世俗权力;从积极方面说,它也意味着法律"权威",即立法权。

法(Nomos)对逻各斯的蚕食,既突出了沃尔特·厄尔曼所说的"法理神学",又衬托了恩斯特·康托洛维茨(Ernst Kantorowicz)所说的

"政治神学";彼得的钥匙(它们有时被称作 claves iuris)被用来解锁法律传统的富矿。[49] 格里高利假称对整个教会拥有领导权（regimen totius ecclesiae），声称对在七个多世纪的辩论中所积累的遗产具有继承权，并从概念和术语上深深地受惠于罗马法。教皇政府的中心目标越来越不满足于灵魂的救赎和教义的保存，它变成了政治自由和正义。更为重要的是，（借助）从基督教人民中汲取的力量，教皇作为教会的首脑，发布指向"公共福利"和有效教义的准皇帝法令和宪法。教皇等级制度通过大都市和超大都会的办事机构（如教区牧师、教皇使者等）被精心构建起来，法律活动通过大法官法庭组织和规制，"教士政治"详尽复杂的政治惯例正在形成。

教皇派意识形态被反对派的复兴所抵制，这种抵制集中在奥托帝国（Ottonian empire）中，也体现出对罗马法复兴的明显兴趣。一份 10 世纪的伪造文书——所谓的特权诏书（Privilegium Majus）——诉诸著名的君主法（lex regia，本身也是伪造的）作为帝国权威的辩护理由；总的来说，载入《争论小册子》（Libelli de lite）的帝国宣传中充满了罗马法学家（Romanist）的援引和典故。[50] 其例证可见于拉文纳的法学家彼得·克拉苏（Peter Crassus）、11 世纪阿尔巴的"人文主义者"本索（Benzo）以及约克的匿名作者的小册子中，他们都诉诸罗马人民的权威以及君士坦丁和查士丁尼所主张的神圣背书。就 12 世纪罗马法的大规模复兴而言，这一被称为"教皇革命"的意识形态战争，以及随之而来的"帝国的反革命"，是比振兴市民生活的要求更为直接的刺激。这一点的证据是教士知识分子在塑造法律传统、收集教会法典主体中的领导作用，教会法是罗马法律科学基础上的第二大社会思想系统，也是基督教信仰中根本二元性的制度性表达。

在"教会与国家"之间的各种冲突中，争议不仅在于控制基督教传统，而且也在于基督徒灵魂对法律的顺从。就像罗马帝国的建立一样，罗马教会的构建在许多方面也是以人为中心和以价值为中心的——亦即以法治为中心，前者将其主张建立在人民的福祉和刑事违法上，后者则是建立在灵魂和"罪"的救赎上。由于帝国政府的大众基础在于古代和传说中的君主法，所以教会政府的基础则在于教皇头衔的逆向自负（reverse pomposity）之中："上帝仆人的仆人"。对抗的目标最终是对"各民族的世界"的管辖权，这个世界不仅由民法和教会法界定，也被新出现的超罗马和超基督教的万民法——Nomos 领域的现代对应物——所包围。

教会法

随着道成肉身，教会成为帝国，精神传统就有了制度形式；最后的产物，基督教法的真正载体就是"教会法"。[51] 在公元 313 年君士坦丁的立法赋予基督教以合法异教地位后，教会法结构的基石就已经奠定。起点是原始教会法学家努力为早期的基督教共同体提供社会组织。从 1 世纪中叶耶路撒冷的使徒和长老集会开始，委员会（synodos 或 concilium）的理论和实践就是为了给基督的神秘身体提供形式；在 2、3 世纪，委员会召集了几次会议来讨论纪律、管辖权、基督教生活方式以及教义的问题，包括洗礼、婚姻、家庭关系、葬礼、教士独身、道德犯罪，以及在教会会议被基督教皇帝接管之前由前尼西亚委员会管辖的各种事项。与此同时，也有着主教信函的稳定流动，这些在4世纪时又在罗马的影响下被改造成教皇的命令和解释，并构成了一种法律传统。教会法的主流就是源自这两个源泉，以及不确定、有时甚至是传说中的"古代风俗"；在从教会的精神身体、信仰三位一体者的社会转向一个司法共同体、最终成为一个王权社会的过程中，教会法是一个主要的动因。

在公元434年，莱兰的文森特为"基督教会中的宗教进步"写了一份著名的辩护，他认为，从哲学上来说，一切都在改变，因此教会也"必须随着时代的推进不断发展，做出伟大的进步"，当然基督教主题思想的本质含义不会改变。[52] 这种发展不仅可以在传教的胜利和法律的建立中看到，也可以在宗教领导权的组织即复杂的、罗马式等级制度组织中看到。正如基督教评注者所指出的那样，旧约所预示的教会发展即便在2世纪前也是显而易见的，当时长老和主教的任命已经被追封，罗马的至高性也差不多如此，就像克莱门特一世——彼得后的第三位教皇——在书信中所示的那样。尽管德尔图良和希波吕托斯将所有的使徒教会都视为"信仰的孕育之处和源泉"，彼得的委员会和罗马的特殊地位还是被俄利根特别是居普良所接受，他们的"教会统一"教义建立在罗马天主教的前提之上。到优西比乌斯时代，这个前提已经成为新的基督教帝国主义的座右铭。

国际基督教社会的结构在公元325年的尼西亚第一届大公会议中已经确定，或至少是已有前兆，这次会议由君士坦丁主持，但由主教们主导，他们按照等级列座，被皇帝称为虚拟的"神"。在这次会议确定的教规中，等级体系被如此组织：包括了罗马主教的至高地位，以及相关的附属僧侣制度（laikoi, hieroi），同时教会的司法和立法特征也被确立。对西方来说，一套二十条教规应对了现存的问题，如"失效"、异教徒、开除教籍、苦修和教士纪律。特定地区的古代习俗被一般性地保护。或许最有预示性的结果是教义一致性原则，尽管直到5世纪末狄奥多西时代才得到了完整的法律表达，当时异教终于被永久地非法化。它以书面信条的形式出现，同时具有人法、即帝国法的地位。

教会法传统建立于4世纪的基督教帝国，在罗马洗劫（公元410年和公元455年）和帝国正式灭亡（公元476年）后的政治动荡中幸存下来，并在与东方的神学斗争中毫发无损，甚至从与入侵的蛮族的接触中获益，蛮族习惯恰与古罗马已经破产的价值观相对立。尽管仍然是世界之都（caput mundi），罗马已经被奥古斯丁、哲杰姆和其他教会神父视为正义理想的对立面。后来一代的教父萨尔维安控诉罗马比摧毁她的野蛮人还要糟糕，在6世纪，教皇格里高利一世发明了一个著名的讣告："罗马，曾经是全世界的情人，现在变成什么样了？元老院在哪里？人民又在哪里？……这个城市已经被剪掉了它曾经惯于飞翔以寻找猎物的雄鹰之翅。"[53]一个例外是当时的隐修制度，这反映了对纯粹价值的回归、对古罗马和"初兴教会"美德的关注。

在圣本笃（St. Benedict）的"规则"（regula，相当于"canon"的术语，让人回想起罗马法中的 regulae iuris）中，这一点尤其明显，他将家庭作为修道院社区的榜样，将家父权作为修道院院长权力的榜样。[54]戒律教士的乌托邦理想往往看起来很遥远，但他们时常会对教会组织和改革产生影响，例如教皇格里高利一世（前本笃会修士）的"教牧关怀"（Regula Pastoralis）。对许多代人来说，隐修制度以其简单的"习俗"与教皇的书面命令相对，既是对教会物质主义的谴责，也是对早期教会纯粹和清贫的提醒。

随着教会从原始的集会网络发展成一个拥有财产的社团，再到一个司法共同体，最后成为一个世界国家，基督教法（Nomos）也从非正式习俗发展成为由宗教法院系统所维持的成文法：教皇具有上诉管辖权，并得到公证人、律师（辩护人）、档案工作者和其他官僚机构日益增长的力量的支持。至少从公元443年开始，教会法文集得到一般性的"颁布"；从公元8世纪，其规模开始扩大。[55] 也是从那时起，教皇传统的要义开始被收集在注册簿中，尽管在早些时候，包含了法律先例和原则的未标明日期的信件已经被收集过。这就是大法官法庭（从11世纪起，也是模仿帝国情形如此称呼）的基础，这成为教皇意识形态的丰富资源库。至少从利奥一世（Leo the Great）（公元461年）开始，教皇立法（statuta, canones, decretales, constituta）扩展到旧帝国的大部分领土上。到格里高利一世时（公元604年），基督教的传教扩张实际上建立起一个以三位一体教条和格里高利称为"基督教共和国社会"为基础的新帝国；到查理曼时，基督教世界（Christianitas）被完全等同于古罗马化（Romanitas）和"复兴的"或"转化的"的帝国。这样一来，由委员会和神学家们的工作所滋养的教会法正在成为新的"国际法"。

"加洛林文艺复兴"对教会法的形成产生了重大的推动力。查理曼大帝公元789年的"一般忠告"（General Admonition）引用了早期的教会法文集，尤其是《狄奥尼西-哈德良教令集》（约500，774）和《西班牙教令集》(633)，并以各种方式反映了有序社会的教会法视野。他与教皇的结盟也说明传统如何被神话所推动甚至改变。为了正当化各种法兰克"捐献"，教皇需要更大的正当性，这同时是由最有名的法律拟制中的一者，即君士坦丁教令（Constitutio Constantini）来提供的。以可追溯到"格拉西亚文艺复兴"的"圣西尔维斯特传说"为基础，君士坦丁的这一捐献不仅拟制了教皇从君士坦丁那里接受了罗马的领土，而且还暗示皇帝的王权来自罗马教皇。[56]

这份在中世纪后期被激烈争论并引起轰动的文献，表明并象征了制造传统的过程，尤其是教皇政府与罗马政治传统之间的半神话联系方面，在某种意义上意味着从恺撒那里拿回"归于恺撒的东西"。这种法律上的神话创作本身在一个基本上没有法律记录的时代里就是传统的，但它恢复了对"成文法"的热情。如果可以有"没有无传统的改变"（no change without tradition），那么如果传统本身没有被记录，就必须被创造出来，如果可能被重新创造出来的话；而且其所遵循的过程，在很大程度上就像神话、特权和法律经常被发明出来的那样，或者至少是为了提供必要的正当性所进行的想象性重构。

8世纪、尤其是9世纪，构成了伪造和伪法（Pseudo-Nomos）的一个伟大时代，查理曼本人成为传说的特别焦点，他也是或虚假或真实的权利和特权的来源。教会法成为教会编造的伟大工具，包括君士坦丁的捐献被编织成书面传统的结构。最有名的是伪伊西多尔教令集，这是一部9世纪的汇集，以《西班牙教令集》为模本，包含了较旧的伪造法和大量的据说是前君士坦丁时代的教令集。这些"伪造的教令集"或者他们的对手"伪造法令汇编"的目标不是要宣布新的原则，

第五章　基督教传统　*131*

而是要夸大古物，或增强传统观念的权威；但最重要的是，它通常可以提升教皇的"权力的充分性"和教会等级（正如本尼迪克特·列维塔和其他人同样地在帝国方面所进行的工作那样）。这些所谓的"伪造者"并不是在试图创新，而是希望进行充实、说明，以及通过一种推测性的或预见性的解释来增强传统。无论如何，在12世纪的知识复兴之前，这种技术及其所应用的文本已经成为教会法传统一个不可缺少的组成部分。

根据教会传统的伟大记载者巴罗尼乌斯（Baronius）的说法，10世纪是一个"冰冷黑暗时代"；当然，教会中"pornocratic"政府的这一时期——以习俗的统治、伪造（无论是为了以书面形式实施这些习俗还是为了发明新的习俗）和日益增长的世俗影响力为标志——是基督教的精神传教的一个低潮。作为加洛林主义崩溃的结果，相互竞争的民族传统，尤其是法国的卡佩王朝和德国的撒克逊帝国的兴起，使教皇的政策和抱负变得复杂化。在较低的层面上，教会的生活和关切受到欧洲的世俗习俗和制度的影响，包括特权教会和圣俸制度，这些都将教会等级制度卷入封建社会的网络之中。

在某种程度上，教皇能够将封建法用到以下程度：在基督教的含糊之处和在社会关系中"信仰"（*fides*, *fidelitas*）的封建概念的帮助下，对英国、西西里和其他欧洲国家宣称其封建霸权。在其他方面，教会成为封建侵蚀的受害者。从罗马时代开始，教会的利益就由法院中世俗的"律师"（由主教根据加洛林法选择）监管；但这些赞助人越来越多地来自贵族阶层，并认为事实上，有时甚至在法律上，世俗"领主"的职位和"教会选举"的结果一起，变得越来越不起作用。总的来说，与财产、所有权（*ius regalium*, *spolii*, *fundi*）以及管辖权有关的问题，使得教会及其圣礼（尤其是忏悔）和"正义"制度，越来越俗人化（laicization），也可以被称为 simonization。以这样的方式下，教会正从"超验"转变为"内在"的状态——从逻各斯回到法（Nomos）。

正式地说，教皇继续位于犹太人、撒拉逊人和异教徒所经历的实证法的变迁之上。"因为这些人服从他们自己的法律，虽然它们现在对灵魂拯救无济于事，它们也不像我们自己的法律那样，（可以）通过永远作王的耶稣（Eternal King）的宣告而被提出和认可"。[57] 格里高利七世如此写道，他（就像希尔德布兰德一样）从来没有停止诉诸逻各斯，一度废止了基督的主张不是"习俗"而是"真理"的旧准则。然而，教会法也受到人类传统的限制；查尔斯·杜根（Charles Duggan）所说的"法的相对性和易变性理论"则被教会法的方法所加强，其中的理想与现实的差距比在民法上更要突出。社会和文化决疑论认为，法律必须根据地点、时间和人（*locus, tempus, persona*）来解释，这与功利特别是平等的要求是一致的，这是教会法从公民科学的非凡延伸。这些态度对于一个推定与民法合作或竞争、共同构成人类社会基础科学的学科来说，也是必不可少的。

虽然宣扬宗教"自由"，格里高利改革事实上提升了教会作为一个司法共同体的理念：拥有自己的正义（*iustitia*）概念和法（*ius*）形式。彼得的"钥匙"也获得了司法和圣礼的特质，在这个意义上，[根据《教皇敕令》（*Dictatus Papae*），这毫无疑问代表了格里高利七世的观点，无论他是不是作者] 教皇事实上高于判决，并且是法律的唯一来源。同样的主题在格里高利时代的另一本教会法汇编（第七十四

第五章 基督教传统　133

篇）中也可以看到，它从对犹太法律的经典评论出发，建议人们在太难作出世俗判断的情况下去找专家——"利未人的祭司"，以获得最后的决断。尽管谈到"自由"，这个文本却把罗马至上作为其主要前提，其主旨思想（message）就是对法律和秩序的迫切需要。[58] 自然地，世俗与宗教之间的区别是绝对的，其法律含义是，只有在后者的领域——"上帝所立定的"——才可以通过判决。对这些说法的支持，不仅来自于包括帝国法令在内的正当传统，也来自于伪造的教令集，例如，格里高利四世的一封伪造信件声称教皇有这样的职责："警惕地关注每个人的地位"。[59] 一般而言，这个隐含的辩论性文本阐明了古代理想——如居普良的教会"统一"的理念——转化为世俗管辖权和社会控制的要求，而"基督的身体"则转化为教会的身体。

这确实是法（Nomos）的复兴，这次是以日耳曼习俗和封建实践的形式攻击逻各斯；教会法传统——"基督教律法"——试图通过主张和增强自己的古代的以及更晚近想出来的习惯作出回应。编纂教会法典的努力——特别是红衣主教狄乌迪弟（Cardinal Deusdedit）、卢卡的安瑟姆（Anselm of Lucca）和沙特尔主教伊沃（Ivo of Chartres）——超越了特定的意识形态动机；因为他们也同样受到了赋予早期传统以秩序与正当性之欲望的影响，这种早期传统事实上正逐渐变成欧洲的一种"普通法"（ius commune）。这些作者也意识到在教会法传统中厘清真理和错误的必要性；特别是沙特尔主教伊沃在一篇基础性专著中讨论了伪造、权威之程度，以及可变之习俗和普遍有效之事实上的"自然"法的区别。从 11 世纪后期开始，这些教会法学家不仅试图收集权威性文本，而且试图沿着古代法律科学路径，以理性化的方法来协调和系统化这些文本。这一运动的高潮来自于格拉提安（Gratian）的巨大工程，大约于1140年完成，在某些方面仿照了查士丁尼的汇编，并且最初被称为《历代教律辑要》(Concordance of Discordant Canons)。正如它后来被我们所了解到的那样，《格拉提安教令集》构成了《宗规大全》(Corpus Iuris Canonici) 的核心，也构成了我所说的基督法（Christian Nomos）的经典表达（如果不完全是官方表达的话）。[60]

从这个时候开始（这一时期也是罗马法和希腊政治思想复兴之时），法律人——"教会法学们"、"法令派"（decretists）、后来的"教令法学家"（decretalists），以及他们的平民或"法学家"的同行——开始领导起西方法学的系统化建构（有时是不和谐的）。在欧洲法（Nomos）的事业消亡后的这个开始阶段，回望历史，我们不仅可以看到异教和基督教之间的关联，还可以看到"现代"社会思想遥远的起点。

第六章
日耳曼的入侵

我并没有给自己发明这个权利,相反,它是自古以来由我们正义的祖先传给我们的。

——埃克·冯·雷普高

只有英格兰在其境内适用不成文法和习惯。

——布拉克顿:《法律》

习俗

"人类被两种方式所统治——自然和习俗。"[1] 塞维利亚的圣伊西多尔在公元 7 世纪时如此写道。在这个作为《格拉提安教令集》开篇的准则中,我们可以看到第一自然和"第二"自然、自然与习俗这个古老二元论的另一种反映;从人类和历史的视角来看,这也是法律最根本的来源。"法律起源于事实"(lex ex facto oritur)是中世纪被普遍认可的格言,在盎格鲁-撒克逊人的老生常谈中体现为"占有即已九成合法"。[2] 而法律从习俗中诞生,乃至习俗本身,都如巴尔都斯(Baldus)后来所评论的那样,并非基于理论而是基于"事物的经验"。

从根本上说，社会规则是人们不加思考的本性行为的表现形式（从这个意义上来说是"自然的"），并且从长远角度来看，法律可以被视作社会所认可规范的一种回顾性的理想化或合理化体现。这些希腊理想 arete 和罗马的 virtus 或 bonae 习惯（bonae mores）的基础，构成了"正义"更重要的本质；同样，它们也是初期教会的道德纯洁所追溯愿景的根源所在，被保存在修士群体的苦修习俗之中，如果不是沉浸在罗马教会的守法主义（旨在揭示基督教理性的由来已久的制度外观）之中的话。[3] 法律传统和现代法学的发展趋向于晦涩，但并不能完全抹去习俗（Nomos）原始和普遍的根基。

在"习俗"的概念之中，我们同时拥有了习俗（Nomos）最具体的表达，以及通往法律终极起源问题的理论之路。虽然盖尤斯、庞波尼乌斯（Pomponius）和其他罗马法学家不承认习惯是法律的一种正当起源，但他们仍然认可其实用性力量。这一点可能是在最后的古典法学家莫迪斯蒂努斯那里得到了最好的阐释，"（所有的）法律要么来源于同意，要么由需要（necessity）建立，要么由习俗来确认"。或许引人注目的是，这一命题的三个部分都处于普遍理性之下的同一层面上，是古典法律科学所认可的"本性"的基础。当然，"需要"本身就是它自己的法律，或者就像罗马法学家所说的，"它没有规律可言"，而其他两种力量，习惯和同意实际上是相同的。在乌尔比安的准则中，"风俗是人们的长期实践所确认的默示同意"；这是父辈们（mos maiorum）生活方式的残存物或回忆。习惯由家庭模式、社会压力和文化惰性所认可，形成社会惯例，并创造了某种最终在"习惯法"中体现出来的原始正当性；因此，在罗马"通俗的"律法中，"被日常使用所认可的经年累月的习俗,并不比成文法缺少权威"。[4]

由此我们可以很明显地看到,虽然习俗是历史偶然性的产物,但却在罗马法(教会法,尤其是市民法)中找到了自身主要的概念性框架。自古典时代始,习俗便成为被其对立面"废弃习惯"(desuetudo)所平衡的专业术语,根据智者学派所提出的惯用语句,习俗通常指代的是有名无实的"不成文法"的合法形式(nomos agraphos, ius non scriptum)。[5]中世纪法学家的主要任务之一则是,在习俗的原始概念与法律的官方书面形式和官方"编纂"形式之间进行调和。

当然,在个体心理学层面上(亚里士多德主义的theo和hexis),习惯(custom)仍旧暗示着惯习(habit)的理念,而且这一概念有其自身独特的(尽管不是不相关的)历史。像往常那样,习俗也从修辞学中获得一定含义,就像把语言学意义上的"custom"——由公共同意所维持——当成法律一样。西塞罗和昆体良(Quintilian)都在言语共同体的规范的意义上使用这一术语,且西塞罗则将日常生活(vitae consuetude)与柏拉图理想国的理想情境进行了对比。"习俗是生活的统治者"——无论在个人还是在集体意义层面上,这是普林尼、昆体良和西塞罗所援引的一个经典的老生常谈。其他的术语,如mos、usus,有时还有stilus或ritus,都在描述意义上应用于社会行为;但是,建立在默示同意的基础上的"长期的"、"最长的"或"根深蒂固的"习俗(longa, longissima, inverata consuetude)始终是几个世纪以来法律思想的核心,它的同胞竞争者废止习俗也同样如此,其暗指社会正当性的退化和丧失。[6]

习俗(在nomos的意义上来说)是"传统的"并且通常是地方性

的，正如在各种各样的限制性词语——consuetude religionis, loci, civitatis——中所体现的那样；这也体现在被认为是圣安布罗斯或圣奥古斯丁的一句并被后世法官们普遍引用的格言中，"当你身处罗马，就像罗马人一般行事"（Cum Romae fueris, Romano vivito more, 即入乡随俗）。[7] 然而，习俗并非任意，实际上，它建立在常识的基础上，或是建立在盖尤斯著名的"自然理性"之上。同样地，尽管教会法学家们继续去轻蔑地将习俗与"真理"对立，但他们也把习俗"当作法律"（prolege），并且把习俗与法律（lex）一道视作法（ius）的一种。实际上，尽管很多教会传统由教会会议或教皇法令发布，但它们起源于基督教习惯（consuetudines），尤其是越来越普遍且符合理性的部分。[8] 因此，习俗同时与罗马帝国东、西两个部分的传统相关。最重要的是要理解，习俗不仅代表了过往时代的遗迹，还是一股源源不绝的力量；根据《学说汇纂》中被最频繁引用的章节，"习俗是法律最好的解释者"（optima legume interpers）。[9]

基督教法（Christian Nomos）的一个特色表达体现在修道院的习俗中，这些习俗起源于精神箴言和惯例清单或法律。然而，本笃会规则开启了一个悠长的传统，产生大量的评论、解释，以及"古老而合理的习俗"的各种地方性版本，例如极具影响力的克吕尼（Cluny）惯例。在11世纪时，这些习俗在达到制定法——法典和"宪法"——阶段之前，经历了大卫·诺尔斯（David Knowles）所说的"渐进式结晶"。在这样的背景中，习惯（consuetudo）的想法和术语得到了进一步的阐释，并出现在各种各样的组合中，"好的""原始的""神圣的""日常的"，或"更早的"习俗，以及特定地方的习俗。城市行会也产生了

第六章 日耳曼的入侵 139

自己的"习俗",(根据巴尔都斯和其他法学家的说法)它不需要人民的批准,而且有时甚至会违反市政法规。[10]

习俗以及在其帮助下所形成的"实证法"的理念,总是容易受到来自普遍体系立场的批评——无论是宗教的还是"科学的"。起源于罗马习惯的市民法至少在西方世界消失了,在复苏的习俗的荒野中,除了通过模糊记忆和含糊构建起来的"普遍法"外,我们几乎无法接触到它。从长远来看,这一模式可被视为从"属人法"向"属地法"的转变,这实际上模糊了市民法人本主义的焦点。但是,西方的"平民法"经由时间和地点被具体化;因此,举例而言,诸如私有财产之类的旧制度往往会被更实际的安排所取代,包括从"时效"中产生的占有权(尤其是在公元2世纪建立的长期取得时效)。欧根·埃利希所理想化的"地方性的、也许是部落化的社会内部秩序"取代了立法和政府的规章。[11]

这一"去普遍化"(埃利希"普遍化"概念的反面)过程也代表了一种"解释"形式,并且对社会思想有其独特意义。然而,这一过程很快就被法律人们逆转了,因为习俗的概念通过法律解释被罗马化或者说被再罗马化了,而且,尽管有地方性的变化,习俗获得了一个普遍的甚至是统一的基本原理。在阿佐(Azo)开始的市民法和霍斯廷西斯(Hostiensis)开始的教会法中,习俗(*consuetude*)被赋予了理性的形式和当代的相关性,因而再次成为社会、历史和文化思想的一个主要类别。[12]

到16世纪时,对习俗的讨论已经和现代公民科学的其他方面一样系统化了。拉文纳的彼得(Peter of Ravenna)指出了习俗的局限性和条件，包括习俗与事实的关系、习俗和法律的冲突、习俗的证明、"陋习"及习俗废止，进而提出了习俗概念的四重分类。在当代的习俗中，他识别出（1）约束"全体天主教徒"的"最普遍"部分；（2）覆盖各个地域的"普遍的"部分；（3）仅限于一个城市的"特别"部分；以及（4）仅适用于一家之主（*paterfamilias*）的最"特别的"部分。[13]当然，其他的种类——如教会的或世俗的——可能会被承认，每一种习俗都有自己的来源、环境和限定性条件。

在新的欧洲社会形态的背景下，产生于罗马制度的废墟和记忆之上的习俗与自然之间的互动，暗示了法（Nomos）与自然的故事进入到另一个阶段。在某种意义上来说，习俗处于古老的法学家们所认可的自然的对立面上，"没有任何法律或元老院法令足够描述自然的多样性"，安德里亚·德·伊塞尔尼亚（Andrea de Isernia）写道。[14]在另一种意义上，就像是乌尔比安所说的"大自然教给所有动物的东西"，或亚里士多德主义的"自然"和自然因的产物，习俗暗指自然世界中的普遍公民身份。在这个问题上，和往常一样，属于"仁者见仁，智者见智"的情形（"doctors disagreed"）。但是在任何一种情况下，习俗都受制于人类社会的状况；它是可变的，与罪恶和腐败联系在一起，而且永远都是有时间、地点和种族导向的。换句话说，"地方性知识"是法（Nomos）的精髓所在。

当然，习俗仍然继续被欧洲法学家视为"第二自然"（*altera natura*），不管这是否是赞扬。"统治性的习俗比自然本身更有力量"（*consuetude potens natura fortiori ipsa est*），这是可追溯到古老惯语的一句中世纪箴言。[15]亚里士多德曾经在关于习俗（*ethos*，精神）的言论中认为，习俗依赖于重复（它属于"经常"的范畴，正如自然属于"一直"的范畴），这同样也适用于中世纪的习俗（consuetude）的概念——它并非由普遍性，而是由重复的和被接受的用法来界定。根据人们常引用的中世纪格言（对亚里士多德的记忆概念的最极端的简化），"事经两次即成为一种习俗"。[16] 在这个意义上，"法律来源于事实"。

蛮族法

正如希腊和罗马的习俗一样，欧洲社会的习俗也很难与伴随的神话相剥离；但欧洲中世纪早期的习俗不同于其古典时期（希腊罗马时代），它们出现在某个更早的文明或其遗迹的背景中，并且从未摆脱过古代遗迹的影响。[17] 罗马法，即"鄙俗的"罗马法中的术语和一定程度的形式和实质，不仅参与了各种日耳曼国家罗马法的形成过程——最明显的如西哥特国王阿拉里克二世颁布的《罗马法辑要》（Breviary, 506），东哥特国王狄奥多里克的《敕令》（Edict, 506）以及勃艮第人的法律（公元516年以前），而且还对公元5世纪以来更加多样的蛮族法的形成产生了影响。西哥特人和勃艮第人也有他们的"日耳曼"法律；但从事后的眼光来看，最重要的是法兰克人，包括萨利克人和里普阿尔人的法律（颁布于公元6世纪），以及伦巴第人的法律（643—755）。尽管两者在政治上有所关联，但是这完全不同的传统提供了相互竞争的文化如何流变，最终共同构成了欧洲社会和社会思想根基的一个最清晰的阐释。

罗马法学者为西方世界保存了大多数法律科学的遗迹。蛮族法体现了相当复杂的法律哲学，如考虑一下其立法者（*artifex legum*）和法官的品质就可以发现——不仅要具备美德和专业知识，还需要有良好的口才。法律涵盖了社会的各种规则，女人、文盲和无行为能力者均在其中；它需要与"自然、城市的习俗以及时空条件"相适应，又要去满足正义、平等、必要性和效用的需求。法律，和历史本身一样，有着神圣的起源，是"生活的导师"（*magistra vitae*）并致力于"公共事业"——这一观点在几世纪后的《审判集录》（Fuero Juzgo）（*utilidaa publica* 就是其术语表达）和阿方索十世依据盖尤斯模式编撰著名的《七章法典》（Siete Partidas）中归來。相比之下，阿拉里克国王的《罗马法辑要》，这一或许是西方最权威的罗马法集锦，却在智力和社会意义上表现出明显的"缩水"（维诺格拉多夫这样形容它），比如它消除了对法律来源的考古性讨论和人类自由的多种类型，同时为未受教育的法律从业人员提供了基础性"解释"。[18]

本土的"蛮族法"不可能对罗马法学者的影响免疫，但愿这只是因为它们在将法律进行"成文法"化过程中携带了大量概念和术语惯例所致。但就像查士丁尼那样，比其更早一代的勃艮第国王冈多巴德就曾"以上帝之名"宣称，"为了秩序和人民的福祉"（*pro quiete et utilitate populi*），他所汇集的"过去和未来的法律"应被保存，并"在未来永远保存下去"。[19] 具有沙文主义色彩的《萨利克法》（Lex Salica）也将虔敬和正义作为社会秩序的目标；而罗瑟尔（Rothair）国王在最早的伦巴第法律中，则直接地呼应查士丁尼，"通过查缺补漏、删繁就简来修订所有之前的法律"。在这一汇编的基础上，其继任者利乌特普兰德（Luitprand）国王也持有相似的口吻。所有的这些汇编实际上都是通行习俗的总括（在一定程度上与《十二铜表法》很像），但它们都是在国王的授权下颁布的。它们或多或少明确地追随了罗马的立法模式，而这一情况本身大约体现了11世纪前有限的书面文化下社会思潮的最基础映像。

所谓的蛮族法——日耳曼人的习俗——与罗马的普世主义有显而易见的差异，至少与保存在教会形式幽灵中的罗马法有此差异。日耳曼人的"入侵"从整体上看是一个历经多个世代的和平人口迁移，但其带来的民族和文化冲突则在西方社会中确立了一个持久的辩证法。在法律方面，这种对立体现在依旧以部落界限组织起来的共同体的普遍惯例与至少影响了理性风格的专制立法的传统之间，或者更技术化地说，体现在基于"个人性"或部族遗产的法律系统与基于"领土权"的法律系统之间，后者是一种自帝国时代延续至今的地方管辖权。在恺撒时代和塔西陀时代之间，位于欧洲帝国边缘的日耳曼部族已经建立起了农耕文明，但连续的迁徙浪潮仍在继续，而每次迁徙都在社会制度和思潮上留下了印记。尽管最早的蛮族法只能追溯到公元5世纪，但聚集在这些"法典"中的习俗——如十二铜表法——则要古老很多，有些甚至在部落改信基督教之前。比如勃艮第人和西哥特人的法律便都提到了先于成文活动的"古代"习俗，其被认为是"智慧之人"代表人民立法机构的行为。

在罗马法律科学的完成之作与这些未经架构但被政治权威追溯性承认的惯例组合集之间，存在显著而持续性的差异。日耳曼"法典"（尽管它们只是相对于罗马法来讲是"蛮夷的"，就像罗马法相对于希腊法那样）本质上是部族的或种族的，特权或"自由"，特别地包括了用来将本族人与外族人，尤其是罗马人区分开的详尽复杂的惩罚项目表。这些习俗首要去解决的是社会混乱——暴力犯罪["scandalous"（可耻的）是个伦巴第术语]，但其更广泛的规制对象是对家族一致性的威胁——不仅是当下的威胁、还包括未来的威胁。在最严厉的萨利克法律中，最严重的罪行便是盗墓和掠夺家庭财产，该法最为人知的是那条著名的、禁止财产通过女性或在女性间继承的条款。它的特性在下述家庭条款中得到阐明：通过一致行动和"不可转让之男性土地"（terra salica）来驱逐外人，这与罗马人的财产观念具有同等的重要性。[20]一个法兰克人的"偿命金"是罗马人的两倍，而另一些人根本就没有价值，这些人简直就"在法律之外"，这与罗马和希腊的野蛮人概念或基督教国家的逐出教会概念相当。

与"蛮族"法律传统相联系的是一种日耳曼民族性观念，尤其是在文艺复兴之后，这一民族性获得了伟大的文化神话的地位。[21]根据这一日耳曼神话，北方游牧部族是种族纯洁的（因为他们禁止异族通婚），并且，尽管由世袭国王领导，但是他们通过部族"议会"（也或者叫其他什么名称）来进行民主统治。虽然他们暴力、结怨，或许还有酗酒的倾向，但他们却呈现了一种未曾腐败堕落的乡村式美德——如塔西陀注意到的，日耳曼人之间没有高利贷；而最重要的是，他们表现出了对自由和法律的热爱。这种日耳曼种族主义的神话没有比萨利克法体现得更为自信的了（甚至塔西陀都没有这样自信，尽管他得出罗马人腐败而缺少道德这样富有争议性的观点），萨利克法赞美了法兰克部落的力量、未曾被玷污的道德和好运，实际上 *Francorum* 本身的含义就是"自由"。[22]在这一基础上，后来的法学家认为，法兰克的习惯法比起罗马法更接近于自然法，根据自然法"人人平等"。至于法律的概念（在古日耳曼语中被称作 e），它是与拉丁词不朽（aevum），还是平等（aequum）相关，这一点存在争论。[23] 从塔西陀开始，就有将日耳曼风俗之简朴和罗马帝国所谓的"文明的"品性进行比较的成例；再后来，则更加有针对性地与教会罗马进行比较。

在查理曼的统治下，日耳曼和罗马、习惯的和帝国的诸多传统开始融合，进而开始在各个层面上影响了社会制度。正如这位皇帝（rex-imperator）持续地通过宪章去认可特定的、地方的自由权一样，他也渴望着通过他那仿效罗马立法的法令集，以获得更强的社会、政治、宗教控制力。[24] 一方面，这些法典强化了诸如赎命金（wergeld）和和平（frida）等日耳曼习惯法，并起到防止变动的作用，例如新的通行费规定"除非在它们已经作为旧规则存在之处"。另一方面，查理曼的行政助理"巡回钦差们"（missi dominici）推动了帝国的再中心化政策，这一政策进一步被神权主张和教皇的支持所认可。为了实施其法律，查理曼建立了一个法律发现的系统（scabini, échevins），这也促进了日耳曼和罗马传统的融合。距他于公元 800 年的加冕不足 2 年后，在他普罗旺斯艾克地区的法令集中，查理曼将自己的法律描绘为"与萨利克、罗马和勃艮第法律（即习惯）相一致"；在其他地方，他也对伦巴第法律和教会法做了类似的宣告。如此的折中主义为复兴的罗马法帝国（但现在是基督教的和西欧的）与容纳多元传统提供了实践的基础，这些传统都有可媲美罗马民法的各自"地方法"（ius proprium）。

查理曼的神圣帝国并未持续很久——无论是从其罗马范式来说、还是从其立法成就的角度来说都是这样。但是，其法律连续性被回顾性和神话性的解释保留下来；与"查理曼时代的传奇和记忆"有关的法律、政治及宗教方面的范例极其丰富，构成了数种欧洲传统，包括德国和法国传统，以及罗马天主教社会（Romanism）以外的另一"普通法"模型。与此同时，加洛林王朝的覆灭使得世俗的古罗马政体和法律科学滑落至比此前更低的层次，事实上使其领域成为自我做主的无法之地。

9世纪和10世纪实际上是欧洲社会制度的播种时期——习惯法（consuetudo）的萌芽阶段："属人性"被"属地性"所取代，部族习俗开始逐渐调整以适应其社会环境，从而满足农业和军事（或许，从这个意义上讲，仍是蛮族性）的社会的需要。这是神话和口述传统的时代，未经反思的社会创造性是法（Nomos）最根本的来源。这一创造性过程的重建在很大程度上是猜测性的，借由马克·布洛赫（Marc Bloch）的论述，我们只能推断出"每个集体都在形成自己的法律"。根据9世纪的一句惯用语，"正义"无非就是"土地之法"（lex terrenae）。一个新的社会正在诞生，根据弗朗索瓦·奥利弗-马丁（François Oliver-Martin）的说法，"这一过程的秘密无可置疑地被包裹在一个往往遮蔽了社会生活的密切表现形式的谜团之中"。[25] 法律的诞生，是一个在12世纪前不断被文献的稀缺性、多种神话和宗教意识形式的扩散所加深的谜团。而我们正所讨论着的法律，则是在"封建法"并最终变为"封建制"的名义下被给出定义和形式的不同的人际关系网络。

封建法

众所周知，涉猎这部分欧洲法律传统相当困难。语言揭开了它神秘面纱的一角，其效果在于使得我们可以看到诞生于术语的转型和创造中的新模式。超越一切之上的（或许我应该说，位于一切之下作为基础的）是土地所有权的地位。拉丁词 terra 至少从卡洛林王朝时代开始就获得了这种所有权意义；传统意义上的"荣誉"（honor）更明显地也是如此，越来越多地应用于土地的"收益"，传统上它意味着一种有条件的领土授予。类似地，意味着统治的词——dominus、senior——从政治或部落的语境扩展到了所有权，再到地主制度。而最重要的是，这个词或者说是这个术语群，构成了后卡洛林王朝时代欧洲社会的核心制度：feus, feuu, feusum, faeuum, foeum, feuum, fefum, feodum, feudum, feodum, feodium, fefodum, feuodium, feuodum, fedum foedum。[26] 词源学家们仍在争论这些术语群的起源，至少同意它属于日耳曼语系（fehn, fehod, 指的是牛，或者指更一般意义的财产），但也承认它们与拉丁语的 foedus（协约）和 fiscus（领土）存在一定关联，即使这是后来才形成的。

总之，从所有这些术语、新造词和新造反义词（miscoinages）中产生了核心的谜团，法学家们后来将之合理化并添加了神话色彩，成为"封建法"（ius feudale, ius feudisticu），现代历史学家和社会学家更进一步抽象为"封建制"（feodalité, feudalismo, Lehnwesen）。"封建制"从蛮族社会的条件演变而来，其欧洲形式很好地阐明了格言"法律起源于事实"。一般而言，这个过程主要在 10 世纪完成，从古老的梅罗文加王朝的追随者［Gefolgschaft，塔西佗称之扈从（comitatus）］扩展为一个更庞大和更加复杂的社会群体，也被称为"采邑"。采邑制度在很大程度上是无意识地（根据布洛赫的说法）将惯例和习俗奇妙混合的结果，它接收了拉丁语之外的许多语言中的法律定义，并于13世纪时扩展到欧洲的大部及更广大的地方。

封建社会的模式及其产生的问题，也催生了表达和思考社会关系的新方式。传统意义上的封地（*faida*）和一般意义上的血缘关系，仍然是制度的中心，尤其是在卡洛林王朝崩溃之后；但是，那些被合理化为"封建法"的东西——首先体现在特定的案例中，然后以扩展的形式存在——提出了有关社会团结的新概念。从概念上讲，封建制在下述意义上隐含着一种普遍的人类境况，即从理论上来说，整个世界如果不是授予了人类，就一定是授予了上帝。土地仍然是关键所在，并且与统治（lordship）是密不可分的（无论是私法意义上还是公法意义上的所有权），正如法律格言所说，"没有无领土的土地"（"Nul terre sans seigneur"）。这种事实上由封臣分享的统治理念，在后来法学家所做的"直接"所有和"用益"所有（dominium directum, dominium utile, 二者分别授予领主与封臣）的区分中体现出来。两者都涉及社会、经济和物质层面的"荣誉"；当然，这一荣誉带来了对教会和农民的责任，特别是采邑内的司法管辖权，并且要对一系列的其他问题负责，包括领地分封、首要的私人忠诚（ligesse），以及最重要的封建财产、继承和世袭制度。[27]

"封臣制"或许可以被认为是封建社会的文化维度。在封建制那建立在土地之上的"荣誉"基础之外，由"忠诚"所引发的契约安排上被附加了多种多样的社会、道德、法律及礼仪义务，这构成一个基本的世俗和宗教范畴，同样附加上的还有打破信仰后的邪恶后果——"重罪"的原初罪行。因此，封臣制代表着最基本的社会联系，这体现在基础的财产条款之中。"主啊,我成了您的子民"是圣·路易斯(St. Louis)确立的教条(*Devenio homo vester; je deveins vostrehom*),这可以被扩展到远超越于最初封建关系之外。例如,在《七章法典》中,封臣制被辩护为"最自然"的关系,也是人类最高的理想。这就是被称为"封建主义"的这一制度混合物的含义,无论如何,在封建法学家看来是这样的。

许多历史学家不赞成"封建主义"这个词,这在很大程度上是因为思想古典的学者们习惯于谴责德意志习惯的"哥特式的野蛮"。从历史上看,这一术语可能仅仅意味着虚假的一致性,毫无疑问,封建术语所涵盖的惯例明显不同,伦巴第与德国北部迥异,西班牙与耶路撒冷王国亦有天壤之别。从历史证据来看,我们甚至可以得出以下结论:封建主义以地方性的"习惯与惯例"的形式出现,后来才获得了社会认可,拥有精确的法律定义和埃利希所强调的"普遍化的"倾向。[28] 例如,由于继承了采邑制的世袭原则,古老的部落传统持续存在着;当然,其他的制度模式——位于封建关系之外的农村群体和乡村社区以及深嵌其中的教会机构——进一步模糊了为社会提供组织构架的契约模式,这对于法律人来说尤其如此。

但是,从社会思想的角度来看,"封建主义"确实有其基本原理。不管怎样看,这些由法律人改造或组合的千变万化的"封建法",确实代表着一种原始的模式。因为习惯关系以书面形式确定下来[成文习惯(*consuetude scripta*)是民法中的一个矛盾点],特别是以规则的形式,然后是更为深思熟虑的陈述,它们合并(或被迫合并)成具有法律地位并最终具有哲学地位的模式,这在很大程度上要归功于11世纪后期重新出现的古代法律科学的评注。只要通过法律人的合理化解释，封建法（ius feudale）就会被提升到封建习惯法（ius feudisticum）的准哲学高度。

在地方习惯——展现于规则与特许状中——彼此间不同且分歧的混乱背后，从一开始就可以看到一种基本的功能上和制度上的二元性，不仅相当于罗马根深蒂固的人－物的二分，而且类似于基督教中的身体和灵魂的两极对立：首先是社会物质财产，根据书面合同协议由"所有者授予"并分封给其他人的土地俸禄；其次是由此形成的人身关系，基于忠诚或信仰的"封臣制"（fides 或 bona fides，拉丁文意思为"信仰和忠诚"）。根据民法，这一"信仰"是契约具有约束力的先决条件，因为它与基督教教义（尤其是圣保罗的"信仰"理论）——典雅之爱与孝顺的服从——的关系而被提升和增强。可能有人会说，社会习俗和宗教理念的这一奇特联姻恰好构成了马克思主义社会理论的原型：由某个社会基本的物质财富生产所构成的经济基础，以及体现某个体系的价值和目标或至少体现其统治阶级思想的上层建筑。我们或许会总结为事实与法律的二分，而且我们也有理由怀疑，马克思的构想很大程度上受到了这种二元性的法律版本的影响。

历史学家无疑对法律人的合理化解释和说辞存有怀疑，但这种怀疑被错置在对社会思想的历程和传统的研究中，而该研究必须要注意到法学的抽象化和神话化的倾向。"封建主义"理论最早的成文基础不仅是法律科学复兴的产物，而且据法律人声称，也是罗马法律传统的直接延续。12世纪的那本被称为《封地书》（Book of fiefs, consuetudines Feudorum，后来叫作 libri feudorum）的典籍，包含了尼格尔·吉拉德

第六章 日耳曼的入侵 151

斯（Girardus Niger）和奥伯图斯·德·奥尔托（Obertus de Orro）二人对意大利北部习俗、成文法、法学理论的汇集，以及评论家们一直持续到 18 世纪的法律解释。在这部著作中，采邑被简明地定义为"作为服役之回报的财产"，并且在所有权和世袭用益权（相当于 *dominium utile*）之间作出了区分。封建规则的合理化和均质化的过程，从数代封建法学家所辩论的主题中得到了很好的体现：谁能够被授予一处采邑，谁不可以；采邑如何获得；谁可以继承一处采邑；以及在领主及其"信众"之间产生的各种各样的问题。[29] 到 16 世纪时，"封建法"不仅被置于大量的历史调查中，还被置于受到了分析的"方法"下，这使其成为"道德哲学"的一部分。这才是真正"封建主义的发明"（而不是在对撰写了《封地书》及评论的孟德斯鸠的讨论中）。[30]

习惯法

习俗究竟是如何从社会层面被提升到法律甚至政治层面的？它是如何不仅"代表"了一个民族（正如巴尔都斯所说的），而且还统治其行为呢？它是如何从没有记录的集体记忆变为具有权威性的书面形式的？更技术性地来说，习俗（*consuetudo*）如何转变为习惯法的（*ius consuetudinarium*）？更具体地说，法兰西的习惯（*coutumes*）如何变成法国民法（*droitcisc*）？德意志的习惯（*Gewobnbeit*）如何变成权利（*Recht*）？英格兰的习惯如何变成"普通法"（*Le Ley Commun*）？[31]

从理论上来说，（上述问题的）答案取决于简单的社会调查和判断。或许，英国平民约翰·科威尔（John Cowell）在 17 世纪早期所提出的解释是最基本的。"日常生活中的见证——如我可信地闻知——足以使得一个习惯变得专业起来,"科威尔写道,"如超过两代人同意:他们听父亲们说,这是他们那个时代的习惯;而他们的父亲也从其父亲那里听说,这也是那个时代的习惯。"[32] 简而言之,习俗就是大众记忆经过验证的改编版本。在这一点上,很明显,我们必定不仅会再次遇到习俗的史前特征问题,还会遭遇其从口头到文字和文学文化的变化问题。

"法律起源于事实"的理念,在欧洲"习惯"最早的、可以接触的阶段就得到了很好的阐释,这些欧洲习惯体现在记录于特许状中的个人交易。例如,在诺曼底,罗马教会的影响在最早的法国习惯法汇编——*Très ancient coutumier de Normandie*(公元1200年)——之前微乎其微;并且,财产转移(现存的特许状中最具特色的主题)是由日益统一的"法律习惯"(近代历史学家的用语)完成的。在11世纪,这样的交易就已经根据"祖先的习惯"或"古人的习惯"来完成,并遵从了习俗的一般观念(*mos Normanniae*, *mos patriae*, *mos terrae*)。从这一证据中可判断,在征服者威廉的时代结束时,已经产生了一种独特的地方性习惯法——非常非常古老的诺曼底习惯("*très très ancient coutume de Normandie*"),这或许是法国最早的习惯法。[33]

在这种普遍化习惯的书面表述中,最根本的问题是"证据"或"认可",这可以通过两种方式来解决。在原始的或尚无文字的社会里不需要任何证据,或者可以说,那个社会的成员本身就是他们的习惯的"活证据"。在复杂的文明中,则需要有大量的重要专业知识。在中世纪的欧洲,这首先意味着法律的发现者或世俗的"法律发言人"

(*sapientes*, *diseurs de droit*, *Gesetzsprecher*),他们诉诸自己的记忆或良心；后来，在新的商业和政治压力下，这一任务转移到受过更正式训练的法学家，他们声称拥有专门的知识，或者从更高权威处获得这些知识。

在理论上和早期实践中，不仅习惯的创造，而且习惯的识别和宣告都归属于"人民"；而在法国，至少这是通过习惯法认可（*turbe*）机制来实现的，这一机制在卡洛林时期，甚至罗马时期都有先例。根据阿布莱热的雅克（Jacques d'Ableiges）在14世纪写作的《法兰西习惯法大全》（*Grand Coustumier de France*）一书，习惯可以"由十个有信仰的人证明"（*prouvesenturbe par dix homes dignes de foi*）；稍晚些时候，让·布迪厄（Jean Bouteiller）在他的《乡村法概论》（*Somme rurale*）一书中宣称，习惯的证据"由当地十二个最聪明和最年长的人"完成。[34] 正如吉尔斯·福兰（Gilles Forin）在三个世纪后的《巴黎习惯法》（*Parisian Coutume*）中所写的，"很长一段时间里，除了保存它的公民之内心外，这种习惯法没有任何书面记录或刻于任何地方；如果产生疑问，证据不在书中，而是在那些知道其实践和日常用法的人的集会中（*turbes*）"。[35] 于是，一项被认可的习惯就是社会契约的一种形式（用16世纪的封建法学家的话来说就是 *quasi ex contractu*）。

关键的一点是通过删减或修订，将地方习惯转变成书面形式。起初习惯（coutumiers）的产生只是私人的观察和司法记录的问题，被封建法（*Libri Feudorum*）、匿名的《圣路易斯法规》（*Etablissements de Saint Louis*）、菲利普·德·博马努瓦（Philippe de Beaumanoir）的《博韦西斯的习俗》（the *coutumes of Beauvaisis*）、艾克·冯·雷普高（Eike von Repgow）的《萨克森明镜》（the *Sachsenspiegel*），以及可能还包括了格兰维尔（Glanvil）和布拉克顿（Bracton）的论文所例证，而以上种种都是在事后才获得了权威性。这些集合既代表了"从记忆到书面记录"的转换［M.T.克兰奇（M.T.Clanchy）的措辞］，也体现了通过司法决定和规则制定对地方习俗进行的地理扩展。当然，这一普遍化进程受到了下述因素的影响：更为正式的"罗马宗教化"程序、大学里民法和教会法的讲授，尤其是封建君主制的帝制动机。[36] 事实上，习惯的修订是下述两者间融合与彼此强化的典型例子：一方是写作、识字和法律职业的扩展，另一方是政治权力。在这一过程中，习惯作为一种大众意志的表达，在很大程度上被压制了。

在历史的长河中，欧洲习惯法的年代学和地理学极其复杂，但至少在复兴"成文法"的语境下，存在共同且具有国家性的模式。在法国，习惯法是汇集起来的12世纪后期以来的地方法学理论；但其中最重要的是巴黎的市政司法权，它获得了非官方的认可、成为法国（usus et consuetudines Franciae，法国北部）的一般习俗。[37] 根据布拉克顿的说法，英格兰只有"不成文的法律和习俗"；这在德意志的许多地方也是如此，那里确实获得了许多所谓的地域性的"明镜"，尤其是《萨克森明镜》，它的一部分是正好是"封建制的"［封建法（lehnrecht）与普通法（landrecht）相区别］。在西班牙，西哥特人的传统仍然很强大，《贵族法》（Fuero Viejo）要追溯到12世纪早期《封地书》的首次修订。从13世纪开始，这些习惯法的汇编成倍增加；欧洲的习俗主要是通过本地的习惯、惯例以及类似的其他东西，找到了表达和概念化的方式，并对社会思想产生了普遍的重要影响。

法国是习惯法和许多其他制度创造的经典之地，但是在欧洲的其他地方，习惯法也有相当的发展。在西班牙，这种模式更加复杂，不仅因为其地理上的特殊主义，还因为罗马和摩尔人的传统的混合，这奠定了中世纪后期多样性的基础。西哥特时期以后，在西班牙律法中（fueros），地方特权被授予，惯例也得到认可；西班牙的机制使得事实（hecho）变成了法律（derecho），因此在某种意义上逆转了埃利希观察到的普遍化进程。[38] 西哥特王国的遗产之一是《审判集录》（Fuero Juzgo），格劳秀斯评价它是"真正的西班牙法律的源泉"，但即便是这部宪法文件，也未能阻止其走向特殊主义。《审判集录》被卡斯蒂利亚（Castile）拒绝，以更支持所谓的"意愿"（albedrio）体系，根据该体系法官作出判决，并因此确立了在未来具有拘束力的先例（razana）。阿拉贡地区也倾向于法官造法，也就是说，作为地方性的和习惯的法律，至少直到13世纪伟大的法律汇编《七章法典》（Las Siete Partidas）才在模仿《法学阶段》的基础上得以成形。

在德国，法律传统也在很大程度上限于司法来源——特别是幸存的卡洛林王朝的法律发现者（scabini 或 Schoffen），他们提出了私人司法的概念。神圣罗马帝国自13世纪开始的政治混乱使得这种模式在英格兰、法国和西班牙建立牢固的立法基础之后，长期继续存续。决斗断讼或酷刑等习惯法元素保留了更长的时间，直到15世纪晚期罗马法的继受之时，罗马的影响才被正式隔断。[39] 德国本土法学巨擘艾克·冯·雷普高，他在13世纪汇编了"萨克森明镜"。对于艾克来说，法律是神性的一种形式（Gott istselverecht），他将其与旧约的智慧以及神话的起源，尤其是亚历山大的传说联系在一起。与此同时，法律对他来说也是一种社会的反映，是"伟大祖先"（gute Vorfabren）的遗赠，它首先象征着自由与和平（*Freiheit und Friede*）。在这个程度上，埃利希所提出的"普遍化"进程，通过艾克的确可以在影响广泛的《萨克森法典》中制造出部分的法典，这成为后来撒克逊法重构的基础。[40]

英国的普通法遵循了一个更加多样化和迂回的进路，确立了自己的特色，并且在某些方面形成了独立的神话。对后来法律人而言，英国法似乎是一种"未曾淡忘的习俗"。通过人为推算或创造的连续性和合理性——尤其是包含在源于皇家法庭（普通法法庭）判决的部分，英国法获得了其正当性。不同于大陆法系传统，普通法在很大程度上是在法律程序中发展起来的；事实上，从12世纪的格兰维尔等人最早的权威著作开始，它们只不过是对各种各样的令状——亦即"诉讼的形式"——的评论，相当于古罗马的诉讼形式（*legis actiones*）。尽管受到民法和教会法的影响（几乎一直被最小化了），但它仍然保留了大部分的地方性形态，这是一种被称为"法律法语"的包含三种语言的独特行话，且至少在16世纪之前，它一直自外于专业法学学术。从布拉克顿到布莱克斯通的普通法律人一直吹嘘，唯有英国法摆脱了成文法的死板，并且完全从司法所表达的大众习俗中发展而来。[41]然而，这个问题并不是那么简单，我们需要把它作为中世纪晚期思潮中法（Nomos）形成的一个特例来加以检视。

在法国，习惯从不成文的惯例发展到可记忆的教条，从事实发展到法律再到学问式的法学，上述历程可以被更精确地勾勒出来。故事发生在13世纪，当时中央政府开始对地方习俗表示出深切的关注，并且与封建的、领主的和城市法院的竞争性利益有关。在1270年的一项法令中，路易九世建立了集体调查制度（*inquisitio per turbam*；*enquêtes par turbe*），或更确切地说，对在刑事案件中采用的古老的卡洛林审讯方式进行改编，用以鉴定地方习俗。[42] 这是阿布莱热的雅克（Jacquesd'Ableiges）和让·布迪厄提到的程序，根据这个程序，由皇家专员（*enquêteurs*）召集一定数目"智慧的人"，并提出一系列的习惯供他们审核。这些人不仅需要确认每个习惯的存在——即技术上的"知名度"，还要验证与该习惯相关的时间、地点、环境以及人物。1253年兰斯城的一份报告描述了这一程序，"如果他们曾经见过依据所说习俗的判决，那么，究竟使用了多少次？由哪些法官做出判决？又发生在哪些当事人之间？具体发生在什么时候？……是否所有人或大部分人都明确或心照不宣地同意引入这项习惯？"[43] 然后，只有在全体一致同意之后，皇家专员们才将这些习惯记录下来。

随着时间的推移，习俗变成了成文法的一种形式。当然，伴随着古代的法律科学如火如荼的复兴运动，罗马教会法的程序被口头、习俗和讯问制所取代。法国的习惯法（*coutumiers*）展示了一种最引人注目的跨文化融合，这是一种融合了包含技术规则和多种拉丁注释、释文和解释的地方性混合文本，同时也是法律词典编纂这一重要领域的一种载体。正是在这一语境下，习惯的概念被赋予了理性和系统性的构想，就像在希腊和罗马的早期一样，它再次成为法律和社会思想史上的主要塑造力量。

习惯的理论

在将习惯（从定义上来讲是"不成文的"）形诸文字的充满矛盾

的努力中，第一自然与第二自然——自然（Physis）和法（Nomos）——之间的古老对立再一次出现了。"法律要么是自然的，要么是实证的"，最古老的诺曼习惯如是说道。自然法来自于上帝，但实证法（ius positivum）"是人们为人类的利益所建立的，并且会因为其不同的起源而每个省份间各不相同"。[44]尽管政教分离和科学在其间逐渐发展，但这个二元对立在旧制度时期的法律和习惯法的整个历史中一直存在。

实证法意味着法律是被"设定的"，除了在后续出现的一些混淆以外，它与法律"实证主义"并没有什么关联，依然往往站在历史一边。实证法最基础的表达形式是习惯（consuetudo），在诺曼习惯法中它被定义为"由古风古习建立，由贵族们所认可，并由服从于他们的民众所保留的习俗（mores）"。皮埃尔·德·方丹（Pierre de Fentaines），路易九世时期的钦定执行官（bailli），将习惯定义为由人类行为所创造的规则，"并在法律没有规定时被当作法律使用"，这直接来自于对塞维利亚的伊西多尔的仿效。下个世纪的布迪厄则更为明确，他写道，"根据古人所说，地方习惯就是每个国家里年长的智者们根据协议支持和保存的东西，并且，只要它还被接受并满足人们的需要，就应该根据当地的情况予以维持"。[45]

在这一表述中，我们可以看到习惯法在中世纪欧洲形成过程中的四个主要属性。第一，不同于民法和教会法，它是有地域差别的，这体现在习惯法是法学家根据地理历史差别，甚至民族人类学差别归纳出来的。第二，由于受制于地理相对性条件的限制，习惯也与时间和暂时性的变化等因素紧密相关，这暗示它具有改进、重构乃至废弃、退化的潜在可能。第三，习惯是人类"意志"和"利益"的产物，尽管这或许会导致其易变性和易腐败性，但也将其从第一自然的世界中分离出来。第四，这些条件含蓄地意味着，习惯是由"智慧之人"所代表的一个国家中的民众来证明和"保存"的。它保持着从社会思潮的角度去检验欧洲习惯法的那些概念性特征的立场，这些欧洲习惯法在法律科学和政治哲学的大规模入侵之前广泛存在于中世纪后期。

法国习惯法的地理多样性是众所周知的。早在13世纪博马努瓦（Beaumanoir）就已经抱怨，"在整个法国境内找不到两个使用相同习惯法的领地（châtellanies）"。[46] 直到旧制度末期，法国仍然存在大概300个地方习惯法以及65个一般习惯法，而且大多有着自己积淀下来的法理。在法学的推动下，整体趋势是这些"特殊"或"独有"的习惯被汇集进大行政区的集合体中。例如，博韦西斯（Beauvaisis）的习惯法，便是博马努瓦根据其司法经验塑造的，并且从14世纪开始逐渐超越了上述区域限制，形成了更普遍、实际上的全国性习惯法，被汇总在几个主要的司法管辖区域，即几个最高法院之中。在法国，尽管存在着个人收集整理，以及编辑、改革、统一等实际上的法典编纂活动，但是地方主义仍然能在面对着所有的阐释、比较研究和系统化的情况下坚持下来。

从司法上来讲，法国习惯这一特点可以用下面这句古老的座右铭来表达，"属地管辖原则"（*locus regit actum* 或 *forma mactum*），这不仅适用于一位16世纪法学家所主张的封建领主的正义［即"封地支配"（dominant *fief*）的］，还适用于三个地区共同达成的协议所建立的地方习惯法（*coutume*）。这些法律原则被各种医学—占星学假说所加强，这些假说将习惯与一个人的"体液"、一个地方的"气候"或"空气"联系在一起，并隐隐地在法官与开处方的医生间进行类比，这或许是习惯是"第二自然"这一理念的另一个流行的反映。[47] 环境与社会习俗之间根本联系的这一前提，构成了前科学时代的特质，启发了法国社会学和地理社会关于民族传统的观念，这种影响直至维达尔·白兰士（Vidal de la Blache）和吕西安·费弗尔（Lucien Febvre）的时代。

法国习惯法的时间维度体现在许多形式中。其一就是，地方习惯法的编纂者视为民间记忆的内容——如布雷顿地区的"远古时代"习惯法，隐含着封建制之前的蛮族惯例。亲属关系模式往往能在封建利益关系中存活下来，尤其是体现在对血亲继承的坚持上，最常见的是表现在私人继承准则中，就像那些公共继承的一样，要求立即而神秘地从去世者那里传递给生者——"死人抓着活人不放"（le mort saisit le vif），与那句在政治语境中很相似的"国王不会死去"（leroi ne meurtjamais）几乎一样著名。[48] 更加显著的是，习惯的历史维度体现在对人类传统不稳定性的认知上，无论是通过淘汰法律的鉴别过程（desuetude 即 consuetudo 的对立物），抑或是通过对坏习俗的"修正"。法学家毫不犹豫地将下述准则应用于过时的法律上："今天，习惯被改变了"[用奥多弗雷多斯（Odofredus）的话说就是，mutata es thodie consuetudo]，正如瓦卡留斯（Vacarius）在他的《写给贫穷学者的书》（Book for Poor Scholars）中所写的，"事情正是通过它得以创造的方式被消解"。[49] 至少从隐喻意义上来说，习惯比大多数的人类造物都更应该以代际和衰败的语言来理解。

然而，如果它们（法律）是"第二自然"，习惯在任何确定性的意义上都不是"自然的"，从哲学上来说，习惯的最重要特征在于，它们是人类意志的直接产物（这暗示着所有的深层的不规律性）。意志是"习俗产生的原因"(causa consuetudinis),这一观点的悖论之处在于以下事实,即意志和习俗一样可能是恶意的,而且法国地方习俗主要的封建本质代表了新贵族的利益;因为习俗与租金或赋税的关系、坏的习俗与不公正的苛捐杂税的关系不是偶然的。但是对大多数法学家来说,这是一种反常情形。他们潜在的自满源于这样以下信念,即正如罗马法学家所认为的那样,习俗代表了人民的"默示同意",这是一个与神话般、神秘性的"三层社会"概念纠缠在一起法律拟制。当涉及习俗以书面形式公开发表时,它必须经由三个等级中每一个等级的认可。

然而什么是"人民"(people)呢?中世纪的格言给出了一个简短的回答,"十人组成一个民族"[decent faciunt populum,也许是为了纪念罗马的"十人委员会"(decemviri)],它也适用于 turbe(罗马法规定为十人或十五人,但不能少于三人)。但是,除了数量,还有质量方面的考虑。"人民"(populus)这一术语和概念——从古罗马转化为到基督教信仰(奥古斯丁和杰罗姆经常使用 populus christianus)——可能适用的群体很广,小到一个村庄,大到一个国家或帝国;但它始终是按照"习俗"来界定的,不管这个习俗是地方性的和特定的,还是"一般性"的。[50]

然而,随着书面形式的出现,即使有民众"赞同"和"默示同意"的附带条件,习俗也失去了与社会基础的主要联系,并逐渐进入法律和政治当局的控制之中。经典的准则认为习惯(consuetudo)是"法律的最佳解释者",这是由法学家们提出用来提升他们自己的权力的,正如阿佐的注释所显示的那样,习俗是法律的创始人和废除者,同时也是其解释者(quod consuetudo sit conditrix legis, abrogatrix et interpretatrix）。[51] 另一种不那么权威的格言（cuius interpretatio, eius legislatio 及其变形）则揭示了从"习俗"转变为"习惯法"的真正意义——法律专家们再次掌控全局。这确实是 12 世纪"法律科学"复兴的意义，习俗加入民法和教会法的"权力之语"宝库中，而法学家在很大程度上处于垄断地位。尽管存在易变性、不规律性和民族差异性，习俗仍然加入了教会法和民法之中，成为欧洲法律传统的一个主要载体——并且这也是西欧语境中法（Nomos）最具特色的一种表达方式。习惯法将其完整性保存到现代，特别是在"实证法学"的语境中，这包括了在各种法律报告、未受教育者和受部分教育人们的"通俗文学"作品以及与专业律师相对的传统辩论中所保存的司法记忆和律师活动。

神话也在地方和国家"习俗"的保存或创造中发挥着作用。意大利和德意志"民族"自然地维持着与已经灭亡了的、但据说依旧正宗的罗马传统之间的自觉联系（尽管这对于德意志而言是模棱两可的），但其他民族在大多数情况下不得不指望自己假定的"祖先"。[52]

在西班牙，人们对一种民族风俗（costumbre or uso de Espana）有着相关意识或一厢情愿的想法，后来的中世纪作家们将其理想化或与地方性的（例如加泰罗尼亚的）习俗进行了对比；当然，在这个民族神话中，《七章法典》的地位显著，受到了"西班牙女神"（Blessed Lady Spain）和各种各样的神话的保护，比如臭名昭著的阿拉贡誓言（"Si no, no"）。更值得注意的是，尽管"诺曼之轭"是强加于英国人的，但他们确信其法律秩序始终是一种海岛习俗的表达，到了 16 世纪，"古老习俗"的神话已经成为法律专业的基石。总的来说，普通的律师们对其职业的神秘性感到欣喜，他们强调这是基于某种外行人无法

第六章　日耳曼的入侵　163

理解的"技艺理性",当然更不必说外国人了。这就是出口到新大陆的英语世界国家的"神秘的法律科学"。[53]

尽管其习惯法的公民理性(*raison civile*)并不像英国的"技艺理性"那么复杂,法国的法学家却也发展出了民族传统的神秘性,以便可以与英格兰甚至罗马的理论框架相竞争。习惯(*consuetude*)起初只是一种特殊的特权(或农民对领主的义务),后来转而用以表示一个民族的生活方式,尽管这包括了好的习惯,也就当然包括了"坏的习惯"(*malae consuetudines*);包括了"自由的"习惯,也包括了"奴役性的"习惯。但是,习惯更大的社会和政治意义逐渐占据主导地位,尤其是适用于"法国人民"时更是如此。[54]从12世纪开始,巴黎的习惯就被等同于法国的风俗习惯(*consuetudines Franciae*),甚至在其与任何政治单位勾连之前就如此确认了。然而,从16世纪开始,整个法国民族的"一般性习俗"的观念,不仅成为国家政治整合的工具,而且是现代社会科学发展中必不可少的概念。

这是对法国法"精神"进行司法和历史探索的基础——起始于医学占星学理论,法学家[改编了法律精神(*mens legume*)的旧准则]将这种精神称为他们社会的"第二自然"。这种精神首先体现在地方和局部的、尤其是巴黎的风俗中,它从一个特殊的"事实"逐步提升为更一般性的"法律"。用孟德斯鸠的话来说,"这些习俗保存在长者的记忆中,但不知不觉地形成了法律或成文的习俗"。孟德斯鸠也意识到了其政治含义,正如他所总结的这一过程,"因此我们的习惯是致力于成文化的,它们变得更普遍,并且得到了皇家权威的背书"。[55]尽管不完美,但作为上层建筑的社会基础,习俗也被纳入了皇室的司法权,从这个意义上讲，它变得文明化和政治化了。

习俗从来没有完全失去与"事实"的联系，而且事实上，使得习俗的概念在社会语境下变得复杂的原因正是在于，它经常无法通过法律公式来解决/理解。这部分是由于废弃习惯（desuetudo）的过程——与（形成）习惯（consuetudo）的实践和理论正好相对；部分是由于像马克·布洛赫（Marc Bloch）所揭示的那样，许多习俗"除了居民的意志之外，没有任何力量"，它们只保存在口头文化中，在那里"人类的记忆是唯一的仲裁者"。[56] 一个很好的例子是长期存在的、每年都会出现的边界的问题（bornage），从博马努瓦到民法典时代，总是可以通过协议（amiablement; sans justice）以及法律手段（judiciarement; par auctorité de justice）来解决。[57] 在任何情况下，正如欧瑟伯·洛里埃（Eusèbe Laurière）在17世纪所观察到的那样，只有在"存在农作物的地方"，习惯法才能保护占有或使用。在实践中，耕地受"民族的法律和人类一般财产法的支配"，并受制于不言而喻的协议。布洛赫说，"所有的农村习俗都源于一种心态，这是多么的真实啊"。[58]

习惯法之所以可能以理论的方式发展，得益于中世纪法律科学的复兴。在16世纪，几乎不可能将天然习俗和口头传统从专业法学的成文传统中解脱出来，尽管至少到16世纪，法学学者和古文物学者都试图做到这一点。然而，社会思想的主要类别仍然被平民和教会法学家所垄断。因此，我们必须回到古老的法律传统，或者回到这些传统消亡后的欧洲社会，以及在11、12世纪形成的新的"民族间世界"（world of nations）。

第七章
中世纪的重建

习俗改变了自然。

——阿佐，*In ius civile*

习俗是另一种自然。

——奥多弗雷多斯：《民法大全讲座》

12 世纪的复兴

近代法律传统诞生于或者说重生于 12 世纪文化的普遍复兴，它是三支智识潮流汇聚的产物。一是宗教法的主体，它既是罗马法学的载体也是其对手。二是幸存于西方不同地区，特别是意大利北部城市和法国南部"成文法区域"的罗马法的实用的、"通俗的"残余。三是罗马教育的相关延续，尤指修辞教学方面，卡西奥多罗斯（Cassiodorus）在 6 世纪时将其定义为"论述公民问题的专业性"；这为初级的法律研究提供了避难所——不仅是在教学法和公证上，还包括了书信体的研究［存在于意大利城市中兴起的口述实录（ars dictaminis）中］。在"12 世纪的文艺复兴"中，希腊自然哲学和罗马法学开始被重新发现，结果 Physis（以亚里士多德主义的经院哲学形式）和 Nomos（主要以市民法的形式）再次对立起来——希腊人与罗马人在死后的联盟或战斗中对阵。[1]

这一对抗的舞台便是"学府"（Studium），这是古代"百科全书"的近代版本，是始建于那个年代的新式大学的智识基础。通识学府（studium generale）——"大学"的最早术语（corpus intellectuale 区别于 universitas，是有执照社团的民间用词）——基本上由老的"自由七艺"的圈子组成，加上由哲学、神学、医学和法学组成的高级"科学"。这个进行基础和专业学习的机构，与教会和帝国的机制一起，还反映了对"欧洲"文化统一性日渐增长的意识，或者起码是一种愿望。隐含在这一理念下的，是由中世纪教士们提出的关于"帝国转移"（translatio imperii）和相应的"研究转移"甚至"智慧转移"（translatio studii，或者 trnaslatio sapientiae）的一种有力的文化神话，正是藉由这一神话，古代文明的精华才得以传递给近代国家。智慧——关于神的和人的知识——来自东方，然后传给希腊人，接着传至罗马人——"第一位骑士和教士"（le premier et de clergie），在克雷蒂安·德·特鲁瓦（Chrétien de Tryes）的短语中，他以下述希望总结：

……最终来到法国，这也是我们所祈祷的，

这些技艺可以保留下来。[2]

罗斯的亚历山大总结道，作为法国人，"最要紧的是继承科学和自由技艺的学府，而意大利人有教会，德国人有帝国。通过此三者，即圣职、帝权、学府（Sacerdotium, Imperium, Studium），凭借生命的、自然的和肉体的三重美德，神圣天主教会便在精神上活起来了、扩大了

第七章 中世纪的重建 167

(疆域），并得以统治"。[3]

这个文化统一体——更确切地说是三位一体——最具体的表达是拉丁语和罗马法；中世纪经院学家们也倾向于将这些古代遗产实在化和神话化。13世纪的一位教会法学家声称，"任何说拉丁语的人都受罗马法的约束"。[4] 至少从11世纪起，早在学术复兴之前，市民法的词汇以及某种程度上的市民法的精神，就已经以各种合同安排以及再次区分私有财产和单纯占有的能力的方式，影响着法国南部的商业生活。

对于更博学的探究者而言，罗马法——与近古典的拉丁资源，以及古代市政和帝国的制度、观念的记忆结合在一起——就是古代智慧（*sapientia*）的最生动反映，这也恰是法学家们界定其学科（"神的和人的知识"）的方式。中世纪的"法律博士们"强烈意识到自己是被称为"前辈"的查士丁尼法律专家的直系后裔，并以此为傲，奥多弗雷多斯认为，"他们应在知识和美德上先于并超过其他人"（*excedunt alios in scientia et moribus*）。[5] 当然，自命是古代血统，并号称与帕比尼安、乌尔比安、盖尤斯是同事，这与中世纪的皇帝们声称经过卡罗林"帝国的转移"而成为恺撒和查士丁尼的法制继承人的主张是并行的，并借由后者而加强；恢复市民法的一个核心目标是强调并阐释这个智识和制度谱系。首先，它特别强调其特定的历史血统，而不是普世的哲学效力，这就使得罗马（或罗马人的）传统与法（Nomos）的习俗性力量取得一致。

与古代的罗马原型一样，近代的罗马法律科学（被称为 *civilis scientia*）有它自己的起源神话。一是由狄奥多西二世皇帝于公元433年建

168 人的尺度

立的伟大的博洛尼亚法学院。二是 C. H. 哈斯金斯称为"童话故事"的《学说汇纂》最古老手稿被奇迹般发现的传说（现收藏于佛罗伦萨的劳伦图书馆），它发生在 1135 年比萨人抓获阿马尔菲（*Amalfi*）之后。还有一个也是故事，讲的是，伊尔内留斯（Irnerius）在比萨大学讲授这一手稿的同时，单凭一己之力就复兴了罗马法的教学。前两个是纯粹虚构，第三个有一些夸张成分，尽管关于伊尔内留斯伟大贡献的论辩仍在继续。不管怎样，伊尔内留斯只是众多在其演讲里包含了法律材料的"自由技艺大师"之一而已；博洛尼亚也并不是第一个，只不过是公民研究最重要的中心而已。[6] 古典法律的模糊记忆也通过查士丁尼的古老职位保存于拉文纳（Ravenna），通过教皇之职保存于罗马，通过伦巴德法律之教授而保存于帕维亚（Pavia）。在 11 世纪，有很多地方提到"法律博士"，如《佩特吕抗告录》（*Exceptiones Petri*），这部汇编集利用了查士丁尼的汇编，并赞颂了关于"自然法和市民法的理性"的研究。

尽管这样，正是通过伊尔内留斯对《学说汇纂》的讲授（至少是第一部分，旧《学说汇纂》），使得对命令（*dictamen*）的低层次的公证技术，即古代修辞学的中世纪残余，被提升到了法律科学的层次；而获得"进入作者"的基础性事业也起步了。这项工作由伊尔内留斯的学生们继续，特别是著名的"四博士"，他们被铭记在一段有名的中世纪韵文中：

  布尔加鲁斯（Bulgarus）有黄金嘴，

  马丁（Martin）在学问上堪称一流，

  雨果（Hugo）有十足的法律范儿，

最后,雅各布(Jacob),就是我。[7]

法律博士所代表的知识精英投身于积极的,同时也是沉思式的生活之中。他们都为各式各样的市政法院、教皇和帝国服务,最著名的是隆卡利亚的帝国议会(Diet of Roncaglia),"四博士"悉数出席,为博洛尼亚大学起草了建校宪章之一,并完成了针对教会法对手而为市民法进行的一篇经典辩护。弗里德里克·巴巴罗萨(Frederick Barbarossa,德皇腓特烈一世)1559年宪法*(Habita)首次授予这些"博士"解释权,以发现真正的"法的精神",进而将"解释"从叛国罪转变成为中世纪法学的主要主题之一。[8]

法学家们的总部和智识弹药库仍是大学,尤其是博洛尼亚大学包容了从文化到专业再到学说上的巨大意见分歧,这就影响了法律和社会思想的发展。"教皇绝对权力派"(*Ultramontanes*,直译为山那边的,指阿尔卑斯山南侧)对"山这边的"(*citramontanes*,阿尔卑斯山北侧),** 进而又细分为特定的"民族";"技艺家"对"科学家",即艺术、法学、神学与医学等科系之间的对立;"古代"对"近代"在各种类型的代际冲突中得以体现;当然还有"罗马法学家"对"教会法学家"——尽管格拉提安是伊尔内留斯的同代人,但在某种程度上也

---

* 此处年代有误,巴巴罗萨在位时间为1152—1190年,因此作者所说宪法名称无法查证,但很可能是约1155年颁布的《完全居住法》(Authentica habita),即Privilegium Scholasticum,《学者特权》。——译者注

** ultramontanes 和 citramontanes 的意大利文原意为(阿尔卑斯)山这边(南边)的人与山那边的人,此处为引申义。12世纪后半叶,意大利的博洛尼亚大学作为著名的法律学院吸引欧洲各国学生前来学习。学生之间逐渐依照家乡形成了学生公会,处于文化中心的意大利人瞧不起山北的德国人和法国人,觉得他们像野蛮人一样,故自称为ultra-montanes(山南人)而称其为citramontanes(山北人)。前者指的是教皇权力至上主义者,后者指的是教皇权力限制主义者。——译者注

是后者的学生，这些只是设定了辩论的术语并形塑了司法共同体思考范式的一些范式而已。通过各种各样的"移民"［从博洛尼亚到帕维亚、维琴察（Vicenza），以及其他地方］和伊尔内留斯学派毕业生的跨国运动［如普拉琴第努斯*（Placentinus）之于蒙彼利埃大学（Montpellier），瓦卡留斯之于牛津大学］，这一共同体形成了一种国际性垄断，尽管他们由于学派和职业利益的不同而有所区别，但也因共同效忠于法律科学和同一个古代祖先而联系起来。这些先驱者的作品，包括大量未出版的前伊尔内留斯注解，促成了13世纪学习浪潮中的另一场诗性大爆发：

市民法绚丽地走来（Civil law rode richly），

教会法得意扬扬（And canon law proudly），

它们都走在了其他技艺的前头（Ahead of all the other arts）。[9]

不久市民法就会宣称它不仅优先于医学，且最终优先于哲学，甚至超过了号称"科学皇后"的神学。

法律职业的再度出现既有意识形态上的也有智识上的基础，即对公务员（无论是教会的还是帝国的）作为能文识字和政治专业方面专家的要求。通过格里高利七世的改革教皇派与霍亨施陶芬家族（Hohenstaufen）的帝国革新之间政治冲突，这一要求得到加强。更不用说意大利自治公社的政治、社会和经济需要了，这些需求引发布雷西亚的阿诺德（Arnold of Brescia）攻击格里高利的教皇制，要求复兴"罗马的良

---

* 普拉琴第努斯（约1120—1192）：出生于皮亚琴察，早年在波伦亚任教，1160年前后来到法国的蒙彼利埃大学教授罗马法，并创建蒙彼利埃大学法学院，促使注释法学派在法国南部立足。——译者注

善习俗和古代法律"。[10] 一般来说，中世纪皇帝既需要拥护者、建言者、辩护者，还需要士兵和缴税人，尤其是在面临即将由英诺森三世巩固下来的帝国教皇制的政治竞争时。由于教皇制本身就是以古代帝国为模型的，所以中世纪"神圣帝国"是以教皇君主制为范例的，弗里德里希二世皇帝便是从他的庇护人教皇英诺森三世（Innocent Ⅲ）那里学习政治经验的。在对罗马法的政治和立法资源的征用中，民族的君主制和城市共和国很快就适应了。

结果就是新的世俗知识界的创造，由教皇、皇帝、国王们资助的大学的毕业生们，不仅包括民法学家（civilians）或"罗马法学家"，还有"教会法学家"，这些人代表了教会内部并最终在其领导下的一个后神学（post-theological）运动。尽管民法和教会法法律人在意识形态上是对立的，但是从长期来看，他们似乎构成了一位18世纪学者在类比文学家的共和国（respublica litterarum）时所说的"法学家的共和国"。[11] 中世纪最著名的法学家通常在两边都取得了学位，而且为任何一方或两边都提供服务。他们一起形成了一种科学精英团体——卡尔·O.阿佩尔称之为"解释的共同体"。这个共同体可能比亚里士多德学派的政治哲学家还要多，积累并传播了近代社会思想的主要学说，[12] 或者根据奥托·基尔克（Otto Gierke）注意到其间的基督教解释，他更偏爱的说法是"古代的现代"。

公民科学

"公民科学"[市民的，法律的，正义的学科（*civilis*, *legalis*, *legitima*

scientia）］甚或"公民智慧"（阿库修斯称之为 civilis sapientia）是中世纪法学家们给他们的崭新学科、也是很古老的学科所赋予的名字。[13] 从我们的角度来看，公民科学可以被看作近代欧洲社会思想的婴儿期，从传统上可分为三个阶段。第一阶段是注释学派，从伊尔内留斯（约 1100—1130 年）到权威的原初注释派阿库修斯（约 1265 年），收集了之前一个半世纪以来分散的总计 96 000 条注释。第二阶段是评论学派，或称后注释学派，从 13 世纪晚期不仅延伸至中世纪末乃至 19 世纪，即"潘德克顿"传统［学说汇纂的现代用法（usus modernus Pandectarum）］仍活跃之时。第三阶段是法学的人文主义学派，兴起于 16 世纪，并在某些"法学古典主义"（弗里茨·舒尔茨语）[14] 的作品中持续到今天。他们试图消除被人文主义者斥为"特里波尼安之罪"的篡改，并恢复罗马法律科学的纯粹概念。

从最广的视野看，这些阶段分期有些武断，不仅因为其他的划分更深刻，还因为注释派学者进行了恢复性的开创性工作，与继其之后的学派分享了基本的目标：他们与人文主义者的目的都在于确立古代文本的文字和"历史"的意义，与评注派学者一样都试图让这一意涵适应于当下条件并以理性的语言进行正当化。总之，他们都属于一个连续的智识和职业传统，该传统赋予古代法学以新的生命，并为对社会和社会问题的现代思考提供了主要的动力。正如对真正亚里士多德的追寻在很多方面构成了自然哲学史的起点，对罗马法的"真正哲学"的追寻就为社会思想——以现代风貌包装的法（Nomos）——的阐释提供了必要的基础和动机。

12 世纪在复兴的法律科学内部的教义活动的形式，因其近代学术衍生物而看起来有些僵硬和造作。尽管它也涉及对查士丁尼否认存在的困难和矛盾的讨论，但该学科是以文本拜物教为基础的。[15] 法律规则（教会法集）和各种问题也从文本中提取出来，接着都投入到"注释"工作中，并在其上再注释，即"为注释的注释做注释"，并形成法学的主要流派中隐含的更精细的教学手段。中世纪的注释法学家确实生活在一个"逻各斯中心的"世界里，被他们所读的文本控制着。

然而，尽管核心和最初的经验是"演说"，但在与罗马经验的间接接触中，兴奋的感觉在当时一定是非比寻常的。或许对一些学者而言，就同阅读13世纪教会审查制度之下（幸存）的亚里士多德和他的《自然之书》（*Libri Naturales*）一样，感到既刺激又致幻，如果不那么有颠覆性的话。法律的经院哲学为人的行为、社会和政治建设的世俗研究提供了框架。由于从职业上和教学上讲，最终目标是成功的"辩论"，毫不奇怪，这个框架也就产生了学术派别，那些没完没了的"主义"被门徒们应用到其老师的教义上。在哲学家中，"巴托鲁斯主义"是"斯多葛主义"或"托马斯主义"的最持久的模仿。

如果他们的首次努力指向文本的训诂，不久，伊尔内留斯的后代就以经典的方式围绕解释问题分成了不同派别："我们的博士"（*nostri doctores*）追随布尔加鲁斯支持严格的法律（*rigor iuris*），而以马丁努斯·戈西亚（Martinus Gosia）命名的"戈西亚派"则倾向于更自由的解释，甚至"教会法的公平"。在努力从古代文本中提取近代的"效用"的过程中，这些先驱者忙于各式各样"有争议的问题"（*quaestiones disputatae*），这不仅涉及法学，也涉及道德哲学，而法律仍被视为它的一部分。如果正义意味着总是给每个人他所应得的（如果根据西塞罗著名的分配理论），是否有过一个真正正义的人呢？当然，这其中还有更多实际的程序问题，如对法律的无知，以及对嫁妆、合同、"利益"和其他当下的社会问题的特殊"案例"。

这些学者的概念水平由一个有趣的对话"关于法律微妙之处的问题"（*Quaestiones de iuris subtilitatibus*，可能是普拉琴第努斯所作，而之前将其归于伊尔内留斯名下）提出，在对话录中，"解释者"教导"旁听生"，在正义女神及其寓言中与其相随的美德［敬畏、虔诚、优雅、复仇、观察和真理（Religio, Pietas, Gratia, Vindicatio, Observatio and Veritas）］面前，与公平女神（Aequitas）和理性（Ratio）一起，正义对他们提出了一个尤其困难的问题。当代的德国皇帝能够改变罗马教会法吗？理性回答说不能，理由是这些"阿尔卑斯山之外"的国王缺乏对罗马法的理解。[16] 不过，这个有关教义的剧本是一部"戈西亚派"的作品，充分维护了解释的自由——合理、公平、道德——进路。

但是在这些解释学上的分歧背后，职业目标却是相当恒定的。对《学说汇纂》、《法典》和《法学阶梯》的研究要求对法学中更大问题进行重新评估，这首先就从正义女神（Dike）的经典理念开始。普拉琴第努斯知道柏拉图的处理，但他更喜欢查士丁尼的正义定义——一种意志品质，当然不是不稳定的人的意志，而是乌尔比安赞颂的"永久的和恒定的"神圣品质。对大多数注释派学者来说，公平高于正义，有时它被认为就是上帝自己，或者至少是正义和秩序的来源，它也是法官［决定法（ius）］或立法者［决定法律（lex）］必须寻找的，尽管最终两者都不得不满足于人类的近似物，即法学中"审慎"的含义。真理不在于理性的论争而在于判断甚至在于"注释"的观点（*res judi-*

cata pro veritate accipitur; veritas est in Glossis），是法律博士中很普遍的假设。[17]但是对法官而言，"改变他们的想法"是被禁止的，也就是说，禁止改变法律的含义。这些老生常谈说明了霍姆斯大法官所说的公民科学的"一个含糊不清的大前提"：法律真理只有通过学术或司法解释才能获得，而这些解释是由有资格的专家根据继承下来的程序方式所控制的。

这也适用于习俗的观念，尽管"博士们不赞同"这个反常范畴——无论在事实上还是在法律上。就习俗与法律的关系这一核心问题的一段著名的总结，出现在13世纪早期一本叫作《所有权的纷争》(Dissensiones dominorum) 的匿名文集中，其中披露并阐述了古典文本与后古典文本中的矛盾："有人说，根据《学说汇纂》XLVII. 12. 3. 5，任何与法律抵触的习俗——无论是特殊的还是一般的——都不能废除或减损成文法。他们支持这一看法主要是因为今天只有王公颁布法律，所以也只有他们才能解释法律。他们说，成文法可废除一条相反的习俗，所以成文法存在的地方习俗便废止……但也有人说，根据《学说汇纂》I. 3. 35，一条由明示同意所确认的习俗应被遵守，因为习俗不过是一种默契。但还有些人将与法律抵触的特殊习俗和一般习俗区分开来。如果一个习俗是普遍的，并得到帝国中全体民众一视同仁地遵守的话，那么它就废除了成文法……但如果该习俗是特殊的，仅仅与市政或城市有关，则要区分该习俗是否经共同同意，成为一种通过争议性判决的方式所确认的习俗……另一些人说，如果一项法律（lex）是经习俗认可的，那么它就不能凌驾于习俗之上……也有人说，一个好的而不是坏的习俗才能凌驾于法律之上。还有人说，如果一个人明知并遵循一个与法律抵触的惯例，那么它可使法律无效；如果在不知情的情况下，则不可，因为最好是相信他们搞错了。"[18] "一些人说……其他人说"（Quidamdicunt...alii dicunt）等等，这个问题从未解决；但对于是谁说了这些话倒是没有异议，他们就是"博士们"。

在某些方面，12世纪的法律科学复兴似乎重述了西塞罗之前的"科学革命"，尤其是在辩证法和修辞术的概念工具的开发方面。这与12世纪复兴的中心问题——希腊语的翻译——有关，尽管亚里士多德的范畴、目标和困境通过波伊提乌斯为人所知，然而市民法本身却弥漫着希腊的术语和概念，其中一些几个世纪都无法破译。早期的法学博士们寻求对他们从罗马法的残稿传统中挖掘出来的大量材料进行概念化的方法，尤其是通过分类（种属）、因果关系（亚里士多德的四重方案），以及自然与偶然之间的区分。[19] 然后是近来历史学家称为著名的盖尤斯的三分法（人、事、诉讼）的"永恒回归"，同样在希腊思想的帮助下，为罗马法学家发展出来的精致的解释理论和实践提供了框架。[20]

在这门学科的扩展中，自然（Physis）与习俗（Nomos）之间的旧争论再次出现了。盖尤斯对"自然理性"的古老观念是高度模糊的。它是指本能或纯粹理性——"第一"或"第二"自然吗？根据阿佐，自然法可以从若干角度来理解：作为对所有动物共同的东西（乌尔比安的公式），作为仅仅是人类的共同法（万民法或国际法，ius gentium），作为摩西的法律（十诫，ius naturale decalogi），作为公平的典范（aequissimum），甚至某种意义上的市民法。[21] 许多当代（以及新近复兴的）亚里士多德哲学的狂热者，在他们的论证和判断中倾向于自然；然而，

第七章 中世纪的重建 177

这是他们的科学无法逃避的条件，从几百年的罗马经验中得出的结论是，他们通常受制于惯例，不过以一种合理化的形式。

因此，不管怎样，在"第一"和"第二"自然之间旧有的分裂复活了，而解释的两极也固定下来了：由上帝造出的自然法是"被造物的条件"（conditio rebus creatis）；由人造出的东西，"国家的法"，是人类劳动的产物（industria humana）。根据13世纪的《巴黎大全》（Summa Parisiensis），"自然法起源于首次创造人类时的第一自然（ex prima natura），而后在福音书中给出和恢复"，因此一般来说，法被"分为自然法和习惯"（iusdivitur in jus naturale et mores）。[22] 这就留下了从未解决的一大难题，至少对法学家来说是如此：人法（特别是万民法）是"符合自然"还是"违背自然"的？

旧有划分的新形式清晰地反映在盖尤斯三位一体的前两个要素的解释即"人"和"物"中（中世纪法学家们毫不犹豫地接受了）。关于个人自由，几乎没有异议：正如"平等"一样，自由是"自然的"；而（有罪的）人创造了奴隶制和阶级分化，正如两性之间确实的不平等。困难主要来自于财产问题，作为人类意志侵入"现实"世界的后果，先是自然再是社会；从某种意义上说，这场论战从未停止过（"社会主义"和革命运动的兴起）。不像大多数的教会法学家，罗马法学家倾向于把财产（dominium）作为自然法的一部分，或者至少是自然的一部分；许多合同义务也可以这么说。[23] 在罗马占有法中，可以清晰地看出自然与习俗的区别，它要么是"自然的"，要么是"公民的"。在第一种情况下，占有是单纯、物理性的"抓握"或"扣押"的结果；在第二种法律正当性情况下——对古代而非近代的法学家而言——占有相当于完全的财产。因此，占有和占有法实际上标志着自然状态和社会状态之间的界线，虽然这可能与封建主义以及"事实占有"法的习俗格格不入。

（盖尤斯三分法中的）"诉讼"（action）范畴——同样也产生了不少争议——既规范社会行动，也规范越轨和被禁止的犯罪行为。它还触及了所有法律主题中最"常规"的问题，普拉琴第努斯所说的"行动的多样性"（即法律程序），这些问题构成了具体意义上法律的根源。无论是在私下还是在公共意义上，诉讼或"行为"当然都适用于读写文化，事实上，它主要是指定书面的和"颁布的"声明或人类主动性的记录。

总的来说，公民科学带给欧洲思想的是对中世纪社会新现实的一种掌握和控制手段。它提供了社会分析、经济互动和政治行动的经典语言，简言之，就是权力的语言。社会思想的扩展的词汇和逻辑来自法律的渊源，并与古代哲学相融合和加强，在社会和政治行动的扩展视野中反映了一个经验的、充满人类困境的世界。

民法的术语和惯例使得对结构和现象的标示和讨论成为可能，这在由地方习俗统治、被宗教隐喻迷惑的社会中本来是很难表达的。阿库修斯之前的注释开始了对民法的丰富词汇的注解，始于《法学阶梯》，继而向《学说汇纂》的迷宫挺进，试图理解古代"自由"和"财产"的观念，将"法律划分"的三重结构运用于"今日"（hodie）世界。[24] 这样就为复杂的社会角色（用诸如条件、地位和名望这样的术语表达）、团体（城市、大学、共同体、社会、组织、学院）、关系（契约、义务、结盟），尤其是为意志和权力的表达（管辖、控制、管理、判断和立法，根本不用说如权力、治权和主权等政治术语）找到了字词和可操作的概念；这套术语渗透到立法的热潮中，使得沿着罗马式的论证思路成为可能并向前推进。[25] 当然，法学理论是这些概念的中心，包括"解释"的实践，将法律转变成"公民科学"，甚至可以根据传统的法学夸张的说法，变为"公民智慧"。

教会科学

基督教法的经典汇编是《格拉提安教令集》，就像查士丁尼的出版物确立了"公民科学"的典范，这一12世纪的作品集就是"教会科学"（*seientia canonic*）的神圣载体。[26] 如同第一个学科在11世纪脱胎于修辞学，第二个（学科）则在很大程度上是建立于神学渊源上。和他的同时代人伊尔内留斯同样作为一位老师，僧侣格拉提安将阿伯拉尔（Abelard）等教师发展的辩证方法应用到教会材料上，以此为新科学奠定了基础。在这一努力中，格拉提安的目标几乎和《学说汇纂》的编辑者一样是权威主义的：它和《教令集》都利用了几个世纪的经验和思想；两者都援引了神圣权威、深受尊敬的祖先和神圣使命；两者都为强有力的职业垄断奠定了基础；两者都假定了一个绝对的主权者，一个祭司王（*rex-sacerdos*），来保证并适用汇编的法律，当然也增补它。两种传统也都受到类似解释方法的影响［条顿人约翰内斯的《标准注释书》（*Glossa Ordinaria*）是阿库留斯伟大编著的对应物］，经历了相似的学术阶段，并与"新"法和"旧"法、最终和人文主义的修正主义者做斗争。

在收集"旧法"时，格拉提安及其同事们的古文物研究工作也代表了一种神话的形成过程（可以肯定，也是一个拘泥于条文的过程），从某种意义上来说，神话是对"神秘性的一种解释"。[27] 原初的、或者确切地说创造性的神话是三位一体的，经公元325年第一次尼西亚大公会议，在一位刚从异教不完全皈依的皇帝主持下权威地制定出来。这一概念的教义代表了一种对人间教会的忠诚誓言，以及人类对核心奥秘的见证。不像盖尤斯古老的世俗三分法，基督教的三位一体不是将人类社会与自然而是与超自然联系起来：人性（圣子）与神性（圣父）结合在一起，它本身（通过圣灵）最终保存下来。在这三位一体中，我们可以看到贯穿整个基督教教义历史的无可救药的二元性的基础——不仅包括自然的和超自然的（自然与恩典），也包括历史的和超历史的、人之城和上帝之城、基督的神秘身体和信众的社会身体，尤其是格拉修斯（Gelasian）的"双剑"原则。简言之，基督教是一个社会，但是有"两种秩序"。在这样的说法中，教师格拉提安提出了一个全面的法律和教会作为一个法律共同体的理论，从而为教会、"基督社会"的人类发展给予学术上的认可，由上帝通过圣子赋予的神秘委托，从自然法，通过民法到神法。[28] 格拉提安也支持宗教制度的人的起源，不仅包括"预示"着教会出现的犹太教堂和犹太律法，也包括预示着教士团体出现的古罗马的祭司和大祭司之职。

人性与神性之间的主要连接点当然是圣礼体系，给教会法提供了宗教内容。一些传统圣礼可在东方宗教中找到明确先例，如以水净化、分食神的血肉和其他仪式，但在基督教社会中，他们具有准法律的和精神的功能。圣餐、洗礼、坚信礼和临终圣礼都意味着基督教共同体的成员身份；婚姻将家庭带入这个社会；授圣职礼则确立了基本社会区别和教会等级制度的基础；忏悔，一个涉及罪、悔恨和悔改的"两栖"概念，不仅为个人良心的规制提供了基础，也为教会政府的利益提供了基础。在圣礼体系和教会法传统中反映出来的是一个有序的社会，包括一个立法领袖和效忠于他的参与成员，他们被要求彼此维持圣礼的交流；作为不符合教规的惩罚，则被处以"绝罚"。[29] 出于世俗的考虑，还发展出对下列行为的道德和公共行为的规制：魔法、巫术、渎神、盗窃、酗酒、暴食、伪证、谋杀、乱伦和强奸等；最后，通过对犯罪的管辖权，教会政府参与到了世俗政治中来。[30] 一般说来，这就是将一个超然的宗教转变为内在的教会学，从逻各斯转变为法（Nomos）的基本原理。从这个转变中出现了教士（*sacerdotium*）是表达社会良知还是尘世腐败的问题，二者在人类的条件中是密不可分的。

与此"旧法"相反，教会的"新法"大部分是教皇立法以及对整个传统的不断评论的产物。与查士丁尼的"新律"和民法上的封建附属物相对应的，是某些13、14世纪的教皇添加到《格拉提安教令集》中的"离谱的"教令，而解释性评论则被分别指派给"教令学者"和"教皇教令学者"。和世俗的罗马法一样，教会法也得到了越来越系统的形式，从格拉提安的开创性的尝试以达到辩证的"和谐"，经过12世纪末博洛尼亚教授帕维亚的伯纳德进行的"首次汇编"，最后到出版于1317年的《教会法大全》的完全版。[31] 这一法律学术通过各种权威的宣言得到官方的强化，其中包括"查士丁尼教皇"、英诺森三世、后来的何诺里三世和卜尼法斯八世（Boniface Ⅷ）的宣告，他们的立法性声明也仿照查士丁尼著名的导言性法令。利用罗马的先例和经验，教会法学本身提供了法学的一个世俗系统模型。

在教会法传统中，古老的自然（Physis）和习俗（Nomos）辩证法重现了：自然实际上被同化为逻各斯，而对于许多法律目的来说，自然法被同化为神法。尽管"自然就是上帝"是一条公式，但可以肯定的是，在造物主（natura naturans）和他的造物（natura naturata）之间——实际上是在逻各斯和自然（Physis）之间——仍然保留着一个基本的区别。[32] 从某种意义上说，教会法代表了一种对古罗马神法（fas，格拉提安的术语）的回归，除了它得益于整个罗马经验和法学，并因与超越性的宗教信仰和神学的神秘性的关联而得到加强以外。教会法还提出了比民法更高的理性标准，至少是更高的道德标准；比如，在其根本假设中，无论是财产还是与此相关的人的不平等——包括两性之间的不平等，都不应算作自然法的一部分。作为一种被重新圣礼化的自然法，教会法继续与单纯的人法和"实证"法（通常是贬义）形成对比，所以毫不奇怪，在彼得·康托（Peter the Chanter）攻击"制定法的不稳定性"的同时，也顺带攻击了法律人。[33] 然而，在他们超越人法的抱负中，公民科学和教会科学的代言人总体上是一致的；因为与查士丁尼一样，圣彼得的接班人事实上也主张一种权利，即通过基于神圣权利的创造性"意志"作为转换媒介，将法（Nomos）提升至自然（Physis）层次——即从人到神——的权利。

然而，与民法一样，大部分教会法的内容也不能用普遍的理性来界定，更不用说用神的完美或圣经的启示了。当然，这就是人的传统——当世的法（Nomos）——起源的地方。"古老的和古代的教法都应该被遵守"。一位教会法学家如是说；而根据另一位教会法学家，

第七章 中世纪的重建 183

"不可偏离受核准机构（的规定）"。习俗也发挥了重要作用；在教会法学家那里，它以民间的术语被采纳为"法律"，并在著名的民间公式中被认为是"最好的法律解释者"。[34] 教会法也越来越遵循世俗的"必要性"和"功利性"标准，被中世纪晚期令人困惑和压抑的现实，以及来自世俗的各种各样的挑战所重塑。

新万民法

12世纪法律科学的复兴对下述进程产生了至关重要的影响：从史前世界的口述传统与习惯法中发展出迥异的民族传统。在法律术语中，这个世界定义了现代"万民法"，并不得不再次被罗马法学容纳——从而再次实现了古代的格言，使得罗马成为"共同的祖国"。[35] 当然，罗马不再等同于文明。这成了法学家们尤其是"山那边的"（ultramontane）法学家们的共识，他们任何一个皇帝都不是真正成为"世界之主"（dominus mundi，《查士丁尼法典》中的一条准则），即使是查士丁尼也不例外，因此，也就无法让他的法律真正成为普世的；而不管怎样，根据盖尤斯的说法，每一个民族都有其自己的法律（ius proprium）。正是在这方面，欧洲君主可以自称是"他自己的王国的皇帝"（rex imperator in regno suo）。在法国，这是标准的保皇党学说；在西班牙它被写进了《七章法典》（Siete Paridas）；在英国，这也是深入人心的，因为根据托马斯·克伦威尔的看法，英格兰在亨利八世的"终身大事"（"great matter"）后正在脱离罗马。[36] 该学说的含义之一便是，罗马法可以作为在私法问题上的共同法（ius commune）而加以利用，无论它是否正式获得"承认"。

然而,即使对"野蛮人"的后代而言,罗马民法也对理性有着特殊的要求:它不仅是成文法(*lex scripta*),而且根据民法准则,它也是成文的理性(*ratio scripta*)。习惯法的所有民族传统都运用罗马法律科学中的术语、程序、证明方法、比较标准和社会观念,甚至即便他们攻击近代的"神圣"罗马帝国也是如此。他们通过运用"类推"和"扩展解释"原则别出心裁地做到了这一点。[37] 这种借用不仅表现在以拉丁语解释本国法律文本的大量积累上,而且体现在中世纪晚期开始迈向国家统一和最终法典成文化的各种努力中。

对欧洲民法学家来说,从伊尔内留斯时代起的根本问题是"继受"问题,刚开始是对非正式和司法的继受问题,后来是对正式的、立法和政治层面的继受。尽管真正意义上的"继受"发生在1495年的神圣罗马帝国,但还有更多对罗马材料秘密的、实用的、零碎的输入,用一位法国法学家的话来说就是"接受而不是服从",他们对承认帝国的优先权很警惕。对于民法在欧洲之命运的最全面考察来自英国民法学家亚瑟·达克(Arthur Duck)的《民法在基督教诸侯领地中的权威和使用》(*The Authority and Use of Civil Law among the Dominions of the Christian Princes*,1656),该书追踪了市民法在意大利、那不勒斯和西西里、法国、葡萄牙、英国、爱尔兰、苏格兰、波兰、匈牙利、丹麦、瑞典以及波西米亚的"死后经历"(posthumous career)。[38] 虽然这些领土的统治者拒绝帝国至上,但他们很乐意通过其法律家们利用的罗马-拜占庭的丰富遗产,并以德国皇帝为模型建立他们自己的法律地位。

罗马化有许多形式。在正式、即便不是实质性的术语中,即使是封建法中常被引用的章句（locus classicus）、北意大利的《采邑法书》（封建法典，或封建习俗），也是显而易见的。因为帝国的批准，这部作品体现并发表为"罗马法"的"十辑"（decima collatio），延续了查士丁尼的立法，当然也服从于同种限制性"解释"。最权威的版本由阿佐的学生雅各布·阿格佐尼（Jacopo Ardizone）完成，大部分注释则由雅各布·格伦布（Jacoqo Columbi）制作完成；被所有派别的法学家进行评注，更不用说彼特拉克（Petrarch）这样的文学批评家了。其真正的"罗马"特点的假设——另一个有意识的法学神话——被更进一步的思考性的推论所强化，这种推论在中世纪法学中很典型，即采邑从词源上、并因此从逻辑上和制度上都来自于对契约至关重要的忠诚或"信念"〔"采邑是对信仰的忠诚"（feudum a fidelitat edicitur vel a fide），这一准则虽然在语言上存有瑕疵，但仍具有法律效力〕。各种各样的罗马法条主义都增强了这一论证思路和正当化的努力。比如，根据注释法学家，封臣只是"自然占有"采邑的；而只有领主享有"民事上的占有"。伊尔内留斯及其追随者也将封建关系吸收进罗马的合同（pactum）中，因为采邑（feudum）确实是作为服务的回报而授予的一种法律"物"。[39] 后来，更多想法复古的法学家们偶尔将采邑的"起源"归因于古罗马的受保护人制度（clientele），认为它反映了一种类似领主与封臣的关系。对于这种粗俗或做作的罗马化，总是有少数法学家、哲学家和历史学家提出异议；但是从法律上来讲，只要"封建法"自身能够从历史上一直延续到现在，罗马起源的原则就能生存下来。

虽然如此勉强的罗马法式的解释体现了法律传统中的另一个神秘的元素，但是它们伴随着为封建法（ius feudale）提供合理化形式的严肃的努力。例如，威廉·杜兰达（William Durandus）试图在他的《法镜》（*Speculum*）中建立一种封建的类型学，在参照教会法和民法渊源的基础上，区分了六种或者十种采邑"种类"；他进一步承认，效忠制度是通过习惯而不是书面的（民事）法律引入的。其他法学家努力把封建法（正如他们对民法所做的那样）吸收到亚里士多德四因说框架中：动力因是立法者；质料因（质料是法律术语中的渊源）是《采邑法书》；形式因是作品分成的主题；目的因是争端的解决以及最终正义的实现。由于这种司法推理，封建法被一位评论法学家誉为"哲学的一部分"，即道德哲学，甚至是一种智慧（*legalis sapientia*）。[40] 再后来，封建法律就像它的教会法和市民法的表亲那样，会经历一个进一步科学合理化和"条理化"的过程。尽管有一些中世纪主义者反对，但这是另一个可以证明下述观点的理由，即在孟德斯鸠时代很久以前，欧洲法学家就已经通过理性和比较的解释，形成了一种"文字之前的封建主义"（*féodalité avant la lettre*）。

意大利法律科学在中世纪的一个更加野心勃勃的官方产物是所谓的《奥古斯都宪章》（*Liber Augustalis*）或《梅尔菲宪法》，由皇帝腓特烈二世（Frederick Ⅱ）在1231年时为西西里王国颁布。[41] 尽管这个集子的"材料"体现了13世纪西西里社会的混乱状况，其形式却表达了绝对的帝国意志，在其轰轰烈烈的天国和世俗目标中自觉地重新回到了查士丁尼和奥古斯都的位置上。上帝以自己的形象造人（腓特烈的序言引用了旧约的《诗篇》），所以他把皇帝置于所有人之上，"把他提升到超越人的期望的罗马帝国的顶峰"——通过他"世界之主"的上帝般的力量。和平与正义（*Pax et Justitia*）是占主导地位的主题，中世纪法学第一座伟大的丰碑。它基于对一个井然有序的社会的一种高度理想化图景，由中心控制，并根据古老的、在某些情况下外来的（伊斯兰）法律传统组织起来。除了妇女的法律地位外，法典还详细处理了暴力犯罪，并以警力来控制它，如通奸、卖淫、医疗失误、空气污染、赌博、兑水酒等。即便不完全是雅各布·伯克哈特（Jacob Burckhardt）断定的"现代官僚制的出生证明"，《帝国的自由》也是企图将古罗马的专制理想和宗教信仰（religio licita）强加于中世纪习俗之混乱的一次前所未有的尝试。[42]

腓特烈帝国遗产的德国部分表现要糟糕得多：因为帝国忽视了德国的法律在很大程度上是按照旧的习惯渠道行进的，除了缺乏中央政府和法院系统之外，路数大多与英国普通法一样，（结果）帝国法学继续集中在意大利的大学中。尽管罗马法的影响明显存在于德国的"法镜"中——《德意志法镜》（Deutschenspirgel），尤其是《施瓦本法镜》（Schwabenspoegel），以及《萨克森法镜》（Sachsenspiegel，又称《萨克森明镜》）的注释中，但是罗马传统的全部力量不得不等到1495年对罗马法的正式"继受"；而即使到那时，它也主要局限于帝国法庭中。罗马传统作为现代普通法的基础的出现，德国法学家所说的"学说汇纂的现代用法"（usus modernus Pandectarum）大体上是相当晚近的发展。[43]

西班牙的法律传统似乎与罗马渊源维持着更直接的联系，至少部分由于西哥特法律通过《审判集录》（Fuero Juzgo）和《实在法典》（Fuero Real）保存下来，虽然这些材料也是从形成于特定习俗的当地法律（local fueros）中借用了某些材料。根据达克的说法，罗马法是"经由同意而被接受的"（*receptum est consensu*；*ex earum justitia et ratione receptas*）。[44] 这在西班牙最伟大的法律丰碑、汇编于 13 世纪中叶的卡斯蒂利亚的智者阿方索的《七章法典》（*Siete Partidas* of Alfonso el Sabio of Castile）中是显而易见的。汇集于此的材料不仅有私法（财产和占有、义务、婚姻和遗嘱）和刑法的主要内容，而且涉及宗教问题，特别是关于法律、习俗和解释的理论。该法典针对全体"人民"——包括所有"上、中、下"三个阶级；但在讨论"人格"或"人的状况"（*status hominum*）的主要题目时，其民法部分增加了更多的区别，以适应神职人员、异教徒和封建贵族的情形。理想的情况是，法律本身是基于自然的，社会只有一种近似于叫作"自然感受"的品质，例如，在"自然的义务"中去爱、服从他的父母以及他的领主。这样，即使是封建社会的复杂和人为的安排，在某种意义上也可以被自然化——或者通过违背信仰被去自然化。

在法国，民法或其口头传播形式，在其南方的某些省份（成文法国家，*pays du droit écrit*）一直被接受为"普通法"，其范围大致与前罗马占领的领土相对应；因此法国已经为 12 世纪晚期罗马主义的大规模入侵打下了良好基础，并持普遍欢迎的态度。法律科学的复兴通过大学得到了最明显的提升，这始于蒙彼利埃大学，注释法学家普拉琴努斯从 1160 年到这里教课，然后是通过对查士丁尼法律的翻译，这些法律最晚于 13 世纪的第二个 1/4 时期就为法律从业者获得。[45] 前者导致对罗马文本日渐哲学化的对待；后者导致借用方言和比较性的研究，如皮埃尔·德·方丹的《给一位朋友的忠告》（*Conseil à un ami*）和《正义与起诉之书》（*Livre de jostice et de plet*），它们显然来自奥尔良学派，

1219年禁止在巴黎教授罗马法（虽然不是教会法）之后，该学派成为法律研究的主要中心。在法国的法学界，在新法学和亚里士多德的新自然哲学的研究之间存在着显著的交汇点；但是，从专业上讲，哲学和法学（后者复兴了"真正的哲学"的自我宣称）分道扬镳了，在某种意义上，形成了 Physis 和 Nomos 制度性的体现。

从那时起，法国的公民科学步入双轨之中：一方面，地方性习惯在罗马概念和方法的帮助下"普遍化"为习惯法（coutumiers）的形式；另一方面，大学院系中的民法是在法国社会以及政治制度和思想的背景下并为其利益进行相互解释的。前者的一个很好的例子是菲利普·德·博马努瓦（Philippe de Beaumanoir）对博韦西斯的习惯法的先驱性的评论，他为习俗的概念化以及将其提高到成文法层面作出了重大贡献。[46] 后者的例子是雅克·德·勒维尼（Jacques de Révigny），他于13世纪的最后1/4的时间里在图卢兹大学任教，据说他是把经院哲学的新辩证法引入法律解释的第一人，该方法很快被意大利法学家接管。他还率先使罗马法适应于法国君主制的需要和标准，意义深远地将"共同祖国"的观念从罗马转移到法国王冠上（可追溯到查理曼大帝及更早），并在这个意义上，有助于按照国家界限划分公民科学。[47]

英国法在12世纪的法学复兴中略有参与，始于大师瓦卡留斯的教学，他从博洛尼亚的学校来到牛津，以及亨利·德·布拉克顿的著作，其作品广泛依赖于阿佐对查士丁尼《法学阶梯》的注释。早期的英国法学家如布拉克顿和格兰维尔在罗马法和教会法中发现了一种技术语言、论证方法、程序规则和特有的格言，藉此可以塑造英国的习俗。在其介绍性的《英格兰的法律与习惯》（De legibus）中，布拉克顿根据罗马法惯例和建议与回答（consilia and responsa）的一个"概要"给出了定义。对他来说，法律（ius or lex）就是"共同体的总协定"（commune praeceptum virorum consultum prudentium）和人类意志的一个产物，相对于正义的神圣性质，法律就是人类意志的产物；并且，根据乌尔比安的著名公式（对神的和人的东西的知识），法学就与智慧密切联系起来。巴尔顿还保留了盖尤斯同样著名的公式"所有法律都涉及人、事或诉讼"，并引用了他关于自然法和万民法的传统观点。[48] 然而，所有这些都只是为了满足英国"市民法"的需要，其性质或起源在本质上都是习惯性的和不成文的；而事实上，尽管有几个世纪的大量融合，罗马法的影响从来没有取代过民族传统。对比于大陆的公民科学，英国"普通法"在很大程度上形成了自己的通道，在一些方面必须被独立地描绘出来。

欧洲的公民科学对其课题采取了一种世界性的、世界跨度的观点。然而，正如阿尔贝里科·德·罗塞特（Alberico De Rosate）和其他法学家所承认的那样，它也不得不面对和应对、处理并最终与外来形式的社会生活打交道，尤其是在萨拉森人（Saracens）和犹太人的情况中。即使在其基督教化身中，以每个社会团体都有权制定自己的法律为前提的罗马万民法，使这种调和成为可能；事实上，教会法律人对于"即使异教徒也享有一些自由和财产的权利"的观念做出了重大贡献。[49] 但追溯和赞颂现代国际法的人文主义冲动的传统兴趣，不应让我们忘记渗透于欧洲法学中狭义的"人性"概念。正如杰出的法学家詹森·德马伊诺（Giason del Maino）和乌尔里希·查修斯（Ulrich Zasius）在著作中所说的，根据民法，犹太人不能担任公职，也不能做医生或治安法官，这些反犹习俗在16世纪时仍很普遍。这种仇外心理往往以

"地方性知识"为伴,这种知识是由传统法学及其服务或抵制的政治当局所要求或引入的。

古代法学的遗产是模棱两可和多种多样的;仅以主权和国家建设的概念来确定它显然是过分简单化了。隐含在公民科学和教会学中的还有改革、代表、抵抗的观念,以及行使帝国意志的其他条件。然而,需要补充的是,市民法的罗马-拜占庭汇编确实提供了一个很是经典(*locus classicus*)的立法主权的非凡范式,而教会法学家的观点则随着教皇君主制的类似概念[包括主张教皇的至高性(*principatus*)和教皇主动发出之行动(*de motu proprio*)]强化了这一政治模式。[50] 就像查士丁尼在公、私领域所肆无忌惮所做的那样,君主和他们意识形态的捍卫者利用法学加强其权威和政治主动权的做法也就不足为奇了。

对于政治思想来说,追溯主权思想的命运、政府的结构、教会和国家的问题、抵抗的形式诸如此类通常就足够了。对于社会思想而言,还有必要对私人生活的模式、"地方性知识"的问题、语言上(因此也是社会上)的关系的不清晰假设进行调查。在这些方面,就不得不考虑习俗的力量及其法律后代,包括社会分析、地理和历史区分以及一般性的司法解释。在这个探求的层次上,我们可以看到,现代社会思想中可能的基本辩证法正在出现,即在服从历史的力量与掌控和引导这些力量的努力之间的交替:法律作为社会行为的产物和伴随物,和人民的"默示同意",以及法律作为帝国意志和社会规划的一种形式之间的交替。这些对立的观点,也是中世纪"公民科学"和现代规范王国(modern kingdom of Nomos)遗产的一部分,它们在对民法的正式和非正式"继受"中逐渐成形。

第八章
意大利式的法学

习俗显人心。

——巴托鲁斯：《论学说汇纂》

后来的习惯废除前法。

——巴尔都斯：《论学说汇纂》

意大利风格

在 13 世纪晚期，欧洲"公民科学"进入了一个新阶段，随着哲学概念和机构的引入，形成了一种"经院哲学"的法学变体。[1] 尽管后来被认定为意大利式法学（*mos italicicus iuris docendi*），但这种合理化、现代化的方法首先是由法国法学家发展起来的，尤其是 13 世纪晚期的雅克·德·勒维尼和他的学生皮埃尔·德·贝勒帕奇（Pierre de Belleperche）。正如意大利法学家普拉琴第努斯和圭多·德·吉利斯（Guido de Guinis）将波伦亚的法律学说传播到法国一样，从奇诺·达·皮斯托亚（Cino da Pistoia）开始的后一代法学家，也将学术方法带回到阿尔卑斯山脉另一侧，以造福于国家至上主义（*Citramontani*），这其中最有名的是奇诺的弟子巴托鲁斯·德·萨索费拉托（逝世于公元1357年）（Bartolus de Sassoferrato）、再传弟子巴尔都斯·德·乌巴尔迪斯（逝世于公元1400年）（Baldus de Ubaldis）。由以上诸位及其同仁阿尔贝里科·德·罗塞特（逝世于公元1354年）和卢卡斯·德·潘纳（Lucas de Penna，逝世于公元1370年）等人建立的"意大利法学"，在14世纪达到了巅峰；但主要阶段是从但丁的朋友和同时代的奇诺，到伊拉斯谟*（Erasmus）的朋友和同时代的安德烈亚·阿尔恰托（Andrea Alciato）时期。阿尔恰托写了一首诗，歌颂截至其导师的公民科学家们的伟大传承：

巴托鲁斯，法律殿堂中的高居榜首者；

巴尔都斯，法庭上卓越的注释家；

第三则是保罗·卡斯特罗，注释的老师；

随后，我们引用着亚历山大的观点，

紧随其后的是盖森·德尔·梅诺（Giason del Maino）的光芒，

如果书籍不是正确的话，还有其他人值得我们尊敬。[2]

从长远的角度来看，"巴托鲁斯"学派从概念与职业角度，在古代法律科学与现代社会思想之间形成了一个主要的链接。

"山北"（citramontanes）和"山南"（ultralmontanes，教皇至上主义者）之间的国际竞争源于波伦亚大学的结构，在各国都有其细分机构。

---

* 德西德里乌斯·伊拉斯谟［德语：Erasmus (Desiderius) von Rotterdam，又译埃拉斯默斯、伊拉斯默斯，史学界俗称鹿特丹的伊拉斯谟，1466年10月27日—1536年7月12日］：中世纪尼德兰（今荷兰和比利时）著名的人文主义思想家和神学家，为北方文艺复兴的代表人物。伊拉斯谟是一个用"纯正"拉丁语写作的古典学者。他用拉丁文写了许多信件对话式的研究，并发展为一种信件对话艺术。——译者注

然而，意大利的法科学生和他们的"蛮族"同仁们对公民科学分享着共同的、国际性的、不可动摇的承诺，他们认为这是对"真正哲学"这一古老理想的实现，是一个成熟的"百科全书"或科学研究（*Studium*），实际上这也是一个凭借他们自身力量所建立的世界。即使神学是"科学的皇后"，但它是法律的必要条件吗？"我的回答是不，"阿库修斯回应说，"因为在法律之中，一切都被包含了。"后来甚至有法学家补充说，"（法学才是）真正的神学"。[3] 公民科学家也认同"自然理性"在法学中的核心作用，以及在构建法律时理性或理性能力的必要性。他们的不同之处，也是根本性的区别在于，他们的法律权威观念（不同）。尤其是法国的法学家，作为现代主义的先锋，谴责了阿瑟先注解（Accursian Gloss, *glossa diabolica*, *glossa pessimal*）的浅薄与奉承，以及注释法学派的琐细（chater, *truffae*, *burdae*）和矛盾冲突。尽管奇诺尊他的老师雅克·德·勒维尼为"所有哲学家的老师"，谴责那些不敬行为，然而巴尔都斯则对这些教皇至上主义拥趸们（*isti asini ultramontani*）感到愤怒，"除了批评这些注释之外，他从未感到喜悦"。[4]

因此，我们播下了意识形态斗争的种子，在后来的几代人中，尤其是在16世纪的法兰克-帝国之争中，它会更加猛烈地爆发出来。法律问题也许最好应由对法典著名篇章所有人（*Omnes populi*）的评论来界定，宣称，"所有的人不是由市民法就是由万民法所统治"，这同样也是罗马法学家明确表达的。"但是那些没有被如此统治的人呢？"阿库修斯问道，他的回答"他们不是文明人"并不能让教皇至上主义论者满意，他们反对当时帝国已经被"翻译"为"德意志"。[5] 此外，许多西班牙、英格兰、法国和德国的法学家则急于指出（与狄奥多西的法令中另一个著名的法令，罗马人民共同体全体人民的注释相反），皇帝从未成为"世界之主"，因此，甚至是富有权势的教皇至上主义论者、宗教法学者都承认，每个国家的君主至少在事实上是"他的王国的君主"，不受帝国法律的约束。[6] 据一个著名的准则，在这个意义上，公民科学"不是由帝国理性"创造的，"而是由理性帝国所创造的"（non raione imperii sed rationis imperio）。

即便是意大利的法学家，也对盖尤斯所说的"所有人"都由罗马法统治表示怀疑。这对现代世界来说是真的吗？巴尔都斯写道，"我回应说，并非所有人，因为很多城市都是根据自己的法律来统治的"。巴尔都斯继续写到，如果皇帝在技术上仍然是法律的唯一来源（且通过帝国代理人来统治意大利），人们制定自己法律的权力（ius proprium）仍然是可以被正当化的。难道帝国规则禁止人们制定"不正当法令"不就暗示了他们可以制定正当的法令吗？通过这种方式，巴尔都斯详细阐述了其师巴托鲁斯的原则，即城市是实际上的主权者（civitas sibi princeps），其建立了独立于罗马形式的制度正当性。[7] 他的结论与民间的传统一致，即特定的人民和他们的政府（populus and regimen）实际上不是由罗马法决定的，而是由一个现代的国际法（novissimum ius gentium）所决定的，它类似于古老的法律，但更加多样化，并"被所有的社会所适用"。[8]

因此，"意大利式的法学"是罗马式的，但不是罗马法学者式的；它的权威不来自古代，而是来自于自身对法律原则的特殊重构。以创建者奇诺为始——巴托鲁斯称奇诺为法律的创始人（conditor iuris），从而赋予其"大立法者"(legislator)的荣誉——意大利法学家创造了他们自己的传统，进而也一如既往地创造了自己的神话。最终，巴托鲁斯矗立在这个神话的中心，他的光芒甚至盖过了其解释具有法定效力的帕比尼安。巴托鲁斯将法律理论与实际经验结合起来，即将罗马-拜占庭法则的研究与当时广泛的社会和政治问题的论述和意见（consilia）结合起来。公民科学坚持理性，但就像它的教会法学家同侪一样，这是一种与权威紧密相连的"理性"；没有一个法学家比巴托鲁斯更有权威——无论在学术上还是司法上。许多公民科学家确信，只有优秀的法学家才能是一个巴托鲁斯主义者（nemo jurist nisi bartolista）；甚至连阿尔恰托，这个怀疑自己风格及其对经典文本粗鲁态度的人都承认，"如果没有巴托鲁斯，我们就没有科学"。[9] 不用说会有很多批评者，至早从彼特拉克就开始了，他嘲笑和谴责"巴托鲁斯学派"是罗马法清泉的意大利浊流，但从专业和方法论角度来说，巴托鲁斯学派代表了一种"科学的"正统学说，在某种程度上主导了直至19世纪的学术界。

就像使其成名的英雄巴托鲁斯一样，法律职业也积累了自己的传奇，从查士丁尼自己宣称的法律权威的绝对正确开始，查士丁尼也否认了在他的"新律"中存在矛盾。根据巴尔都斯的说法，宣称法律中存在错误肯定是非法的（doctor iuris non potest pretendere iuris errorem），尽管有办法规避这条规则。[10] 公民科学是一种智识上的帝国主义，首先声称优先于艺术，然后领先于医学，最后甚至超越了神学。它的信徒们不仅骄傲地将其职业和科学血统追溯到罗马法学家，还因为其学科地位的提升而宣称自身的"高贵性"（传统的表达是 propter magnam scientiam）；而且不仅仅是高贵性，一位16世纪的法学家补充到，公民科学甚至可以说是"不朽的"——如果从尘世的死后名声的角度来说。用乌尔比安的名言来说，法学家仍然是"法律的祭司"。然而真正的祭司们总是怀疑这一点，尤其是当他们也是社会和经济精英时；律师们并不比高利贷者和士兵更少受到讽刺和谴责，因为他们都是强大的反神话的源泉。律师们不仅如西塞罗曾悲叹的那样"卑劣且唯利是图"，而且他们出于本能与策略或动机的表里不一，他们直接受雇于魔鬼本人。在路德著名的怨语前很久，就有一句谚语，"律师是败坏了的基督徒"。[11]

事实上，法律职业在道德上、或许也在社会维度上反映了欧洲中世纪晚期人类状况的高度和深度。这是一种国际性力量，事实上执掌对世俗机构的指导权，正如教会法学家们对教会所做的那样。从狭小的意大利开始，法律职业在人口上和学术上扩展开来；并且其主要动力一直是传统的智识化身（corpus intellectual），即大学。在1300年，大约有20所欧洲大学开设重要的法律课程；到1500年，这一数字接近80。[12] 尽管学生和老师群体在意识形态上存在差异，但他们共同的语言和方法为他们提供了一致性，让他们能够作为国际知识分子与神职人员竞争，进而拥有了一个世俗的、在某些情况下甚至是一种反圣职者的特质。正是约翰·P. 道森（John P. Dawson）所说的普遍的"专家的胜利"保证了法律职业的成功，法律职业掌管了从民众到政治的各个层级的正义的分配，并建立了一个庞大复杂的法院系统，不断形成自我关系和竞争关系。[13]

然而，通过在许多方面模仿古代语言和模式，古时的法律职业产生了一种实践性的分支和一种理论性的分支；由于大学教育（相当于英国的律师学院）是法律职业的先决条件，上述两者是彼此独立的。由此，司法人员和律师结构加入到法学学术结构之中——无论是国家层面还是公民层面上。当然这其中存在许多国家的变体，但其一般框架预示了它在语言、科学和职业共同体上的特质，即我们所说的欧洲"法律人共和国"，至少在五个世纪里它保持着"意大利式的法学"的形态。

律师从13世纪开始的政治角色是众所周知的，并且在某种程度上也是其社会地位的体现；但是，了解并评估他们对社会思想的贡献就要困难得多了。至少直到18世纪，民法研究还代表着通识教育、更准确地说是古典学的一个主要阶段，并且从那个最根本的层面开始塑造了许多欧洲人的思想，将其引向《法学阶梯》的基础文本之中——如果不是《学说汇纂》的话。正如罗伯托·韦斯（Roberto Weiss）所说，律师在"开启文艺复兴"中的重要性早就被认识到了；但是，当然，他们在其他智识领域更有直接的生产力，这不仅包括官方的和引发争论的领域，而且还包括了（在理论法学的语境下）经济的、社会学的、人类学上的，甚至哲学意义上的领域。[14] 作为法律顾问、法官、教师和作家，法学家们在个人自由、财产、继承以及许多其他私法和刑事犯罪方面，积累了大量的诉讼和纠纷处理的深刻见解和经验。通过在法庭实验室中积累、以公民科学的术语表达和判断的社会经验，复兴的法律传统——在马克斯·韦伯看来是旧的 *ius honoratorum* 的延续——进一步扩展了由希腊人开启、罗马人接管并深耕的法（Nomos）范畴。[15] 中心问题依旧是，如何理解、开发并将这一从古代法律传统中继承的先例加以应用。

法律的解释

意大利式公民科学的关键是建立一种解释理论，尽管这违反了查士丁尼的官方禁令——"禁止现在和将来的任何人对这些法律做出任何评论"。在这部法典中，他更进一步对未经授权的解释设置了死刑（*pena falsitatis*）。中世纪的法学家们是如何忽视这一禁令的？约翰·奥尔登多普（Johann Oldendorp）在他关于弗雷德里克·巴巴罗萨皇帝的1159宪法（constitution Habita of 1159）的评论中阐释了该问题。这一帝国法令赋予了被授权的法律博士们（*doctores legume*）解释帝国法律的"双重特权"——基于教学法的功用或宗教礼仪，以便使得古老的法律为学生所理解，并使之与基督教真理相一致。[16] 因此，正如16世纪的一位法学家总结的，"解释是法律的必要组成部分"。[17] 对解释的辩护（*defensio interpretationis*）不仅为现代法学的核心问题，也为一种新的法学流派——法律诠释学——提供了庇护。解释（莱布尼茨后来称呼为 ars hermeneutica）的主要焦点是两个主题，在他的《沉思录》的最后，他将两大主题概括为"语词的意义"和"古代法律的规则"，在此基础上产生了层层注释，以此对社会思想做出重大贡献，即便这种贡献很少被认识到。

解释的一个中心主题便是文字和精神之间古老的对立，律师们常引用塞尔苏斯的准则，"法律必须被理解，不是根据文字，而是根据它们的力量和作用"（*vis et potestas*）。[18] 对于像巴尔都斯这样的中世纪法学家来说，当然还有一个额外的假设，即基督教信仰所导向的地方，必然是超越了暮气沉沉的文字而达到生机勃勃的精神境界，而保罗则明确警告学生们，不要"像犹太人那样"去读法律（*judaice or more Judaeorum*）。正如后来许多批评者指出的，这种缺乏想象力的做法不仅违背了查士丁尼的禁令精神，也违反其字面含义。实际上，从一个小的漏洞开始，它最终可能会导向一条司法自由裁量权之路，这就是历史学家们所说的职业法学家的"创造性功能"。这也是附带意见产生的一种重要途径，除了规范和推测之外，附带意见还在许多方面推动了社会思想的发展。

换句话说，这一诠释学难题遮盖了法学几个世纪以来一个至关重要的问题，即法律的解释应该是严格主义的还是自由主义的（*restrictiva or extensiva*）。共识似乎是支持要"更良性"、而非"严格的"判断。巴尔都斯写道，"解释应当不是字面上的（*ad literam*），而应该是有意义的（*ad sensum*），因为语词的理性应该占主导地位"。[19] 我们应该超越字面意义上的解释（*expositio vocabuli*），达到"真正意义的解释（*ad verum intellectum*），即根据理性而不是语词的外壳或外表来理解"。司法裁量权的原则也涉及公平正义的复杂问题，（根据一条旧规则）这是解释法律和合同的基础（*fundamentum interpretandi leges et pacta*）。法律需要通过其他的司法手段——"修正法"（*leges correctoriae*）或"新法优于旧法"等立法原则——来改变和改进。最后，法律是在阿佐〔以及在他之前的保罗斯（Paulus）〕的领导下、奥多弗雷多斯所称的习俗的"三种力量"——"创始人、翻译者和法律的废者"——下成型的（*triplex est potestas consuetudinis: est legum conditrix, est legum interpretatrix, est le-*

第八章 意大利式的法学 201

gum arrogatrix)。[20]

超越注释法学派原教旨主义的重要第一步是由法国"现代主义"(*moderni*) 学派的领袖们作出的，他们深深怀疑阿瑟先注解，并且在任何情况下都不能接受高于法国君主制的"帝国法律"的权威。因此，他们开始致力于不仅仅探究立法"精神"，而且还包括了某段特定文本背后潜在的，或者说首要的"理性"和正义。从某种意义上说，他们是第一个批评被近期的文学学者认定为"蓄意谬见"(intentional fallacy) 的人。"不是立法者的意图，而是法律的基本理性"(*nec ex mente sed ex ratione*)，这是雅克·德·勒维尼的准则，皮埃尔·德·贝勒帕奇在此基础上往司法自由裁量权的方向做了更深入的扩展 (*necmente sed ex interpretatione*)，也就是说，评论家篡夺了原作者的角色 (掌握了法律解释权)。[21] 这种风格在意大利被遵循着 (其与皇帝的关系也是敌对的)，尤其是从奇诺·达·皮斯托亚开始，他曾与法国注释者共同学习，并继续他们的努力对古代法律进行所谓的"扩张解释"(*extensio interpretive*)，类比解释方法 (*interpretatio analogica, extensio de similibus a similia*)、其他修辞和辩证解释方法的使用，使得上述风格得以进一步扩展。[22]

法学家充分意识到了解释的危险。用法律行话来说，他们的判断总是以文明的而不仅仅是合理的 (*rationaliter*) 或规则性的 (*regulariter*) 方式做出，即根据市民法 (*ius civile*) 而非纯粹的理性或朴素的规则 (*nuda regula*)；他们一直记住的是，这些规则的第一条就是"所有定义都是危险的"(*omnis definitio est periculosa*)。[23] 然而，法律的意义必须以实际的条款、根据正义的目的建立起来，并且有多种解释模式得到了承认。卢卡斯·德·潘纳确定了其中的四个，第一种从"原旨"解释开始，指的是立法者的意图，即最初的"法律精神"。第二种是"司法解释"，指的是主要的法院所确立的先例，尽管它们不具有约束力，也不可与立法相抵触。但另一方面，（第三种解释）"习惯解释"是有约束力的，在必要的时候，卢卡斯甚至建议援引邻省的习惯法解释（*interpretatio consuetudinaria*）。最后一种是专业或学术解释（*interpretatio professoris*），这是他唯一认为"可能性"的解释，尽管对法官来说经常很有用，并且在任何情况下都是最接近于实践智慧的。[24]

在解释问题上，巴托鲁斯还是和往常一样，是最全面、最权威的评论者。和他的同事一样，他更喜欢用最简单的方法，即所谓的"声明性解释"（*interpretatio declarativa*），它依赖于"礼节"（*proprietas*）和"主要权威"（*ex primo authoritate*）。与此同时，他也承认类推解释，并且他认可了各种程度的自由度——分为 *late*、*latius*、*latissima* 三档；他举例说，合同可以被广泛地解释，遗嘱甚之，而特权能够被最广泛地进行解释。然而，解释的主要漏洞是由理性和公正的要求产生的；巴托鲁斯通过不仅将理性与意图，还与自由的扩张解释相连，进一步扩大了这一漏洞。[25] 除此之外，他还通过诉诸自然法和国际法的标准——所有"诉讼行动"和"人民"都属于国际法（*actiones sunt de iure gentium*；*populi sunt de iure gentium*）——绕过狭义解释（*interpretatio stricti-iuris*）的限制。[26]

巴托鲁斯也承认词源学解释或"典故"，但前提是它不与合适的定义相冲突。词源学的想象力从柏拉图时代起就活跃起来了，它为自然（Physis）与法（Nomos）之间的相互作用提供了另一个例子，类似地还对语言基础的问题有意义，即语言起源于自然还是习俗？尽管大多数法学家认可后一种观点的语法论据，但是为了他们自己学科的目的也会采用前一种观点。例如，他们很清楚，从语言学上来说，"法律"并非源于"正义"（根据 the Gloss，*ius a justitia*）；但如雅克·德·勒维尼却论证说，逻辑和法律的规范需要这个词源。正如一位16世纪的巴托鲁斯学派的学者所主张的，如果他们正确地理解这一点，文法学家就不会跟法学家斗得这么狠。"因为……正义是先于时间的"，它是上帝创造出来的，而法律仅仅是人类的作品。就如巴托鲁斯曾指出的"拙劣的语法不能使法律文书无效"一样，[27]语言或历史错误也不会贬损法律原则［如《君士坦丁御赐教产谕》（Donation of Constantine）的拥护者们直到16世纪依旧坚持的那样］。因此正是在词源学——克劳德·德·塞瑟尔（Claude de Seyssel）指出其目的是要探究事物的本质（*quidditas*）——的语境下，他自己提出的例子就是封地和信仰之间的关系（*feudum a fide seufidelitate*）。[28]虽然长期以来都知道封建制的"野蛮"起源，但法学家仍坚持其基于帝国的权威（在《采邑之书》中得以验证）和司法解释的罗马本质。

  法律诠释学中一个特别紧迫的问题是对法令的解释，这值得法学家仔细对待。人们的假设是，法律的"意义"与法律制定者的意图是完全相同的，因此，法律制定者单独就能够决定其意义（根据某条准则，*statutorum interpretatio fieri debet per conditores*）。这条自我否定的法令是意大利法学的一项公理。就像巴尔都斯所说的，"一项法令不能被过度解释"（*non recipit interpretationem extensivam*）；根据阿尔贝里科·德·罗塞特的说法，这是为制定法律的人保留的（*illi qui condiderunt*）。但是，必须适用法律并解决问题的恰恰是法官。在这里，法律的文字与精神的一致性假设（有人可能会说是"虚构"）是最有用的，因为"礼节"在原则上适用于后者。如果法律不能有例外，那么其文字或许能够有（例外），巴托鲁斯甚至提到过"不合理的法律"的说法。不过无论如何，正义必须得到伸张。巴托鲁斯的同事阿尔贝里科·德·罗塞特认可这一基本的前提，即"法律的作者应该是它的解释者"（legis auctor debet esse interpres），但他在许多案件（如刑事案件）中坚持扩张性解释的必要性。"法律要求对谋杀者处以斩首，但精神病人或未成年人也要被斩首吗？"他问道，"当然不，因为他们的年龄，或者在精神失常的情况下，他们的状态已经是足够的惩罚。"[29]

文艺复兴时期的人文主义，同样是专业法学的一种意大利化的智识运动——只不过是高度批判性的，它在概念和文本上都对诠释学产生了很大的影响。对于人文主义者来说，罗马法是文学的一个分支，而像马费奥·维吉奥（Maffeo Vegio）这样的学者推翻了彼特拉克体（十四行诗）模式，从诗歌研究转变为对古代法律的研究。[30] 这种联系中最基本的是对法律文本的"历史意义"的持续追寻，既是希腊意义上的，也是拉丁意义上的。特别是洛伦佐·瓦拉，他在构建经典作家的通用语言和特殊语言[索绪尔语言学意义上"语言"（language）与"言语"（paroles）的区别]方面做出了重大贡献。正是从瓦拉的《拉丁语的优雅》（1444）中断断续续的文本批判主义出发，产生了直到19世纪仍然存在的法学"优雅"学派——或多或少也是专业辅助性的。

瓦拉的例子被一系列16世纪的评注者、尤其是法律的词典编写者

第八章 意大利式的法学 *205*

所继承,他们更为专业地讨论了《学说汇纂》中的"论词语的意义"。不那么明确的是,瓦拉嘲弄了巴托鲁斯的风格、推测性词源学的实践、旧词新意和抽象概念的创造、罗马文化的文学和历史特性的忽视,以及评注者们对"古代权威"表现的蔑视(查士丁尼也使用了这个短语)。[31] 然而,对"公民科学",瓦拉的影响力似乎是微不足道的,甚至是有害的;博尼法丘斯·阿默巴赫(Bonifacius Amerbach)和阿尔巴里克·真蒂利*(Aiberico Gentili)这样的保守派,明确地将瓦拉"语法化"的过度与真正"法律解释者"的冷静谦逊对立起来。

在使法律成为人文学科的努力中,安德烈亚·阿尔恰托是一个真正的先驱,尽管对瓦拉的批评非常严厉,但他以千年来第一位"以拉丁的方式"教授民法而感到自豪。阿尔恰托对法律诠释学的贡献在于,发表了一篇关于"词语的意义"的不朽评论,将人文主义哲学的巧妙见解与巴托鲁斯主义科学的实践成就结合起来了。阿尔恰托对语言有一种完全习俗主义的观点,"词语如果不是从人们的习惯中来,还能从哪里来呢?"(unde enim vocabula inventa nisi ex hominum usu?)对法律文本而

---

* 阿尔巴里克·真蒂利,意大利国际法学家,生于意大利马尔凯区圣吉尼西渥城,死于伦敦。求学于佩鲁贾大学,获得民法博士学位后,就在马尔凯区担任法官和律师,后因信仰新教被迫逃出意大利。1580年定居英国,1581年在牛津大学任钦定民法讲座教授,历任英国政府的临时顾问和外交官,格雷律师学院校董,西班牙大使馆法律顾问。他把法律从中世纪神学的束缚下解放出来,先于格劳秀斯提出了一种类似近代国际法的结构:从整体出发研究国家之间的相互关系,把国际法和国际惯例相统一,归纳各国惯例,定出国际法的准则;建议依靠罗马法以外的法律,特别是自然法来解决国家之间的法律问题,并把国际法建立在非神学的基础之上;提倡各种开明的、进步的和新教的学说,主张战争中要讲理性、人道和正义。其著作包括《战争法三集》(1598)、《论使节法》(1585)、《西班牙辩护论二集》(1613)、《罗马法的解释对话集》(1582),以及有关论述古代战争惯例的著作和《论英格兰与苏格兰的合并》(1605)等。——译者注

言,他区分了四种解释模式:(第一种是)文义解释,这意味着语言学"规范"与作者意图理想地紧密相连,尽管在存疑时人们可能会诉诸语源学;但是这并不是一种"轻率的词源学",如试图从查士丁尼那里获得法律。第二种解释方法是"不恰当的"(*improprietas*),尽管这并不一定包含错误,它可能依靠惯例、"虚构",或者一个可能不会产生误解的外来词。第三种是根据通常用法(*ex usu*)来解释,这是可以允许的,尽管考虑到地方性的多样性,常常存在从"使用"而堕落为"滥用"的倾向。与习惯法的类比是显而易见的,正如阿尔恰托所言,"今天的普遍用法不能被假定一直如此,或在生者的记忆之前也如此"。就像习俗(*consuetudo*)一样,普遍用法(*communis usus*)在有限的时间里是有效的,比如说10年,但是法律解释经常要求寻找更为古老的含义(*antiqua significatio*)。[32]

第四种也是最后一种是扩张解释,这是既是限制也是扩展法律意义的手段(*ab huius modi ratione et lex restringetur et extendetur*)。在这里,阿尔恰托讨论了使得解释超越礼节和习俗的广泛的条件和方法,其中许多来自巴托鲁斯的"传下来"的传统,当然在近期学问(learning)中被大大加强了。在对"词语的意义"的经典评论的第四本书中,阿尔恰托讨论了一系列的文义"扩张",包括谚语、象征和修辞(更不用说双关了)。他研究了昆体良修辞(Quintilian's *tropoi*)的全部内容,从隐喻到讽刺和"野蛮式"——主要是法律术语;他还对旧词新意和时代错误进行了注解,例如他指出"tyrant"(现指暴君)这个词曾经指"善良的国君"。阿尔恰托不仅利用并且补充了他的老朋友伊拉斯谟的《格言》(*Adages*),提供了"法学专家罕见谚语的索引",如"一只脚踏入坟墓"（来自庞波尼的 *pedem in fovea habere*）。[33] 对于民法来说，就像神学一样，它也是文学和"科学"的一种形式，需要在这些术语中被理解。从此以后，这也成了公民科学——其至少在理论和自我形象上——的一条基本公理，也成为扩张解释的一种方式。

总的来说，意大利式法学遵循了经典的先例，在对人类行为——无论集体的还是个人的——理解和判断的进路上，做出了一种语言学和哲学上的转变。这种语言学上的敏感性不仅适用在罗马法文本上，而且也以比较和实用的方式，应用到现代语言及其对传统的分岔之上。这一"巴托鲁斯-巴尔都斯"传统展现出一种诠释学意识，即社会现实和社会价值总是在语词中表达出来——即便有时是立即体现的、有时是隐藏的，语言必然形成了其职业的条件、出发点及其司法目标。

法律理性

意大利风格的法学尽管在许多方面是习俗（Nomos）的体现，但是却渴望达到自然（Physis）的水平；尽管是一种权力主义的艺术，它却宣称是一种理性和普遍的科学。这一学派的首要目的是，通过巧妙的识别和类比，使古代法律的资源能够适应中世纪晚期社会的需要，用通常的话来说，就是通过理性化来实现现代化。所以14世纪的法学再次倾向于自然理性，事实上开始向希腊哲学的复杂推理倾斜。这对大多数法哲学家尤其如此，如巴尔都斯["哲学家"（philosophotatos）是他的一个绰号]，但对奇诺·达·皮斯托亚及其13世纪的法国导师来说也是如此。[34]

奇诺在描写他的课堂程序时，很好地描述了辩证的框架，"首先，我会进行划分，第二步说明这个案子，第三步进行类比，第四步提出反对意见，最后提出问题"。但是在任何时代，公民科学家的目的是建构法律的"精神"或"理性"（mens, ratio, intellectus, sentenia, or voluntaslegis or legum）。[35] 正如阿尔恰托所写，理性是特定法律的灵魂与生命（ratio est anima, vigorque ipsius legis）；从塞尔苏斯到巴尔托斯和巴尔都斯、从意大利的大师到维柯和孟德斯鸠，社会思想的永恒主题就是寻找"法律的精神"。公民科学家如何能够负责任地和有效地唤起这种精神？

12世纪复兴的这一方面相当直接地反映了法律领域的一种回归现象，即（向）呈现于经典法学著作，尤其是乌尔比安和盖尤斯作品中的古代"科学革命"（的回归）。巴托鲁斯主义采用了希腊化科学的许多技术，包括系统地使用区别（distinctions）、划分（divisions），以及属与种的概念；但是目前为止最为重要的是有关"原因"（cause）的无穷无尽的复杂理念。在法律意义上，这个术语指的是处于争议中的或需要被说服的问题，在这点上有"正当的原因"这一道德和政治观念，以及可能推翻法律的公共事业和紧急状况的标准。盖森·德尔·梅诺指出，"出于某种原因，法律可能会被违反"，指的是那些即便不存在功利的原因，但也具有某种"必要性"的情形（必要性有其"自己的法律"）。[36] 显然，"原因"的观念在司法解释中非常有用，因为在法院适用法律的时候，它可能"高于"纸面上的法。

然而，由于希腊科学的影响，"原因"的中心意义在某种程度上倾向于更为严谨、合理，实际上与"理性"一致（用阿尔贝里科·

德·罗塞特的话说叫 causa, id est ratio)。或者根据另一条准则,"原因是法律存在的理由与必要条件"。在这个意义上,"原因"不仅与"法的精神"相关(用评注中的话来说, mens sive causa legis),也通过各种逻辑连接词(比如"因为"——quia, quoniam 及类似词语)与逻辑解释的过程相关。这一术语既有客观性的一面也有主观性的一面,因为它涉及一个偶然事件所基于的"冲动",而没有这种"冲动"该偶然事件就消失了(用律师的说法就是 cessante causa cessat effectus);同时,它也涉及对这一过程的分析性判断。[37] 此外,和他们的哲学家同行们一样,法学家也能区分直接与间接原因、近因与远因。这就是意大利式法学的自然主义与合理性(rationabilitas)的基础。

弗吉尔(Vergil)写道,"领悟原因的人是幸运的"(Felix qui potuit rerum causas cognoscere),而律师则有自己更为平淡的版本,"科学就是穿透原因的知识"(scire est per causas cognoscere)。[38] 此外,"法学家和教会法学家通过原因来领悟"(legista et canonista cognoscunt per causas)。这些由16世纪的一位法国的巴托鲁斯主义者演绎出来的准则,奠定了意大利式法学是一个真正的,亦即自然主义的"科学"的基础。为诗人、哲学家以及法学家所赞美的原因-效果间的知识,在12世纪获得了更加确切的含义,这就是亚里士多德所阐述的著名"四因说"体系。封建法学家和法律学者都运用了这种原因-效果机制(还包括了质料、形式和目的三种理念),以便为法律的制定过程提供合理性的结构。[39] "动力因"指立法者的意愿,无论是民众、君主还是裁判官,相当于原动力;"质料因"指案件事实或法律文本;"形式因"代表了标题,解释或结论;而"目的因"指案件的处理和"正义"在一般意义上的实现。这是建立关于社会的自然主义科学的首次系统性努力，并且隐含着一种初步的社会工程的基础，即以理性的法学和立法作为基础。自从这些学术话解释出现之后，"因果关系"的法律概念被很少关心这些早期智识努力的现代法学家们进一步"发展"了，尽管常常变得更为狭隘了。

对"法律的理性"的追寻与更大的概念性框架相连，即对自然（Physis）的更广泛的表达——这比亚里士多德的原因理论更大；这是与自然法有关、体现在蕴含在基督思想中的一个古老概念。自然法（ius naturale）的理念包罗万象，从乌尔比安著名直觉定义（"自然教导给所有动物的"），这也是万民法（ius gentium）的基础；到斯多葛学派和西塞罗主义者的观点，即自然法与普遍理性相一致；抑或是被基督教解释为十诫（ius naturale decalogi）。一个基本的区别始终存在于创造性自然与被创造的自然之间——上帝是 natura naturans，而人类则是 natura naturata，这反过来又与"初级"和"次级"自然法的区别相对应；也就是下述两种状态的区别，一个是原初的自然状态，一个是源于前者的人类堕落后的状态，后者主要体现在万民法中。对巴尔都斯来说，习俗本身就可以被理解为持续（和"日常"的）创造中的一种"自然法"。[40] 无论如何，自然法被认为是"最公平的"，（巴尔都斯称之为 ius aequissimum），它在"扩张"（extension）的诠释过程中发挥着有力的作用。支配性的理念始终是公正（特别是亚里士多德主义的 epieikeia）；同时，由于自然法可以等同于神法，自然可以等同于上帝，进而"公正"就被提升到一个超验的层次上：Natura, id est Deus; Aequitas nihil aliudest quant Deus。不用说，这是"习俗"从未拥有过的

[140]

荣誉。[41]

现代用法

然而，如果意大利式公民科学渴望达到纯粹理性的水平，那么在实践中甚至在理论上，它通常都必须满足于更为传统的目标：在某种意义上，习俗（Nomos）仍然是国王。尽管法学家们会诉诸自然法，但实际上他们能够处理的只是"实证法"；因为正如阿佐在参照查士丁尼对法制完美的希望的基础上提出的，"不要遗忘任何东西，也不要错误地把归于神性的归于人"。或者像普拉琴第努斯（及其他许多人）所说的那样，"人创造了法律，上帝创造了正义"。使民法的人造性耀眼灿烂的乃是基于以下事实，即它必须频繁地依靠类比（用雅克·德·勒维尼的话来说是 *argumentum a similia*）和各种各样的假设和"虚构"。[42] 无论如何有用，下述行为都可能是高度非理性和时代错位的：如将罗马合同法适用于现代欧洲社会、将罗马的嫁妆（条款）用在皇室产业或国库问题上、将骑士等同于罗马的 *miles*，尤其是将罗马财产法适用到封建制度安排上。区分直接和间接所有权（*dominium directum* 和 *utile*）是一种理性化的解决办法，[43] 但它只能引入中世纪法律的配套制度才能维持，而中世纪的法律本身也受制于虚构的类比，比如将巴黎议会类比为罗马参议院、将封地采邑类比为罗马永佃权（*emphyteusis*）。无论如何，正是通过这种武断的解释和后来被称的"技艺理性"，中世纪的法学家探寻着法律的理性（*ratio legis*）。

在这方面，应该指出的是，公民科学家绝不缺乏"历史感"。出于职业习惯，他们不由自主地意识到语言上的变化、尤其是时代更替，从法律角度来说就是"废弃习惯"的重要意义（desuetude 是 consuetudo 的反义词）。即便是注释法学派，在他们使用当代准则（formula hodie）的时候也表现出了一种历史意识［出于适应时代（aggiornamento）的目的，查士丁尼大全的编辑们也使用了 hodie 这个词］。这个比喻是定义当代法律（ius hodiernum）、并将其与过去所得区别开来的基础。"现在的法律，或习俗已经改变了"，奥多弗雷多斯如是说（hodie ius mutatum est; hodie consuetudo mutata est）。"起初，人类是自由的，"普拉琴第努斯摘引自《法学阶梯》，"而今天不是。"从前，根据君主法（lex regia），人民拥有权力，而今却不是这样；从前，有一个罗马参议院；从前，法学家的解答是法律的来源之一；从前，高利贷曾被允许；从前，人们的地位（尤其是女性）受到高度限制；但不幸的是，"今天"或许这一切已经不复存在了。而且，在公民科学和教会科学中，存在某种内在的甚至是理论上的相对主义和程序感，这在考虑了时间、地点和个人条件的重复的命令中得以充分展现。虽然公平的观念与普遍正义的理念相关，但它确实与特定的、或许"例外的"情形紧密相连。[44] 巴托鲁斯和他的门徒巴尔都斯不断警告我们，人的行为是个人意志和偶然性的产物，而法律解释需要考虑到这一点。

巴尔都斯观察到，"自然与人类行为，不断地创造出新的形式"。在这个上下文里，"自然"指的不仅是规律性，也暗指某种最根本的变化；公民科学家们敏锐地意识到，必须面对这种变化的力量和易变性的问题。当巴尔都斯说到自然产生的"新形式"时，毫无疑问，他想到的是查士丁尼所说的"自然总是马不停蹄地产生新的形式"，但他对立法远见不抱有查士丁尼般的信心。巴尔都斯继续写到,"新的案件需要有新的救济方法,所以一旦新的材料出现,就有必要向法官提出"。巴尔都斯也在其他地方宣称,"没有人的行为,法律科学就无从存在;法学就是关于各种事故的科学"。如果"公平"可以暗示着某种更高形式的正义的话,它也可以被卢卡斯·德·潘纳定义成"法律的例外"。如果自然(Physis)要依赖于稳定性,而习俗(Nomos)要根据变化不断调整自身(巴尔都斯引用下述句子 *nihil perpetuum sub sole*),那么它的信徒——那些公民科学家们——就必须发展出一种经验主义的、并且或许也是历史性和理性化的方法。[45]

意大利式公民科学家中的伟大人物超越了这一点,做了必须要做的事。例如,奇诺·达·皮斯托亚,一位熟读诗歌的历史学家、法学家和哲学家(曾与法国现代学派共同学习),对他所谓的"现代学者的新奇"(*novitates modernorum doctorum*)心知肚明;实际上,在他有关《查士丁尼法典》的著名讲座开始的时候,他将下述原则作为他的座右铭——所有的新奇总是令人愉悦的(*omnia nova placent*)。[46] 他当然是有些夸大其词,因为现代学术界的许多话都是胡说八道,这其中就包括了教会学家们业余的意见(奇诺称之为"蠢话",并没有比他的好友但丁尊敬多少)。奇诺的意思是说,如果没有现代的解释和改编,古老的教义就不可能被完全恢复,而且法学家不得不面对的人类境遇会不断地创造出新奇性。奇诺加入了巴托鲁斯和巴尔都斯的确信之中,而后二者已然走得太远,甚至完全欢迎这些相互矛盾的表述(*contraria*)。这些矛盾之处恰恰被查士丁尼所否认,因为它们向解释与解决问题的新可能性敞开了大门。

法学家对变革过程之欣赏的部分灵感来自于《学说汇纂》，它在文明的整个生命周期中产生影响。"它被称为是年老的，"阿佐指出，"因为它包含了近1400年的混乱的立法，从罗马建城的罗慕路斯时期，直到查士丁尼时期。"在被认可的五种法律"种类"中，有四种（公民投票 plebiscita，参议院议案 senatusconsulta，法学家的解答 responsa prudentum 和比勒陀利亚法案 lex Pretoria）已经被废止。另一个极端是封建法，它也经过了公民科学家的仔细审查。巴尔都斯在他的"黄金"评论（Super Feudis）中说到，"我的第一个问题是，《采邑之书》是否应该被认为是真实可信的……因为它既不是罗马执政官法律的一部分，也不遵循《国法大全》的常规秩序……而且它包含了许多不符合真正法律的本质——善良与正义的艺术——的不规律和不足之处。"作为一个出色的皇权主义者，巴尔都斯自己也不能认同教皇至上主义者的质疑，他总结道，"这本书被习俗证明是真实可信且实用的"，因为它已经被教会法学家和公民科学家们所接受和评论，故而它"不仅在法律实践上，而且在法律科学上"都应该被接受。其他的法学家从词源学和历史学的角度反对这一罗马法学家的观点。正如安德里亚·德·伊塞尔尼亚所指出的，"封地"和"封臣"都是新词（nova nomina），并不包含在罗马法中。这个论点与巴尔都斯的观点——封建法律源于习俗——相当一致，它代表了一种司法上的"唯名论"，并且从某种意义上来说，这也是习俗（Nomos）的另一个小胜利。[47]

在法律变迁的这些地方性的和特别的观念背后是这样一种态度，它只会颠覆自然（Physis）的统一和普遍主义的倾向：一种历史和地理相对主义，它要求根据特定的条件、环境和规则、理想来解释人类的制度。正如卢卡斯·德·潘纳所说,"人类的法律随着土地的位置和时代的不同而有所不同(secundum dispositionum terrarum et varietates temporum)……因此从时光的多样性中流淌出事物的多样性"。这种态度被古老的盖尤斯三位一体学说(人、物、诉讼)所蕴含的人类中心主义和唯意志论所强化了,也几乎被注释法学派和评论法学派毫无疑问地接受了。进一步的推论是"人的状态",一个在哲学上等同于"人类的状况"的法律标题;它蕴含着多样性和可变性,而且,对于阿尔贝里科·德·罗塞特所说的"人的现代状况"(modernus status hominum)来说,肯定是不够的。他指出,"在现代,有许多的人的状态还没有被这个主题所处理,因为人的状态总是在变化、永不停息"。他提议展开最新的讨论,考虑与犹太人、撒拉逊人、异教徒和不同种类的基督徒有关的问题,考虑世俗与宗教的问题。这种开明的态度,对于把古代法(ius antiquum)转化为现代用法(usus modernus)来说显然是必要的,同样对于现代社会科学来说也是至关重要的。[48]

如果仅因为对自然主义的矛盾态度,就如哈罗德·伯尔曼(Harold Berman)那样认为法学代表了"现代科学"的一种模式,可能是有些牵强的;但它们之间至少存在着四种一般性的智识关联。第一种是通过朴素的经验主义的联系,在这个意义上,先例是法学家的概念"数据"。第二个联系则是下述事实,在伽利略之前很久的公民科学家们已经开始欣赏甚至赞扬变革及其"原因"的积极方面,在这个意义上,正如人文主义者很好理解和感叹的那样,在"现代"与"古代"的无尽争论中,他们站在了现代这一边。第三是法学与数学之间的相似性,这至少可以基于"谐和"正义的概念。(成比例的正义,而非平等的或算术意义上的正义）最后或许也是最重要的一个是，在17世纪中叶对"概率逻辑"（logic of probability）的兴趣爆发之前很久，法学家们就以自己的方式表达出对达致确定性之可能性的怀疑，而且他们开启了对"或然逻辑"（probable logic）的一系列重要质疑。对这一领域的司法研究和法律程序的进展，在莱布尼茨尤其是其年轻时的著作中得以体现，在其中，他的法律学习和数学兴趣在"偶然事件的逻辑"中汇聚起来。[49]

总体而言，意大利式法学渴望成为连接理论和实践、自然（physis）和习俗（nomos）的完美集合，这种结合点无外乎实证法的概念。公民科学假装是理性的、普适的，但（实际上）它也受制于人类价值及境遇。即便它能够借助其正义与秩序的目标而宣称理论上的稳定性，它依旧"不能脱离人类行为而存在"，正如巴尔都斯所坚持的那样，"我们的科学关心偶然事件和人类行为，它们与人类的精神和心灵一样变化多端"。再一次，重点放在人类的意志上。巴尔都斯在评论自然法时说到，"自然是由天国统治的……而意志是自由的……"[50] 法律通过给自由意志施加限制——根据社会稳定的需要而非必要性，据此发挥其特殊的功能：补充自然，或者超越自然。然而，超越那特定判断的狭隘视角之外，公民科学更一般性的目标和方法继续要由自然法来界定。调和自然（在更大的、原初斯多葛学派意义上）与人类境遇，最终成为使得民法变为"真正的哲学"——乌尔比安一直念兹在兹——的基础。

然而，在巴托鲁斯和巴尔都斯这样的法学家的思想和写作中，实务判决的问题才是具有优先性的。一般来说，公民科学的实践者和理论家不仅要成为法律专家,还要成为社会、文化方面的专家,同时在某种程度上也得精通一个民族特定的礼仪和传统的历史分析。他们从事着"本土知识"、社会的第一性质和"第二"性质的研究,即其历史特征和环境。他们在古代文本和现代经验基础上所构造的法学既处理人的境况,也处理人的社会关系,并宣称是根据因果关系的方式来进行的;但实际上,他们的科学确实是一种"审慎",而并不太像实践智慧那样是一种知识(episteme)(episteme 是一种现在流行的话语)。

公民人文主义

洛伦佐·瓦拉曾写到,"有拉丁语的地方,就是罗马帝国"。[51] 除了把重点转移到语言之外,这个自我夸耀实际上也是平民与教会法学家们长久以来对拉丁语与民法相联系的观点的释义。根据 Summa Lipsiensis 的说法,"任何使用拉丁语的人都可以被称为罗马人,因此所有拉丁人都受到这个法律的约束"。人们太容易经常忘记,罗马法不仅是 12 世纪复兴的一个基本成分,同时也是意大利文艺复兴的基本成分。关于这一点,没有人比弗朗西斯科·彼特拉克陈述得更为清楚,他虽然轻视职业律师,却对他所说的"法学之父"给予最深的敬意,他们在《学说汇纂》中被奉为神明;而瓦拉也在其《拉丁语的优雅》(Elegancies of the Latin Language) 一书中授予他们光荣的地位。这是一本词典编纂领域的史诗级作品,赞美罗马帝国在死后通过民法和语言实现了对欧洲的征服,进而实践了一则古老的格言:罗马是(欧洲)共同的祖国(Roma communis patria)。

彼特拉克的智识后裔——不仅包括像瓦拉那样的修辞学家，也包括像安吉诺·波利齐亚诺（Angelo Poliziano）和皮埃特罗·克里尼托（Pietro Crinito）这样的语言学家——的主要任务，是像彼得拉克开始为西塞罗所做的那样，为当代法学家们揭开并清理文山字海的含义，然后在恰当的历史背景中解释它们。正如拉伯雷对阿瑟先注解（Accursian Gloss）的评论那样，"法律之书看起来像是一件美丽的金袍，珍贵得洋洋自得而精妙绝伦，（然而）却充斥着各种胡说八道"。[52] 评论家的工作使得革新变得更加困难，瓦拉特别为拉丁语辩护，反对巴托鲁斯及其学派的"背叛"（*Latinitatis maiestatis laesae*）。然而，主要的问题是，现存的民法文本不仅是支离破碎的，而且被拜占庭的编辑们——所谓的"特里波尼安主义者"（Tribonianisms）——毁坏了，同时还需要希腊方面的专家（才能解读）。从这个意义上可以说，希腊主义（Hellenismus）也是（理解）罗马主义（Romanitas）的钥匙。

罗马主义（Romanitas）和人文主义（humanitas）的身份认同，是古代法学学者的一份信仰；但是对于但丁和彼特拉克这样现代主义的爱好者来说——无论他们是否接受过法律训练，（上述身份认同）仅是一个论题，是需要进行重新论证的。彼得拉克的首批弟子之一的科鲁西奥·萨卢塔提（Coluccio Salutati）写了一篇招人讨厌的论文《论法律的高贵与医学》，以颂扬法律中的人类美德，并谴责医学的机理和决定论。[53] 这两个学科之间的竞争也是评论家们辩论的一个常见主题，但通常他们争论的是各自宣称"科学"地位的主张。萨卢塔提并没有继续坚持彼得拉克的观点，而是表示出担忧，彼得拉克同样批评了所谓的帕多瓦的阿佛洛尼亚主义者（Averroists of Padua）的自然主义，后者尤其是医学人员的大本营。在法律人文主义这一广泛的传统中，这种态度不仅被萨尔塔蒂提这样人文科学的信徒详细阐述，而且也得到阿尔恰托这样自由并精通文学的法学家们的详细阐述。对阿尔恰托来说，民法确实既是一门人文学科（studium liberale），又是一门科学。

或许我们对于"法律人文主义"已经写了过多了，尤其是与公民科学对比的话。与中世纪晚期的神学体系相比，15、16世纪的"学院派"法学并不能更多地预示着从巴托鲁斯或奇诺的退化；恰恰相反[类似于海克·奥伯曼（Heiko Obermann）对晚期经院哲学的观点]，公民科学在改革时期以前和期间，都经历了一个"丰收时期"。其中一个主要原因是，尽管法学假装自己是一门"硬"科学，但它也深切关注着人类的问题，其中既包括道德的也包括政治的议题。盖森·德尔·梅诺的弟子克劳德·德·塞瑟尔写道，"公民科学是真正的哲学，它也因其目标之故高于其他所有领域"。关于这一目标，他进一步补充到，"不在于观察，而在于行动"。[54]（non in speculatione sed in actione consistit）因此正如巴尔都斯所说的，法学既是一种实践的科学，也是一种理论的科学，不仅关乎"沉思的"生活，也关乎"行动的"生活。

比起"法律人文主义"，"公民人文主义"甚至更是许多争论以及夸张的主题，而且很可能出于同样的原因，人道主义的修辞被允许去淹没乃至败坏老派学者的更为乏味作品的名声，确实他们（老派学者们）生活在一个不同的思想和话语世界中。[55]同样地，在法律人文主义这里，公民科学的概念化努力被文学问题所掩盖，所以"公民人文主义"被政治姿态和宣传所掩盖。实际上，伴随着意大利风格的法学一起发展的态度、立场，在很大程度上独立于与"公民人文主义"有关的政治"危机"和"马基雅维利时刻"。正如历史学家过去经常注意到的那样，像巴托鲁斯和巴尔都斯这样的平民，不仅表达了技术性的法律知识，同时也表达了一个新的文明（civilita）的价值和愿望：有关公民理想和积极生活（vita activa）的承诺，对共和"自由"的赞同甚至抵制"暴政"*；更为重要的是，他们对不同于政治和宪政问题的社会议题有着更为广泛的关心。他们还表现出了一种"对世界性名望的渴望"（perpetua nominis desiderium），恩斯特·康托洛维茨从中推论，根据阿瑟先注解，"逝者生活在光荣之中，这条路或许也是首先由法学家们走出来的"。[56] 这些就是把"民法人文主义"（civil humanism）的独特性看得不比"公民人文主义"（civic humanism）或"法律人文主义"低的几个原因。

作为古代法律规范的守护者，公民科学家们也是社会和政治思想的大师，（尤其是）在致力于亚里士多德式自然主义的政治和社会哲学家们无法涉足的领域；而且，法学家们利用语言学和诠释学上的精湛技艺来塑造世界、并赋予其意义，这是非常令人神往的。在多个层面上，他们的使命是将其同时代的人社会化——或者更确切地说是"文明化"。他们谦恭地（civilly）思考、评判（civiliter 指根据民法，regulariter 指根据通行的法则，而 communaliter 指根据共识）。他们是"文明"的代言人——civilitas 就等同于罗马化、社会性甚至不合时代的"文明"。[57] 像人文主义者一样，但他们更早更专业，公民科学家们力图将城邦（civitas）的风格和公民（civis）的责任带到中世纪晚期和现代早期的社会之中。对于意大利法学家来说，可以援引一句古老的习惯

---

* 原文 favorable attude，疑为 favorable attitude。——译者注

用语：公民地位成为"第二自然"，它需要有自己的定义和规则。[58]公民精神（civism）也是从消极方面被界定了，即遭放逐或被禁止的状况，意味着政治上的一种放逐，也就预示着公民身份的死亡。

在许多方面，意大利法学家都致力于将政治社会化和社会政治化。在希腊政治哲学和罗马法律科学的基础上（再一次和人文主义者的做法相同），他们在许多方面"大胆思考"——扩大视野、辨别更大的社会模式，评价集体和个人的行为和本质。他们发展（继承并"扩展"）了一套庞大的词汇和概念工具，旨在理解、建立智识上的"认知"（类似于法律意义上的"*cognitio*"），并对搅动了欧洲的城市和乡村的广泛社会组织和力量进行科学的管辖。

显然，"法律的理性"与"国家的理性"有着截然不同的意义，事实上两者经常是相反的。后一个概念也是从意大利发展起来的，不过有着非常不同的政治思想传统，依据私人领域和公共领域夸张的分离论，它推翻了通常的法律、习惯和道德的考量。公民人文主义与民法人文主义、巴尔都斯与布鲁尼、马基雅维利等人之间的一个主要区别在于，前者依然与法律传统及其所有的惯例、机构和禁忌相连。然而，它们之间也存在一定的重叠，特别是在以下方面：相信人的动机和责任的核心作用，以及人类在做出判断时对经验和理论的需要。

意志因素同时作为私法和立法过程的中心前提，也促成了复兴的法律传统与积极生活（*vita activa*）之间的融合，积极生活被认为是文艺复兴早期的城市共和国的生命原则。正是法学家最先、至少最专业和最负责任地，在几乎每一个层次邂逅、评估和回应社会现实，并在"习俗代表了人民的意志（或反映了人民的心理）"（巴托鲁斯和巴尔都斯这样说）公理的帮助下，试图将积极生活——国内事务、经济活动、人的地位、犯罪等——安顿到法治之下。[59] 这更多地反映在专论文献而非评论中，但首先特别是反映在法律简报和案例书中，这些伟大的鉴定意见集（*consilia*）在很大程度上仍旧未被历史学家所开发。在很多方面，巴托鲁斯和巴尔都斯这样的法学家——同时对涉及私人利益与社会事业，以及科学真理与公共政策领域的事实和原则进行裁判的法官——是意大利文艺复兴时期公民生活的最佳观察者，而且在一定程度上，这种政治上的过度行为被批评为"暴政"和不义的战争。

上述任何一条都不是要否认中世纪晚期和文艺复兴时期的公民科学（civil science）常常为邪恶或腐败的政治领袖服务，或者为我们所说的邪恶利益和事业作辩护。这是任何学科的潜在境况，即使是那些致力于真理和正义的最高原则的学科（也不例外）。上文只是表明，鉴于公民科学的经验主义基础和职业性遗产、技术和意识形态机构、术语及其广泛的人性关怀，如果我们追溯起来的话，意大利风格的法学可能是系统性社会思想的第一种（也是最普遍、最具有影响力的）现代形式；而且，无论我们是否小心地承认这一点，在语言和形式方面，其幽灵仍然萦绕在我们身边。

第九章
传统与变革

习俗是最佳的法律解释者。

——英诺森三世

无人应把习惯置于真理之前。

——马丁·路德

神学法律体系

宗教科学与公民科学在罗马遗产继承权上手足相争,在某种意义上,宗教科学比公民科学更敢于声称自己的权威性:通过"圣彼得的委托"(Petrine Commission),教会法学家得以直接接触神法。"两种法律"持续地互相增强,并不断跨越界限,在许多方面互相纠缠和互动,同时保存了几乎相同的语言和方法。两者的关联由于下述事实而进一步加强了:众多法学家取得了两种法律的双学位(utriusque iuris),体现了一种由英诺森三世与其反对派的联系所构成的世俗-宗教二元论,它们的相互关系就如同太阳与月亮,是基督教世界两个最主要的光源。[1]

这一引发争议的精妙比喻在多个方面都十分恰当,因为教会不仅在政治上宣称自己是"太阳系的中心",同时它还自称对世俗生活有着更为广阔和更根本的功能。尽管具有卓越的主张,教会法体系在人的层面上很像一个可以与封建社会现状严格区分的"司法共同体"。对于教会法学家来说,这个共同体因能领圣礼——尤其是圣餐、圣洗这两件"最要紧的圣事"——而超越了任何其他共同体。教会法涵盖了私人生活的方方面面,从摇篮到墓穴,甚至更远。没有一件人类(或神的)事物外在于教会法;就如加百利·勒布拉斯(Gabriel Lebras)的说法,教会法是"社会的法"(*droit social*),用教会术语重新定义了许多社会关系,乃至血缘关系(比如"精神血亲")。[2] 教会法学家们意识到罪加之于人的种种限制,进而超越民法的理性和功利主义的惯例,发展出了自己关于平等的理念(*awquitas canonich*);他们还将"信仰"(*fides*)从一种宗教、社会美德,升格为一种法律原则,并扩展为"科学的"原则。在某种意义上,由于教会法所涵盖的范围之广、自命拥有的职责之多,加上它国际性的特质,教会法较之它的世俗兄弟姊妹,或许对社会思想(即便不是政治思想)有着更大的影响。

罗马人——帝国意识形态的继承者——从圣彼得那里受益良多,甚至多过日耳曼人从查士丁尼处之所获;因为除了声称自己要建构一个完美的人类法体系外,教会法还断言自己拥有"解释神法的权力"(*potestas interpretandi legem divinam*)。在这之后,大批教皇教令集以及"教令学者"的注释立刻如潮水般涌现,从此,鉴于圣彼得的继承者们撼天动地的志向,教会法的重要性开始超越神职人员封闭的教阶体系。声称自己起源于神授(通过"圣彼得的委托"),背负一桩社会使命

[教皇是"天主众仆之仆"(servant of the servants of God)],神的认可["耶稣基督之代表"(vicar of Christ)],以及皇室地位[用《旧约》的语言叫作祭司王("priest king")],宗教学所创造的罗马教廷机关["通过罪的理性"(ratione peccati)]而深深地涉足了世俗事务。在将罗马帝国的语言保持至今的同时,宗教学也对欧洲制度以及现代社会思想的成型作出了创造性贡献。[3]

比起他们的同胞对手民法学者,教会法学者们更容易一路攀升高位,甚至成为教皇。类似于民法注释法学派,教会法注释法学的代表不仅有胡古西奥(Huguccio)——最具罗马帝国主义色彩的教皇英诺森三世之尊师;约翰内斯·特鲁尼科斯(Johannes Teutonicus)——《标准注释书》(Glossa Ordinaria)的作者;还有几位后来的教皇,对教会法律有立法动力,并将它们编纂为法典,最终于1317年正式出版。罗马教皇立法,即所谓的"新法"的教令评论学派是一个混合性更强的国际性群体,像民法学界(大陆法系学界)一样也被分为"山南派"(citra-)和"山北派"(ultra-montane)两派:他们要么倾向于英诺森三世和卜尼法斯八世的新的君主主义,要么倾向于更为传统的格拉西的二元论(Gelasian dualism)。从霍斯廷西斯和英诺森四世(Innocent IV)开始,教皇教令学者的研究传统构筑了《格拉提安教会法汇要》(Decretum)和教皇教令集(decretal letters)之上的坚实基础,并将僧侣统治政制的信条拓展到私法的许多领域。这也引发了许多社会、政治争端,导向了教会大分裂(the Great Schism)、众多国教的纷纷涌现,最终引发了宗教改革和反宗教改革运动的意识形态大爆炸。

在众多事物中,教会法代表了普世教会——神的恩典——与地方性、民族性共同体之间的桥梁。教会法的集中性力量尤其反映在宗教法庭体系中，其权力顶点是罗马罗塔使徒法庭（Roman Rota）；由于可以向这一教皇最高法庭和教廷上诉以获取法律优势这种自然倾向，这种力量被进一步被强化了。平衡上述力量的是一些离心力——世俗君主、民族的和城市公民的势力，它们鼓励政治分裂主义，其最有名定义是根据法国高卢派教堂的"古代"自由与现代自由。在促进民族主义和保皇主义意识形态方面，教会法学者比世俗法律科学（与世界帝国的过时的普遍主义相联系）要成功得多，这是意料之中的。否定罗马的世界统治权的表述中，最著名的是把一国之君描绘为"他自己王国内的君主"［英诺森三世的教皇诏书（Per venerabilem）中一个宝贵的、被广泛讨论的短语］；但除此之外，还有其他很多会增强王权的概念，它们本身就同时拥有神权的和帝国的属性，都能够在教会法中找到经典表述。在一个日益充斥国家利益和世俗偏见的社会中，教会法学者之争的这些政治副产品，促成了教会法的世俗化转变。换句话说，这些政治副产品对"世俗化"作出了贡献，而"世俗化"本身是教会法研究传统中的一个关键概念，这一过程首先是借助财产，紧接着就是大家对人类条件的总体性观点。[4]

在某些方面上，自然法对教会法学者的意义比民法学者更重要，至少自然法还可能与神法联系起来。约翰内斯·特鲁尼科斯区分了"自然"一词能够被使用的四层含义：一是生物学意义，"事物的内在力量，如生殖"；二是乌尔比安将自然定义为"由感官享受所引起的刺激或本能"；第三则是以理性为基础，是上述本能的一个加诸人性之限制的分支，类似于盖尤斯的"自然理性"；最后，自然是"禁止偷

第九章　传统与变革　227

窃"（*Thou shalt not steal*）这类戒律的基础，它提供了与神法的联系。[5]另一个著名的夸张表述则将自然与上帝等同起来［能生的自然（*natura naturans*）与被自然创造的自然（*natura naturata*）区分开来］，这样一来，"自然"这个概念就可能被应用于创造的整个阶梯，整条"存在巨链"包括了人类关系，甚至是社会形态。因此，自然的概念过度扩张了，也就似乎失去了所有的精确性，但其效果是使得许多研究领域变得易受哲学分析和亚里士多德辩证法的影响，当然，它为一个法律传统——自称其委托人和保护人都是自然本身的神圣创造者——提供了一个奇妙有效的工具和武器。

但是在教会法学者的传统里，自然（Physis）在名义上依然屈从于理性（Logos），正如自然屈从于超自然那样，这在法律风格和教义上留下了不可磨灭的印记。这在恩斯特·康托洛维茨所讨论的"政治神学"和与之相关的沃尔特·厄尔曼所讨论的"法律神学"中十分明显，它们标志着从神秘主义到法律概念化、从基督学到法学的漫长过渡，亦即从教堂是基督的身体（*corpus Christ*）发展到教堂是一个特许团体（*corpus juridicum*）。"信徒的圣会"或"圣徒的团体"的精神联合的理念，在奥古斯丁所描述的基督教社会中保存了下来。但是出于实践原因（即所有权的和政治的原因），人们一直在寻求以更贴近人性或许也更"自然"的方式表达这种精神联合，最终在异教徒的法律和哲学中找到了。特别是，这些神秘身体在罗马的团体理念与亚里士多德自然哲学的有机类比中找到肉身。在这些概念的帮助下，教会法学家发明了同意（consent）、顾问（counsel）和代表（representation）的理念，由此为宗教制度和政策提供了人世的正当性。正如吉尔克（Gierke）在一个世纪之前就曾指出，而由近来的历史学家充分说明的那样，神学与法学的聚合——特别是以宗教团体理论的形式，在后古典主义的西方思潮中催生了第一批社会学抽象概念。

在这种团体理论的传统中，联合的主题贯穿始终：从居普良在《尼西亚信经》(Nicene Creed)中纯粹精神性的表达（"我信唯一的主，全能的父……"），到卜尼法斯八世颁布的《一圣教谕》(Unam Sanctam)中的准司法释义（教会神秘身体只有"一个头"，"不是两个，否则就成了个怪物"），再到现代自然主义的君主制主张。奥秘之体（corpus mysticum）——在法律完整性含义清晰可辨——的幻想，不仅被运用在教会上，也被运用在君主、王国的各个阶层，以及巴黎高等法院上。

在这个主题各种精妙的变体之中，有索尔兹伯里的约翰（John of Salisbury）和库萨的尼古拉斯（Nicolas of Cusa），对他们来说，法律的创造和解释绝对是社会体（social bodies）生命过程的中心。超越"头脑和成员"范式，库桑（Cusans，曾有过教会法训练）将法律的制定过程类比于消化的过程：立法者扮演牙齿这一重要角色，司法相当于肝脏；幸运的是他没有继续沿用这个消化寓言直至其目的因和自然顶点。像卢卡斯·德·潘纳（Lucas de Penna）这样的法学家则出于更实际的目的而诉诸这种类比，如财政与政治"不可分割性"的推论：这归结于共和政体的社会完整性与永久性，以及相应的基督教世界的精神联合。[6]

然而，与此同时，在基督教政治思想中，基督学以及衍生的人类学意义上的二元论持续存在，从格拉斯的"双剑论"意象到国王的"两个身体"，这也反映了自然与神力之间、身体与精神之间的联系。

国王的第二个"永不死亡"的身体带来了不朽,因此也带来了王朝和法律的连续性;对其他团体也是如此,包括社会本身——大众(populus)、信徒的圣会(congregation fidelium)或公共机构(communitas sanctorum)。自然主义的隐喻和类比继续被应用于社会集体,特别是社会的"头脑和成员"、代际更迭和衰亡,但是结构和价值的问题是由法学家完成的,既有教会法学家也有民法学家。正是在法(Nomos)的管辖区域里,用于社会分析的大量词汇——大众(populus)、团体(universitas)、会议(concilium)、社会(societas)、选举(electio)、社团(collegium)和许多其他这样的术语——的概念化与术语学得以发展。[7] 在政治多样性的范围之外,还有一种法学家发展起来的,并承载着大量法律惯例的"社会神学"。

总的来说,古代法律遗产对教会法传统的影响是使其趋于合理化、世俗化和(韦伯意义上的)现代化,特别是通过官职和法律代表的理念,使得主教(以及国王)成为一个行政官员〔教师(tutor)和其他民法上的术语〕,而不仅仅是一个简单的所有者或封建领主。然而,在其他方面,罗马主义思想与基督教机构的奇妙结合产生了更为牵强的类比,比如将主教与教会或国王与领土的关系类比为婚姻,至于那些有争议的物质财产,即国库,则被认为具有嫁妆的法律地位,因此是"不可剥夺的"。[8]

团体(corporation)的概念自身就是一种神话,它在概念上相当于亚里士多德的"物种"概念,或者根据神学的类比,相当于天使(*primum* 或 *solum in genere*);因此团体的概念遭到了奥卡姆的威廉(William of Ockham)等"唯名论者"的逻辑批评,对他们来说,只有个体才是自然或人类存在。然而，虽然（如教会法学者指出的）集体实际上可能只是由个体组成的，但是在形成法律和一种神圣的、社会"全体一致"（*unanimitas*）面前，每个个体都有自己独立的"人格"。[9] 这种法律虚构——关于"团体"荒谬法律"现实主义"——在奥卡姆"剃刀"（Ockham's "razor"）的目标中显得尤为突出；奥卡姆"剃刀"不仅威胁到法学家的世俗化建构，而且威胁到作为团体的，并因此拥有财产、行使权力的机构的教会本身（尽管该主张在多个意义上基本上是"不现实的"）。

无论如何，教会都代表着"信徒圣会"的尘世"形式"，因此受到代际更迭、衰亡，以及无休止的"改革"之制约。由于教会是中世纪后期欧洲政府的一种政治和法律模型，因此它也成为社会改革的典型靶子，也是对社会结构和过程问题以及随之而来的人类难题进行现代思考的典型载体。正如沃尔特·厄尔曼多年前所主张的那样，"在现代条件下，教会成为不再由法学家、而由社会学家来处理的主题"。[10]

世界范围内的教会法

基督教教会是一个"两栖"的实体，既是一个社会（*societas*）也是一个奥体。这种二元论不仅是宗教"改革"的根源，也是欧洲社会主要利益团体的社会参与和概念化的根源。标志着教会进入世俗世界的是"罪"的概念，而非贪婪或野心。"因为罪"（*ratione peccati*）和随之而来的医治灵魂的基本任务，教会声称自己对私人和公共领域拥有一定的管辖权，这必然强化了它的"两栖"状态及其产生的二元论，而这些二元论或许在"强权与博爱"(potestas et caritas)这一表达中得到了最为清晰的概括。一方面也是第一位的是,教会最初是一个"超验的"基础,来自"天神"(sky-god)的神圣礼物,是人类经验之上的神圣体系;另一方面也是随之而来的是,教会又是世俗的产物,受制于人的处境中的各种弱点、需求、欲望和"实证法"体系。[11] 然而,这些悖论也使得教会法提供给西方社会思想的许多洞见和构造成为可能。

自11世纪起,教会法(ius canonicum)就成为一种国际性的共同法律:既管辖道德事务也管辖政治事务,既管辖良知的"内部法庭"(internal forum),也管辖合法性的"外部法庭"(external forum)。教会法将注意力集中在由希腊哲学家所发现的、民法学家所定义的,并以各种方式为中世纪神学家和文艺复兴时期的人文主义者所赞扬的个体"人"的价值上,在这点上与罗马法相似,但是比罗马法具有更多的正当理由。教会法学者强调个体灵魂的自由——"自由意志",以及他在法律面前的责任(后来也越来越多地将女性考虑进来),在这点上与民法学家相似,不过教会法学者具有更高的权威。"然而,"用鲁菲努斯(Rufinus)的话来说,"因为人高于物(personae digniores sunt negotiis),因此,格拉提安皇帝首先处理的是人,因为事之发生必要归于人。"[12]对许多领域中明显与私人"意志"有关的社会行为而言,这个强调意义非凡,特别是婚姻和契约,或许还有继承,当然也包括犯罪。从长远来看,这些态度往往有利于那些通常被排除在民法权利之外的人,如妇女、战俘,甚至是异教徒和奴隶。此外,这种道德主义和唯意志论的假设也通过扩张而延伸到公共领域,在那里,教皇再次主张"因为罪"而获取司法管辖权。通过这种方式，作为"盖尤斯主义"前提的人类中心主义（anthropocentric），以及一定程度上的神人同形同性论（anthropomorphic）被加强了，而且变得更为系统。[13]

认为特定群体通行规范的习俗——比权威机构特别是世俗权威机构制定的法律要高，这是教会法学传统的一种隐含的倾向。像霍斯延西斯和奥多弗雷多斯这样的教令集学者直言不讳地指出，无论有无罗马教皇的特别支持，习俗或古老的惯例都比实证法具有更高的地位。[14] 事实上，根据教会法学者的观点，除了自然和理性之外，"习俗"是唯一的法律来源；而按照某位教会法学家的定义，正义本身经由习俗，从自然中产生出来。因此，习俗是正义最为"自然"的表述，同时也是"法律最好的解释者"——正如教令集学者格雷戈里九世引用《学说汇纂》中的话所说，废弃习俗（desuetudo）则代表了习俗的衰朽或荒废。不像民法学者易于夸大罗马法的理性、低估了人的罪恶天性，教会法学家更倾向于承认，甚至坚持人类法律的可变性，它们要"根据原因、地点、时间和人"来进行解释（用格拉提安的话来说就是 ex causa, ex loco, ex tempore, ex persona）。正如一位11世纪的教士所说，"人们必须考虑到地理、时间的本质（qualitas temporum）、人性的弱点以及其他通常会改变规则的不可避免的现实；因为在权力之下，许多事情会为教会的共同利益而改变……有时互相矛盾的教规在一个教会议会中发布，却在另一个教会议会中被禁止。然而，这不应该挫败我们这个时代想要以德行克服罪恶、以真理克服谎言的人"。[15]

值得注意的是，教会法学者对人类条件所表现出的宽容与敏感并不完全是公正无私的；相反，它极具灵活性，使得教会法学者不仅能够扩展其学术，还能够扩展权力问题（正如格拉提安所说 non solum scientia sed-etiam potestas），同时还能增加教会的"利益"和"效用"。从某些方面来说，就强调司法权优于立法权而言，教会法学家比民法学家更为自由，在此基础上，他们将古代的公平观念转变为宽泛的司法自由裁量权。霍斯廷西斯认为，"公平是硬性规定与特许之间的真正平均值（Aequitas vero media est inter rigor et dispensationem），因此公平即是正义"。"扩展"或"扩张解释"在《格拉提安教令集》中没有地位；但是随后的教令集及其评论发展了一种比公民科学更为自由的解释理论（被罗马教皇的"特许"权力以及后来的诡辩学说所强化），并且成为宗教科学一个至关重要的组成部分。也像民法学者一样，教会法学者不只探寻法律的文字——那只不过是法律的身体或物质，而且也探求法律的理性（ratio iuris），这才是它的灵魂、它的"目的因"。[16]

一些教会法学家的观点中任意性倾向和民粹主义论调可能会支持反抗、革命乃至暴君放伐论，但他们更为直截了当的意图是削弱自然理性和自然法的支配。亚当的堕落（Adam's fall）的主要司法后果在于，败坏了人类的自然理性的能力，因此只能诉诸经由权威和信仰所正当化的约定。劳伦蒂乌斯·希斯班鲁斯（Laurentius Hispanus）或许是第一个区分理性和立法意图、从而为制定法的司法批判开辟可能的教会法学者。[17] 这样一来，逻各斯起到了增加习俗（Nomos）意义的作用；因为许多被民法学家当作"自然的"的制度——主要是私有财产制，但或许还有奴隶制（作为财产分配的一部分），都被教会法学家降格归入约定的范畴。对著名的教会公正（aequitas canonica）而言亦是如此，它成为某种解释——绝无可能用"自然的"甚至是"公民的"来辩护——的庇护所。有人可能会认为这是决疑论发展的根源之一，出于调和神圣理想与人类现实的理论和实践问题，这种决疑论有时候是必要的。

教会法传统的另外一个含义是，由于治愈灵魂事业所招致的困境，意识、良知因此侵入了人们的内心深处和私法领域。自狄奥多西以后，三位一体的原则在民法典籍中得到了一个特殊的头衔，但是圣礼制度和道德神学在民法中并不那么突出。核心谜团以及人性与神性的接触点仍然是圣餐；但在法律上更重要的是就职圣礼，因为它建立了社会秩序的基础、神职人员对其他圣礼的垄断权（他们也因此成为人与上帝的中介），以及在法律上具有最重要意义的是，它打开了神职人员介入私人生活和世俗之人良知的端口。在社会和政治领域中，"罪"带来的问题正当化了对人类行为的"内部法庭"的大规模侵入。社会条件本身最直接受制于"入会圣礼"，即受洗礼，就如临终涂油礼是打开了通往永生的大门，而婚姻圣礼和随之而来的解释使家庭进入到教会法的管辖之下。就像"罪"把犯罪和不道德的行为引入了教会法的范畴，正统的要求使得教义中的越轨行为——异端、叛教和不忠——成为立法和法学的对象。相比起针对行为，宗教法庭的调查和逐出教会的权力更为直接地针对思想和意志的控制。总体上来说，教会制定法的兴起不仅代表着对世俗权威的挑战，也代表了对民间关于公共和私人领域基本区分的挑战。

兼具个人性与社会性的主要圣礼是苦修，它从一种精神要求或考验变成了一种要求人服从命令并进行悔改的法律手段，一种道德和教义行为的标准，基督教共同体的物质和道德支撑。苦修无疑需要一种特定的意识状态，实际上，按照圣保罗的"转换模式"，这是一种

"心智的转变"。然而，根据许多权威的说法，忏悔（confession）的某种特定行为与悔悟（contrition）的态度一样重要。根据另一种传统区分，苦修不仅仅是由教义，还由教会纪律共同从制度意义上进行界定。同时，苦修制度与教会创新性的全体大赦制度的进一步结合，适应了（从13世纪起）教皇政府的财政需求，也汇入到这种圣礼的法律后果中去。从卜尼法斯八世开始，赎罪券制度就开始不断被解释和适用，仅仅代表了官僚化和"腐败"中的一种形式，人类法律和买卖圣职的习俗似乎损害了教会的精神使命。[18] 其他行为和特许则使教会进一步远离了逻各斯，转为习俗（Nomos）的一种形式——有时候在贬义上被叫作"人类传统"，这在批评者看来是犹太法律的复兴。这些也是教会、法律和社会"改革"的周期性运动的主要条件和动力。

将公共利益和私人道德——最字面的意义是 *potestas* 和 *caritas*——结合起来的努力，也许在政治经济学领域最为明显。正如教会法学家试图制定解决军事冲突的规则，同样地，他们也试图规范商业竞争和合同协议，这些问题中不仅包含了个人意愿的放纵，也包含了不公正。正如他们创造出了"正义战争"的观念，他们也发展出"正义价格"与其他限制超额利润、商业欺诈或不公平交易的理论；而最重要的是富有社会和经济意义的司法手段——"利息"。教会法学家还处理了私有财产（*dominium*）中的难题，他们也许比民法学家更为积极地发展和扩张了对所有权人的补救措施，用于赔偿或"恢复"被不当侵占的物品。事实上，现代法中占有制度的发展虽然在很大程度上被历史学家——过度地、过时地为"私有财产"概念所迷惑——所忽视，但在某种程度上，它与所有权问题同样重要，特别是因为它是对"私有财产"及其社会成本进行道德评判基础。[19]

在某种意义上,与教会法传统和"在俗教士"毗连的是"戒律教士"的独立世界,它提供了一个独特的视角,从中可以窥见、评价和批判(如果说还无法进行"改革"的话)世俗领域,特别是在对"财产"的激进批判中。[20] 从自己"改变信仰"的过程开始,隐修制度发展了它独特的习俗、法律、"规则"、工作习惯和生活方式;在逻各斯的视野之上,它创造了自己的习俗(Nomos)形式以及思考社会世界的方式。然而,从本质上来说,隐修制度的首要前提是拒绝这个世界和它的主要制度——家庭、财产、经济交换,以及社会和政治参与。这样一来,修道士传统立刻拒绝了那些支持精神自由的旧"法律";并且讽刺的是,它创造了自己的世俗规则,间接地使它成为某种启迪,而其更直接的影响是使它成为16世纪新形式的"改革"和"抗议"的对象。

从1234年的教皇诏书 *Rex pacificus*,到1580年的 *Quum pronenene*,教会法学家也遵循着古典罗马模式,不遗余力地整理着他们的法典学者及其传统所留下的研究材料,最终确定了整个教会法体系,即《教会法大全》(*Corpus Iuris Canonici*)。在这些塑造"教规"文本并授予它们权威的努力中,教会学者和教会法学者对现代的法典化观念作出了重要贡献,而法典化的目的在于将政治权威、特定社会的组织及其价值观加入到单一的法律体系之中。

虽然教会法的焦点在某种程度上是狭隘、个人化的,但是在某些方面它的范围则达到了国家之间、文化之间,甚至是普世性的边界。宗教科学把整个的"现代国际法"纳入其范围内,这已经超越了基督教世界的边界,并且至少向两个与古代万民法相同的方向扩展:一个是战争与和平的法则，另一个是有关商业关系的法则，特别是与犹太人、异教徒，以及其他相当于现代意义上的"野蛮人"的商业关系。对于教会法学家来说，作为一种制度化的暴力形式，战争实际上可以与司法管辖权相提并论；战争也根据道德和法律标准的同样组合而被评价。在国际法框架内，或者事实上在自然法的话语下，暴力基于下述理由被正当化：自我保护（古老的民法原则"可以用武力对抗武力"）、收回财产、保卫国家。是否允许针对合法权威进行自卫是一个棘手的问题，但它在霍斯廷西斯所认可的七种战争形式中找到了一席之地。通过解决封建战争、十字军东征以及后来的殖民征服所产生的问题，宗教科学在许多方面建立了现代"国际法"的基础，而国际法则代表了 Nomos 王国最宽广的形式。[21]

至上主义及其改革

教会法律及其反抗运动的高潮都出现在 14 世纪：首先是巴比伦房囚（Babylonian Captivity），当时天主教会仍然存在于阿维尼翁的大部分地区，并且实际上是法国君主国的一个卫星国；紧接着，是因 1378 年的双重选举而开始的教会大分裂。西方基督教世界的精神和实体都受到了威胁，这种进退两难的困境促使学者们回到教会法文本和法律传统的其他部分去寻求救济和先例，其中包括了世俗法的救济和先例。奇迹并没有降临，最好的解决办法似乎首先是由巴黎大学的一对德国学者——教会法学家格尔恩豪森的康拉德（Conrad of Gelnhausen）和他的神学同事朗根施泰因的亨利（Henry of Langenstein）——所提出的，尽管直到另一个世代，这个解决方案才得以正式应用。[22]

康拉德诉诸奥古斯丁（和圣保罗）的或许可以称为"教会的两个身体"原则，他认为教会的精神方面是最主要的，不能简单地等同于其人类和罗马的头，而应当等同于整个"信徒的圣会"。然而，更进一步的观点——大公会议（ecumenical council）是这种信众圣会的最适格代表——在教会法学家的语境里却很难成立，尽管古代会议可以颁布法令，并且至高无上的罗马教廷有资格对异端、疯子以及其他无行为能力人进行管辖。因此，这些早期的教会会议至上主义者（conciliarists）转向了更广泛的法律原则，特别是亚里士多德的公平规则（epieikeia）以及原始（proto-）[或秘密（cryto-）]的宪政主义规则，"涉及众人的必须经众人同意"（quod omnes tangit ab omnibus approbetur）。[23]

教会会议至上主义者在康斯坦茨议会（Council of Constance, 1415-1417）中取得了胜利，并在两个著名的法令 Sacrosancta 和 Frequens 中得到了法律化的表达，这两个法令将大公会议置于教皇之上，并成为一个常设的执政和裁判机构。同时，它坚持成为"革命性议会"（revolutionary synod）——如一位晚近历史学家所称的，即巴塞尔委员会（Council of Basel, 1431-1449）。鉴于在异端、分裂和是否需要改革的问题上，教会会议至上主义的最初纲领是宣称会议高于教皇，激进的巴塞尔解释是绝对至上的，它使得教会成为一个法律和理论上的自治共同体。"巴塞尔教会会议至上主义"（Baslean Conciliarism）实际上将共和原则应用于基督的奥妙之体，有时它会参照巴托鲁斯和其他民法学者关于意大利城市共和国独立性的讨论——某种与市民人文主义相类似的教会人文主义。然而，总的来说，有两股力量反对这个世界性教会共和国的理想：一个是从马丁五世（Martin V）开始复苏的教皇至上主义，它使罗马教皇成为意大利的一支主要力量；另一个是复苏的民族教会（national churches），尽管它们是在教会大分裂的混乱中奠定了自己的基础，但它们在巴塞尔委员会的法律中找到了支撑。教皇的政策最终导致教会会议至上主义被谴责为一个"其心可诛"的教规，而民族主义则摧毁了它的普遍主义基础。[24]

然而，在国家教会学的掩护下，教会会议至上的思想被保存下来，在康斯坦茨议会和巴塞尔法令的（根据国别的）投票程序中被暗地承认了。其最显著的成果是"教宗权限制主义者的自由"之宪章（charter of "Gallican liberties"），即1438年布尔日国事诏书（Pragmatic Sanction of Bourges of 1438），它与《格拉提安教令集》和其他教令集一样，吸引了大量的评论，并成了法律传统和伴随保皇主义而来的意识形态的必要组成部分。该"古老的自由"的传统（实际上具有半神话色彩）的核心，不仅是瓦卢瓦王朝（Valois dynasty）、卡佩王朝的大量立法，还包括了由国王的御用法学家创设的虚构的法律连续统一体，即与法兰克教会息息相关的卡洛琳王朝的法律，特别是《加洛林书》（Libri Carolini）。当巴黎高等法院的司法权大大扩展，且菲利普四世（Philip IV）与卜尼法斯八世之间的争议促生出论证法之后，它所制定的先例也注入了高卢主义（Gallicanism，主张限制教皇权力主义）的河流之中。这些材料大多被收录在大分裂时期编纂的不朽的 *Somnium Viridarii* 中［法语修订版是维吉尔之梦（*Songe du Vergier*）］，并因帝国宣传而得以强化，尤其是来自帕多亚的马西里乌斯（Marsilius of Padua）和奥卡姆的威廉的宣传。但是，教会法的思想宝库在任何时候都是必要的，它在一个著名的表述中表明，国王"在现世的事务上没有优越性"，并在总体上对作为王权神授的基础的政治神学作出了贡献。[25]

教会会议至上被 1460 年的罗马教皇诏书《教令》（*Execrabilis*）谴责了，但是它的事业在嗣后被发扬光大：如在民族教会的语境里，特别是被 1516 年的博洛尼亚协定（Concordat of Bologna of 1516）所法典化的"教宗权限制主义者之自由"；比如以宪法理论的形式得到展现，尤其是在 16、17 世纪的英国；再比如在路德宗教改革的希望曙光中。此外，在教会内部，罗马教廷采用了这种教会会议至上主义，并以特伦托宗教会议的形式成为教皇权威的一个附属品。

从特伦托大公会议（Council of Trent）的规定和法令开始，教会法进入了第三阶段——最后阶段（*ius novissimum*），它以多种方式将教会法带入到现代世界。一方面，教会法受到人文主义知识的历史审视，不仅引发了新教和高卢主义者对天主教传统和伪经本*批评，而且带来了对 16 世纪 80 年代的罗马 *correctores* 的批评。同时这也导致教会法学家重新评估一般性的"法律"、"习俗"和"传统"的概念，社会理论和教会理论也不例外（被重新评估）。

在这个时期，教会法传统的一个重要延伸是由弗朗西斯科·德·维多利亚（Francisco de Vitoria）、多明戈·德·索托（Domingo de Soto）和弗朗西斯科·苏亚雷斯（Francisco Suarez）等西班牙神学家、法学家开创的所谓"第二经院哲学"（second scholasticism）。他们的著作重视 16 世纪的托马斯主义的复兴，以圣托马斯的《神学大全》（*Summa theologiae*）中关于人法的讨论为出发点；而且它们聚焦在道德神学和哲学问题

---

* 原文为 apochryphal texts，疑为 apocryphal text。——译者注

上——特别是在经济交换的领域,以及印度群岛的新社会形式所带来的道德和法律问题。苏亚雷斯在萨拉曼卡大学接受过教会法和神学训练,将其法律的理念集中在自由意志思想上,而其有关国际法的深刻见解则建立在所有民族均自己创设自己的习俗和"实证法"的假设之上。[26] 这是西班牙法学家的一个普遍假设,正如《七章法典》(*Siete Partidas*)的一位注释者所说的那样(引自《封建法汇编》),"罗马法的权威并不在于微不足道的时刻,但它的权威也没有扩展到可以推翻人民的惯例和一般习惯",这一原则毫无困难地被适用于新世界的人民身上。[27] 第二经院哲学在很大程度上是托马斯主义者和耶稣会学者的创造,它倾向于将法律置于神学和道德哲学之下。尽管如此,它对"古典-现代"自然法学派产生了实质的影响,事实上,新教徒格劳秀斯就经常引用这些多米尼加和耶稣会学者,比他援引巴托鲁斯和巴尔都斯还要多。[28]

在后特伦托宗教会议的世界中,教会法与现代社会和"世俗化"达成妥协,"世俗化"本身就是一个古教会法学家用以技术化地表达世俗利益和教会利益之交叉的词。这种妥协通过下述方式实现:部分通过发明诡辩术和"概率论"来适应先前受到怀疑的经济行为,部分通过提出自然法的基督教概念。这种普世法律理论与地方性法律实践的融合,似乎在将教会法拉出了现代(至少是世俗)社会思潮的主流之外,并且使之主要成为官方传统、立法和内部注释的一个问题。在印刷术的时代,甚至连"习俗"在事实上也被认为是制定法或教会法学家的观点。在后特伦托宗教会议的学说中,伴随着其较低层级的伙伴"习俗","传统"被转化为教皇权威(*magisterium*)的一种法律主义、实际上是政治化的理念。确实，教会法在本质上保持了一种社会法（*droit social*）的性质（勒·布拉语），而它的辉煌过去——如果不包括其晚近的更地方化的过去的话——仍然是社会思想史上的重要遗产。尽管从现代和世俗世界的视角来看，教会法不仅提供了一种模式，而且也成了一个批判的靶子，这种负方向的贡献需要结合现代的"法律"概念予以关注。

法律的束缚

如果教会法学家的学说能够在国家和教会层面被用来加强独裁主义（以圣保罗式的"报效恺撒"为基础），那么它也可以被用来支持最极端的激进主义（相似地，以圣保罗式的将神法置于人法之上为基础）。总体而言，"法律"（地位）的提高不仅正当化了教会会议至上理论的宪法基础和沃尔特·厄尔曼所称的"民粹主义"，而且也正当化了对政治权威的反抗、革命乃至政治暗杀（至少从索尔兹伯里的约翰那个时代开始）。[29] 上帝法高于人法、圣经高于人的规则的观念，暗含了对世俗权威和教会权威最根本的威胁。

教会的历史中点缀着一系列的精神改革运动，实际上，圣保罗对人类法律制度的种种反抗，目的就在于试图在基督教思想中重新摆正逻各斯的位置，使其位于 Nomos 之上。从但丁对教令学者（*decretalistae*）的讨伐开始，经历威克里夫（Wycliffe）、胡斯（Hus）和各个小福音派团体的努力，以及对伊拉斯谟的人道主义批评，罗马主义的"法律"观念遭受了原教旨主义的批评。在这一点上，就像有自然、超自然和

"第二自然"的不同维度一样,法律也拥有众多的表述:上帝的诫命、理智的命令、国君或人民的意志,以及保罗在人心中铭刻的良知法则。就像保罗本人一样,法律是"面面俱到,八面玲珑的"。

路德吸取了这一遗产——尤其是《罗马书》(epistles to the Romans),在其关于保罗的讲座中发现观点、打磨语言。经过路德的努力,圣保罗对人法的拒绝和对"基督徒自由"(Christian liberty)的赞颂引起了欧洲社会的广泛注意,激荡了许多年轻一代人的良知——不仅仅在宗教方面,还越来越多地出现在政治方面。路德教"宗教改革"的目标和焦点从一开始就是教会法的人类结构,也就是说,1517年发表的95篇论文从第一篇起就重新诠释了马太福音3:2("你们应当悔改")——遵循伊拉斯谟及其前人瓦拉的哲学主张,以此表示下述命令:必须从心底悔改(feel repentance),而不只是苦修(do penance)。当这样主张时,路德所做的不仅仅是在攻击圣礼的传统定义,而且也挑战了法律意义上的"教司钥权":不仅从技术上,也从司法上疑通俗拉丁圣经文本的权威性;尽管直到再三年之后,这种质疑变得清晰起来。[30] 路德的目的是否认所谓"允许与禁止"(loosing and binding)的权力,* 更进一步地,他还要否定整个教会法传统。1520年12月,他在大众面前表明了自己的目的,在维滕贝格大学的学生和教员的见证下,他郑重地烧毁了《教会法大全》,还有一些其他象征着罗马教廷权威的书本标志,其中就包括了谴

---

* It was clear and commonly understood by the Jews at that time, that binding signified a declaration for anything that was unlawful to be done; and loosing signified, on the contrary, a declaration that anything may be lawfully done. 参见http://www.bindingandloosing.com/bindandloosingscriptures.html,也可以参见https://www.greatbiblestudy.com/deliverance-ministry/binding-and-loosing/。——译者注

责他的教皇诏书。[31]

路德说道,"正如他们对我所做的那样,我以彼之道还施彼身",但实际上他的理由远不止于个人性的正当化。他拥护基督的律法,而反对格里高利九世和其他篡权的天主教徒的教令集中的虚假"人类传统",或那些甚至存于教皇教令集(Decretum)——包括《君士坦丁御赐教产谕》——中的种种歪曲,关于这些,路德在乌尔里希·冯·胡滕(Ulrich von Hutten)版的《瓦拉的著名报告》(Valla's famous exposé)中刚刚读到。[32] 与这个"巨大的不信奉基督教的谎言"相比,更为糟糕的是教皇声称他高于一切人类的判断(a nemine judicatur; nullo potest judicari),路德指责说,由此"所有的不幸都进入了这个世界"。进而,路德以下述宣言来总结他对司钥权、教皇破坏世俗权威的谴责,"因此,教会法应该正当地被抵制、摧毁和拒绝,是一株毒草"。[33] 第二年,他继续推进其著名的运动,在他以本国语言向德意志民族所做的演讲中,旗帜鲜明地反对"天主教徒的三道壁垒":教皇对圣经解释权的垄断、对召集理事会的专断权以及免于世俗司法管辖的权力,其中的每一项都是违反人法和神法的。

然而,尽管路德教运动带着这些蔑视的姿态,但是它对法律——在作为人类秩序的规则和世界性和平的基础的意义上——持有深深的敬意;难怪路德本人在服从法律的问题上发出了"含混的信号"。菲利普·梅兰希顿(Philip Melanchthon)的立场就是一个很好的例子,他遵循路德对犹太法和教会法的批判,但他同时也是市民法——"皇帝的法律"——的拥护者,并支持在路德教大学里开展市民法教学。在他的学术演说中,梅兰希顿赞扬了包括伊尔内留斯和巴托鲁斯在内的

第九章 传统与变革 *245*

法律传统的前辈，同时他也在一般意义上赞扬了法律的渊博学说（banc eruditam doctrinam iuris），这种学说阻止了战争、野蛮人和公民的困惑；三个世纪之后，萨维尼在其复兴德意志法学的努力中，也援引了这些文字。[34]

路德的反教会法运动也被其他的福音派评论家所吸收，其中最著名的是约翰·加尔文（John Calvin），他也消极地将"法律"与基督徒自由相对比，但是他（和梅兰希顿相似）积极地看待人法传统，其目的在于"保护共同体免受不正义之人的侵害"。在加尔文1543年版的《基督教要义》（Institutes of the Christian Religion，这在很大程度上归功于罗马法，或许标题更是如此）中，包含了一份纵览性研究：教会从原始的使徒时代的理想堕落，同时信仰和基督教的古老习俗（mos maiorum）被教会法和教皇立法所取代。[35] 加尔文的年轻门生弗朗索瓦·霍特曼*（Francois Hotman）继承了加尔文的衣钵，在其1555年所著的《初兴教会的状态》（State of the Primitive Church）一书中，他继续将罗马暴政作为基督教社会的反面典型进行抨击。这是他1573年出版的声名狼藉的《法兰克高卢》（Francogallia）一书的前奏，后者相当于某种"法国原始宪政状态"，同样也直指罗马的有害影响。[36]

霍特曼的短文是为了支持一项针对天主教教义（Romanism）的重大批评，即他年长的同事查尔斯·杜姆林（Charles Dumoulin），针对整

---

* 弗朗索瓦·霍特曼（1524—1590）：法国新教教徒、律师、作家，与法律人文主义者与反君权运动（出现于16世纪末，反对绝对君主制）联系甚密。霍特曼的《反特里波尼安》（Anti-Tribonian）是一篇旨在说明法国法的编纂不应以查士丁尼法学文献为依据，而应以法国的本土习惯为基础的专论，其攻击矛头直指特里波尼安以及《国法大全》的其他编纂委员会成员。——译者注

个教会法体系所做出的前所未有的、在政治上极富煽动性的评论。作为一个当时仍然身处福音派信徒阵营的高卢主义派（Gallican，支持教宗权限制主义）法学家，杜姆林将伊拉斯谟和瓦拉风格的语言学批判与反对罗马"反基督者"的严厉的新教批判结合起来。就像路德一样，他谴责充斥在《格拉提安教令集》中的歪曲伪造，如所谓的"使徒法典"和奥古斯丁错误的布道；但更进一步的是，他反对注释法学派的可耻谎言，最显著的例子是（路德所说的）"虚伪的异教的注释"——宣称教皇是"无人可裁判的"。通过援引初期教会（ecclesia primitiva）的例子和唯独圣经（sola scriptura）的格言，杜姆林抨击了"教会法学家的愚蠢行径"（stulta praxis canonistarum），他们声称不受王室的司法管辖、轻信那些可疑的文本，尤其是他们那糟糕的犹如"特洛伊木马"的"圣彼得的委托"（Petrine commission）。在杜姆林那里，"巴塞尔教会会议至上"的激进主义和路德教的原教旨主义，携手成为"教皇绝对权力主义"公民科学对抗天主教守法主义的战斗武器。[37]

在福音派热情高涨的时期，杜姆林遵循改良主义，不仅抨击了教会法"虚伪和犹太化的"惯例，如什一税；更在根本上抨击整个人类法则，杜姆林认为至少在教会语境中人类法则是"什么也无法证明的实证法"（jura positiva quah nihil probant）。然而，杜姆林陶醉在他的高卢主义遗产中，自视是皮埃尔·德·库里埃（Pierre de Cugnières）的传人；而且，虽然他继续嘲笑"索邦的诡辩者和神学家们"，但他很快就回到其国家义务和高卢主义的信念上来。事实上，他的法律思想的普遍倾向是建立法国传统的"实证法律"的独立性，包括保皇派思想、习

第九章 传统与变革 247

惯法和高卢主义教会的"古老自由"。那些民法学家、教会法学家和封建法学家曾经为自己的职业规范做的,杜姆林也都提议要提供给所有法国法律的分支;而他作为一个法律学者、教规破坏者、教规制定者的权威(和"传奇"),直到革命、乃至革命之后的时代,都是至高无上的。[38]

更一般地说,杜姆林的职业成就代表了习俗(Nomos)和法国君主制的另一个胜利,标志着教会法、封建法律与新教式批判主义的交汇,后者涉及对教皇"法律"和古典风格的公民科学——带有现代但非经典的历史感和独立国家观色彩——的批判。[39] 杜姆林赞美自己的"新方法",虽然比法律人文主义者更具争议性,但却丝毫不输根本性;这种方法将意大利习俗(*mores italicus*)和高卢习俗(*gallicus*)结合在一起,并把法律当作一个特定社会的表达、民族文化的一个重要维度、一个概念性领域,其中,比较的进路是达至普遍性理解和实际应用的关键的:这些思想将对直到法国大革命乃至之后的现代"民族的世界"中的法律和社会思想必不可少。

新教以及对旧教会的改革分歧是建立在对"法律"最根本性批判的基础上的——即便只是名义上的拒绝。然而,人的境况——不仅涉及"罪",还涉及范围广泛且不断扩张的社会问题——迫使新的忏悔形式建立起自己的正统观念和法律传统,当它们不再基于效用而维持教会法的时候,便倾向于从社会和制度的角度概括早期教会的经验,并进而形成自己的"教会政治法则"[理查德·胡克(Richard Hooker)语]。在这方面,胡克也同样诉诸了"初级"和"次级"法律之间的区分。[40] 一般来说,宗教改革及其余波所带来的提问、质疑和批评的习惯，在法律、社会、政治以及宗教和哲学思想上产生了（重大）反响。不仅是基督教信仰和对自然的研究，还有法律和社会的思想都要求国家和国际两个层面的检讨和重新评估；有关教会法的辩论不仅引发了对忏悔问题的讨论，而且还提出了有关法律、习俗和传统的功能的一些根本性问题。

正是在宗教、社会、政治以及国内和国际分裂的后宗教改革背景，和重建基督教联合的希望下，现代的社会和文化科学才开始成型。就像它的祖先和代理物——法律科学——一样，"社会科学"一直都在宣称自己的普适性；但实际上，人文科学是沿着特定的甚至是地方性的路线发展起来的。当我们在不同民族的分叉幽径中探秘 Nomos 的命运时，我们必须尊重这种地方性特征和乡土理念。

第十章
英格兰的发展：普通法

习俗变成了第二自然。

——福蒂斯丘：《英格兰法律颂》

因为，习俗几乎可以改变大自然的印记。

——莎士比亚：《哈姆雷特》，III, iv

普通法

"出于自己的目的，英格兰只采用了不成文法和习俗"，布拉克顿在12世纪时这样宣称。[1] 虽然英国普通法（ius commune；la ley commune）从12世纪才开始了其体系化进程，但是，作为"普遍的古老习惯"，它却假装拥有更悠远的渊源，并由此创造出看待英国历史的特有神话和方法。这种习俗，特别是西撒克逊、莫西亚和丹麦法时期的习俗，在诺曼征服后的许多法律汇编中得以保存——即便是以曲解的方式，例如被一位历史学家称为"第一部比较法著作"的亨利一世的法律汇编。[2] 亨利时期的法律汇编（Leges Henrici）将法兰克人、诺曼人和盎格鲁-撒克逊人的法律结合在一起（同时或许也就有意识地拒斥了罗马的人本主义）认为，"所有的诉讼（causes）都将根据法官对审判的真确理解，排除了个人因素地得到公正裁断（vera concilii ratione）"。[3] 这些法律汇编都建立在谴责不同郡、县的习俗多样性、"律师的邪恶和令人憎恨的法律实践"的基础上，并将其所有的信任都置于一个"依照这片国土上的法律"而运作的、受到恰当控制的王室体系之上。

诺曼人的涌入带来了一个新的统治阶级，也带来了大陆法的影响，包括罗马法、教会法，也包括封建法。但原生的英格兰体制仍然以许多方法坚韧地存留下来了——尤其是通过群众法庭（百户邑法庭、郡法庭和市镇法庭）以及多种边缘辖区的形式。陪审团制度同样在盎格鲁-撒克逊人和法兰克人中有先例，并帮助维系了英格兰社会和诺曼人政府之间的联系。通过起诉陪审团和审理陪审团两种主要形式，这种受人欢迎的制度同时处理事实问题和法律问题，特别是可以宣告哪些已经构成、哪些没有构成一个有效力的习惯（与法国的 turbes 类似）。[4] 然而，主流的普通法却是从源起于御前会议的王室法庭（即王座法庭和民事诉讼法庭）中发展起来的——这种法庭融合了诺曼征服前法庭体系。从一开始，英国法看上去就是一群宣誓过的邻人中的"理性人"和专业法官的共同创造物，值得一提的是，这些专业法官最终根据法官帽的顺序组织起来，并在律师公会制度化的学徒体系中接受训练。

英国法律传统的一个主要特性在于，它保存了口头证明方式优于书面证据的传统，这不仅体现在起诉和教学中（"模拟"审判），还体现在审判中。在 17 世纪时，马修·黑尔（Matthew Hale）仍然称赞"口头传统"为英国法的一个基本要素。集体记忆是灵活可变的（即使是被法官合法建构的），而书面文件和程序却是固定的，并且容易受制于政治控制和"严格解释"，并且破坏习惯性安排的，就像在用"授予私人的公地"（bookland）替换"国有地"（folkland）这一不太流行的操作和权利令状（Que warranto）程序——令状制度起源于 13 世纪并在 16 世纪重现——中那样。[5] 口头传统的另一重要副产品是诉诸"古老习惯"的司法习惯，这个词因爱德华·柯克（Edward Coke）而成名，他用这个词来加强自己的权威，如果不是如普拉克内特（Plucknett）所说用它来建立起其"根本法"司法品牌的话。[6]

尽管从总体上来说借助了罗马惯例和修辞（就像传说所说的），英国法还是遵循了自己的"天性"，并从未丧失与习俗作为源泉的关系。从这一源泉出发，英国法几乎完整地发展出了一套程序法，即借助各种各样的令状（brevia）来启动救济程序，这多少等同于古罗马的法律诉讼（legis actiones）。这些令状最关注的问题就是财产（dominium）和占有（seizin）问题，没有它们就没法发起对"正义"的诉求。关于"英国法"最早的论著——12 世纪的格兰维尔和 13 世纪的布拉克顿——也仅仅是对一些主要的王室令状的评注。他们都以关于武器与法律、力量与权利的古老罗马主题开篇，都坚持认为英格兰是由因王室认可而获得真正法律地位的"不成文"习惯所统治的，也都认为英国司法的基础是法律职业。这一职业的成员及其大师经过辩护技能的训练获得执业凭证，这种训练通过令状体系和加入司法程序的"秘密"来实现，而且这日渐依赖于先例和"地方性知识"。他们也像古罗马的审慎者们（prudentes）一样，成为无可争议的社会思想家。[7]

在他对英国法的"总结"之中——至少在形式上遵循了阿佐对

《法学阶梯》的研究，布拉克顿在名义上采用了一种罗马化解释，毫无疑问地以盖尤斯"三分法"开始。该"三元学说"第一个成员——人格——的自然的（同样也是神圣的）属性是自由；但在民法法系国家中，即在市民法（*ius civile*）［或所有人的地方法（*ius proprium*）］治下，事情就没那么简单了。社会秩序包括阶级划分：公爵、伯爵和男爵（*duces, comites, barones*）；女人位于下等的位置；一些人被奴役或在他人的权力之下［*alieni juris*，尤其是农奴或奴隶（*servi*）］；当然教士是在多个方面有所不同的阶层。对布拉克顿来说，比人的地位更重要的是盖尤斯的第二个主题"物"（从他投入的篇幅来看，重要性超过二十倍有余），不是因为分类的问题（共有物、私有物、圣物等），而是因为市民社会中压倒一切的议题，以及在英国的市民社会中看起来最为显著的"物的取得"问题（*de adquirendo rerum dominio*），当然还有物的保持、使用和继承问题。一句话，再一次让人联想起古罗马，复杂封建制语境下的私有财产议题是英国社会和社会思想的中心问题。法律行为是盖尤斯的第三个主题的中心问题，这个话题使得布拉克顿去考虑由令状和"国王诉讼"（pleas of the crown）所构成的英国特色制度。[8]

  正如梅特兰（Maitland）在总结布拉克顿未完成作品时所说的，英国法虽然"形式上是罗马式的"，"实质上还是英国的"——建立在大量的司法实践经验基础上，其中就包括大约五百多份判决。但是，布拉克顿将原生的习俗吸纳进罗马私法和习惯法的理念之中，并坚持社会共识的力量而非诉诸公共权威，突出体现在他引入的一句罗马-教会式的训诫之中，即"触及所有人的法律必须得到所有人的赞同"（Quod omnes *tangit ab omnibus approbetur*),[9] 由此，布拉克顿的确强调了英国制度的大众化特征——沃尔特·厄尔曼更愿意称之为民粹主义。同样，根据英国的法律惯例，正义的获得甚至可能是忤逆国王意志的。一个会立即被想到的类似情况可见于同时代的法国，它坚持所有的习俗都需要获得"赞成"，以及法国君王搜集其司法管辖权之下的所有习惯或"民法"素材的努力。

根据有博学的观点和传统，或者至少从专业的修辞来说，英国法是"被发现的"而非"创造的"：从起源上来说是口头的而非成文的；从特征上来说是司法的而非立法的。即便伴随着制定法的发展，此一重点依旧得以保存，因为这样的法律只能通过议会才能产生，而议会本身就是一个"高级法庭"，最初也难以与王座法庭区分。[10] 更进一步来说，成文法、尤其是习俗服从于法官的扩大解释，其弹性远远超过大陆法学，而即使是国王，也不能在法律上做出改变。

就此而言，还需要考虑到法律职业不断成长的力量，以及司法管辖权的多样性，包括和平时期辅助专业性的司法，尤其是根源于英语世界"衡平"这一特殊词汇的衡平法院的出现。尽管可以在罗马的公平（*aequitas*）[和希腊的衡平（*epieikeia*）] 中得以正当化，英语中的"衡平"事实上起源于衡平法院的先例之中——代表了特别司法权（梅特兰指出，这是非法定的），以及一种让普通法律人感到被冒犯甚至威胁的"解释"权力。衡平法院的法官被认为应该"像技艺高超的工匠那样……甚至得从同一部法律的基础和源泉出发"做出这些解释，但事实上，他常常诉诸神圣法、教会法和市民法；因此，他的司法裁判得名"良心的法庭"也就不足为奇了（当然，是大法官们的良心）。[11] 总的来说，尽管英国法假装与自然相一致，而普通法直接就等同于自然，但事实上，盎格鲁-诺曼的法律传统的集合体代表了人类的法律惯例和神话的厚重造物，这是 Nomos 王国的一个新领域。

普通法和议会传统的神话在 17 世纪得到了确认和加强，彼时当现代学术正将其权威委于"封建法"和"根本法"的定义以及"法律记忆"的相关问题。它们一个重要的公分母就是"习俗"，无论是保皇党人还是清教徒——托利党和辉格党——都诉诸它。根据大卫·詹金斯（David Jenkins）的说法，英国法有三大基石——习俗、司法记录和议会行为，但在这之中，只有第一个是"本源性的"，另外两个只是对习俗的书面确认，因此也只有习俗才是唯独真正"根本的"。[12] 在此后的数个世纪中，这都是英国社会思想的一个主要且很大程度上不受质疑的前提预设。

第二自然

"习俗变成了第二自然"，在 15 世纪晚期王座法庭占优势地位之时，约翰·福蒂斯丘（John Fortescue）爵士引用这句话来赞美英国的法。[13] 这是他论证英国法之自然性的方法——并非是在普适完美性的意义上，而是从尘世的代际更迭和衰亡的进程以及英国社会有机构成的意义上来说的，类似于乌尔比安将自然等同于直觉，或者盖尤斯将之等同于常识。英国法是自然的，"就像身体上的神经"（lex 来自于 ligando，具有拘束力），因为它是在时间长河中由自发的一代代民众的运用而"生成"的，且它是由"共同共识"所确立、由"公共利益"所确认的。这些人的生活也同样是"自然"的，在法律和国王统治下，他们的生活呈现出"身体神秘主义"的形式，类似于亚里士多德描绘的"身体性自然"（body nature）。当然，这一类比指的是"第二自然"，亦即由英国习惯所表述的集体习惯和社会图式，尤其是随后经过删减而被写入"一部宪法或一些具有成文法本质的东西"中的习惯。

英国的法律职业的演化、律师公会的出现，以及国王的相关政策，确保了英国法的生涯会依其自己的轨迹而前进。或许这在语言的发展模式中得到了最好的诠释，这在欧洲大陆是从未经历过的。一些英语术语在法律语言中得以保留，也常求助于拉丁术语，但是自从 13 世纪以来，流行习语就变成了那个被称为"法律法语"的奇特的职业混合物。尽管英国的法学家仍然说着"sac"和"soc"（从土地中产生的管辖权和收益），王室法庭和布拉克顿这样有经验的作者们保存了民法学家们的技术性用语；但通过专业传统的加持，尤其是通过律师公会的专业训练、标准的案例集和年鉴，法律法语一直到 17 世纪都是法律发展的主要动力。相比于《学说汇纂》，英国法律人以更接近法国习惯的语汇来论争、写作和教学——想必在思考时也是如此，例如，利用依法占有（seizin）和强占（disseizin）的习惯性条款，而非罗马法中的占有（possessio）的规定。[14] 英国的法律不仅如布拉克顿所说的那样起源于习惯，也是至少通过司法惯例或法律拟制，得以在其条件下继续发展。

英国普通法在很多方面都保存了与习俗的关联，并发展出了自己的正当化与合法化的模式。它所缺少的是成熟的法学，一种与乌尔比安及其古典同仁之作品相媲美的法律哲学。这在布拉克顿和格兰维尔那里已现端倪，但总的来说，这一任务留给了现代法学家们去解决——从福蒂斯丘开始、到一代人后的克里斯多夫·圣戈尔曼（Christopher St. German），由他们来提供对一套福蒂斯丘称为"英国法之谜"的概念架构。他和圣戈尔曼都试图展现普通法的不可忽视的理性，也都广泛地（如果经常是秘密地）诉诸市民法；福蒂斯丘特别地强调法律的神圣不可侵犯性，哪怕是人类制定的法律也不能例外，他为此不仅引证了圣经的文本，还引证了乌尔比安将法学家称为"法律的祭祀"的著名的典故。[15] 在部分意义上，福蒂斯丘的书是"君主之镜"，它所传递的信息是，王室教育的核心不应是马基雅维利不久后所主张的那样的武力，而应该是法律的艺术，尤其是对国王有约束力的英国法。

福蒂斯丘一面对自然法采取学术的视角，一面持续地关注人的或"积极的"那一面。对他来说，任何法律，如果"不是自然的"，就要么是习俗，要么是成文法规。英格兰习俗是"最古老的"，比威尼斯习俗甚至罗马习俗都要古老（法国的法学家对自己民族的习俗也有此主张）；成文法仅仅是在后来给予它更为权威的表述而已。对福蒂斯丘和圣戈尔曼来说，普通法的主要功能是调整财产关系，或者以"封地"为单位的封建版本，即采邑的英国对应物。将英国社会与法国社会区分开的首先是对财产的尊重（至少在法国大革命前如此），例如表达在禁止军队征用民宿或专断的不经同意的征税——当然也臭名昭著地体现在英国刑法和债法的严厉性之中。[16] 事实上，财产是那个时代最伟大的法学专著《利特尔顿论财产》（Littleton on Tentures）的主题，威廉·卡姆登将其与查士丁尼的《学说汇纂》相提并论，柯克〔挑衅地回答了大陆法系的批评,尤其是弗朗索瓦·赫尔曼(François Herman)认为它晦涩难懂的批评]宣称它逼近了一本书的极致。[17]

圣戈尔曼的论点也转移到赞美英国传统的独特和本土特征,通过将英国法置于相当于上帝自身理性的"永恒法"框架中,他追求一种更高的升华。圣戈尔曼认为这一"永恒法"(lex eterna)显示在以下三个方面:通过盖尤斯提及的"自然理性"、神圣的启示以及人法——包括立法。就"英国法建基于何处"这一主要问题而言,圣戈尔曼提出了六个基础,实际上它们都是人法。前两个分类他特指理性和神圣法,但事实上第一类的实质包括了刑法[谋杀、伤害、破坏和平和理性法(lex rationis)的其他"主要"方面]和财产法("第二方面");第二类包含了教会法庭的事项或提交给王室法院的教会法案件。剩下的类别是"一般性习俗"(即"记录法庭")、有用的格言(大量的部分是不值得专门宣告的)、各种特定习俗,最后是成文法。最重要的是,圣戈尔曼希望达致以下两者的和谐,一方是混乱的英国法——包括自相矛盾和悖论,另一方则是普遍理性及其神学等价物——"良知"(sinderesis)和与衡平法院有关的"衡平"。[18]那时候,引导大法官法庭的不可避免的"良知"正是属于托马斯·莫尔,他对"自然法"和"神圣法"的兴趣绝非三分钟热度,第一点体现在他的《乌托邦》中,第二点则体现在他对新教的"良知"概念的抨击上。[19]

普通法的专断,或某些人所说的不理性特征是无法否认的;圣戈尔曼问道,"如何通过理性证明长子应当继承父亲的全部财产,而幼子分毫不得呢?"福蒂斯丘提出的另一个例子是,即便一个人的财产(因无人继承)要被没收充公了,也不能交由他的异母兄弟继承,这看上去也是一个违背理性的规则。他补充道,"但是,这些案件的疑难丝毫不会扰乱一个专攻法律的人"。圣戈尔曼承认,"将上帝法和理性法与实定法区别开来的确很困难",但他自己也没有被扰乱。例如,依据教会法学家格拉提安和民法学家伊尔内留斯,他也承认财产法总体上是违反自然法的,也就是说违反理性的。物品需要被拥有,这是常理,他如此写道,而财产法则是一个相对晚近的约定。但这样的承认并未阻止他基于自然和习俗来正当化英国财产法(secundum naturam et secundum consuetudinem patrie)。[20] 无论其基础是什么——是理性法还是法律理性,这样的论证汇成了某种法律裁量权。"结构的统治以各种不同的名字进行",圣戈尔曼的当代编辑者如此总结这个问题。"亚里士多德称之平等,法学家称之解释,经院法学家称之天命,而政治家称之好的信仰。"我们还必须补充的是,普通法法律人称之"自然"。[21]

无论如何,最重要的是,正是在私有财产法——对个人自由物质的、神圣化延展——的基础上建立起了普通法的职业垄断和民族神话,辅之以开始于16世纪后期的诉讼(尤其债务诉讼)和辩护律师在人口中的占比的惊人发展。对布莱克斯通来说,任何人违反了财产和占有的神圣性,就是"触犯了社会的法律的罪,这是一种次级自然法"。[22] 最终,摆脱了封建制的困局并以更自然主义表达出来的洛克式政治理论——可以被称为普通法的财产崇拜,为现代自由主义意识形态扫清了道路。

在16世纪末,理查德·胡克更为精细地发展了福蒂斯丘和圣戈尔曼的观点,并将其扩展到英国传统的教会方面。为了在新教对"法律"的颠覆中保卫盎格鲁传统,胡克系统地或至少全面地展开了阐发,

第十章 英格兰的发展:普通法 259

对英国的制度安排进行"理性的"和"自然的"正当化——至少在原罪所设置的限制之内,它将一个初始的、"真诚的""原初"状态降格为"堕落的""次要的"的状态。他的结论和福蒂斯丘类似,即英国语境中的"市民社会"和"市民法"被一个正当化了的、甚至令人敬仰的"第二自然"所规定。[23] 普通法、清教主义和在内战之前一代人的反国王的议会主义的政治汇聚,增强了法律观念之于英国社会的本土性和"根本性"。

如果所有这些都有助于解释"上帝如何成为一个英国人",那么它也解释了保守政治家埃德蒙·伯克(Edmund Burke)提出的关于人的"道德天性"这一更为哲学化的观点。人的生理天性与野兽无异,但他的道德天性使他成为有偏见、意见、习惯和感情的生物,所有这些"组成了我们的第二天性——作为社会的成员和国家的居民,这些身份是上帝赋予我们的"。[24]

梅特兰所说的"普通法心智"似乎可以从爱德华·柯克爵士的声明中得到总结提炼(如果不是被讽刺表达的话),而且可以肯定的是,这种总结是在高度的争议中达成的,尽管如此,还是表明了英国法律和社会思想的本质。柯克的确展现了其职业的指导心态和沙文主义。罗马曾经做过帝国声明并表达出自由的姿态,但正是在这个蕞尔小岛中,有一条更好的道路被找到了。柯克在他那对法律报告的大胆、论辩式的、大部头作品中宣称,英国法"是最公正、最确实的,拥有最伟大的积淀和最少的拖延,最有利于也最容易被评述"。[25] 就像查士丁尼的《法学阶梯》和《拿破仑法典》那样,柯克的权威评注应该被转变为诗篇,以供法学入门者消遣以及更容易地记忆。

柯克对普通法传统及其书面规则采取了一种非常专有的态度，与法国的情形不同，他来认为不应包括历史学家的作品（"我祈求你提防年鉴中的纪事法律，因为那无疑将会将你引入歧途"），而仅仅包括了例如布拉克顿、格兰维尔、利特尔顿（Littleton）、圣戈尔曼和兰巴德等人的书，以及"若干有关这些法律的报告和记录的阅读"，这些独自就"包含了所有连续时代的可信和真实的历史，以及对邪恶的惩罚、对人类伟大德性和美德的奖赏和宣扬"。但普通法既代表了一种古老的谜团，也代表了现代的科学，最终柯克的职业化结论是"我们普通法的基础是超越任何早期开端时的记忆和记载的"。在制定法之前的英国法是什么样的——英国人民的前历史习俗和"第二自然"，只有专家，即那些钻研普通法之谜的人才可以宣称。只有他们可以"言说法律"，也只有他们可以带来法律学习的进步。[26]

从思想意识形态角度来说，普通法之于社会思想历史的最大意义在于其对制度的大众特征的本能坚持，即便这种坚持最终会变成教条主义的。从政治角度来说，这体现在议会、尤其是议会式修辞之中。议会也是自然的，建立在三级身份的神话之上，就像兰巴德观察到的那样，作为"对人的自然身体的模仿而存在，真的可以被叫作一个缩微世界"，因而是"自然的"。从社会角度来说，英国法的大众特征呈现出多种形式，其最佳的象征形式大概就是以下几种：大宪章（Magna Carta）之前《采邑之书》中的古老习俗、同行判决、陪审制以及正当程序。陪审制与法国的习惯法认可调查（enquête par turbe）和德国的判例（Weistum）有关，通过询问特定数量的"良善公民"（good men）来决定习俗的正确性，这是对下述古老信仰的诠释：法律是社会的表达，是普通法律人对案例法和先例的强调之处。[27]

更不明显也从未被理论化表达，但丝毫没有减少其根本性的，是普通法的方法论前提假设。除了哲学隐喻外，福蒂斯丘、圣戈尔曼及其后来的同行们所做的解释的真正基础，（除了成文制定法外）是一系列的法律年鉴和后来的法律报告，这些不仅包含了特定的案件，还总结了英格兰的法律经验和自然法则或积极法则（leyes natifs ou positifs），亨利·芬奇将其当作任何市民社会的法律基石。芬奇认可从其他经验中吸收的法则的继受，但是仅仅是因为它们事实上已经被英国经验自然化了。[28] 像托马斯·费尔（Thomas Phaire）的《总督新论》（Newe boke of Presidentes，1543）这样的书，阐明并增强了心智的经验适用，这些在律师公会和法律实践中受到鼓励。就像福蒂斯丘在阐述普通法规则时所写的，"这些原则之所以为人所知，不是因为论证的强力，或者逻辑证明……而是通过感觉和记忆的逻辑归纳"。就像柯克在为其自己的常识性方法进行辩护时所评论的那样，"概论性的东西从来无法为结论作出任何贡献"。[29]

在依赖零碎的和特别程序，以及对抗罗马理论化的基础上，英国法学似乎不仅与作为法律实证主义的心智的司法适用高度一致，或许在弗朗西斯·培根的语境中，也与以不列颠经验主义而闻名的心智的哲学适用相一致。总的来说，它持续地提醒盎格鲁-美利坚去思考社会和文化议题——至少是自己的社会和文化议题。正像霍姆斯大法官所说的，"法律的生命不在于逻辑，而在于经验"。[30] 以这种方式，"普通法心智"也成功地保留了自己的"天性"——或者说其"第二天性"。但是，没有任何的文化甚至职业文化是一座孤岛，英格兰社会思想需要不断地面对外来的知识威胁和诱惑。

法律之法

民法在英国法律传统中是一种持续不断的存在——尽管时而微弱。正如亚瑟·达克（Arthur Duck）所注意到的，对成文法的研究一度是通往"回报的高速路"；在 16 世纪，它在各种外交、海事、宗教事务中，以及特权法庭和普通法之外的其他审判中都是不可或缺的；[31] 其中包括了议会、海事法庭、星室法庭、上诉法庭、元帅、治安官，尤其是大法官法庭，（柯克的一位同事将之称作）"*lextremitie et rigor al common ley estqualifie*"。[32] 直到 16 世纪末，大多数（大法官法庭的）案卷主事官和大使都是民法学家。至于教会法，它从未与民法清晰区分过，即使在亨利八世与罗马决裂后，仍继续在一些民事事项上有效实施（除法令明确禁止的领域外）。就罗马法总体而言，理查德·胡克哲学式地评论道，"在我们日常之事的决定，尤其是与外国其他民族的贸易中，罗马法知识是最必备的"。[33]

在都铎英国，即便在亨利八世与罗马决裂之后，民法仍然维持了其知识与学术性的存在，这至少有下述两个制度性原因。一是 1511 年"民法博士协会"（Doctors' Commons）的形成，它是一种民法律师协会，在后一个世纪中拥有 200 多名成员，其中包括了著名的学者，如伊拉斯谟的朋友卡斯伯特·汤斯顿（Cuthbert Tunstall）、托马斯·史密斯（Thomas Smith）、朱利叶斯·恺撒（Julius Caesar），还有沃尔特·哈登（Walter Haddon）。另一原因是在 1540 年，同时在剑桥和牛津设立了皇家民法讲席教授，其宗旨在于提供民法与普通法的比较。剑桥讲席的第一任正是史密斯自己，在他的就职演说中，他高度赞扬大陆的人文主义法学，并说民法是"神圣的科学"，是一种"针对所有等级之人的真正的一般法"。[34] 命运似乎眷顾着民法研究，1560年伊丽莎白到牛津去参加了一场辩论；1587年皇家教席授予了阿尔巴里克·真蒂利。尽管他在逃避天主教会（的迫害），真蒂利依旧坚持着"意大利式法学"方法（与史密斯相反）。[35]

当然，对于所有派别的民法学家以及大多数学者来说，罗马法在哲学上和社会上——未必是政治上——都远远优于中世纪欧洲的野蛮积累，包括普通法。"英国法研究离真正的学习还很远，"伊拉莫斯说。他的朋友托马斯·莫尔，必然地转向部分保留在罗马法学中的自然法资源，为《乌托邦》寻找一个社会批判的基础。[36] 在其他方面，罗马法中所展现的经典智慧已经被人文主义教育项目所吸收，它甚至渗入到16世纪律师公会的实践课程之中。然而，民法最伟大的美德在于，它形成了"一个主体和一个系统"，在紧随清教改革而来的法律改革的巨大热情中，罗伯特·怀斯曼（Robert Wiseman）这样写道：仅此一项，民法就值得被视为"法律之法"。[37]

然而，"普通法心智"对所有这些都采取了非常不同的观点。对威廉·兰巴德（WillIan Lambarde）而言，英国法"就像是以石头和橡树铸造的卫城之墙"。[38] 门口的敌人一直都是那对孪生威胁——民法和教会法，如约翰·塞尔登（John Selden）所说，就像盘绕在水星魔杖上的那两条蛇，在大多数英国人心中激起了深深的恐惧。显然，这一态度在英国法传统中有深厚的根源。在大陆，民法学家定期地解释和

"扩张"着欧洲的传统，而在英格兰这与职业垄断相违背。柯克称，"对民法学家和宗教法学家来说……无论是在他们不承认的英国普通法领域写作，还是写作他们不知道的对立物，都是令人绝望和危险的"。[39]

在柯克的时代，反罗马法的偏见几乎是所有普通法律师的"第二天性"。据福蒂斯丘观察，"比较被有道理地断定为可憎的"，尤其是当他使用这些方法的时候。为了升华他于百年战争之后写就的"对英国法律的褒扬"，福蒂斯丘沉迷于一系列惹人讨厌和令人反感的普通法-民法比较中，后者是福蒂斯丘理解的法国法庭实践中的民法。福蒂斯丘很少考虑历史的精确性，他所做的不过是将英国法庭记录中的法律理想型，与对法国法律的讽刺性描述并列，他的目的显然是引起论战。福蒂斯丘刻画了民法的以下缺点：恣意性（通过几个证人而非宣誓过的陪审团来确证事实真相）、对家庭财产的漫不经心态度（允许私生子继承）、残酷性（诉诸酷刑），最重要的是暴政的特质，这尤其通过有名的民法原则"能取悦君王的就拥有法律的力量"体现出来（尽管这是有名曲解）；当然，他还通过联想发现了法国君主制的罪恶。与之相反、形成对比的是，英国"政治的与王室的"政府（regnum politicum et regale，实际上回溯性地来看，是议会君主制）属于一个完全不同的、更人道的种类。[40]

反对天主教会的革新进一步激起了反罗马法主义。1535年，亨利八世终结了教会法的教学，普通法律师呼吁进行进一步的限制。1547年，律师公会的一群学生向护国公萨默塞特（Protector Somerset）请愿，希望抑制大法官法庭中罗马法的秘密赞同者的审判，以此阻止普通法的衰退；他们愤恨地控诉那些"对普通法毫无知识的民法学家，他们要么根据传说的民法，要么根据他们的良心来决定这一领域的重大事业"。[41] 在托马斯·史密斯写于1565年《盎格鲁共和国》(*De Republica Anglorum*) 中，尽管他还保留了对制度比较进路的一丝敬意，但他丝毫未体现出自己二十年前对民法的热情。他引用了古老的格言"法律起源于事实"(ex facto iusoritur)，放弃了罗马式的理想主义，回到福蒂斯丘的保守观点上，坚持并陶醉于这一事实：英国法"不同于法国、意大利，或其他任何使用帝王法和宪法（被称为民法）的地方的风格"。[42]

这种"法律民族主义"既有社会形式，也有政治形式。例如，在流放到斯特拉斯堡期间，约翰·艾尔默（John Aylmer）既抗议民法的"负担"、教会法的"炮弹"(cannon shot)，也反对那些外国的实践如遗嘱继承——"没有什么比德国的待继承物的划分，更能破坏伟大的宅邸的了。"艾尔默也将他的结论拓展到了语言学领域。他承认，"我们的法律中有一些术语和传播的法语是由诺曼人带来的……但语言与习俗是英国和撒克逊的"。他补充说，或许有一些法兰西的"血缘"，但并没有法兰西的"心"。[43] 英格兰"天性"已经深入到言语背后。

罗马法普适主义的傲慢与普通法孤傲的骄傲之间的这场对抗，在都铎时期的法律和社会语言中得以体现。民法法律人在解释他们的市民法（*civiliter*）时，会隐晦地与"共和"有关的"政治"价值勾连起来；但对英国人来说，"公民的"(civil) 与公民科学（civil science，在托马斯·库珀的拉丁英文词典中叫 *scientia civilis*）却带有私人和道德的意涵。社会改革者们，如爱德华六世（Edward VI）治下所谓的共和国党和普通法法律人，都倾向于用"普遍的"（common）和"公共的"（communal）术语来表达他们的公共话语，这些词被假定服务于"共和国"的利益。正如托马斯·莫尔的女婿约翰·拉斯泰尔（John Rastel）所写，"一个好的、合理的普通法，将会维持公共和平，并在人民的大共同体中维系共益"。[44] 至少，从风格上来说，英格兰法律话语强化了当时的地方风尚，抵制了外国舶来品（甚至试图以"witcraft"代替"logic"），似乎更少有"政治的"考虑，更多的是社会的、经济的或道德的考虑。

一些英国法学家眺过海峡来寻求支持与灵感，甚至分享了大陆的"完美法学"理念。例如，约翰·都德里奇（John Doderidge）在其《英格兰法律人》（*The English Lawyer*，1631）中，总结了一种"处理这片土地法律的方法"。对那些（用都德里奇的话说）"转向以心灵沉思一个英国法律人的完美样貌"的人，都德里奇不仅推荐了阿尔恰托、布德（Budé）、伟大的法律人文主义者的作品，也推荐了那些16世纪转向辩证法的法学方法论主义者，无论他们是以亚里士多德主义的形式还是拉姆斯（Ramus）的新形式。[45] 爱德华·哈克（Edward Hake）在他写于16世纪末的《衡平》（*Epieikeia*）一书中，将"公正"等同于古代法学家以及更近期的梅兰希通所赞扬的同样的"法的精神"，这与中世纪评论家"源自偏离法律的真正意涵所得出的诡辩"恰好相反。黑克期望这一"精神"将会从普通法的"地面与喷泉中涌出"。[46]

在都铎时期，民法与普通法律人在法律风格和传统上意见相异；但到斯图亚特时期，随着民法数量剧增，专业性的分歧变成了煽动性的政治事件。1609年，斯图亚特第一位君主写道，"如果消除它，我认为那将会造成王国完全的野蛮状态".[47] 然而，对詹姆斯一世来说，罗马法的文明化力量（他作为苏格兰统治者时获益于此），与支持皇家权威比起来，在古典优雅或理性秩序方面并未太多贡献。不可避免地，这一态度使得普通法学者更惊恐地反对古罗马法主义者的威胁，后者体现在民法学者的作品之中，如约翰·考埃尔（John Cowell）的《解释者》(1607)、阿尔巴里克·真蒂利的《皇室纠纷》(*Regales Disputationes*) (1605)，（据后世评论家所说）这些作品传达的看上去是直白的专制主义主张："人民将其权力转移给君王，使其成为僭主，并可以任意地将人民踩于脚下。"[48]

正如一代人以前的马基雅维利那样，民法因其与君主主义的联系被认为是罪恶的，并成为僭主制的一种象征。在谈及"君主不为法律所束缚"这一准则时（*lex regia*，及其推论 *princeps legibus solutus*），怀斯曼解释道，它不必遵从字面意义"严格"解释，而只涉及君主的习惯性特权；与早先时候埃蒂安·帕斯奎尔（Etienne Pasquier）在其对查士丁尼《法学阶梯》的比较研究中所用几乎完全相同，[49] 正如习惯法和普通法本身，这些概念不得不符合理性与正义，更不用说普遍的法律审慎〔(juris-) prudence〕。

英国的民法学家也会去传授这样的观点：罗马法也有其人道、社会甚至大众化和"普遍"的面貌，它有其理性组织，或许还有助于改良英国法的失序与不公；但是普通法法律人不会去学——尤其是在宪法冲突与内战时期。为了协调民法与本土习俗的关系，英国和其他地方一样做出了各种努力。威廉·福贝克（William Fulbeke）写到（或许是在暗指福蒂斯丘轻蔑的比较），罗马法和普通法不应该"像雅努斯

（Janus，希腊两面神）的两面一样"对立，"而应当如希腊三女神一样结合在一起"；而且，福贝克还将其说教化为实践，他在写作中开创性地将普通法、民法与教会法的综合起来。[50] 他的同事约翰·考埃尔以他的《英国法学阶梯》对此事业做出了更为实质性的贡献，[就像帕斯奎尔和法国的盖伊·科奎尔（Guy Coquille）的类似作品一样]这部作品遵循了查士丁尼教科书中的方法与顺序。也有许多其他恢复民法与教会法声望的努力，例如托马斯·里德利（Thomas Ridley）辩护性的《民法与教会法律观》（View of the Civile and Ecclesiastical Law，1607）与亚瑟·达克的《论英国民法之用途与权威》（Treatise on the Use and Authority of the Civil Law in England，1648），二者均设想了社会制度与思想的普遍（欧洲）遗产。[51]

　　民法研究所鼓励的世界主义和比较视野不仅可见于民法学家的作品中，也可见于如谢尔顿、斯佩尔曼（Spelman）和罗杰·欧文的作品中，他们从欧洲的视角来看待英国法，也是法律"进化论"理念的先驱。谢尔顿在评论福蒂斯丘的英国法"礼赞"时认为，英国与欧洲的习俗尽管在后来有分歧，却有着共同的根基与相似的成长历程。柏拉图以"你们的共同法（common laws）是何时产生、如何产生的？"开启了他的《法律篇》，而这个问题是一项"没什么意义的要求"[同样的话在一代人以后被约翰·布里德尔（John Bridall）再次提了出来]，因为这个问题暗含了对想象中的、未被记录的自然状态的猜测。英国法是数百年间被"增加、修正、阐释为现在所是"的产物，因此也必须被放在历史与比较的语境中去理解。谢尔顿写道，并没有统一的"远古的习俗"，"无疑是撒克逊人创造了大不列颠传统的混合物，其中包

含了他们自身的、丹麦的、古不列颠的习俗,同样也包含了诺曼人的习俗在内".[52]

斯佩尔曼延续了谢尔顿的研究与解释路线。斯佩尔曼接受了法律人训练,却投身于古文物研究,他将英国土地法研究与公民科学中古老而饱受争议的问题"封地的起源"联系在一起。梅特兰甚至提出,正是斯佩尔曼而不是诺曼人将大陆封建主义引入到英格兰——尽管在这一点上斯佩尔曼参考了当代的居亚斯(Cujas)与帕斯奎尔的作品和中世纪的材料。总之,斯佩尔曼总结道,"我认为我们法律的基石由我们的德意志祖先所奠定,但是它经由取自教会法和民法的材料而抛光打磨变得精致".[53]

无论在法律还是古文物方面,民法的影响都持续存在,而且在17世纪晚期,乔治·麦肯齐(George Mackenzie)仍然在宣扬其"优越性与有效性".[54] 在各种法律改革的期望与规划中,通常都会诉诸民法,最有名的是培根的"法律统一"计划,该计划想要为社会"公共"与"私人"两极——政府与财产——提供一个公平的平衡,并帮助英国法去神秘化、去职业化,然而也会赋予英国法一个既具理性又富效用的秩序。

或许最重要的是,民法不断提供着比较的标准(即使是"可憎的")、法律类推的丰富基础,以及一种普遍历史智慧的来源——经常不被承认的;特别是体现在规则和法律格言之中,培根称它们为"法律的基石",其中的不少内容不仅被吸收进普通法,更融进总体文化之中。当然,再一次地,这些格言与其说是被接受为历史经验的表达,不如用威廉·菲利普斯(William Phillips)的话说,是作为"理性的结论"被接受的,"任何人否认它们都是不合法的"。以真蒂利和谢尔顿为先驱的现代国际法领域,是罗马法的另一副产物——尽管它也越来越多地以"自然的"术语来表达。[55] 这是另一件事了,但这里值得注意的是,从谢尔顿与格劳秀斯的时代起,现代国际法的争论就在社会思想的扩张中扮演着重要角色。他们将万民法应用于分裂的、处于扩张中的欧洲,并以此应对整个"国际世界"的异域文化问题。

但是,这种将法律作为文学与哲学一部分的慷慨观点,几乎不能代表普通法学者的设想甚至视野。对他们中的大多数人来说,可以切实地掌握文本与行业协会中的交易秘密就足矣;例如威廉·诺伊(William Noy)的《有造诣的法律人》(*Compleat Lawyer*)就仅仅是一本占有法与房产法的教义问答书,他认为这两者代表了文明的开端。作为内战的结果,罗马法普遍地名誉扫地,英国普通法急剧地沦为保守的习惯,自外于大陆学术;尽管从1660年到1773年,它随着君主制法律法语的恢复而被废除。自始至终,律师会馆至多与大陆学术保持着边缘性的联系,特别是在人文主义领域;但是从斯图亚特时期到19世纪中期,就像霍尔兹沃思总结的那样,这种联系几乎处于完全瓦解的状态;17世纪晚期和18世纪的法律著述反映了这一状况。[56]

接着,从职业角度来说,就法律改革所及而言,普通法越来越超越于大陆风格的影响。长达几个世纪与民法的职业之争增强了英国法学家将其法学和社会思维奠基于自身孤立经验之上的倾向;尽管他们常常在一种不同于大陆法律哲学的意义上,将这些经验等同于"自然"和"理性"。正如威廉·拉巴特教导一位陪审员时所说的,"英格兰领土内的法律或政策……是一种独特的管辖,它并非(如大部分其他国家的法律那样）借自皇帝法或罗马法，而是站在为其自己选择的最高理性上"。或者用威廉·达格代尔（William Dugdale）的名言来说："普通法不是别的，而是纯粹且可靠的理性。"[57]

纯粹的、经过验证的理性

"纯粹的、经过验证的理性"是一个非常精妙的说法，但在法律语境中，这个说法则显得含糊不清，甚至自相矛盾，它颇具牛顿或培根式的以一种普遍有效的方法将经验和理性结合起来研究自然事物的意味。普通法当然是"经过验证的"，但是要描述它的发展特征，"反复试错"或许更加合适；至于"纯粹的"，英国法律传统并没有斯多葛主义的、或现代公民科学、或带有分叉的如拉姆斯主义现代理论的抽象理性。对普通法而言，更合适的描述是"技艺理性"（artificial reason），这是一种只能通过普通法的研习、律师公会的训练以及普通法法院的法律"实践"才能获得的知识。[58]

在"技艺理性"与"自然理性"的对立中，我们看到了自然（Physis）和习俗（Nomos）漫长对立的又一个篇章；对于这个问题，再也没有比霍布斯所持有的"自然法高于任何形式的职业或实践性法律"观念更好的阐释了。在他1649年的《法律要义》（Elements of Law）中，霍布斯将他的法律学说与心理学——与《利维坦》所表达的身体政治自然平行的身体行为——的抽象理论全面结合起来。在前一部作品中，霍布斯根本性地区分了两种学者——"数学家"与"教条主义者"。[59] 前者是谦逊的，并投身于自然理性和第一原理；而后者则主张特权般的权威，满足于服从习俗和共识所接受的东西。用一句经典的话来说，（上述两者）就是第一自然和"第二"自然之间的争论，霍布斯在《利维坦》中给出了一个简单、直接明了的答案。

这一对立在霍布斯后来的作品《哲学家与英格兰法律家的对话》中变得更清晰了，该书出版于1681年，很可能是针对柯克的观点而写作的。在《对话》中，主要问题就是为什么数学比法律（人）更理性、更确定，进而数学家就不像法学家那么经常犯错。哲学家和法律人都认可"理性"是"法的灵魂"（按经典的说法，*ratio anima legis*）。"我认为你论证得很好，"法律家这么说，"但对那些并非不理性的习俗，我们还应当抱有一种宗教般的尊敬。"如那些被柯克所赞美习俗，柯克（及其补充的部分）理应因"赋予职业法律人与立法相当的权威"而受到赞美，因为这增添了国王的权威。无论如何，柯克所代表的这种"理性"是一种"经过长时间的学习、观察和经验所获得一种人为理性的完善，而非所有人都有的自然理性"。不仅（由于）普通法的权威，审慎也会建议依靠"实证法"，因为在管辖权的裁定或者财产权等复杂问题中，如果仅有纯粹理性，那么法官将是失职的，而律师也会是"一个差劲的辩护人"。为了回应这些论证，哲学家反驳说这一串论证仅仅是试图用"花言巧语，企图打动陪审团，甚至还包括法官"，而不是寻求公正。他接着说道，如果能够正确地理解，成文法不可能会违背理性，他还援引了对法律的文字和精神的古老区分，"法律不仅是……字母按照语法结构组织起来的文意，更有立法者期望能够发生的效力；我承认，很多时候要从法令的文字中辨认出其中的真意是很困难的"。[60]

这场论辩的措辞很清楚，无需过多纠缠。值得注意的是哲学家将立法者"意图"与理性等同起来的方式——他把法律精神（mens legis）等同于立法理由（ratio legis）。这也是罗马法学家的一个普遍假定，哲学家的确也附带提到了，从历史角度来说，普通法只是罗马法的一部分，这也符合霍布斯自己的政治学构想，但与将法等同于"自然理性"的观点并不十分一致。换言之，将君主的意志与法律的理性并置，看来复兴了基于自然之理性和基于人类技巧之理性的区分，或者再次类似于自然身体与利维坦"人造身体"之别。

历史学家和普通法学家马修·黑尔爵士，则基于标准的专业基础反对霍布斯（即"哲学家"）的见解。黑尔承认存在人性共有的"主体理性"，但这种理性是经由各种专业化的方式发展出来的，比方说，某些人会更倾向于，或更积极地投身于数学方面的理性；而另一些人则选择医学，或者所有职业中最复杂的法律。"创造、解释和适用法律的困难"来自几个方面，包括个人和共同利益的不一致、道德品行无法比较的不可通约性等。此外，相比保留古老的法律，为了某种"新理论"就拿社会纷争去冒险未免太草率。"这更增加了领会法之理性的困难，因为它们是漫长、重复经验的产物。虽然经验常常被说成是'愚人的情妇'，但它无疑是人类最明智的对策，它发现、并弥补了那些人的才智无法立即预见或者无法恰当纠正的缺陷。"[61]

和福蒂斯丘与圣戈尔曼一样，黑尔也承认某些英格兰习俗超出了理性力量所及的范围，这尤其发生在财产和继承问题中。"今天，天底下任何一个最有教养的头脑如果想要通过思辨，或者阅读柏拉图或亚里士多德的著作，或者思考犹太人或其他民族的法律，来探索地产在英格兰是如何沿传的……他都要白白浪费自己的劳动，徒然花费自己的智力，直至他熟悉了英格兰的法律规定；而其原因在于，这些制度要么是由人们的意志和共识——要么暗示性地体现在习俗与惯例中，要么明示性地体现在议会法案的成文规定中——所引入的。"他还补充道，政治变革也一样，可能体现在"承载了统治者与被统治者轻率的共识漫长习俗惯例，或至少是符合政府的本性的原初机构的证明或者解释"之中。

以这种方式，黑尔赞美了他和他所属的"解释共同体"通过"技艺理性"方式所创造的"第二自然"。在其《普通法的历史》一书中，黑尔更全面地描述了这一传统的信条，及其不成文法和口头传统起源——因为没有成文"纪念碑"因而是"无力的"，以及该传统与罗马法的分歧。黑尔认为，普通法不仅本身是优越的，而且"它还与英国政府的架构、英格兰民族的性情极其相称。经过如此长时间的经验和运用，普通法已经被吸收进英国人的气质之中；在一定程度上，普通法已经成为英联邦的总结和宪制"。[62] 按照公民科学的说法，普通法不仅是英国的地方法（ius proprium），而且它也实际上脱离了欧洲的共同法。

当然，霍布斯还有许多其他的批评者，他们大多是出于宗教上的义愤，但至少有一位是从法学的视角来反驳霍布斯的。约翰·怀特霍尔（John Whitehall）在其《揭秘利维坦》（Leviathan Found Out）和《被控诉的比希墨斯》（Behemoth Arraigned）中补充了克莱尔顿（Claredon）的论证，他特别反对霍布斯试图改造习俗的努力，他斥之"（其）首要目的就是要赶走我们的普通法"。怀特霍尔还对普通法的惯例法（尤其在财产法中),以及时间给予英国法的正当性进行了辩护。"根据普通法,大多数人都能享有财产权——无论是不动产还是动产。现在如果时间的长度也不能正当化财产权……普通法、法律、财产权也要随之全部消逝。那么,聪明的霍布斯先生,就让最强大的人把全部都拿走吧!"[63]

与欧洲大陆社会思想形成对照的是,复辟时期的论战继续提出了英国制度的"古老"特性(实际上是史前的和本质上大众化的)的命题。1680 年,威廉·皮特(William Petyt)在《下议院自古以来的权利》(Antient Right of the Commons Asserted)中试图证明,"正如历史纪录和最优秀历史学家们所展示的那样,下议院从来都是议会的基本组成部分",这惹来了那些确信英国"法律记忆"仅仅开始于1198 年(理查一世加冕礼)的保皇党人的抗议。威廉·阿特伍德(William Atwood)和罗伯特·布拉迪(Robert Brady)是皮特的颠覆性古代研究和历史论证的反对者之二;他们的论证同样也是历史性的,认为议会体制不是盎格鲁-撒克逊人(习俗)的设计,而是来自国王本身。[64] 约翰·提雷尔(John Tyrrell)在 1694 年出版的一篇对话中指出,"弗里曼(Freeman)先生"再一次试图以历史为根据劝服民法学家"米恩韦尔(Meanwell)先生",真正的、同时也是非法的革新与其是下议院——其存在是古老的和"根本的",而毋宁说是"神圣权利"的原则。[65]

这种保守派和保守主义意见的顶峰出现在威廉·布莱克斯通的《英国法释义》(Commentaries on the Laws of England)中,这是继五个世纪前布拉克顿的作品之后的一部近代法律大全。随着牛顿学说的兴起,布莱克斯通更为熟稔于柯克、福蒂斯丘及其他普通法信奉者所展示出来的自然主义修辞，也更擅长平衡这一传统的"科学"和"神秘"因素。同样的，对布莱克斯通而言，"理性"和"自然"所指的不是抽象的或普遍的理性，而是指英国普通法的"精神"，尤其是数世纪形成的对自由和财产保护的制度安排。[66] 这也正是当他将英国法形容为"一种自然的次级法"时所要表达的意思：以其自己的立场看，它是很理想的；但正因为这样，它也是一种"地方性知识"。

在普通法之外

从社会思想的立场来看，普通法传统的各分支从许多方面来看都比英国的职业主流重要得多，尤其是17、18世纪的苏格兰法学。到1800年，法律人在数量和智识上都胜过了神职人员，（因而）成为苏格兰启蒙运动早期的决定性塑造力量——尤其是在社会思想领域。[67] 试图通过历史研究和自然法思想来理解和评价苏格兰法律的混合遗产——罗马法、英格兰法和本地习俗——的努力，在"苏格兰知识"的发展中发挥着开创性的重要作用。

除了托马斯·克雷格（Thomas Craig）的"封建法"著作外（该书大体上是一部苏格兰土地法的评述），在斯泰尔（Stair）勋爵1681年的《法学原理》（*Institutions*）以前，苏格兰基本上没有什么法学方面的著作；《法学原理》是一部先驱性的作品，对综合性学识有相当程度的展示，完善了苏格兰法学，其意义就像格劳秀斯之于尼德兰法、帕斯奎尔之于法兰西法，考埃尔之于对英格兰法。斯泰尔勋爵不仅遵循了盖尤斯的体系架构，也遵循了他的名言，"人法要么通用于多个国家，要么单独为一个国家所适用"；大概是为了与苏格兰的情形相合，他还增加了第三种选择——"或者像罗马共和国的市民法一样，特别地适用于某些地区或团体"。总体上，斯泰尔勋爵将苏格兰法追溯到"支配世界的共同法，并将它比之为市民法和教会法，乃至以及邻邦的习俗"；虽然这些法律，尤其罗马的"教皇法"，"仅仅出于衡平和便利而被接受"。斯泰尔勋爵承认，尽管苏格兰法与欧洲大陆封建主义有更密切的关系，但是和英格兰法一样，"我们的法律很大一部分是习惯法性质的"；然而与英格兰不同的是，苏格兰的"习惯法"被认为高于成文法，因为后者特别"易于被废除"。[68]

后来的苏格兰学者扩展了斯泰尔的历史学进路，并在新的欧陆观念的帮助下增强了其理论论证。被威廉·汉密尔顿誉为"苏格兰哲学学派的真正创始人"的格尔森·卡迈克尔（Gershom Carmichael）向格拉斯哥大学引介了塞缪尔·普芬道夫（Samuel Pufendorf）的作品。在苏格兰式宗教虔敬的调和下，"欧陆风格的自然法"成为苏格兰社会思想的一大永恒特征，这同时体现在法学家和道德哲学家的作品中，其中包括卡迈克尔在格拉斯哥大学的学术后继者弗朗西斯·哈奇森（Francis Hutcheson）。[69]

法学家中的领导人物是克姆斯勋爵（Lord Kames），他以"只有遵循历史学方法的法律研究才是理性的"的假定作为学问的起点。更确切地说，克姆斯培育了一种希望：或许借助"诗人和历史学家的暗示"以及自然法原则的帮助，可以穿越"黑暗时代"，追溯"习惯、法律或艺术从诞生开始的发展进程"。[70] 关于经济和社会发展的著名"四阶段"理论标志着这种论证思路的巅峰，在该世纪过去四分之三时，这一理论在克姆斯的活跃于法律研究的三位学生的著作中达至成熟：他们分别是于 1748 年获得出庭律师头衔詹姆斯·达尔林普（James Dalrymple）；在 17 世纪 60 年代担任格拉斯哥大学民法教授的约翰·米勒（John Millar）；尤其重要的是亚当·斯密，他在那些年间做过多次的法学讲座。[71] 在同时期甚至更早些时候，图尔戈特（Turgot）和戈盖特（A. Y. Goguet）已经开始探讨"四阶段"的概念，他们关于法律起源的书被翻译成英文，1761 年在爱丁堡出版。[72]

根据这一从民法传统中推断出的理论（即便没有明确表达出），人类从野蛮到文明的进步相继经过了猎人、牧人、农民和商人主导的四个阶段；相伴地，法律和精神的发展也遵循着一致的模式。尽管启蒙思想这一基础在某些人看来似乎是一厢情愿的，但它不仅代表着"观念"进步史的一种唯物主义解释，而且是对各种法学类型的一种历史化——从最初的"自然法"到习俗，再（借助纠纷解决、耕作和贸易）到人类社会更"文明的"理念和成文法技巧。它同样也特别依赖赋予财产权重要性的关键性原则和一般性的新政治经济学科。经济学和形而上学的联姻，构成了卡迈克尔和斯密等道德哲学家学说的基础，孕育产生了"苏格兰知识"（Scotch knowledge），对现代社会思想史而言必不可少，但它承载的故事大大超越了公民科学的职业传统界限。

不列颠法律传统同样也在殖民地美国留下了印记，尽管美利坚爆发了一场反对（不列颠）政府的"革命"，但是丝毫不反对其法律系统；实际上他们声称自己比乔治三世的议会更忠诚于普通法原则。其中一位传道者詹姆斯·威尔逊（James Wilson），正是出自这苏格兰学派，他在新生美利坚合众国开设了最早的法律课程（1790-1792）。"在自由的国家,"他对费城的学生们教导道,"尤其那些自豪地拥有普通法——从人民的习俗中自发地、充满活力地诞生——赐福的自由国家中。"这里他引用了福蒂斯丘、胡克、普芬道夫,还有斯佩尔曼、吉本(Gibbon)和布莱克斯通的说法,"法律必须被当作一门历史科学进行教授"。[73]

威尔逊所做的本质上是背书了最早由布拉克顿提出的主张,即英国法是习俗的雏形——到18世纪时,英国法变成了习俗的古老幸存物。威尔逊在他的第二场讲演中提出了他那句老生常谈的话(他在第一次讲演中——当时华盛顿也在场——已经赞美过美国的解放,称它"安全渡过了红海"),"让我用一句话来概括我想要表达的所有观点,"他宣称,"英格兰普通法是一部习惯法。"尽管处在法学家的看护之下,英国法仍然保持了习惯法的特质;因而威尔逊希望,尽管美国的普通法也同样处于专业人士——包括威尔逊演说对象的学生——的领导下,它依旧能保持习惯法的特点。

美国国父们大都是律师,其中许多人十分敬仰欧洲的法律传统,包括民法传统。约翰·亚当斯年轻时曾是一个狂热的罗马法崇拜者,他还曾从哈佛大学图书馆借来尤士丁尼《法学阶梯》的副本,想要把它翻译成英文。"这个国家的律师必须学习普通法、民法、自然法和海商法。"他如此写道。[74]他的老朋友托马斯·杰斐逊对此完全同意,他在去世前追忆青春时写道,"律师们将会发现,用拉丁语书写的罗马民法体系,与任何人类社会所确立的正义原则是最相适应的,而且从这里也有很多已经被吸纳进我们的法律体系之中"。为了应付1810年发生在路易斯安那的一场联邦诉讼,杰斐逊回顾了他对这个问题的知识，在他的辩护状（brief）中，甚至还引用了那句古老的民法名言，赞美罗马法是"成文的理性"。[75]

但是，在很大程度上，美国法遵循了英国普通法确立的"自然"道路，该道路在政治上由自然法和自然权利学派确定。因此，作为（英国普通法）子嗣，美国思想在法学的技术化体系与政治思想的高度抽象化体系之间承受着甚至比英国更大的张力，并在很多方面与某种社会思想整体割裂开来，这种社会思想由更古老的欧洲公民科学传统及其身处的"民族国家世界"所创造。这或许能够帮助我们解释，何以遵循盎格鲁-撒克逊先例的短视和狭隘的美国学术界，却易于接受社会和文化科学的历史。

第十一章
法国式的法学

> 习性先于习俗……判决确认习俗。
>
> ——科南:《民法评述》

高卢的法律研究

"法国式的法律讲授方式"是社会思想的民族化的另一种反映。它承布尔日大学阿尔恰托的追随者们之名,他们反对巴托鲁斯主义(Bartolism),并且自觉地尝试创建一种新的研究方法——基于人文主义研究与"教皇至上主义"法学家所发展的传统法律科学的集合之上。在法国法学权威之中,有四位恰好同名的著名学者(都叫"法国"),他们曾被一首同时代的双关语小诗所铭记:

法兰西(François)法学界之中,有引领者四人:

评释者弗朗索瓦·杜阿伦(François Duaren)*,法律学术界的第一人;

---

* 原文 François Duaren,应为 François Douaren。——译者注

然后是弗朗索瓦·科南（François Connan），为我们所尊重的律师；

第三便是弗朗索瓦·博杜安（François Baudouin），卓越的古希腊研究者；

以及弗朗索瓦·霍特曼（François Hotman），有人说他是所有那些人的引领者；

他们共同为拜伦（Baron），多诺（Doneau），杜姆林（Dumoulin），格里博尔蒂（Gribaldi），比代（Budé）所追随。[1]

这份名单并不完整，而且它的确忽略了阿尔恰托那位最年长的、同时也可能是最早的追随者埃吉纳伊·拜伦（Eguinaire Baron），并且一并忽视了在整个16世纪最著名也最有影响力的法学学者雅克·居亚斯*（Jacques Cujas）。但它也确实显示了某种现代的专业化狂热团体以及随之而来的某种神话学的诞生，后者与"意大利式法学"相抗衡（尽管建立于意大利法学之上），并在一些重要的路径之上拓宽并深化了传统公民科学。

对于接连历经了阿尔恰托到来的15世纪20年代末和内战的苦涩岁月的两代多的人而言，布尔日大学的法学教员们曾是方法论与意识形态（即自白式的）的冲突的掌舵人，说得更为直白一点，他们曾是法律学术与思想的先驱。以拜伦和勒·杜阿伦（Le Douaren）为始，由第一代阿尔恰托派学者（*Alciatei*，真蒂利这样称呼他们）所倡导的这种新"方法"，由三大基本要素构成：第一，精通新式文献学。新式

---

* 雅克·居亚斯（1522—1590）：法国法律专家，杰出的法律人文学者，或者说人文法律学派的卓著代表。他被视为抛弃了中世纪阐释法学派（medieval Commentators）的路线，转向忠实于罗马法学原著文本的路线。——译者注

文献学由纪尧姆·比代*（Guillaume Budé）引入法国，它在考察学说汇纂时抱着一种恢复希腊名篇、解释文学典故并阐明哲学概念的意图。第二，有一种对原始文本与历史沿革的意识，这对有鉴别力地评估法律传统至关重要。第三，对古代教会法准则**（legal canon）的法律化"改造"或"重新修订"，从而实现其道德、社会与文化理想。[2] 这几大品质并没有完全脱离"法学的意大利风格"，但它们并没有得到"法国式的法学"的拥护者们的青睐；这些拥护者们忽视学院派意见的积累，只为投身于一个三重性的工程——对法律语辞的批判性重建、对法律发展的历史性解释和实现成为"真正的哲学"的严肃志向。然而，这一"实现"绝不能仅仅被理解为一句方法论意义上的空话，而应更为切实而明确地落于法国学派的概念式实践之上。

人文主义法学的这一工程不单被构想于拜伦、勒·杜阿伦或其后继者的文集中，还被确切表达为一条由布尔日大学的法学教员们于1548年发布的、关于"解释法律的顺序、方式与理据"（de ordine, via, et ratione interpretandi iuris）的正式条例。[3] 这一新的"改良式法学"在一些圈子中被质疑，部分是因为它与新的"改良式宗教"的联系——该教派当时已在布尔日站稳脚跟（并很快分裂了教员们），但主要是因为它的不现实性。布尔日的主要市政官员们也时常抱怨他们的教授

---

* 纪尧姆·比代（1467—1540）：文艺复兴时期欧洲法国人文主义法学家、著名的古典语文学家。——译者注

** 到公元4世纪，主教们已经将自己确立为地方教会的管理者，他们也被认可在宗教会议中处理邻近教会问题的角色，并且意识到当面临触及普世教会利益的问题时所承担的责任。无论是东方还是西方，宗教会议都成了发布有关宗教生活、教会组织的规范的主要媒介，正是在这一时期，被制订出来的规则开始被统称为"canons"。——译者注

们（拜伦与勒·杜阿伦）沉溺于自己的革新"方法"而忽视了由巴黎议会所批准的传统法学教育。然而，布尔日大学的国际声望正是立足于这些学术嗜好，以及它那些争吵不休甚至有时不够专业的教授们的出版物。

"法律人文主义"的学术研究已经很丰富了，确实，这一风潮依旧活跃在对"插补性文字"（interpolations）和多种多样的历史境况的研究之中，尤其是公民科学得以发展的古罗马、拜占庭与中世纪这些历史时期。对"巴托鲁斯主义"、"阿库修斯主义"（Accursianism）与"特里波尼安主义"（Tribonianism）的评论，这层层有连续性的社论与说明注释必须被揭示于信文（the letter）之前，唯此罗马法真正的"精神"方可重现。法律重生的大量工作在布尔日学校的第二代人手中得到了很好的传承，这"第二代人"与第三位或第四位"François"归属于同一代，时间上大致始于 15 世纪 60 年代早期且其职业生涯与内战交叠，他们中的死敌要数博杜安（Baudouin）和霍特曼（Hotman）（两者分别是拜伦与勒·杜阿伦的追随者），和他们那更为审慎的同事，居亚斯与多诺*；他们的工作成果在这一学术研究领域得到了广泛运用。[189] 到了第三代，其中的许多人都是居亚斯等人的学生，他们将其导师们传授的观点和方法用于地方性法律、制度与文化的研究之中。[4]

法国学派试图经典文献"历史感"的欲望，需要具备特定的资格。尽管居亚斯同伊拉斯谟一样，为作为一个修辞"语法学者"而感到自豪，但事实上，他毕生的工作旨在发现罗马文本的法学意涵，且

---

* 雨果·多诺（1527—1591）：法国法学教授，法国人文主义法学派（mos Gallicus）的主要代表之一。——译者注

主要是通过运用内部分析的方法。在面对更为严格的"文学性"文本时，在重建古代法学家的话语与思想——也包括其价值观与理念——的努力之中，鉴别与模仿（mimesis）有着重要作用。[5] 这一努力有时会牵涉到某些不合时宜的东西，尽管文艺复兴时期的法学家们已然清楚地意识到了"把一个生长于非基督教的共和社会中的理念转译进一个基督教的、封建的、君主式的现代性语境之中"的困难性。

如何完成这一转译在方法论上存在严重分歧。总的来说，与法律文本的文字与精神相对应的，有两种文本注释方法：一是建立在对手稿与"权威"的某种关切上，从而避开推断与猜测；二是以一种提出推断性的修正意见的意愿为基础，在一个更为一般的意义上去探求超越特定词汇的语言准则，从而探求某种"真正的意义"。[6] 这一方法曾被运用于洛伦佐·瓦拉*的《论拉丁语的雅致》（Elegantiae Latinae linguae）一文中，该文所依托的"权威"既不是西塞罗，也不是昆提利安或任何其他单一的作者，而更像是整个"古典时期"（auctoritas antiquitatis）。这也是16世纪法学家们进行法学词典汇编——人文主义学派的又一副产品——的进路。[7] "探寻超越字面本身的更为宏大的历史意涵"，这一方法保留了民事法律最为深远的传统，并最终在民事法律与现代社会科学之间建构起关联。

与语文学批评相关联的是民事法律"历史视角"的出现，这对于法律解释与纯古典研究同样意义重大，他们像词典编纂者们遵循《论

---

* 洛伦佐·瓦拉（1407—1457）：意大利人文学者、修辞学家和教育家，天主教神职人员，曾任职教宗秘书。他曾以文本分析方法证明了"君士坦丁御赐教产谕"（Donatio Constantini）这一文件是伪造的。——译者注

语词的含义》（*De verborum significatione*）那样，遵循着彭波尼对《法学汇编》中法律起源（*De origine juris*）主题所作评论。即便是对法国法学家而言，罗马法依旧是典范，而罗马法律史则为法律变迁确立了一般模式。所以这些法学家们不单致力于对罗马立法的编年研究，还参与到对罗马法某个特定时期的专门研究之中，如十二铜表法、早期共和政制与古典法学、基督教帝国时期的法律以及最终的封建性质的俗世习惯法。拜伦的门生弗朗索瓦·博杜安（François Baudouin）是这一领域的中心人物之一，他出版了有关罗马法律史概述的两本专著：一本关于君士坦丁时期的基督教会立法，另一本关于查士丁尼的"新法"，以及一篇论述普世历史之方法及其与法律之关系的论文。这种方法在某种意义上是历史学、语法学与法学的三重"联结"，并在事实上将基督教法学打造成了一门现代社会科学。[8]

尽管很少有人能充分意识到，但最重要的"联结"却在公民科学与哲学之间，这首先与法律的系统化特质密切相关。从拜伦和勒·杜阿伦开始，布尔日学派的所有成员都以这样或那样的方式触及这一问题，虽然拜伦与勒·杜阿伦在大部分命题上都势不两立，但二人一致认为，民法需要"改革"。这一改革的基本手段是对民法的权威典籍进行专业评论；但是，在浪漫主义传统之外，法国法学家们还要处理种种其他问题，包括法国各行省的"封建"法律、高卢教会的"自由"、国王的法律与政治特权（在教会法研究者的古老惯用语中，"国王"被表述为"在其王国内的皇帝"，这一表述倍受王室法学家们的青睐），以及法国文化遗产的独特来源与独立"精神"。[9]

整个国家倾向于随之而来的保皇思想，这或许是法国法学最典型的状况。既然法国法学家们不认可"罗马"皇帝的权威,他们的概念框架及"研究的可识别领域"就是国际法——不是市民法而是万民法[或者用巴尔都斯的话来说,是新时代的万民法(*ius novissimum gentium*)]。这一现代语境下的万民法通常被理解为存在于两种模式中——主要层(*primarium*)和次要层(*secondarium*)。"主要层面的(国际法)是指那些与自然理性相一致的部分",拜伦如是说;而次要层面的则是指那些切实反映在人们集体行为中的部分——欧洲各国(*gentes*)的实际惯例与实定法,包括法国君主制的法律传统。或者按照拜伦以前的学生雨果·多诺的说法,第一类国际法基于"正当理由"并等同于自然法本身,而第二类国际法源于需要与效用,这样一来,它们就共同阐明了自然与文化的古代辩证法与历史终结问题。[10]·"第二天性"这个古老概念的这一现代版本,构成了我们探讨法国对法学和社会思想之贡献的起点。

民族的世界

在法国法学家手上,公民科学被详尽阐述于法律传统与经验的一系列同心圆结构之中——从市民法到国际法最终到自然法;从罗马经验到国际历史再到普遍理性。按照盖尤斯的教导,所有人都既部分地受治于自己的法律(*ius proprium*),又部分地受治于为各国所共同遵循的律法(*ius gentium*)。法国法学家认为,市民法只不过是罗马人的地方法,在法国它们并不比任何教会法或封地册(Book of Fiefs)中的封建法更权威。[11] 在此基础上,他们转向了以"国际法"——"主要层"与

"次要层"——作为他们研究与实践的合宜领域；同先于他们的意大利同仁那样，他们以一种比较主义的方式开展研究，不过要更为系统化和条理化。

拜伦，这位布尔日大学的首位法学教授，自16世纪20年代中期开始就已经在哲学的框架内从事比较法研究。毫无疑问，拜伦他对那被他定义为"罗马法与教会法的神圣法律智慧"（*divina illa iuris sapientia ius Romanum et Gallicum*）的研究，被教皇与法国国王同期的政治竞争所加强。但是就概念上来讲，他所关注的是一个同时存在于语文学与法律科学之内的基本问题，即法律解释领域的古老问题——转译。莱昂纳多·布鲁尼（Leonardo Bruni）在15世纪早期的论文《论正确的解释》（*De recta interpretatione*）之中处理过这个问题，一个世纪之后，在《法典注解》（*Annotations on the Pandects*）中，纪尧姆·比代通过援引具体的民事法律也处理过这个问题。[12]

拜伦的起点是对查士丁尼的《法学阶梯》与《学说汇纂》的一组"双向评论"。他采用的一般流程就是对其中民事法律的主题做连续性的分析，并依据比较法的方案提出其在法国的对应物或类似物；即将《法学阶梯》和《学说汇纂》里的记载进行改编，以适应高卢的习俗与王国的法律。比如罗马的衡平概念（比代曾以一种古典的表达方式对其进行过全面讨论），拜伦回顾了其法式用法，即"那些有益而合理的"（*profitable et raisonable, ou utile et iuste*）。其他的种种比较则建立在法学家的解释（*interpretatio prudentium*）与"法律应用"（*practiquer les loix*）、元老院决议（*Senatus consulta*）与议会法令（*ordonnances de la cour de Parlement*）之间，平民（*plebs*）和贵族（*tiers estat*）之间，甚至深入到社会中更为低下的层面，包括他国封建惯习的类似物等。[13] 在这些评述中，拜伦找到了既要坚持法国风俗与制度的优越性、又要说明现代欧洲法律与社会模式的相似性与不同点的理由。

对于拜伦和他的同事们而言，罗马法提供的不是一套权威系统，而是一个概念模型（它对马基雅维利也一样，以他那更为政治化和行为主义的风格），以及随之而来的哲学、政治、法律、社会分类与评价标准。比阿尔恰托更严肃，也比比代更哲学化，拜伦指责了注释法学派的肤浅：阿库修斯在《学说汇纂》的"治安法官"条目（I, i, 5）认为，"这一法律不应受到考虑"（non legitur）。"这是为何呢，阿库修斯？"拜伦问道，"是因为它被一部新的法律废除了吗？还是说你想要的无法由那个年代的治安法官所提供？基于同样的原因，我不会将罗马帝国那伟大的公职机构同法兰西王国的那些机构等同起来，如地方总督与执行官和执事（senechaux 和 baillis）；但是其在法理上的模式是基本相同的。"[14] 在这样的路径下，拜伦提出了罗马与法国在风俗和制度上的结构和历史的相似性——哪怕不是法律上的。

前文曾提到，比较法学研究的中心范畴是"习惯"（consuetudo）这一概念。拜伦继续论证，习惯并非源于言语而是源于现实与行动，也就是说，来自那些获得了普遍认可的祖先成规（mos maiorum），以及后来的智者阐释（interpretatiop rudentum）和法院决定（res iudicatae）。同时，拜伦也讨论了"证明"习惯的困难性，但也补充到，在他的时代，随着各种地方习俗的编订，习惯如不被写入法令就没有强制力。[15] 与罗马共和国颇为相似的是，在16世纪的法国，制定法律的力量从民众处转移到了王室手中，并为他们所垄断——皇家法令（leges Regias）与帝国宪法效力相当，尽管法国君主政体的司法机构（haute, moyenne, basse）分化程度更高。

在私法领域，现代法国与古罗马之间的差异甚至更为惊人；因为政治绝对主义为最高法院与三级会议所节制，所以拥有父系家长式权威（patria potestas）的旧时罗马"暴君"在法国社会中销声匿迹。同样在人的状况（status hominum 主题）的问题上，法国法律比罗马市民法更为复杂却也更加自由，后者只区分了奴隶与自由人。拜伦特别指出，至于"已归化的"外国人与妇女，他们的地位更为低等，但并不是完全附属。当然，法国惯例与民法规定人"生而自由"；但"第二类国际法"的种种异象带来了战争和奴役，进而侵蚀了这最初的自由。"第二天性"带来了各种社会约束并成为麻烦的根源。

在法学的这一"双向"进路上，拜伦在某些方面遵循着中世纪的文本注释者们的做法，不过他更在乎的是对古典与现代法律作出区分，而非同化两者或使两者彼此容纳。拜伦的通往公民科学的路径，可以说，并不是那么纯粹理性，而是融合了经验主义、历史主义和比较研究的视角——用维柯著名的话来说，叫作进一步打开了"民族世界"，正是在这一点上，他被 16 世纪一批声名赫赫的后继者所追随，其中就有弗朗索瓦·博杜安与让·博丹（Jean Bodin），尽管他们是某种意义上的模仿者，但光辉却盖过了他们的老师。

另一位比较法研究领域的法国先驱要数先前所引诗中的第二位"François"——弗朗索瓦·科南。他曾是加尔文的校友（阿尔恰托时期的布尔日大学），也是一位执业法官（maître des requêtes de l'hôtel），他对市民法所做的注释集在他去世两年之后的 1553 年出版。在其试图描[193]

述人类法律与社会的性质的过程中,科南以对罗马法律史的传统调查开始,接下来是《学说汇纂》中"论法律的缘起";从习惯法渊源到具有法制伦理意义的法典——从"阐释"了罗马惯例(mos Civitatis)的十二铜表法,下溯至查士丁尼的立法。总的来说,法律曾是"一个民族的形式"(forma populi),并且在解决人们之间的冲突的特定判决中获得了具象的表达。随着成文法的出现,习俗得到了司法机关(ius honorarium)与司法判决(responsa prudentum 和 res iudicatae)的增补和确证;但是通过被"实践与时间所证明"(usu et tempore comprobatum),它总是保有根据《学说汇纂》中著名的准则(consuetudo optima legum interpres,习惯是最佳的解释者)来"解释"法律的权力。随着"公民理性"取代了自然多样性,为了创造公共利益社会机制(在科南的话语中为 facilitas in legibus novandi)的罗马天才们,制造了虽不一定统治现代公民科学、但一定仍然构成了其潜在基础的传统。[16]

然而,基于必要性的考虑,法国封建法学家不得不将其视野扩展至市民法和现代"国际法"。正是基于这一更为世界性的视角,弗朗索瓦·科南给出了他对法律与社会历史的阐释。就"民族的世界"而言,**自然**是其最小公分母。在科南眼里,自然不单是"孤独"个体的自由之基础,它同时也是婚姻或生育这种社会形态的"来源"或"基石"(fons, fundamentum)。除了家族式社会的环境外,文明的开端依赖于将"自然理性"——盖尤斯认为由所有氏族分享——应用于人际关系之上;而且它最先表现为"法"(mos)的形式。科南在探溯"法"的语源时发现,"法"这个词来自于"方式"(modus),它"意味着一个事物(thing)的形式、状态与情形",经由重复而被接受为习俗。同拜伦一样，科南称颂法国习俗相较于罗马习俗的优越性，正如对女性抱有更为自由开明的立场那样。与之相似，两个世纪之后的维柯亦相信习俗具有一种本土特质。举例来说，他基于该观点认定，封建主义制度并非起源于罗马法，而是起源于经由法兰克人传入欧洲社会的高卢惯习。

惯习（*Consuetudo*），即不成文法（*ius non scriptum*），本就既是自然的产出物，又是风俗的遗留物。尽管区别于取得实效，习俗也是"在实践与时间之中得到认可"（*usu et tempore comprobatum*，科南语），并"历经年岁而拥有了自然力量"（*consuetudo...suavetustate naturae vim obtineat*），此处不妨援引品达的著名习语——"帝王习俗"（king custom）。* 习俗总要受到自然法的限制，在代际更迭中走向腐败毁朽，并且终要走向其本质属性的对立面，即"弃之不用"。习俗可以被创造于任何一个共同的团体之中，尤其是一个共同体（*populus*）；也正是因为其与自然和人类行为的亲近，科南称它是"最确切的法律"（*certissima lex*）与通往"公平"（*aequitas*）的关键。[17]

然而，如果社会及其习俗产生于自然，那么它就已在某种意义上疏离或偏离于自然了（*deflexit de via naturae*）；因为在共同需要的压力下，人性将超越自然状态下的本能——用基督教的语言来说就是"失去了其理性状态"，在其行为中"效用"将取代"理性"。这就是科南诉诸"习俗乃第二天性"这一古老准则，并重新整理原初希腊法（*nomos, thesmos*）和罗马市民法的类似的、"原始的"来源的真实意图。对他来说，第二自然（*altera natura*）意指产生于"第一"自然法的"第

---

* 指古希腊哲学家品达所言，"习俗乃万物之王"。——译者注

二"自然法。当"国际法"接替了"自然法",曾经那种"自然状态"(17世纪的说法)也渐渐转化为一种社会状态。伴随着这样一种对于神性的疏离和对人性的亲近(既可以说是上升到人性,也可以说是从神性降到人性),万民法中的各类奖赏与惩罚〔其中涉及王国、奴隶、战争、私有"财产"和其他早期法律(*priscae leges*)的"原始"创造物〕接踵而至,为我们描绘出了一个"黑铁时代"(*aetas ferrea*)——它以贪婪、野心、奴役、"钱的使用"与自我防卫的权利(*vi vim repellere licet*)为特征,并且产生出有关财产与商业活动的种种规则与惯例,如证明书、合同。

最后,随着对"此前习俗"(*mos praecedet consuetudinem*)的社会适用,万民法(获得)优先于任何国家的市民法(的地位)。在这种人民集合体的基础上诞生了有组织的社会——尤其是以"城市"(*Civitas*)的形式,随之出现了成文法与"市民社会"机制。此时公民自由取代了失落的"自然"多样性,财产(*dominium*)取代了单纯的"占有",且人性达至一种即便没有乌托邦美好、但也至少"平等"(*aequitas*)的状态,这被科南视作公民科学的终极因与法律进化的最终成果。

然而,在实际上"历史化了"自然与习俗的关系并进而也因此"历史化了"文明的观念之后,科南拒绝认为正义本身在任何意义上仅仅是协定的产物。他柏拉图式地提出问题:自然法是不是一种意见(*Ius natura ne sit an opinione*),回顾了《理想国》色拉叙马霍斯那怀疑论式的立场:把正义仅仅等同为效用。尽管科南没有贬低效用(*utilitas*)在法律形成中的作用,但他拒绝"效用"能够充分代表公民(或自然)理念,因为这一理念需要在"正当理由"之中寻求基础或根据。

历史从未表明曾存在过这样一个民族——它是如此"野蛮",以至于既缺乏惩恶奖善的冲动,又没有某种形式的宗教。所以说,正义并非起自法律特性[尽管科南同意"语法学家们"所说的,认为法和正义（*ius a Justitia*）的惯例起源在名义上是错误的],而是先于这些特殊性,正义是永恒存在于精神、思想、意志或人的灵魂之中的（*ius in hominum mente ortum habere*）;根据法律惯例,它存在于"法的精神"之中。[18] 在这一进路下,科南预料到了人性内在的"社会性"问题,这一问题尤见于后世托马斯·霍布斯的作品及对其的评论中。

拜伦与科南对于"市民法"（"市民法"概念不仅存在于罗马,还存在于其他任何宗族共同体中）的假定之一就是其本土化和历史化的特征。这里我们再一次回到了习惯法的决定性特征之一,即其与人类行为的地理、文化与历史变量之间的密切关联性,这一特征曾经体现在文艺复兴时期社会思想的医用占星学话语之中。另一位布尔日大学法学院的校友兼皇家治安法官的皮埃尔·埃罗（Pierre Ayrault）表示,这种"法律的多样性与突变性"的结果就是,不同地方的法律看上去好像不协调,甚至彼此冲突:在一个地方相当理性,但是在另一个地方却违背了所有常识。同时这也引向了埃罗口中所谓"必要的革命",它将所有的社会送入一个生成与消亡的循环之中:这一幕曾在罗马上演,并且还会发生在这民族的世界中的所有其他社会中。但是公民科学家们从一开始就意识到这种了"可变性"、法律与潜在的社会"性情""气候"的一致性,这种社会性情、气候等特性反映在地方风俗之中。埃罗写到,立法者们必须像"优秀的、勤奋的画家们"那样推进其工作,法官则要像一丝不苟的医生那样为不同的病人开具不同的处方。为了描述法律与社会之间的复杂关系，埃罗经常诉诸隐喻。法律就像太阳，像火，像一道河流——周遭风景变幻而它仍连续不断，并总是能主动适应那景色。[19]

在这个意义上，法律显然不同于一门"科学"，反而是更像是一门"艺术"或某种"审慎"。在另一部作品里，埃罗通过展示大量细节，详述了法律为何不是某种哲学的映像或科学的推论，而是由许多独立的判决和案例［古老的平民规则将其表述为"既判令"（res judicatae）］汇聚而成的——以学说汇纂的形式进行收集整理。在法律实证主义的统摄之下，埃罗宣称"既判令是法律首要的、唯一的，或说具有引领作用的部分"，也是衡平的核心关切点。他还补充道，正义是基于某种体现于此案件中的"心照不宣的同意"，而法律只不过是一堆判决的集合（Constitutio quid aliud est quam quod ex multis iudiciis et opinionibus?）。最为需要的是法律经验与习俗方面的知识，它们才是最终裁断者（这里他引用了一句格言，Usus ille docendi magister）。我们由此毫无悬念地得出如下结论：在人类的语言体系中，法律及其上位概念"正义"只不过是如他一样的职业法官的专业性判决而已，（因为）它们熟稔社会风习并具备职业素养。

这一思维进路在让·博丹那里得到了更为明显的延续，他的"历史学方法"与政治理论全都构筑于布尔日学院深耕的国际法与民族世界的框架内。博丹的那句格言，"普遍法则的主要部分栖于历史"，被应用于诸如拜伦和科南的法学家作品，以及博丹自己的《研究方法》（Methodus）之中。[20] 同样，博丹还基于民法建构了一套历史分类学——人的、自然的以及神的，并且强调地理和气候因素。同法律一样，历史旨在成为某种形式上的智慧（"有关神与人的事物的知识"）。这一由杜博安创立并获得博丹支持的法律与历史间的同盟，在博丹的追随者皮埃尔·德·盖利亚德（Pierre Droit de Gailliard）那里以更为教条主义的方式得以宣示，"罗马及其他民族国家的法律，不外乎是描述了习惯的历史的部分内容"。若把由法兰西风格法学（mos gallicus iuris docendi）所驱动的这一思想比作列车，皮埃尔的宣言就是其终点站之一。这一思想被晚近的"民族世界"的研究者们大量运用，如格劳秀斯、维柯与孟德斯鸠。

系统化的法理学

法国式的法理学曾受到文献学的启发与一种"历史感"的影响，不过其根本目标仍是哲学的。[21] 阿尔恰托的追随者们持续关注着法律准则在巴托鲁斯主义、阿库修斯主义与特里波尼安主义（根据霍特曼，居亚斯和其他人所使用的术语）影响下而产生的扭曲；但他们似乎更加受到呈现在查士丁尼大全（尤其是学说汇纂）之中的某种分裂、无序、"自相矛盾"与不平等的干扰；而布尔日学派的努力也日渐直指修正这些缺陷。科南、勒·杜阿伦，多诺和让·科拉斯（Jean Coras）都是这场民法"改革"运动中的领导者，尽管几乎所有的法学家至少都思考过将系统化"方法"引入法学或"将法律简化为一门技艺"；因为如果民法是"真正的哲学"，那么它就需要一个与之匹配的正式架构与社会目标。

事实上，这种构架的基础已经包含在古老的法律传统之中：这就是盖尤斯的分类法,他将法律划分为人、物与诉讼三大类别。这样一来,公民科学也被整合为一组同心圆结构:开始于自由的、有需求的、有意志力并自负其责的独立个体,并持续外扩,直到完全容纳了这个由自然的物组成的世界,这些物可被取得并被用于维持生命所需,并且可被继续传递,乃至传到下一代人手中。

这标明了私法的边界,在此基础上,我们或许可以增加公共法和"公共事业"等更大的圈,而私人诉讼在理论上服从于前述公共事务,[22]尽管法学家们不需要马基雅维利来提醒他们伦理(或经济?)与政治领域之间的潜在矛盾。这事实上只是个体性与普遍性这一古老问题的另一社会化的版本;在这一版本之中,问题难以调和,除非诉诸信仰或某种乌托邦式的争论。无论如何,私人与公共"利益"的冲突都是法律的(同时也是道德与政治思想中的)一个基本问题,它只能依靠公民科学领域的专家才能获得公正解决。

法国法学家们在一个至关重要的问题上接受并试图推进意大利式法理学的事业,这就是颇具特别意义的"法律的合理化"。其基本的推动力和13世纪的雅克·德·勒维尼与皮埃尔·德·贝尔珀什(Pierre de Belleperche)的动机类似,他们不单单想区分法律的"文字"同"精神",同时还想在"精神"内部分离"法律自身的理性"与立法者的意图,因为比起特定的某位国王,他们认为王权更重要。[23]不过在这项政治动机之外,还有一个自古典时代起就内蕴于民法之中的更高理想,即让法律成为"真正的哲学"。

在16世纪,这一理想被法国法学家们、尤其是布尔日学院的那群校友以不同方法追寻着。当然,他们像往常一样诉诸"自然法"——

既包括"第一性的"也包括"第二性的"(自然法)——的理论标准；多诺特别提醒读者们，不同于"可变的"民法，自然法是"不可改变的"(ius civile mutabile est; iura naturalia immutabilia sunt)。[24] 同时，他们还诉诸法律与数学、几何学中类似之处，尤其是在谈论其与"谐和正义"之时，他们保留并扩展了法律与逻辑之间的关联。尽管"辩证方法"于法学的应用很大程度上囿于教学层面——就如弗朗索瓦·霍特曼于1573年出版的那本小小教科书那样，但它也的确为法律"改革"做出了不少贡献。[25] 这种种类比旨在建构一般化的法理学"科学化"特征，直到今天，它都是社会思想领域的主导问题。

"法律到底是不是一门科学"是让·科拉斯[现今他更为人所知的身份是负责马丁·盖尔(Martin Guerre)案的法官]理论著作中的一个核心问题，而他对于这一问题的肯定性回答与意大利和法国式的法理学流派相当一致，双方都致力于对抗神学家、哲学家，尤其是医学博士们的主张，以便捍卫法学学科的地位。的确，法律是某种"技艺"，但同时它也是一门"科学"，因为它从"原因"的角度(per causas)来处理相关的材料——这指向了亚里士多德的"四因说"体系，尽管法律观念中的"原因"与物理学概念上的"起因"有着极为不同的含义。不过，正如巴托鲁斯主义者们早就意识到的那样，亚里士多德的概念可以很好地服务于"将法律系统化并将它与政治语境联系起来"的目的。不论法律的动力因是"贵族"还是"公民"，它的"形式因"始终是某种被称作是"forma populi"的集体性(而不仅仅是个体的)；其质料因则包含了盖尤斯分类模式下民法中的各项特定类目；而终极因就是共同体的公共福祉——科拉斯将其总结为十二铜表法中的一句古老格言,"人民的福祉是最高的法律"。[26]

正是在这些条件下,民法才得以表达出其内在"理性"(ratio legis)并成为"真正的哲学"。科南与多诺两人都在真正的哲学这一古老旗帜的引领下重新评估了民间传统,说明了被置于正确的历史视角与哲学语境之下的公民科学是智慧的完美形式、社会正义的根基;并且如科南所说,还是"所有哲学的最为具体的表达"(hac nostra scientia explicitam omnem philosophiam esse)。[27] 在其努力解释与重组(reorder)公民科学的过程中,科南特别回顾了西塞罗与恺撒的"将法律简化为技术"(ius in artem redigendo)的古老构想,以及亚里士多德的把"公民科学"视作建筑的观点,尤其是柏拉图的正义概念。

这些努力也被用于支持其哲学——法律解释的理论和实践——的必要条件。同君士坦丁的严禁解释立场不同,在考虑到学说汇纂的残缺、尤其是无序状态后,多诺积极地捍卫法律解释学(interpretatio iuris)的必要性。在多诺看来,解释学的目的早已被塞尔苏斯的古老观点完美地表达了出来,即对法律的理解不能局限于其文字,还要借助法的精神与力量,并且还要考虑"限制性"与"扩张性"解释的传统分野。多诺在一个现代的意义上探寻"法律的理性",而且他那超越传统民法并使之适应了现代"民族世界"的努力或许比任何同事都更为成功,至少从他对法国以外的影响力看来如此(尤其是在德国,这种影响力一直持续到19世纪)。[28]

然而,尽管自然法、数学形式和科学确定性的运用在法理学的修辞活动中显得十分重要,它们并没有太多改变公民科学的本质。法律辩证法的主题很大程度上来自于学说汇纂各标题的影响,"重新构建"

民法的努力也往往诉诸古典时期律法的建构模式，其首要的参考对象就是查士丁尼《法学阶梯》，而《法学阶梯》本身又参照了盖尤斯那本具有开创性意义的教科书。对这一工作的一份纪念碑式的——即便不是经典式的——阐释来自于图卢兹的格里高利*（Gregory of Toulouse），尤其是他的《共和国》（*Republic*）一书，在这本部分回应博丹同名书、部分回应马基雅维利这个"最邪恶的人"的观点的书中，格里高利将"法律"而非"贵族"置于在社会舞台的中心。格里高利的另一部系统性著作《宪法》（*Syntagma iuris*），同样也是基于一个人类中心说的宇宙，遵循盖尤斯式的"人、物、诉讼"的三位一体说，他努力在司法上再现上帝的创造物。在格里高利看来，"秩序"（method）是"自然的仿效物"——一种苍白无力且迂腐陈旧的模仿，或许具有令人赞叹的概念，但其形式是荒谬的。他笔下呈现的并非是自然法的某个派生物，而是民法的一个小结：并非自然（Physis）之表达，而是有关颇有折中性的习俗（Nomos）之表达。[29]

这种罗马（法）结构在17世纪时已经相当常见，但是到那时为止，一种被西班牙经验哲学与新教亚里士多德哲学强化的、更为抽象的自然法的潮流，改变了法律论证的风格。[30] 不过这些要素本身就是更古老的法律传统的组成部分；在某种意义上，"法律的哲理学派"也不过是对现代公民科学的延伸，而不是对它的背离。

---

* 格里高利十三世，意大利人，1572—1585年在位，1582年推行格里历（公历）。——译者注

习惯法与习惯的

在一定的限定条件下,习惯法的地方传统之间相似性大于相异性,这不单是因为拉丁文评论的广泛传播,也可归因于由拜伦与科南开始的对习惯法之结构及各类比较性研究。然而法国的习惯法越来越倾向于疏离罗马习俗和拉丁文术语。[31] 对于法国习惯的研究在被"司法民族主义"的力量激励之后,又被路易斯·勒·卡伦(Louis Le Caron)和埃蒂安·帕斯奎尔等坚持"本土化人文主义"的研究学者们所加强,他们在文学与法理学的双重领域中从事其事业,其成就在于将布尔日学派的研究方法挪用于法国本土的习俗和制度的研究。他们不单借助于"古今之争",还利用了高卢主义者-罗马天主教徒与哈布斯堡-瓦卢瓦之间的对立与斗争,他们对本国的法律与文化遗产的优越性的认定太过直接而武断了。

或许,法国的"司法民族主义"最引人注目的发言人要数路易斯·勒·卡伦("Charondas")了,他既是罗马法的历史学家,又是中世纪法国法忠诚的研究者。正是勒·卡伦运用柏拉图式哲学,强化了法理学的社会与观念热望。在他还是布尔日大学博杜安的一名学生时,勒·卡伦就写到,"神圣的柏拉图优雅地宣称,真正的哲学旨在研究人的生活与习俗"。一年之后,他以方言书写,阐释了古老的民间谚语,"我认为真正的哲学存在于法学的典籍之中,而不在于哲学家们那无用而含糊不清的藏书里,那些哲学家的确是有大学问的人……但是他们缺乏处理公共事务的能力。因此法理学也可以被称为真正的哲学(la vraye philosophie)".[32]

这是对于我所称的"公民人文主义"立场的一个完美阐释,这一立场强调"哲学家的职务"(见于勒·卡伦的用语)的公共与社会特征。法理学作为"真正的哲学"——勒·卡伦也称其为 la science politique,要求我们回到充斥着人类冲突的洞穴:不仅要如勒·卡伦同时代的那位戳穿幻想的同事蒙田看上去教导的那样,"认识你自己"并寻求个体"至高无上的满足感"——勒·卡伦明确将之视为例外;更为重要的是致力于整个共同体的"公共事业"和"至高无上的善"。[33]

勒·卡伦寻求这一"至高无上的善"的方式并非一场愉快的文学体验之旅,而是致身于修复与重建法国的法律传统,其涉及的对象包括布迪尔(Bouteiller)所著的那本先驱性的《法兰西的伟大习俗》(Grand Coutumier de France)。像勒·杜阿伦和布尔日学院的同代人一样,勒·卡伦深深着迷于建构于本土素材之上的"法律系统"的概念。他对查理九世说,"除了理性上的某种一致性外,你并不受希腊人或罗马人法律的支配,你的地方执法官也不应受被它们束缚"。[34] 典型地,如勒·卡伦从哲学与民族的角度颂扬了法律的本土遗产。他在《法国法总论》(Pandects of French Law)中这样写道,"法国法包含了普遍法则的所有方面,其科学被叫作法理学、公民科学或智慧,也被一些人叫作'皇家科学'。它包含了道德和政治哲学的主要部分,对人类社会最为有用"。[35]

这一事业从动因上来说具有文物研究与意识形态的性质,但是从目的上来说却具有哲学性,其他致力于研究本土传统的法律研究学者也加入到勒·卡伦的队伍之中,拜伦的比较法学风格也被引入其研究之中。勒·卡伦的友人埃蒂安·帕斯奎尔、安托万·卢塞尔（Antoine Loisel）与盖伊·科奎尔是盖尤斯式传统（Gaian Convention）最为杰出的后继者，他们以查士丁尼的教科书为模版，构建了法国法的"法学阶梯"，而前者本身也模仿了盖尤斯的著作（直到19世纪人们才重新发现这一点）。帕斯奎尔更为人所知的是他对法国文化传统（包括法国法的历史与法国的民法）的毕生研究，到了晚年他开始了查士丁尼《法学阶梯》的翻译工作；但随着翻译工作的进展，其著作（写于17世纪早期，但直到19世纪才出版）却转变成了对法国法及其机制的比较研究。科基耶（Coquille）的《法国法阶梯》（Institutes of French Law, 1607）几乎是依照同样的路线构建起来的，试图把法国的法律和机制归入传统意义上的平民标题之下。[36]然而到目前为止，最具独创性的版本是卢瓦泽尔（Loisel）的《习惯法阶梯》（Customary Institutes，同样出版于1607年），它在寻求法国法律的精神时诉诸"传统智慧"——文学材料、谚语与民俗学，也包括法律格言和习惯法，这开辟了研究的新领域——法律人类学。

卢瓦泽尔的这本书在古代的"法律规则"与现代格言之间建立了一种联系，其中的许多规则与格言都被庄严地载入《法国民法典》。他依照盖尤斯的框架对收集来的法律格言（legal sententiae）进行整理：从"人"开始，首先是国王和他的意志，然后是"臣民"（包括贵族与平民）及其自由；接着延伸到"物"，不过其中大部分都是封建的甚至是反罗马的（例如，"父系权威在法国没有位置"）。自然地，卢瓦泽尔书中的内容表达了对习俗的尊敬，既是因为其年代久远（anciennete a autorite），也是因为其广泛的民众基础（voix du people, voix de

Dieu)。[37] 其中的许多谚语都表达了一种不信任，既针对法律人（"只有疯子才会去打官司"），也针对一般意义上的成文法［权利并不使人成为主人（"*le titre non fait pas le maistre*"），与古老的占有赋予权利（"*possession immemoriale vault le titre*"）］。"人们用号角声引领一只牛，但要用言语引导一个人，"卢瓦泽尔引述道，"而一个简单的（口头）承诺比罗马法中所有的'条款'都更加重要。"而且不同于"规则的统治"——卢瓦泽尔引为其著作的箴言——的是以下这条流行的见解，"没有完美无缺的规则"。

尽管卢瓦泽尔及其同事们的开创性著作具有充分的历史基础，但它们在同与法国-罗马天主教混合体的比较时稍显条理混乱。"试图为法国法找到一个既具民族性又具合理性的根基"是一个常见的职业目标，这在同时代的另一出版作品中呈现得更为显著：霍特曼所写的《反特里波尼安》（*Antitribonian*，本书于1603年出版，写于1567年）。霍特曼对民事法律进行了比较研究，并不比一个世纪之前福蒂斯丘的作品更少"令人反感"。[38] 霍特曼攻击罗马法，认为其不仅于法国社会无关紧要，还像某种意大利式疾病一样侵蚀了法国——罗马专制统治（如绝对主义和父系权威）与天主教会的邪恶。相比起卢瓦泽尔及其同事们所遵循的传统教权限制主义，霍特曼的著作要激进得多，特别是他有关现代（意大利式的）法国社会的病理学研究，但该书仍然落脚于传统的社会分析方法与法律"改革"的视野之上。

在这些高卢法律研究的实践者们的作品中，另一个重要主题是司法解释在法律的制定、完善与应用中所扮演的基础性角色。在漫长的职业生涯的最后，卢瓦泽尔和帕斯奎尔才回应了这一古老命题，足见这个话题在他们的时代仍旧敏感。帕斯奎尔主要讨论了法学家解释（*responsa prudentum*）在罗马法中的消亡现象，并提出了保存其现代类似物——"司法权威"——的可欲性。[39] 这本应是历史学研究中的问题，但它同样也触及了法国法学职业的学说前提、独立性与命运。卢瓦泽尔对于这一问题的立场在他 1600 年完成的一部著作之中得以明晰，他以《帕斯奎尔：巴黎高等法院律师对话集》（*Pasquier, ou dialogue des avocats du parlement de Paris*）为名来纪念他的朋友，在书中，帕斯奎尔［也包括弗朗索瓦·皮图（François Pithou）和其他人］以对话者的形象出现。[40] 卢瓦泽尔的这本对话录是对法国法律职业的赞美性传记，也是对其职业传统的历史记载与颂扬，这些学者们皆依归于这一传统，其历史可追溯至 13 世纪的组织机构。实际上，这本书将"注释共同体"的核心界定为"法国式法理学"学派，该学派本身是社会思潮领域一个更大的传统 Nomos 王国的一个行省。

法国法的精神

孟德斯鸠在讨论"法国民事法律的起源与变革"时指出，法国习俗因为书写的引入而进入到公民科学范畴之中，因为书写是"一个很难被收买的证人"，由此他阐释了法国习惯从口头形式向着更为文明形式的过渡——从社会维度到政治维度。[41] 从孟德斯鸠的分析中，我们可以清楚地看到，尽管求助于"自然"，"历史认知"也是法律解释的一个必要部分。一位 17 世纪的评论家在论述诺曼传统时这样写道，"如果我们回到法律的起点，我们就不得不承认，习俗优先于实证法，而且有时候构成了实证法最初的部分，尽管在法律文本中它们被置于最后"。[42] 因此习俗标明了事实与法律、力量与权利，以及某种意义上的自然状态与社会状态的交点。可以说，习俗就是社会这一身体的松果体地带（pineal gland），在这里，集合性的、经验性的行为嬗变为普遍原则与社会规范。

从博马努瓦到马克·布洛赫的法国学者，都很清楚地意识到习俗在口口相传的阶段所具有的多样性、不规则性，以及有时表现出的极不公正的特征；（因为）用一位评论者的话来说，"从前它们未被公共权威所记载，只是在日常应用中父子相传"。[43] 的确，这是他们职业之"审慎"（区别于"科学"）维度的一个基本情况。他们能够理解地方惯例在地理与历史上的相对性，因为其"依风俗与时代的倾向"而有所不同。他们还意识到了"习惯之废弃"的持续性力量，即习惯的持续不散之阴影。16 世纪的法学家菲利普·布尼永（Philippe Bugnyon）专门写了一篇论文阐述这个道理：由于矛盾、多样性、突变，以及（现代意义上的）对于法律的"滥用"，"当今"（hodie）沦为陈迹，"不再被实际运用"（ab usu longe recessit; hors d'usage）。[44]

到了 15 世纪末期，口头的"证据"与对公共"恶名"的判断几乎全部被正式的书面程序所取代；习俗也由此成为书面文化和政治权威中不可或缺的一部分。习惯（consuetudo）经由"编辑"变成了习惯法（ius consuetudinarium），这一进程是由政府根据某一特定城镇或行省的三大等级联合请愿书而推动的；正如皮埃尔·安格尔伯曼（Pierre Angleberme）在 16 世纪早期所写的那样，这一进程的目的"并非创造新法，而仅是保留下长者的记忆而已"（causa memoriae）。[45] 下一步则更理论性，但也更加冒险。在著名的 1453 年《蒙蒂·勒·图尔法令》(ordinance of Montils-lés-Tours) 中，查理七世宣称其目的"不只是为了让古老的习俗得以公布于世，还要改革、废除或增添新的条款与新的习惯，并且去解释它们"。一个世纪以后，这成为对巴黎高等法院首任院长克里斯多夫·德·图（Christophe de Thou）的控诉事由，在"政治统一"的皇家政策中，改革接替了编订的地位。[46]

总的来说，习俗的改革可被看作对于原初社会契约仪式性的修订，修订后的文本经由国王的官员与三大等级的代表之间详尽的协商谈判而确定。这些讨论转化为排除古典自由或引入"新习俗"的激烈争论并不罕见，且巴黎高等法院首任院长德·图不止一次地被控告超越了职权。修订行为的"灵魂"以及习惯法文本背后的"精神"在于这些讨论的书面记录。[47]"意见一致"的神话继续存在，这些阶层对某一习俗的"默示"接受被保留；但是，当然，一旦被法令所确定和认可，成文的习惯法就对整个行省内的所有居民具有约束力。正如 18 世纪的一位评论者所说的，简直成了一种法律上的"契约"，成为"一个人人皆知的惯例，每个人在良心的要求下不得不履行并遵守"。[48]

不论是否经过了改革，这些习惯法——积累了大量的解释，其中包括博学的引论、罗马法上的类似物和最精练的法律、文学、哲学评论，同时这也界定了从博马努瓦到孟德斯鸠以及更远的一个法学家共同体，他们关注自由与财产、封建与"资产阶级"地位、社会结构与变化、文化差异性、本土与民族传统等基本问题。至少从雅克·德·勒维尼之时起，法国封建法学家们论证的主要前提就是不承认罗马法在法国的权威地位。"查士丁尼从未征服法国"，伯纳德·奥托姆尼

（Bernard Aoutomne）在其于 1610 年出版的一本比较罗马法与法国法的书中如此写道，"恰恰相反，他被法国人打败了"（这里指的是"法兰克人"）。[49] 另一个 17 世纪的封建法学家也表示，"巴尔都斯和许多其他的法学博士都曾说过，虽然高卢人曾一度臣服于罗马帝国及其宪法的统治，但是他们从来不曾真正追随他们；高卢人爱惜自己的自由并将罗马法律视为某种奴役，并在各个行省之内创造了自己特定的惯俗"。[50] 当然这里存在相反的观点，但霍特曼、帕斯奎尔、卢瓦泽尔、勒·卡伦及许多其他被称为"习惯法学派"的捍卫者们坚持认为，这不过是对意大利学派所缺乏认知或带有敌意的作品的不实描述。

然而罗马法学家那更为正统的立场依旧强势。盖伊·科奎尔用一场发生在"我们时代的、曾陆续担任巴黎高等法院院长的两大伟人"[51] 之间的著名冲突来说明两大学派之间的冲突。皮埃尔·利泽（Pierre Lizet）认为，罗马法是"我们的普通法"（nostre droit commun）且尽其可能地让法国法适应它，并在法国法与罗马法相悖时限制其适用。与这一观点相反，克里斯多夫·德·图视习俗和法国法为"我们的普通法"，并称罗马法为"成文的理性"。这种派系划分也可见于学术研究领域：雅克·居亚斯被认为是罗马法学派的领袖，而查尔斯·杜姆林（Charles Dumoulin）是封建法学派的领袖。当然，这是围绕着公民科学的黄金时代的耀眼光环而展开的传奇的一部分，并且一直持续到 19 世纪。

杜姆林所倡导的、旨在为法国法带来"统一与和谐"的运动得到了几大阵营的支持，这包括了皇室法、教会法以及习惯法；但他的基本意旨一直是法国法律传统的本土性，并主张法国法应具有免于罗马天主教——无论是古代的还是现代的——侵蚀的自由。他特别谈到，"法国的普通法"应当从习俗、尤其是巴黎的习俗中去寻找，"它在这个国家乃至比利时高卢境内所有习俗中居于领袖地位"，"这种法律对于法兰克人与高卢人而言既特别又普遍"。[52] 法国的封建式习俗可追溯至查理曼大帝，但与罗马制度没有任何联系，因此法律统一必须要建立在相同的本土准则与民族术语之上。

这是法国君主制之"伟大"的第二个方面，克劳德·德·塞瑟尔曾在他著名的对皇权的三大"约束"（同时也是强化）——宗教、司法与警察——之论述中赞颂过。"确实，"塞瑟尔写到，"……这种控制与约束（frein）在法国比在其他任何地方都更加显著并值得称赞，它持续了如此之久以至于几乎无法被破坏；尽管它有可能被扭曲，尽管就如同人类事务的其他方面一样，总有不完美之处。"[53] 塞瑟尔的著作——在其中他自我定位为公民科学老师、法国君主制顾问——为文艺复兴时的社会理论与批评的范围与术语提供了一些颇有帮助的构想。

法律统一的习俗基础是绝大多数封建法学家的理论前提，尤其是对直到法国大革命乃至此后的巴黎习俗的注释者（commentator）而言更是如此。因此杜姆林的继任者（同时也是其传记作者）朱利安·布洛多（Julien Brodeau）在一个世纪后的写作中宣称，法国习俗"不仅仅是成文法典或地方惯例，还是市民法与普通法"，尤其是巴黎习俗，因为这个城市是"国家的中心"。[54] 大约在同一时期，另一位巴黎习俗的注释者克劳德·德·费里埃（Claude de Ferrière）通过主张这种习俗"不但统一、解释了我们的法律，有时还可以修正它"，从而扩展了民事概念的范围。[55]

继杜姆林的开创性作品之后，人们开始认识到习俗的一类新"证据"——历史证据。另一位17世纪法学家、卢瓦泽尔《习惯法阶梯》(*Customary Institutes*)的评论者弗朗索瓦·德·洛奈（François de Launay），大量吸收利用了杜姆林、卢瓦泽尔和其他人的成果，赞颂了法国习惯法极度的古老性，"连查理曼大帝都没有在其法令里集中区分法律与习俗"。通过不加顾虑地引用阿库修斯的原则"习俗超越法律"，洛奈得出了与杜姆林相同的结论，"罗马法不是我们的普通法"。[56] 为实现杜姆林"为法国习惯法带来某种秩序"的事业最耗费心力的努力，大概要数克劳德·贝约尔（Claude Berroyer）与欧瑟伯·德·洛里埃所编订的文集，1699年出版的《习惯法书目》（*Bibliotheque des coutumes*），其中包含了对每一行省的习俗的历史研究以及一篇评释性的论文。[57]

宣称独立于罗马法传统，法国封建法学家们开始建构他们自己的阐释"方法"与规则。这些方法大体上模仿了公民科学所采用的那些方法；但正如科奎尔所警告的那样，"为了不做外国人的奴隶、模仿者或崇拜者，让我们不要把对习俗的评释同法规中那些令人迷惑的规则混淆在一起"。根据保罗·查尔林（Paul Challine）的习俗式"方法"，沿着杜姆林所引导的方向，法国习俗必须在其自身的语境下被理解，并应当由于不使用而被废止，而且还尤其应该同"普通法"和"社会语境"相联系。[58] 当特定的习俗存在缺陷之时，不但要运用皇家条例与罗马法中的理性（其合理的部分）加以修正，还要考虑不成文的惯例、相似的习惯以及"法国习俗的一般精神"。不必多说，对本土习惯的这一辩护不仅增强了解释的权威性，也增强了法学家的司法自由裁量权。

第十一章　法国式的法学　311

1679年，路易十四在11所大学内设立了法国法的教授职位，对这些教授们的要求之一就是运用比较的方法来教授法律；从那时起罗马法学派与日耳曼法学派之间的较量就有了一个制度性场所。同往常一样，这一问题不单涉及法国文化的起源，还有关日后改革的方法和杜姆林所说的"法国法的和谐与统一"。正如克劳德·德·费里埃所言，"王国内的法律或习俗的统一是所有善好公民的愿望，但政治原因与各民族的利益阻碍了统一的进程"。[59]

对于罗马法学派改革路线的一种最具说服力的意见来自让·布希尔（Jean Bouheir），他是勃艮第高等法院院长、勃艮第习俗的评论家与历史研究者，并且还是一位对巴黎式习俗至上主义与司法自由裁量权的批评者。对布希尔而言，罗马法的优越性体现在它那系统性的框架、专业"注释者"而非"无知者"所做的创造性解读，以及那辉煌的理性传统。"它仅凭理性就足够杰出"，布希尔重述了德·图与"罗马法学派"领袖利泽之间的一件古老轶事。[60] 最初罗马法曾是"普通法"，实际上其在法国的"接受"程度并不比德国低，所以"习惯法的精神"的理念是个"真正的虚幻"。

为这些"习惯法的坚定支持者们"提供佐证的是一大批封建法学家，这群人之中有巴黎及其他不同行省习俗的注释者、专题著作和争议作品的作者，以及中世纪法律的历史研究者，他们追随杜姆林的脚步，继续沿着那条因他而光辉熠熠的道路行进。在这些法律拥护者中，皮埃尔·格罗斯利（Pierre Grosely）是最杰出者之一，他是文艺复兴时期学术研究的仰慕者与追随者，还曾因其反罗马法学的观点触怒过布希尔。通过研究有关习俗的大量文献，格罗斯利声称已经掌握了法国法的真正精神，就像柯克和其他英国普通法律师所对普通法精神的神话般构造那样，法国法精神的历史悠远，其连贯性与"一致性"至少可以追溯到北方（法兰克）高卢居民那里。格罗斯利补充说，这种法国法"精神"同其博学的友人孟德斯鸠的抽象论断相当不同，尽管孟德斯鸠也支持法国法的日耳曼起源一说。[61]

在法国法理学派中，无论是罗马法学一支还是日耳曼法学一支，习俗的观念从一开始就居于"社会与文化的本质及其历史"讨论的主导地位，并始终紧邻核心。到1789年时，法国的地方习惯法已经多达两百余个，而且还积聚了大量的文本评论与背景资料。它们构成了封建法学派的某种范式，其中，18世纪重印的杜姆林的作品影响深远并享有持续的权威性，它们被卷入到一些年代久远的古老话题之中；在秩序的维度，这些话题既统合又分裂了法国社会。在某种意义上，它们还表现为一个庞大的民族性事业的目标，这一人类事业永无止境，类似于汉斯·布鲁门贝格所说的"神话研究"。[62] 同时它们处理了一系列重要的实践与"科学"问题，并帮助界定了社会分析与理论领域中的一些基本术语，包括个人自由、私人（封建）财产、等级结构、司法秩序，以及社会变迁问题，这是各种思想派别与团体——不管是开明的还是愚昧的——都感到日益难以忽视的。

总的来说，"习俗"要求法学家们严肃对待地理、历史因素，地方或国民性格——人的"第二"天性与第一天性、"公民理性"与"自然理性"。"人类天生地倾向于遵循那些与他们的境遇、礼俗和共同利益相一致的规则"，费里埃这样写道，这些"来自政体和气候多样性的各民族的共同倾向，被我们叫作'公民理性'，它是习俗与法

第十一章 法国式的法学　313

律的根基"。[63] 由此法学家们开始赞扬"本土知识"的重要性，它既是某种早期社会学或人类学知识，也同时是法律那"审慎的"和"科学的"一面——它同时存在于法理学与公民科学之中。

这些法学家们同时也明白，对于习俗的讨论是 Nomos 的传统的一部分。"这种法律被希腊人称之为不成文律法〔(nomon) agraphon〕"，安格尔伯曼写到，"（柏拉图说）他们管这叫作我们祖先的法律（patrias leges）……和存续已久的习惯，它为内在良知所认可并被当作律法来遵守"；而成文法，"希腊人称之为正义的法律〔(dikaion) nomikon〕，经由雅典人与罗马十二铜表法一直传续到现代欧洲"。[64] 这是对习俗之王（King Nomos）表示敬意的另一种方式。

在两个半多世纪之后，大革命发生的小十年前，另一位法学家仍旧称颂法国习俗为"基础性的、社会的法律规范"（lois fondamentales, lois sociales）。P. G. 米肖（P. G. Michaux）认为，总的来说，欧洲的习俗绝不是罗马王朝也不是某个特定国家治理的结果；恰恰相反，它们是"这些国家整体的共同创作"。此外他还指出，那些自然法学家们对私人领域与公共领域的制度（尤其是财产制度）的起源的说法，到头来不过是一些无意义的废话，"我们生来就活在一套社会与政治秩序之中……并不是像普芬道夫或其他社会契约理论家们所想象的那样，而是如同我们的习俗所揭示那样"。[65]

透过这样一个法学家共同体的作品，我们可以看到法国对于现代社会与文化科学的第一阶段的贡献，虽然这些卓越的贡献常常被政治哲学家、尤其是"第一"自然的捍卫者们缺乏独创性、有时肤浅的讨论所遮蔽。到了17世纪，很显然，"第二自然"的研究者们已经在很大程度超越了由新式自然主义支持者们所主导的知识范式,奥托·基尔克称之为"古典现代"自然法。这样一来就很有必要去探究理性法理学的对立传统:它首先盛行于开明专制时代,然后是自由君主制,直至社会革命时期。

第十二章
哲学学派

自然法则支配着过去与未来。

——多马:《民法》

自然法是不存在的。

——杜布阿:《政府之准则》

方法的探求

欧洲的法学家相当字面地接受了法学是"真正的哲学"这一古典观念——无论是山北人还是山南人,经院学者还是人文主义者,理论家还是实践者;他们将另一个论断关联于此,即他们自己的学科也是一门真正的"科学"。16 世纪时,这种观念在法学研究的改革努力下得到进一步巩固,改革试图在法学研究中加入各类辩证和系统化的方法,先是亚里士多德的分类学,后也被意大利人文主义的百科全书化和自由化动力所影响,允许法律进入文科(liberal arts)排外的小圈子。此外,改革也受到了鲁道夫·阿格里科拉(Rudolph Agricola),菲利普·梅兰希顿,特别是彼得·拉姆斯(Peter Ramus)联合修辞与逻辑的

"新逻辑"*（new logic）的影响。[1] 如此重新梳理与系统化组织的目的首先是为了教学与增强记忆，但它也提升了法学的科学及实践特性，并且实现了法学的古老主张——展现智慧的形式，也许还是最高的智慧形式。

话语逻辑与法律解释在16世纪的特别交汇促生了一个新流派，他们专门致力于法律文本与法律形势的判断和批评理论及实践。在至晚从君士坦丁·罗格里乌斯（Constantinus Rogerius）的《诠释大全》（*De iuris interpretatione*, 1463）到莱布尼茨的《法学的新方法》（*Nova methodus iurisprudentiae*, 1667）乃至以后的一系列专著中，法学家们都在寻求法律理解的一种适当方法。在克里斯托弗·黑根多夫（Christopher Hegendorf）、马泰奥·格里博尔蒂（Matteo Gribaldi）、克劳迪亚斯·坎蒂乌拉（Claudius Cantiuncula）、约翰内斯·阿佩尔（Johannes Apel）、尼古拉斯·埃弗拉德斯（Nicolas Everardus）、约翰·奥尔登多普、彼得罗·安德烈·伽玛罗（Pietro Andrea Gammaro）、巴托洛米奥·塞波拉（Bartolommeo Cepolla）、斯蒂芬·弗雷德里克（Stephanus Federicus）、康拉德·拉古斯（Conrad Lagus）、约翰·弗雷西厄斯（Johann Freigius）以及弗朗索瓦·霍特曼等人的论述中，法律诠释学迎来了自己的时代，而且它为公民科学和更广泛意义上的社会思想或多或少增添了规范方法的一面，更确切地说，它规范化并现代化了由"意大利风格的法学"及其欧洲后代

---

* 12世纪之前，西方的知识形态主要由"旧逻辑"所提供的方法论予以支持，到了12世纪，欧洲突然发现大量不为拉丁语世界所知的古希腊（尤其是亚里士多德）的哲学著作，于是翻译这些著作蔚然成风。亚里士多德的《工具论》、《前分析篇》、《后分析篇》、《论题篇》和《辩谬篇》等书相继被译成拉丁文，构成"新逻辑"的内容，以亚里士多德的三段论知识取代了"旧逻辑"中的区分方法，成为科学推理的认识论和实质范式。——译者注

所创造的方法论。[2]

"方法"在16世纪是一个异常受欢迎的学术行话,根据一种公认的看法,无论对于旧学还是新学的拥护者们来说,它代表着正确的秩序(iustus ordo),"没有它,任何事物都不能被教授或恰当评判"。[3]从法律角度来看,它时常与西塞罗的著名提议"将法律简化为一门技艺"联系在一起;或者不那么激进地与查士丁尼(和盖尤斯)"法学阶梯"(institute,此词实际上或许应译为"方法")的传统安排联系在一起。[4]但是,正确的"方法"也需要理解法律文本和实际审判中的社会行动;因此,它纳入了被莱布尼茨和其他人称为解释学技艺的整个体系。[5]但"方法"既有合理性的一面,也有政治性的一面,因为它的终极目标仍然是公共善。正如奥尔登多普所警告的,法律的错误不仅会损害正义,而且会以社会和政治腐败威胁到共和国。[6]

无论是倾向于传统的亚里士多德辩证法、分类学和"原因"说(如格里博尔蒂和贾马洛),还是倾向于弗莱基乌斯(Freigius)和阿尔特胡修斯(Althusius)等拉米斯主义者(Ramists)的更新的、对立的逻辑,16世纪的法学家们都认可语言的优先性。"重要的是事物本身而非语言"(res non verba)曾是学者们的一个座右铭,但它也是一个传统主题,而且绝不与"传统语言是公民科学的媒介"这一前提相矛盾。事实上,伴随人文主义运动而来的是一场名副其实的"语言学转向"——从经院哲学的抽象与概念过剩,转向了古典法律规范的具体经验和智慧。对语言的高度关注——随着印刷术的出现而强化——表现为众多(法律)文本的评述版本的出现,这也许是"法律人文主义"的最主要贡献。

文艺复兴时期学术的语言学转向，在另一流派的形成中表现得更加引人注目。这就是司法词典编纂的传统，它基本上是按照《学说汇纂》的顺序对语词的含义进行的延伸，尽管在现代它必须考虑到地方法的问题，也就是说，以拜伦与帕斯奎尔的方式对术语进行翻译和比较。正如巴纳布·布里森（Barnabé Brisson）在他同标题的伟大词典中所写，"由于文本的含义是模糊的，我们必须诉诸词语的恰当用法及它指何物、何人，还必须解释与提炼其所言之意涵"。[7] 在很多方面，法律方法都不得不关注更大的背景，并从瓦拉和伊拉斯谟的类似作品中获得灵感，超越注释（仅仅对单独语词），推论出更大的、社会和历史的含义，就如阿尔恰托及他人在其教学中所做的那样。用更时髦的话来说，法律评论家不仅要理解单独的语词，还要理解法律的常见却又多变、模糊不清的语言——不仅仅是司法话语中的言语（*paroles*），根据索绪尔的区分，还包括语言（*langue*）及其所表达的社会意义和政治内涵。

然而，如果法学家们追随着伊拉斯谟和阿尔恰多的脚步，确信语言及其文字含义的优先地位，（那么）他们同样也会认为其最终目的是寻找法律更大的意义——用奥尔登多普的话来说，找到"内在"而非"外在"意义。正如弗雷德里克引述圣·保罗的话，"律法条文招致死亡，而圣灵却赐予生命"（*lttera occidit, spiritus vivificat*）；* 事实上，从巴托鲁斯学派（Bartolists）的时代起，"法的精神"就是法律职业中

---

* 这句话出自哥林多后书 Corinthians（3：6），"who also made us sufficient as ministers of a new covenant; not of the letter, but of the spirit: for the letter killeth, but the spirit giveth life." 中文标准本（CSB Simplified）译为"他也使我们能够做新约的仆人——不属于律法条文，而属于圣灵；因为律法条文带来死亡，而圣灵却赐予生命"。——译者注

至关重要与合法化原则。[8] 对于早期的评论法学派来说，* 这个"精神"应该等同于立法者的意图（mens），还是等同于法律自身的合理性（ratio），或者是设计达到更高的道德或政治目标，仍然是一个问题；但无论如何，"法的精神"不仅需要超出纯文字解释的专业判断，还要求形成一套精密的阐释学。

"扩充解释"（interpretatio extensive）是寻找这种精神的技艺；根据塞波拉（Cepolla）的说法，这是由"第二自然法引入的"一种手段，即人的判断，更确切地说，是区别于与第一自然相关的一般规则的人的"原因"。[9] 黑根多夫认为，这相当于西塞罗式"推理"（ratiocination），他参照亚里士多德的"原因学说"，阿格里科拉和梅兰希通的"新逻辑"（前拉米斯主义的分支）以及阿尔恰多的新"法学"来阐发这一点。顺着阿尔恰多的讲法，黑根多夫接着举出了解释几条的"准则"，包括文义解释（纯语词"合宜"的确定）、巴托鲁斯和巴尔都斯所说的权威的"可信"判断、独立理由、习俗（"最好的解释者"），以及对法律意见（书）的批评。[10]

约翰·奥尔登多普以多种方式为探寻法律"方法"作出贡献——词典编纂、罗马法的历史（从十二铜表法开始）、比较法（教会法、民法、自然法及实在法），还有当代解释学的历史与理论。像黑根多夫一样，他试图确立法律建构的标准和"解释的形式"，这在某种意义上相当于原始的"社会学方法规则"，它同样处理了判断和推断、事

---

* Commentators，也称 the School of Commentators，评论法学派。是13世纪中叶以后继注释法学派（The School of Glossators）而在意大利崛起的一个重要的法学流派。因为其代表和核心人物是巴托鲁斯，故有时也称"巴托鲁斯学派"。——译者注

实的证明、法律适用等问题,这很可能与语言和行动的领域相连。[11]

按照梅兰希通的《神学要义》(Loci theologici) 的风格,康拉德·拉古斯的法律"方法"试图在历史和哲学方面赋予法学以常见的形式。"法律学说的首要部分是哲学的,即寻求所有法律的实质和基本原理,直到人类理智可达到的程度为止,"拉古斯写道,"其第二部分——规定了法律适用于开展商业、为人类社会的利益与保存而惩罚恶行的形式——是历史性的。"[12] 对于拉古斯来说,法律是一种经验积累,它需要合理的形式以实现其实际目标——既是公共善(salus publica),也是国家利益(necessitas publica)。的确,在埃克·冯·雷普戈 (Eike von Repgow) 努力的基础上,拉古斯将他的方法用于萨克森法,致力于构建一个有序的甚至"哲学化的""纲要"。习俗确实是"最好的解释者",但它需要附加上理性和系统的形式才能臻于完善。

对理解这类法律方法化来说,必不可少的是,它主要是在法律科学的边界内进行的;无论在形式、名义还是实质层面上,对"常见之事""论题""论点""划分"及其他辩证构想的讨论都是"法律的"。马泰奥·格里博尔蒂在亚里士多德启发的基础上,仔细区分了"自然"的范畴[先验之物(transcendentals)、属性(predicables)和状况(predicaments)]与那些"法律的"范畴——实际上就是属于自然(Physis)的领域与关于习俗(Nomos)的范畴。"法律的先验之物"是如 ius 和 bonum(在特定社会意义上的)等概念;属性是如思想、行为和表达(mens, dictum, factum)等概念;而状况则包括实际法律判断必须适应的社会变量及因素——"原因"、"人"、"地点"及"时间"。[13]

对16世纪方法概念而言颇为根本而事实上又隐含在法律传统之中的是这样一个假设——社会事物的秩序不同于自然事物。用霍特曼的话来说,"哲学有两面,自然的一面面向自然的观察;而道德的一面则(如西塞罗所说)面向生活和行为方式。"[14] 事实上,这是个隐含在法律(在理论或实践层面上)是"科学"还是"技艺"这一古老争论下的议题。当然,合适的答案是两者兼具——它既是处理原因和理性的科学,也是处理人类意志、错误、经验和个体性的技艺与"审慎"。伽玛罗写道,"因为法律是多样化的,因此,如果不能说法律本身不是科学的话,至少法律解释不是一门科学"。[15]

法学从缘起和本质上被认为是实践智慧(*phronesis*)而不是知识(*episteme*),这也明显地体现在以下这一点上,它的判断(特别是"扩展")经常、或许通常就是"很可能的",而不是确定性的。传统观点对"偏见"(*praeiudtctum*)的看法尤其正确,它对研究法律而言必不可少。[16] 传统方法隐含着用后期评注修正早期评注的观点;但尽管如此,判断仍然是"意见"与共识(*opinio communis*)的问题。在寻求合适的法律方法时的一点共识是,法律的实践(如果不是理论的话)永远不能逃避人类的处境。现代社会思想借鉴了这些由古老法律传统所详细阐述的经验的、历史的和审慎的思维习惯,并以这种方式保留了与习俗(Nomos)传统的联系。

完美的法学

文艺复兴时期的公民科学希望在理论和实践上都不仅是一个职业、

一门百科全书式的学科。在此之外，法律还是一门"科学"，因为法律普遍地处理事物的原因和理由，它不仅声称自己优于医学，也超过哲学乃至神学。法律还是一门技艺，它取决于人的判断并旨在实现公共善；而就像塞瑟尔重复强调的，由于法律"在于行动而非思辨"，所以它在这方面也是"优于所有其他科学的"。[17] 路易斯·勒·卡隆等人通过将法律修辞学引入柏拉图哲学，将这种普遍的观点扩展为一种超乎寻常的职业沙文主义。莱布尼茨在1667年写道，"法学不满足被等同于最高的哲学荣耀，它甚至被推向独占智慧的宝座"。[18]

这种驱动力的关键是古老的新自然法（用奥托·基尔克的话来说，即"古典现代"），多个世纪以来它一直以不同的方式被表达——古希腊哲学、罗马法学、托马斯神学、人文主义学派，以及被"新科学"强化和改变的17世纪数学哲学。现代自然法的基石是由如维多利亚和苏亚雷斯等西班牙神学家这样的所谓的"第二经院哲学"，以及如奥尔登多普、科拉斯和真蒂利等哲学法学家所奠定的，更不用说博丹和阿尔图修斯了；而现代自然法的结构本身则主要建立在拉姆斯主义和新教-新亚里士多德主义的基础上。[19] 17世纪自然法的主要倡导者，包括胡果·格劳秀斯、塞缪尔·普芬道夫、约翰·塞尔登、托马斯·霍布斯、莱布尼茨以及让·多马（Jean Domat），代表了方法论的共同意见（*communis opinio*）；尽管一些小人物在很多方面与这种社会思想的讨论更为相关，如塞缪尔·雷切尔（Samuel Rachel）、泰科斯特（J. W. Textor，他是歌德的一位祖先）、菲尼蒂（J. F. Finetti）和约翰·戈特利布·海内修斯（Johann Gottlieb Heineccius）。

17世纪的"法律自然主义者"（jusnaturalists，他们后来被如此称呼），形成了一个争论不休的跨国学者集体，他们致力于使法律和道德哲学合理化、系统化。而且总的来说，尽管有宗教和意识形态方面的差异，但他们的智识风貌或多或少地盛行了两个世纪，确定地延续到19世纪早期。他们的共同目标是理性法学（*jurisprudentia rationalis*）和普遍正义（*justitia universalis*）；在这项事业中，他们越来越多地依赖于纯粹理性的抽象手法，特别是逻辑学和数学。例如莱布尼茨的"法学新方法"，虽然它吸取了"高卢风格"和"意大利风格"的习俗，却打算依照几何学方法（*mos geometricus*）进行；换句话说，它遵循的不是盖尤斯的《法学阶梯》，也不是亚里士多德或拉米斯的逻辑学，而是欧几里得的《几何原理》或其形而上学的对应物。莱布尼茨宣称的"完美的法学家"不仅仅指学识渊博的人（*uomo universale*），他也是培根或笛卡尔所设想的条理井然的（methodical）科学人。

在追求"完美的法学"的过程中，莱布尼茨转向了自然与心理学，将之作为简化并使旧法律传统有序化的方法。对他而言，法学仍然以人和主体为中心，但他把自然视为个人自由和意志的"原因"。他提出要把盖尤斯的三分法简化为简单的二分法，"行动"的范畴是多余的。因此，他只保留了人和物的概念，前者被定义为道德主体，后者被定义为自然占有的对象，且本身在根本上只是自由（自我占有）的延伸。这一修正既反映了古老的"自然与社会"的二元论，又反映了"现代科学之形而上学基石"所暗含的新的二元论，后者被笛卡尔更为彻底地表述为两类"事物"的区分，一种是心灵上的，一种是肉体上的——思维实体（*res cogitans*）与广延实体（*res extensa*）。[20]

趋向抽象化与普遍性的动力可以解释为古罗马"法律规则"（regu-

lae antiqui iuris）的现代命运，这些"法律规则"汇集在《学说汇纂》的最后一卷中，数个世纪以来一直被符合习俗的方式注释着。这并不是说这些规则具有哲学地位；恰恰相反，第一条规则就表明了它们的习俗性基础，"法律可能不由规则衍生而来，但规则必须出于法律"。[21] 整体而言，公民科学的实践者们都对抽象持谨慎态度——无论这种抽象化是以定义的形式出现（"所有定义都是危险的"是另一个常见表达），还是以过度的普遍与严苛的形式出现〔"法之极、恶之极"（*summum ius, summa iniuria*）是许多"公平"和灵活性解释之论述的箴言〕。

然而，典型的 17 世纪法学家却是用新的眼光来看待这些格言的，例如"自由是无价的"，还有"奴隶制就是死亡"，更不用说"妇女不能担任公职"。他们将之从相当普遍的罗马常识提升到了普遍命题、自然原理和准几何"公理"的地位。[22] 从杜阿伦、科拉斯到莱布尼茨和多马，法律与几何之间的类比是另一种将法学与自然科学价值观（确切地说是其价值中立的主张）接轨的方式。但是，伽利略"新科学"的成功，以及随之而来的历史学识与真正的"哲学"（无论是什么学说派别）的分离，赋予了这些量化和计算的幻想以新的力量、确信及确定性的外表。

"自然"仍然是"哲理法学派"大多数成员的出发点和目标，就像后来的评论家或多或少不加分辨地提及法律自然主义与普遍规律的支持者那样。总的来说，他们的任务就是要通过将法学原则简化为"自然秩序"而不是（西塞罗著名的说法）"一门技艺"，以此将法学合理化与普遍化。这就是让·多马 1689 年的系统研究《论自然秩序中的民事法律》(*Les Lois civiles dans leurordre naturel*)的目标，在法律的最一般架构中寻求"法律的精神"(*resprit des lots*)，它奠基于（莱布尼茨所言的）"特定少数的原则之上，其余的大部分原则都遵循它们，并以之为规则给争论提出有效方案"。[23] 以类似的方式，如弗朗索瓦·布尔戎（François Bourjon）及皮埃尔·梅维尔（Pierre Merville）等法国封建法学家都试图将巴黎、诺曼底和其他省份的习俗简化为"原则"，并建立一种"合理"的法律——不仅为了辩护人之使用，也是为了"哲学的"目标，包括社会控制和改革。[24]

多马的同时代人路易斯·波利诺（Louis Boullenois）受到了笛卡尔的类似恩惠，甚至提出了一个笛卡尔法学：摒弃传统的学问，并把自身交付给"沉思"和计算。从理论上讲，这意味着从法律上的"人"开始，而"人"在抽象的心理学术语中假定了原初的"自然"动机——无论是占有心、进取心还是实证的或"社会性"。[25] 在实践中，这越来越意味着以理性方式隔离并重塑人的经济利益，这简直将法律转变成了一种数学科学——一种公民算术，它是（基于一种还原主义人类学的）重农主义的法律等同物。通过结合"激情与利益"并界定人的经济本性，波利诺也希望为政治改革做出贡献，"将法兰西习俗引向统一"，以此"简化、统一伟大王国的法律"，这一理想当然为下一代重农主义者所分享。

然而，自然法学家的努力不断受到众多争论的妨碍，这不仅有方法论的争论，也有人类价值或神学价值问题的争论。尽管莱布尼茨本人认为"盖世无双的格劳秀斯"的开创性工作不够严谨（即没有恰当的演绎推理），但他仍然将其概念化维持在一个恰当的、天意的（providential）基础上，而且从这个意义上说是超自然的；他拒绝了普芬道夫特别是霍布斯高度理性主义的观点，还因为他们显明的追求把人类和神圣的一切东西都还原为自然的共同特征。[26] 格劳秀斯和霍布斯二人都引来了潮水般的相似的反对意见，普芬道夫也不例外。

在这里，我们再一次看到自然（Physis）和习俗（Nomos）之间的古老争论，这次是以或许夸张的方式复兴了。我们也可以再次看到"自然的首要法则"与"自然的次级法则"间古老二分法的重现，前者奠基于必要性和普遍理性，或至少是直觉；后者涉及人的自由意志（无论有没有神学考虑相随）。[27] 在这场新对抗中，习俗（Nomos）的古老力量与一种学术传统联系起来，而这种传统是新科学——经验的和算术的——的拥护者急于抹黑的，如果不是像笛卡尔那样全然无视的话。

格劳秀斯绝未分享笛卡尔的怀疑进路，实际上他广泛地引用了罗马法以及中世纪和现代法学的学术传统。然而，他也公开承认普遍主义的目标，即便他为此援引古典智慧时。在他的杰作《战争与和平法》（1625）中，格劳秀斯认为他的标准"不是那些成文的法律，而是天堂不变的法则"（参见索福克勒斯的《安提戈涅》），以及盖尤斯和巴尔多斯这样的中世纪法学家所提到的"自然理性"。就像后来的莱布尼茨一样，格劳秀斯也悲叹那在柏拉图《理想国》的色拉叙马霍斯身上体现最得最经典的"古老而可憎的幻象"——"正义与不正义之间的区别并不在于其本身的性质，而是仅仅依靠人类的意见和习惯的某种方式"（*hominum inani poinione et consuetudine*）。[28] 包括莱布尼茨在内的许多其他人都提到了色拉叙马霍斯愤世嫉俗的建议，这似乎预示着并强化了霍布斯及后来斯宾诺莎的令人反感但实际上"价值中立"

第十二章 哲学学派 327

的论证，并令人回忆起马基雅维利和其他"国家理性"拥护者那些令人生厌的观点。

甚至在被怀特海称为"哲学的时代"的17世纪，习俗的观念也并未完全被抽象的自然主义所取代。由于这一主题不为人所熟悉也不流行，17、18世纪普及"科学"的阻力不应被忽视。格劳秀斯、多马甚至莱布尼茨，尽管他们的理性主义的修辞保留了大量的罗马法的实质、术语和形式，包括盖尤斯的三分法，以及盖尤斯对万国法——包括特殊法律与一般法律、地方法和自然法——总体框架的认可。格劳秀斯自己根据罗马市民法（*Burgerwet*）来写作荷兰的"人"法和习俗问题（*Menschlicke wet and de ongeschreven wetten*），其中涉及了一些私法的实际问题，例如"人对事物的权利是什么？以何种方式捍卫和追求权利？"。

让·多马写道，"世上所有国家都有两种法律"，循着相同的传统区分，（他说）"一种是自然法，另一种是适用于每个国家的法律，比如由长期使用而确立的习俗"。因此，多马改写并某种意义上归化了盖乌斯的著名观察，"所有的民族都部分地遵守自己的特殊法律，部分地遵守所有人的共同法律"。他不仅容纳了一种基于"自然理性"的法律，还容纳了以历史偶然和"任意的"人的意愿（*boluntas, arbitrium*）为基础的地方习俗。[29] 正如上帝创造了自然——或以中世纪的格言，神自身即自然（*Deus, id est Natura*），而人类创造了"第二自然"，即习俗。

尽管倾向于颂扬自然法的概念霸权是一种共识，但仍然有一些法学家成功地召回了自己学科的实践性和地方性的特征。其中一方面就在于采用经验证明和论证模式，这再次反映了法律自诩的"科学性"

特征。法律"归纳"更多地源于亚里士多德式修辞学，而不是培根式归纳法，因为它涉及的不是可量化的数据，而是历史的经验和先例；不是纯粹理性而是"概率的逻辑"，后者［如伊恩·哈金（Ian Hacking）所言］出现于17世纪中叶自然法的鼎盛时期。[30] 早在此之前，就存在着司法逻辑与概率之间的联系，这事实上构成了16世纪法律方法的传统主题之一；但是再一次地，新的科学方法开始起作用。对于莱布尼茨来说，"整个司法程序就是一套应用于法律问题的逻辑学"。

抛开神学上的差异，自然法学家的中心议题是社会的起源以及随之而来的制度，尤其是财产制度；主要分歧存在于那些对人性假定了基本的"社会性"的人与另一些未作此假定的人之间。格劳秀斯、莱布尼茨以及大多数法律自然主义者——无论是天主教徒还是新教徒，都为下述观点辩护，人类社会中潜藏着一种基本的社会冲动（*appetitus societatis*），并指向一种"社会法"（*ius sociale*；*droit social*）；而普芬道夫，当然最著名的还是霍布斯，则从思辨和个人心理学的出发点来处理社会起源问题——个人主义甚至无神论的推论。

根据乔治·古尔维奇（Georges Gurvitch）的看法，将对人类集体行为的讨论从宗教和超自然转向世俗与自然，或者像莱布尼茨所说的，"将上帝永恒法的经院哲学学说与社会的原则相结合"（*lex Dei eterna cum principio socialitatis cortjunxit*），是格劳秀斯的重大贡献。[31] 在西班牙经院哲学和新教亚里士多德主义的指引下，格劳秀斯采用了中世纪的术语如团体（*universitas*），但他将它们建构为人类集合体，却没有提及古老的"奥体"（*corpus mysticum*）；最重要的是，他并不简单地将人的动机解释为自由意志或占有欲的一种表达，而是作为集体生活和自然"社会性"的表达。在这个意义上，格劳秀斯维系了 Physis 和 Nomos 概念之间的某种平衡。

一些法学家甚至更加关注，在法律判断中，找回和认识到偶然性和地方性知识的重要性。例如，塞缪尔·雷切尔就不同意格劳秀斯和大多数同时代人的观点，他坚持认为，国际法并非来源于自然的法则，而是来自"任意的协议和习惯"（ius arbitrarium）。这符合希腊人对自然与法律的区分（dikaion physikon 与 nomikon），而且或许也符合经院哲学在神法与人法之间的区分——很大程度上被罗马法学家所忽视了。[32] 简言之，万民法是人类意志的产物，而非理性的产物，尽管现代法学可能尝试通过自然主义的简化来弥补这个缺陷。

与多马和雷切尔同时代的泰科斯特主张，"次级万国法"（secondary law of nations）不仅是自然法的产物，也是接纳习俗的产物。简而言之，不仅是理性［"首要自然法"（primary natural law）］的产物，也是任意的惯例的产物。正是从这"事实"状态中发展出了关于生育、抚养、自我防卫、所有权，以及最终的国家间经济、政治和军事竞争的制度。泰科斯特从这些情况中得出的结论恰好与此前的格劳秀斯、让·博丹相同：历史不仅与法律哲学有关，它还代表了法律所萌生和被解释的领域。[33] 万民法代表了人类社会经验的中心，必须以一种比较和历史的方式来看待。简单地说，根据这种少数意见，法学首要的是，不是对第一自然、而是对"第二"自然的研究。

专业法理学在纯粹理性和激进自然主义的稀薄空气中几乎难以生存，其结局通常是旧的法律技艺与新自然科学之间的某种综合。一个例证是 J. G. 海内修斯的广博而兼收并蓄的著作，它将法律人文主义与法律自然主义的教诲、教训结合在一起。对海内修斯来说，法学——大部分是罗马式的——仍旧是"真正的哲学"（*vera philosophia*，这是他的一篇学术论文的主题）和人与神智慧（*sapientia*）的原型。[34]在19世纪，包含了法律、哲学和学术等历史的海内修斯著作仍然是"哲理法学派"（被回顾性地、有时贬损性地如此称呼）最权威、最适当的表述；这乃是因为它将经验、学习传统、审慎和实践判断，以及开明理智与普遍自然的抱负全都考虑进来，并且强调了人类的"社会性"。

然而，18世纪建立的"哲学学派"所传递的信息和传说都是自然主义学说。结果，"完美的法学"被等同于法律自然主义，而且从17世纪以后愈发转向了社会思想的自然和科学模式，忽视了"公民科学"的古老传统。正如亨利·萨姆那·梅因所说，旧的法律规范持续形成了所谓社会话语的潜台词——"卢梭理论仍然是罗马法学家那一套",[35]但它被隐藏在自然主义的语言背后。人类意志与自由的古老观念被保留了下来，但却是以高度概括的形式，它与一个同样普遍的人类学联系在一起，这一人类学打算直接从心理学理论转向社会理论和改革方案。在这种情况下，Nomos的故事以及对"第二自然"的考量确实成为"次级的"，它是无关紧要的情节，至少在关于政治权力的公共辩论等宏大问题上，它位于专业圈子之外；当然，它也处于19世纪末的政治革命话语之外。"法国法的精神"在习俗和法律、文化的历史中被寻找，尽管更普遍意义的"法的精神"或许吸收了累积的法律学问与经验，但它显然只能建立在更大的"自然"框架之中。

法的精神

自古以来，寻求法律的意义及其区别于文字的精神，是社会思想的核心主题，用塞尔苏斯的名言来说——不仅仅是法律的文字，还有其力量和效力。[36] 对注释法学派，特别是评注法学派而言，（法律的）本质含义仍然是法律解释的目标，无论是源自人道主义影响的法律修正主义，还是法律自然主义的流行，都不能改变法学的这一根本目标——探求其潜在的、首要的精神。

正是在自然法的掩护下，（曾经在布尔日大学学习的）让·多马寻求着"法的精神"（*l'esprit des Loix*），他超越了更保守的封建法学家的事业，确立了"习惯法的精神"。他以典型的启蒙拒绝那古老的法学"偏见"开始，他宣称，"我并非从偏见、而是从事物的性质中推出我的原则"。对于多马而言，根本的一步是区分基于人的意志的"任意的法则"与基于自然理性的"不变的法律"，并且在后者的基础上解释和整理法律。多马给出的一个例子是，罗马法规定，一个男人在其子达到法定年龄之前死亡，将要剥夺孩子母亲（的财产权），甚至将继承权转让给一个陌生人。帕比尼安以虚构的"父系自由原则的精神"来捍卫这种做法，它既不以自然也不以法国习俗为基础，而且也没有反映出可见于罗马法学其他部分的"成文理性"。由此，"法的精神"很大程度上将以科南和他在布尔日法学院一个世纪前的校友的方式建立起来——借助自然法和理性来调整罗马法的意图，并从平等的原则中确定其"精神"。[37]

对于多马来说,"法的精神"是促成社会团结与和谐的三个因素之一,另外两个是"宗教精神"和"治安精神",这个区分不仅使人想起中世纪两把剑的意象,还有社会三分法(宗教、司法、警察),根据克劳德·德·塞瑟尔的说法,它宣告了"伟大的法国君主制"国家之"壮丽"。多马在论述宗教精神时,使用了他的朋友帕斯卡尔的精神性联想和记忆——体现了与"外部社会秩序"(*l'ordre exterieur de la societé*)相对应的"内在精神"。多马补充说,"治安精神,就是要维持人们之间的公共安宁,保证不管他们的内在生活性情如何,都会遵守这个秩序"(*independemment de leurs dispositions dans l'interieur*)。[38] 法的精神给公共秩序与私人利益之张力带来了正义的理念。

对法的精神的探寻在孟德斯鸠那里开展得更加著名、更为系统性,并有着更广泛的视野,他的《论法的精神》(*De l'esprit des lois*)也被宣传为不依赖任何法律公约与偏见的作品——"无母而生"(*prolem sine matrem creatam*)是这本书的题词。然而,尽管穷尽哲学性、历史性的反思和扩张,讨论在很多方面还是在法律评论的旧传统中进行的,以至于后来的某位崇拜者称,孟德斯鸠的这本书是对乌尔比安"论法律性质"的"有说服力的诠释"。孟德斯鸠的书以一个对应于《学说汇纂》标题"论法律与正义"的一般定义开头,接着又根据第二标题"论法律的起源"的风格讨论了宪法的三种种类;然后进入事物法(商法)、人的地位(自由和奴役)、家庭和继承问题。[39] 在阐述的过程中,他既丰富地利用了标准的罗马权威,还利用了后来的评论家以及当代的发现,如16世纪出版的乌尔比安的手稿,这本书的最后一章完全对应于封建法汇编。更为根本的是,孟德斯鸠进入比较法领域的初步尝试是沿着法学家们已经开辟的小径,他们几个世纪以来全力解决法律冲突问题——成文法和习俗的冲突,以及世俗法和教会法的冲突,他们不得不考虑领土原则、社会分化还有地理与文化的相对主义问题。孟德斯鸠曾被雷蒙·阿隆(Raymond Aron)描述为开创性的社会学家;若真是如此,这很大程度上应归功于欧洲法学的知识遗产。

最初,孟德斯鸠试图通过以庸俗的牛顿主义风格,将法律定义为社会和自然方面的"事物间必要联系"的方式,追求自然(Physis)与习俗(Nomos)的和解。然而,像多马一样,他承认物理存在的自然规律与道德世界的"实证法"之间的区别,在道德世界中,人类的意志创造了多样性和不稳定性;他还拒绝传统自然法的抽象普遍主义。为了确定一般的"法的精神",孟德斯鸠引入了对地理、经济、社会、文化和历史因素的考虑;但是,他以因果关系来解释这些因素,这与从雅克·德·勒维尼和皮埃尔·德·贝勒珀克(Pierre de Belleperche)时代以来的罗马法评论者一致。他写道,"人类受到各种因素的影响,如气候、宗教、法律、政府的法则,还有先例、道德和习俗,由此形成了各个民族的一般精神"。

孟德斯鸠思考的核心是旧的习俗理念,事实上这本书的一个重要部分就致力于追溯法国风俗习惯:从野蛮时期到更文明的时期。对孟德斯鸠来说,每一部蛮族法律都有其自身的"精神",与其更早时候展现出的自然因素相一致;但是,以卡洛琳王朝牧师会及后来圣·路易斯立法改革的形式,立法创造了更大的秩序。法国法的精神首先是由那些"突然出现于整个欧洲"的法律所表达的,对此孟德斯鸠补充道,"它做了无穷的善与无穷的恶"。《论法的精神》最后几卷处理了

"封建法的原理"；孟德斯鸠再次遵循着法律学术惯例［以及阿布·杜·博斯（Abbé du Bos）的当代研究］，重述了采邑和分封的"起源"及其后来的变形。[40]

书写带来了理性，但它同样带来了秘密。在参考勒·卡伦对《农村法概论》（Somme rurale）的评论后，孟德斯鸠如此评论从口述文化到书写文化的转变，"书写的使用改变了观念，并保守了秘密；但当使用被搁置的时候，除了程序的恶名之外没有东西可以改变那些观念"。而且，孟德斯鸠还补充到，这种使得封建正义衰退的秘密程序方式"仍在实践中"。[41] 从圣·路易斯和书面程序支配的时代起，法国法律变成了地方习俗、封建实践及罗马法的混合物，直到查尔斯七世的"伟大时代"，那时习俗由于人民的同意变得更加普遍。从历史的角度来看，作为结果的法兰西-罗马"普通法"——也被孟德斯鸠称作"法兰西法学的集大成者"——"一点点地"（peu à peu）形成了法国的"法的精神"，并将在多马与孟德斯鸠的分析中进一步经历一个普遍化的过程。

就欧洲法律传统及其内含事物而言，孟德斯鸠提供了一种历史深见与理论反思的百科全书式的混合物，在这一点上，他对习俗的观念做出了敏锐的分析，将其作为社会思想的一个类别。孟德斯鸠并未沾染其同时代人对立法改革的热情，社会工程对他来说代表着暴政。他的确在理性的基础上设想过社会进步，但对他来说"法的精神"决定了这种开明改革的条件与限制。他建议，"遵循国家的精神是立法机构的任务"，并补充说，"没有什么能比得上我们自由地行动，并遵循我们的自然天赋所向。"事实上，他的教诲是，风俗与习惯不能被法律所

第十二章 哲学学派 *335*

改变，而是必须经历自身的变化；而后，通过经验、学习和纯粹理性，一个国家的法律与制度才可能与之相适应。这是为什么法律必须要放在地理与历史语境中理解的原因。这也是为什么对社会的哲学理解不能局限于法律本身，而必须从根本上探寻其"精神"的原因。这一前提标志着从传统的"公民科学"向有自我意识的社会科学的转变。

法典化问题

但是，作为"真正的哲学"，公民科学既有其实践性的一面，也有其理论性的一面；启蒙运动的"哲学"观念坚持法律传统的这一面向。这些实际的关切在法典化运动中找到了其焦点，该运动在18世纪达到了一个高点，它或许代表了现代社会思想最根本的论题：是否有可能在一部成文法典中，明确表达一个社会的习俗和法律，并可反映其潜在的民族"精神"？考虑到现代欧洲社会的社会分化和动荡，查士丁尼的事业在特定的国家背景下可以重现吗？最开明的答案当然是肯定的，正如法律自然主义一样。总的来说，其结果是在法律传统中转移重点：从法学转向立法——从人民的"意志"转向了政府的"意志"。[42]

"法典"的观点在很多方面都象征了一个启蒙思想的统治性隐喻。狄德罗（Diderot）写道，"我们生活在三个法典之下——自然法典、民法典、宗教法典"。1756年，莫雷利（Morelly）的《自然法典》（*Code de la nature*）提出了一个"遵循自然意图"——"真正的法律精神"——的立法模型。[43] 从历史上来说，"法典"是由实证法累积而成的，但理性主义对法学的入侵确认了将法典编纂等同于自然法理想的趋势。边沁也是如此,他将其普适性标准称为"功利"。正如一位古代法律传统的法国批评家于 1788 年所说的,"我们的历史不是我们的法典";这一打破旧俗的设想或许从那时起,就被当作了革命法学,以及哲学学派的核心主题。[44]

在 18 世纪的整个欧洲,国家"法典"的概念常常浮现于法学家的脑海中,他们当然受着狄奥多西特别是查士丁尼的鼓舞。罗马-拜占庭式《国法大全》最成功的模仿之二是腓特烈二世的《奥古斯都宪章》(Liber Augustalis) 和阿方索九世 (Alfonzo IX) 的《七章法典》,但是在教会法和世俗法的传统中还有其他的罗马式的努力;而且从 15 世纪开始,建立法律体系的想法通常与"国家建设"的努力结合在一起。这仅仅部分地是民族政策的表现,因为,不仅法国的查尔斯七世 (Charles VII) 和路易十一 (Louis XI),还有安茹的热内 (René of Anjou) 与查尔斯五世 (Charles V),他们都希望通过对地方法律与习俗的改革、合法化和进一步的"掌控"来确保其社会基础。

法典化运动也没有限于官方政策,因为在人民的代表中,也出现了对法律之混乱与不公正的抱怨,以及对此进行改革的祈求,他们陈述了几乎相同的故事——对正义的滥用、拖延和违法乱纪。在法国革命之前的两个多世纪里,三个等级的记录都呼吁采取这种补救办法,当然,例如像米歇尔·德·洛皮塔勒 (Michel de L'Hôpital) 和亨利·弗朗索瓦·达戈索* (Henri François d'Aguesseau) 大法官等法律改革者,以及所有政治与宗教信仰的实践和哲理法学家们也不例外。在法国,常

---

* 亨利·弗朗索瓦·达戈索 (1668—1751):法国政治家,曾任巴黎高等法院总检察长,被伏尔泰誉为"法国曾有过的最富学识的地方执法官"。

被引证的经典是查尔斯·杜姆林的"关于法国习俗的联合与协调的演说",后来,它不仅被视为改革运动的宣言,而且还被当作后来形成法国法典之努力的预言。杜姆林写道,"在任何共和国,没什么比将这一王国中弥散着的不同习俗简化为单一、简短、清晰与最公正的和谐更加值得赞赏与有用了"(in brevem unam, clarissimam et aequissimam consonantiam reductio)。[45]"法典之父"罗伯特·波蒂埃(Robert Pothier)的努力,在许多方面以综合的方式延续于杜姆林和多马的作品中。[46]

在"民法典的智识起源"中,突出的是私法体系以及王室立法:从1454年图尔法令中的开创性陈述,到1576年的布洛瓦三级会议,再到一个世纪以后路易十四的改革法令。随着自然法的倡导者的不断促进,法典化成为贯穿革命前欧洲的开明专制方案的标准配备,接着成为同时被革命和独裁政府所普遍接受的目标。相比于大多数涉及"公意"的问题,法典化超越了特定的"利益"与意识形态的关切。

在普芬道夫和其他人所阐述的社会原则(socialitas, or sociabilitas; sociabilité)的基础上,萨缪尔·柯西(Samuel Cocceij)为普鲁士的腓特烈大帝(Frederick the Great of Prussia)汇编的"法典"(1751)提供了哲学上的论证;这种论证达到了这样的程度——"这个新的法律全集,可以被称为自然之法本身"(le Droit de la Nature meme; Ius naturae privatum)。然而,罗马模式并没有被遗忘,柯西遵循了查士丁尼的努力,保留了法律原初的纯粹与意图。"因此,教育青年的教授们被禁止教他们违反法律规定,即使是在寻求法律的精神和意图、扩展、限制或例外时,也是如此。"当然,对于法官来说也是如此,因为只有国王本人才能代表法律讲话——(根据推理)也只有国王能代表自然讲话。[47]

这种论证导致一些历史学家认为，自然法不仅被用于理性主义，而且以一种不那么无私的方式用于既定权威和现有机构的"合理化"。托马斯·霍布斯是这种专制态度最不合格和引发争论的辩护人，也许他的率直和他的唯物主义一样，使得他对于许多温和与道德说教的自然法学家来说十分难堪。[48] 无论如何，"古典-现代"自然法的术语、修辞、比喻类比成为绝对君主制的意识形态武器的一部分，并逐渐垄断了其法学理论和实践及其职业遗产。

然而，法典化的推动力跨越了从绝对君主制到法律改革者的整个政治光谱，后者包括了如加埃塔诺·菲兰杰里（Gaetano Filangieri）和杰里米·边沁这样的"哲学激进分子"，尽管他总是自冠以现代性的名义。边沁是反法学家的极端例子，他想抛弃旧的法律传统，将法律奠基于一种理论心理学的基础上；理论心理学是一种"人性的科学"和一种"精神"观念，它不来自于孟德斯鸠的社会学思考，而是来自从爱尔维修的机械论与"道德决定论"。边沁不仅嘲笑了孟德斯鸠模糊的保守主义，还嘲笑了布莱克斯通和伯克；他嘲讽了"权威的谬论"，包括他否定的"中国式论证"（"我们祖先的智慧"）和"妖怪论证"（"没有创新"）的东西——尽管他替换上了自己的一些想象（"每个人是他自己的律师"，正如哈勒维指出的，这类似于路德的"所有信仰者的牧师"）。[49]

尽管奠基于经验主义的前提之上，边沁的功利主义法学遵循的是自然科学的立法和司法模式，它追求对社会全面地定量与价值中立的观念；更准确地说，这个社会的价值是可估算的，与实践理性和判断问题相分离。边沁对"偏见"、"利益"以及"自然权利"——这些法学范畴已经成为理论心理学的分支和"哲学"的目标——表现出典型的启蒙运动式的讽刺；事实上，他提出建立一种社会科学，其术语不仅是实证的，而且在更激进的意义上是唯名论的。他也不会承认反对他法典化提议的那些观点的理性基础，因为这些反对观点只会来自于"腐败者"和"无赖"，即"律师阶级"和"广义上的党派阶级"。后来边沁宣称他是"所有承认自由的国家"的法典编纂者。[50] 边沁对传统智慧的蔑视，以及他认为"习惯法"从属于立法权威的观点，被约翰·奥斯丁扩展为一个理论，将"实证法"等同于立法意志，它与启蒙运动的设想——如果不是野心的话——十分契合。[51]

总的来说，启蒙运动中的法律和社会思想倾向于制造而不是发现或改革法律。"法的精神"通常被等同于"立法精神"，而与统治者和编纂者有关的战略，越来越多地与社会控制和指导的希望相结合。[52] 这与罗马-拜占庭的查士丁尼的立法之帝国修辞相当吻合，也与（用库恩的话来说）法律的"规范科学"一致。然而，法国大革命要求一个全新的范式，也许暗含在哲学学派之中，由开明专制主义在理论上设计出来，但从来没有在广泛的社会——无论是私人的还是公共的——和深刻的国家条件下推行开来。革命立法的目标与努力，在崇拜者和批评家们看来是相似的，那就是哲理法学派的实践高峰。

法的死亡与重生

在法国，法典化的推动力出现于1789年革命前的几个月里，正如在许多"陈情书"*（*Cahiers de Doléance*）中显见的，法典化成为这次革命性变革进程的主要部分。如果说这次革命代表了"哲学的胜利"，那么它则开始于过去的毁灭，包含了习惯法整个架构的毁灭。在著名的"八月四日之夜"后，革命议程上首先出现的词语之一是（欧乐所称的）"财产权的圣·巴托罗缪之夜"（St. Bartholomew of property），** 它"完全废除了封建制度"，发明了一套新宪法体制，在这方面也是"一套新的司法秩序"。[53] 封建委员会（*Comité de féodalité*）的律师们一连数月，从"自然法的理念与目的"的角度——已经渗透于法律职业语言中——激烈辩论这一问题。

在这些争论中，立法权与司法权之间的古老议题在曾经极端且实用的术语中预演了。阿德里安·迪波尔（Adrien Duport）的席位在国民大会的左端，他采取了最激进的立场，大致与卢梭的理论相符合。他也带头削弱着自己职业的制度基础。"不能再有更多的法官了！"他一度这样呼喊，"（也）不能再有更多的法庭了！"迪波尔主张说，正义的成就是一个纯逻辑的过程，它是一个三段论：事实组成小前提，相关法律是大前提，而判决则是其结论。在一个民主政权下，法律不再是仅被有特权的专家所控制的神秘之物；而是可被任何"公民"所运用的"社会公约"。迪波尔的理念太超前了，甚至他的同事罗伯斯庇尔在这一点上都对法学家致以善词。[54] 然而，这些想法与当时最先进

---

* "陈情书"是1789年初法国的三个阶层向国王路易十六提交的抱怨清单。——译者注

** 圣巴托洛缪大屠杀（法文为 Massacre de la Saint-Barthélemy）是法国天主教暴徒对国内新教徒胡格诺派的恐怖暴行，开始于1572年8月24日，并持续了几个月。由于胡格诺派的不妥协的强硬态度，该事件成为法国宗教战争的转折点。——译者注

的观点相一致。(不仅包括边沁,还有年轻的拿破仑·波拿巴的观点,他也想象出了一个没有律师的社会。)他们的观点还与 1790 年特别法案相一致。这一法案中包含了对辩护制度的压制,还将其成员——律师(*avocats*)、法官(*juges*)、检察官(*procureurs*),及其他各种身着法袍的人(gens de robe)——转变为普通的"法律人"(*hommes de loi*),这些"法律人"成为"公意"的代言人。边沁是首先提出"组织法国司法建设新计划"(1789 年 12 月)的人之一,这一计划与议会中更激进议员十分吻合,他们同样想要废除"法律人阶层",并(按边沁的话说)让渡"权力给人民"。[55]

在关于"新司法秩序"的大量讨论中,除了宪法本身外,最根本的是法典化问题,即被法学家们讨论了数个世纪的国家统一的法律方面;尽管在革命性地废止那个有秩序的社会之前,其成功的可能性很小。国会在 1791 年 9 月宣布,"将编纂一部全国通用的民法典";两年后让·雅克·雷杰斯·德·康巴塞雷斯(J. J. R. de Cambacérès)提出了第一项编纂法典的计划。[56] 那正是雅各宾派狂热统治时期,也是国民意志——体现于两周前的《全民动员》(*levée en masse*,1791 年 8 月 16 日)中——逐渐觉醒的时期。康巴塞雷斯宣告,"这一被虔诚期待的时代终于到来了,它将一劳永逸地建立一个自由的帝国,并决定法国的命运"。他接着又投身于另外两项伟大工程,"民事立法的宏伟大厦"起草(1794)和在官方委员会规划之前的雅克米诺(Jacqueminot)起草的第四草案(1797),并最终发展为 1804 年民法典。

这部民法典——《拿破仑法典》(*né Code Napoléon*)——最初却被命名为"法兰西人民法典",在官方修辞和公众舆论,或至少在流行的想象中，它是纯粹理性与"自然法"的演生物。康巴塞雷斯指出，对人民来说，"真理是唯一且不可分的"，因此他们的法律也应如此。这一法律的目的就是彻底地"革新""完善"，并"预见""一切"。这与当时的第一执政（很快成为皇帝）的立法野心十分相合，他幻想并标榜自己是新查士丁尼。依靠卢梭主义的"公意"（Volunté générale）——罗马的君王法（lex regia）的对应物，拿破仑不仅颁布了一个受欢迎的命令（并且废除了法律咨询馆），并希望他的杰作可以（用查士丁尼的话说）"永世合法"。

在第一执政经常参加的法典"准备工作"和初步讨论中，"解释"的老问题又出现了；据雷尼尔（Regnier）说，仅仅是提到这个词，就在市民（法）编纂者中引发了震动。拿破仑采取了查士丁尼曾经的立场来处理这个问题——实际上也正是罗伯斯庇尔在讨论"司法权力"时的反应，他叙述了古老的规则：法律解释专属于制定法律的权力。否则，市民法编纂者迈里阿-加拉（Maillia-Garat）警示道，所有旧制度的恶习都将恢复，"习俗的王国将重生"。[57]

与这一伟大的立法事业及相伴随的争议直接相关的，是"社会科学"的现代概念与术语的形成。1799 年，康巴塞雷斯向学院（the Institute）提交了一篇关于社会科学的论文《社会科学演讲》（Discours sui la science sociale），在其中他用现代术语将古老的法律主题复述为真正的哲学（vera philosophia），这正与法典编纂相关。他宣告说，"立法者们，哲学家们，法学家们！这是社会科学的时代，也可以说是真正哲学的时代"。(la moment de la science sociale, et nous pouvons ajouter, de la véritable philosophie) 对康巴塞雷斯来说，社会的科学包括道德哲学、政治经济学和立法学,其目的是"达到完美的社会关系"(de perfectionner les relations sociales)——与孔多塞和空想家的理念一致。伦理学(la morale)和政治经济学(l'économie politique)的任务是分别在"激情与利益"方面达成它;而立法学(la législation)的目的是致力于人权,这是革命动力与理念的实质。[58]

然而事实上,自然(Physis)对习俗(Nomos)的胜利是由雅各宾党和波拿巴主义者宣称的,就像过去经常发生的那样,这一胜利表面多于实际。正如埃斯曼(Esmein)所说,这些编纂者们仍然说着杜姆林和亨利·弗朗索瓦·达戈索的话语。[59] 撇开修辞和思想上的自负,拿破仑的创造在本质和形式上都是一座最符合习俗与传统的宏伟大厦。这部法典的"学说源泉"不仅可以追溯到旧时的法学——最明显的是多马和波蒂埃的作品(占2281条法条的半数以上),而且可以追溯到罗马法,它为拿破仑和以康巴塞雷斯为首的编纂委员会提供了最初模型。特别是关于"绝对"私有产权和家长式家庭观的决定性学说,正与帝国本身的独裁主义特征相类似(平行)。1803年,法典的最早评注者之一的里夫(Riffé)写道,"法国大革命……使得一个全新的创造成为可能,"然而,仅在一页之后他就补充道,"这部法典主要奠基于罗马法之上。"[60] 在某些方面,法国法律哲学与教育,以及为下一代的"社会科学"的新生学科也是如此(奠基于罗马法之上)——尽管不是没有值得注意的对立面。习俗(Nomos)的遗留问题不可能仅仅通过自然主义与理性主义的修辞,或者立法者的狂妄自大,就能在实际中摆脱掉。

然而在表面上,特别是在政治与宪法争论的术语中,欧洲法律传统在自然法观念、启蒙理想和革命成果的思索与争议中转变着；而且正是在 19 世纪早期，理性法学的拥护者们——再一次根据历史悠久的法律习惯——合在一起构成了一个"哲学学派"。随着革命的到来，法律自然主义成为一种陈词滥调和传说，而它是以人类心理学概念和物质关系的简单、抽象概念，以及对历史背景和历史学识的忽视、无视为特征的。"自由""产权""契约""效用"等相似概念从传统和人类价值问题中分离出来；人类中心主义的体系——可追溯至传统的罗马结构、如盖尤斯三分法——显然已经被社会秩序与规制的自然科学模型所取代。无论如何，随着启蒙抱负的到来以及最终而来的革命的幻灭，为自然（Physis）与习俗（Nomos）力量之间的另一种对抗铺好了路，这也是古老的"公民科学"与新的"社会科学"之间过渡的最后阶段。

第十三章
历史学派

先前上帝审判。

国王。

智者。

如今是谁审判？

审判者是

民族？神圣团体？

不……

——荷尔德林：《在苏格拉底时代》

历史法学

几乎从一开始，历史就在法律传统中扮演着重要角色，尤其是从彭波尼《论市民法的起源》那个时代开始，该著作被编入《学说汇纂》第一卷。[1] 在这种联系中，其功能既表明法律的"渊源"，又表明法律的"原因"，"原则"（*principum* 或 arche）观念同时容纳了这两种法律观念。贯穿于整个民法和教会法学术事业，此种意义上的对历史的尊重被保存了下来，而且它被人文主义学者、教师以及文艺复兴法律史家弄成了一种虚拟的迷信。罗马法史由瓦伦蒂斯·福斯特（Valentinus Forster）和其他人传到了现代——布尔日大学的又一贡献。最详尽的著述是亚瑟·达克的《民法在基督教王国的运用和权威》（Use and Authority of Civil Law in the States of Christian Princes, 1653），该书探讨了下至他那个时代这些机制仍然有效的地区的封建法、民法及教会法。这一实践也延续到了地方传统中，如赫尔曼·康林（Hermann Conring）的《日耳曼法的起源》（Origins of German Law, 1643）所例证的，该书提供了不同于自然法风格的对照；对其他国内法和国际法传统也有过类似的研究。[2]

在很多方面，"历史"也构成了16世纪形成的法律新"方法"的基础，进而为哲学进路确立了一种替代方案，或者一种经验基础。跟培根的自然科学一样，16世纪的法学既依赖于经验，又依赖于理性。康拉德·拉古斯在他讨论法律解释的论文里描述的法律双重结构亦是如此，尽管在法律中，"历史"也常常让人想到的是一种经验基础、一种事例或先例的集合，而非暂时的形式或按时间顺序的解释。让·巴贝拉克（Jean Barbeyrac）和约翰·艾森纳特（Johann Eisenart，康林年轻的同事）都援引了弗朗索瓦·博杜安"结合"法学与历史研究的古老计划，正如一代人后的孟德斯鸠所做的那样。[3]

另一篇继续鼓励以历史方法处理法律的《学说汇纂》的文章是那篇《论语词的含义》（De verborum significatione），该文引起了学者们对解释、词源和语言变化问题的关注。[4] 这些问题在中世纪变得越发复杂，其时"解释"也意味着将蛮族的术语翻译为罗马-拜占庭式的术语，或罗马-教会法式的（Romano-canonical）术语。对经典文本的翻译和评注、比较法论文和一些词典成为法律史的核心辅助，它们为几个世纪法律变迁的观感和研究做出了贡献。

这在自然法风尚的巅峰时期依然持续如此，它们看上去是"反历史的"。格劳秀斯坚持"历史知识"的重要性，而更著名的是，孟德斯鸠宣称"我们必须以法律阐明历史，以历史阐明法律"。[5] 法律史——包括古代和现代——的新种类，在诸如康林、乔万尼·格拉维纳（Giovanni Gravina）、安德烈·特拉松（André Terrasson）和约翰·戈特利布·海内修斯这些学者更加专业化的著作中繁荣兴盛。与孟德斯鸠相似，特拉松坚持认为哲学和历史对罗马法知识和现代法学知识而言都"绝对必要的"；他的《罗马法学史》（*History of Roman Jurisprudence*）追溯罗马法传统，上迄《十二铜表法》，中经院主义和人文主义阐释者，下至让·多马和克劳德·德·费里埃。[6] 法律作为智慧和"真正哲学"的一种形式，如海内修斯引用乌尔比安的古老惯用语所回顾的，同时需要对神圣事物和人世事物的知识，即关于历史问题和哲学问题及神学问题的知识。海内修斯本人不仅写作了从查士丁尼到当下["我们的新时代"（*ad nostra tempora novella*）]的法律史研究，既有日耳曼法史，也有罗马法史；还写作了一部哲学史、若干罗马古典研究，包括对《十二铜表法》的研究和若干自然法研究及万民法研究，他称万民法为"实证的或次级的自然法"（*ius gentium positivum vel secondarium naturale*）。[7] 他的一些著作直到19世纪都还在被持续出版、翻译和教授。

而且，自然法自身也被诸如马丁·胡布纳（Martin Hübner）和亚当·格拉弗内（Adam Glafney）这样的后格劳秀斯学者置入历史的视角，他们将"人性法典的历史"回溯到其古代和前基督教的源头，经过其经院主义阐释家和改编者，下至其现代大师，包括诸如马基雅维利、霍布斯、倍尔（Bayle）和曼德维尔（Mandeville）这样的"自然法的异端"。自然法史也出现在当代哲学史中，包括约翰·布鲁克（Johann Brucker）出版于1740年代的经典著作。[8] 正如启蒙运动学者们所理想化的那样，万民法也被作为文明史的一个方面受到了历史性的对待。1795年，罗伯特·沃德（Robert Ward）在痛惜万民法的疏忽的同时，也赞颂了它的"普适性"。他承认，人类的历史已经被书写过了，但是从未像他所提议的那样详尽地书写。"从同样的一堆事实中，一个历史学家描绘了一部人的历史，"他写道，"另一个描绘了社会的进步，第三个描绘了气候的影响，第四个描绘了军事成就，第五个描绘法律的总体状况，第六个描绘了特定的国家。但是，"他总结说，"世界编年史还从未有幸……由任何一位评论家书写过一部《万民法史》（A History of the Law of Nations）。"[9] 于是沃德着手研究了从一开始到格劳秀斯时代、被称为"次级万民法"的那方面的人类习俗。

到18世纪时，欧洲法的故事已经从许多视角被反复讲述过了；当然，解释和新习俗的持续产生进一步促进了它的精细化。实际上，正是实在法传统吸引了最可观的历史学术研究的努力，因为不是自然法而是其解释拥有历史，或者说，（解释）反映了因时代、地点和文化不同的诸多变化。尤其是在对欧洲习俗的评注中，历史解释和比较解释将会被发现是至关重要的，习俗（Nomos）的王国也才能被保存和扩展。

这一解释的背景是宏大的文化过程，特别是德国学者进行了相应的研究，并誉之为罗马法的"继受"。跟英格兰和法国一样，长久以来，德国为本地习俗保存了大众正义和"证据"程序的传统，这种"证据"传统建立在宣誓作证的基础上——Weistümer 是法国集体调查制度（enquêtes par turbe）的德国对应物。正义在很大程度上掌握在"法律的代言人"（Rechtssprecher）手中，他们形成了陪审团（Schöffen）制度：中世纪晚期繁荣兴盛，在一些地方则保留到了 19 世纪。[10] 这些"法律的代言人"都是些实干家，他们裁判事实，不聆听关于法律的辩论或推断。

在 15 世纪，这一日耳曼制度很大程度上被罗马-教会法程序所取代。所谓的罗马法"实践继受"正式发生于 1495 年神圣罗马帝国的法庭中，但是，罗马法的早期入侵在当然已经以法律术语、程序、法庭机制以及大学教育中的意大利方法等形式出现了。古老的日耳曼法——如艾克·冯·雷普高（Eike von Repgow）的《萨克森明镜》——经历了罗马法学家们广泛的解释、系统化和条理化；尤其是拉古斯将他的二元（哲学-历史）"方法"——"方法"（methodus）、"纲要"（compendium）和"镜鉴"（speculum）的等同物——运用于重新整理中世纪文本，事实上也将中世纪文本罗马化了。[11] 在欧洲其他地方，如英格兰、法国和西班牙，也有对"继受"的讨论，但是这种影响的条件很大程度上被局限于在当地被接受为合理的[罗马法作为"成文理性"（ratio scripta）的古老准则]民法地区。甚至在德国，"继受"关注的也是程序法而非实体法。

然而，其结果正如约翰·P. 道森所主张的，是学者法（learned

law）的总体胜利，即意大利式法律科学和职业法学家共同传统的胜利，尤其是从16世纪到18世纪的职业法学家传统。这种胜利的正式实现，不仅是通过皇室法院的裁判，也通过与日俱增地将案件送到大学学者那儿寻求建议（Aktenversendung，学者裁决）和解释的实践。本尼迪克特·卡普佐夫（Benedict Carpzov）是唯一一个通过司法裁决推进罗马法化工作的学者型法官，一些人称他为法学家阶层（Juristenstand）中的"巴托鲁斯"（Bartolus）。从17世纪起，涌现了真正的出版高潮，如先例和"前司法"（praejudicia）的书，这些出版物定义和塑造了日耳曼法，与皇帝或贵族们的政治和"国家建构"计划非常不同。

最后出现的是对罗马法选择性和解释性的运用，这被称为罗马法源或"当下习俗"（mores hodiernae）的"现代运用"（usus modernus Pandectarum）。1690年，塞缪尔·斯特里克（Samuel Stryk）在一本以这一标题为名的书中，提供了一部日耳曼法与罗马法比较史：从塔西佗经封建时期和"法律博士"的出现，下至现代法律继受；之所以也引入比较法史，则是为了纠正"非理性的习俗"，并在法庭里促进公共善（hodie ad publicae salutatis promotionem in foris Germaniae）。[12] 同样贯穿日耳曼法律传统的是学术法（jurisprudentia）与实践法（jurisperitia）的传统区分，到18世纪时，这已经变得突出并被制度化了，尤其是在经济科学（cameralist science）与法学（jurisprudence）的分野中。实践传统在很多方面都疏离了大学里所教授的自然法，而倾向于采取更经验性的、历史性的态度。

于是，在几个世纪中，德国法学家致力于调和古代法律形式与现代社会现实的概念和实践问题，其结果是大量方法论和意识形态辩论：

第十三章　历史学派　351

罗马法学派反对日耳曼法学派，两派一同反对自然法学派；大众司法的捍卫者反对司法能动的拥护者，两派又一同反对行政干预和法典化的辩护者；以及，一如既往地，那些倾向于法律哲学和法律体系的（人），无论是自然法的理性主义辩护者，还是权威主义的"潘德克顿学派"（Pandecten recht），反对那些倾向于经验主义和历史主义方法的（人）。[13]

但是在很多方面，历史的研究对法律科学来说一直都是至关重要的，为基础法律教育、理解相互竞争的法律体系、实践裁判以及法律改革提供材料。甚至法典化的努力也依赖于对法律文献的大规模研究，尽管他们常常使用自然法的修辞，如同查士丁尼所做的那样；而且，如托马修斯（Thomasius）所抱怨的，自四大法学家以来的四个世纪中所写的法律著作远比查士丁尼之前的一千年多得多。"我们的历史不是我们的法典"，18世纪末的革命性宣传这样说道。[14] 但是相反的表达却不能成立，"一部法典同时是一部历史、一个体系"，就如欧仁·勒米尼尔（Eugène Lerminier）一个世纪后写到的那样。[15] 拿破仑的立法杰作确实在很大程度上吸收了旧法律传统，一如查士丁尼不得不做的那样，无论法国王政复辟前还是之后，其法律教育制度亦是如此。如果说《拿破仑法典》的形式和很多学说是罗马的，它的实质则是习惯法和法国传统的"现代运用"，如德国批评家一再抱怨的那样。

在法律传统的核心议题中，私有财产问题是历史研究最可能的主题，这是个人自由的延伸或至少是密不可分的"同伴"。"我的"（Mine）和"你的"（Thine）之间的古老冲突是中世纪和现代法学家们无尽讨论的万民法的一个方面；虽然该问题常常被占有法和所有权法的技术所模糊，但是它也引起了对人类群体从单个农耕的群体演变为文明化、都市化的国家的讨论。根据阿尔贝里科·德·罗塞特的说法，国际法产生于自然法之后，伴随着它对人类（原罪的）境况的调节，其中不仅包括法律诉讼和法律义务，而且也包括了战争、冲突和其他"那些'我的'与'你的'（meum et tuum）这些代词"的产物。[16]

财产权（dominium）在古代罗马法中已经被界定得足够清晰了，但是中世纪的占有和时效机制使问题极大地复杂化了。法学家们还是继续辩论支配（dominion）的性质——包括私有的和公共的，尤其是其"起源"问题。在自然法语境下，这些辩论以社会契约理论的方式趋于高度理论性；但是在18世纪，历史研究补充和纠正了这些推断。从这些法律争议中产生了人类发展的"阶段"理论——三阶段、四阶段，或者更多：从农耕生活到市民生活，这些划分在大多数时候遵循了财产法的条件。[17]

"原初"自然和"次级"自然的区分继续为18世纪关于人性发展的争论设定了框架。J.F. 菲内提（J. F. Finetti）在他对"霍布斯、普芬道夫、托马修斯、沃尔夫及其他人"——"清教徒"或者更糟——的无神论自然主义的攻击中援引了这一区分，并提醒读者，"原初"自然法是上帝的作品，"次级"自然法只是人类的作品。菲内提还批判了维柯［及维柯的门徒埃马努埃莱·杜尼（Emanuele Duni）和卢梭］关于人的原初自然是独居、野蛮（ferinus）状态的方法和结论，他认为这些方法和结论是对"真正"国际法的蔑视。他也含蓄地拒斥维柯和杜尼将"自然真理"（Veri naturale）的范围与"人世真理"（Veri morale）的范围相分离的做法，在"人世真理"中，人实际上创造了他自己，并使他成为"社会的"人。[18]

"社会性"问题实际上是自然法与人法——更理论性地说也是"社会契约"——辩论的根基。继霍布斯、普芬道夫和卢梭之后,习俗与自然的古老对峙再度重启,这首先是在神学前提方面,然后是在人的"本质"方面,包括个人性的本质和集体性的本质。[19] 人性及其法律和文化实质上是动物本质(乌尔比安多个世纪前植入法律的一个看法)的一种表达;还是一种完全不同的、只能在一个多样、变动的社会和文化语境中进行理解的"第二种"本质?这是历史学派从哲学学派那儿继承来的根本问题。这也是维柯面临的问题,他不仅是自然法最执着、最系统的批评者和历史的拥护者,事实上也是唯一提供了不同于启蒙时代粗俗自然主义的完整方案的学者。维柯的著作已经被从很多有预期观念的视角研究过了,但是他自己则从过去的文化经验中寻找智慧,他的首要目标是西方法律传统。维柯的"新科学"首先提供的就是对公民科学遗产的一种原创的哲学性综合(区别于法学的),这是法(Nomos)世界的第一次现代表达,它在方法论上和实质上吸收了历史、文献学、哲学以及法律科学本身的养分。

新科学

维柯最初是一个旧式人文主义——文献学和修辞学形式——的拥护者,最后成为"新科学"的创立者,"新科学"最开始的提法是"文献学",最后化身为一门宏大的人性哲学。[20] 起初,维柯着迷于自然法,但是他对学问的早期形式的迷恋,尤其是对古老法律传统的迷恋,引导他扩展了其智识视野。"天生的注释家",弗兰克·曼纽尔(Frank Manuel)这样称呼他,维柯也是最后的文艺复兴人文主义者之一;他折中的、百科全书式的目的,是将中世纪法学家(giureconsulti medesimi,他对"巴托鲁斯派"的称呼)的逻辑分析,与人文主义者(interpetri eruditi)即"罗马民法的纯历史家"的文本批评两者最好的方面结合起来,并在此基础上赋予现代"自然公平的哲学家们"以深度和实质内容。[21]"为什么文献学脱离了哲学而独立?"他问道,他将努力转向恢复欧洲法律传统的文字与精神、身体与灵魂的"统一"。

虽然维柯着迷于笛卡尔和培根的"新"科学观念,但是他的人文主义倾向很快使他怀疑笛卡尔式的怀疑主义。对维柯而言,"我思"(Cogito)导向的首先不是形而上学,而是语言,他在早期关于"我们时代的研究方法"的讨论中所阐述的新"批判方法"建议我们不要专注于诸如几何学这样的抽象学科,而应专注于"论题性知识"和具体的话语艺术。智慧首先是实践性的而非理论性的,用新斯多葛主义的话来说,智慧被认为与审慎相同。维柯拒斥了笛卡尔的论点,保留了对培根的智识进步计划的迷恋,并在其中融入了格劳秀斯的社会观念,他称格劳秀斯为"人类的法学家"。[22]在这一联系中,审慎(prudence)很快开始意味着"法的审慎"(juris-prudence)。

对维柯而言,法律科学是哲学的样板和敲门砖。这在他《论取自拉丁语源头的罗马古代智慧》一文中就已经很清楚了,在那篇文章中,他不仅开始提出自己的词源学方法,也开始提出了知识论和社会哲学的二元结构。在其早期形式中,维柯的"新科学"是长期以来内嵌于法律中的一些概念极性的会面场所:权威与理性、文字与精神、历史与体系。从这些对立中，维柯引申出他对"真实"（true, verum）与仅仅"确定"（certain）[既指法律上的确定（certum）概念，也指笛卡尔式的确定概念] 的区分：前者建立在理性和证明的基础上，构成了"科学"（scienza）；后者建立在权威和历史的基础上，构成了"意识"（coscienza）。[23] 真理（truth）的对立面是谬误，"确定"的对立面仅仅是（主观的）疑惑。在法学中，相应的概念是原初（prius）自然法和次级（posterius）自然法，用维柯经常诉诸的传统来说，也就是自然（Physis）与习俗（Nomos）。

从语言与法律的类比中，也产生了维柯著名的"真理即成事（verum-factum）原则"，"真理的标准，我们肯定可以凭以获得真理的规则，就是已经创造出了它"。[24] 并且我们或许可以确知的东西不是自然——上帝的造物，而是人类的作品，比如语言、法律及其他文化制品。我们理解语言是因为它建立在人类惯例基础之上；我们理解法律（至少是实在法）是因为它是人类意志的产品——不论是大众的意志还是君主的意志。"理性源于自然的必然性，权威则源于人类的意志，"如维柯所说，"哲学研究事物的必然原因，而历史探究个体的意志。"按照巴尔都斯和其他人的说法，中世纪法律科学满足了上述两个要求。"新科学"的目的就是要在这些先例的基础上，最终并更加系统地赋予人类造物的世界以历史与哲学的形式，包括自然科学（如果不是自然本身的话）。

维柯的事业——当然就是他的"新科学"——的关键点是哲学法学体系的建立，哲学法学是民法的一种变形，旨在成为对古代智慧理想的现代重述。如维柯在一个开创性段落中指出的，"罗马人赋予法学与希腊人赋予智慧同样的名字：'神与人世事物的知识'"。[25] 在罗马，"有智慧的人"（*sapientes*）是那些法学专家，他们结合了诡辩与哲学、实践（特定的裁决，*res judicatae*）与理论（*principia iuris*）；刚开始，维柯在他人类科学的首次系统化努力——他 1720 年的论"普遍法"的论文——中遵循了同样的路径。

《普遍法》（*Diritto universale*）是维柯"新科学"首次道成肉身，其最重要的一点是，它以拒绝思想的自然科学模型、尤其是笛卡尔的数理路径（以及与维柯竞争的伽利略式"新科学"）开始。这不仅在维柯著作的人类中心主义形式中显而易见，也在其词源学方法和术语中一目了然。比如，"原因"这一概念，维柯不仅从其"科学的"和解释性的意义上去理解，也从其司法的和监护的（custodial，源自 *cavere*）意义上进行理解。因此，效用（*utility*）和必要性（*necessity*）只表现了社会的"时机"（*occasion*）——与霍布斯、普芬道夫和其他清教徒及所谓的无神论者形成对比；社会集结（*social gathering*）的真正"原因"是道德性的（*honestas*）。对维柯来说，法学不仅汇聚了理性和权威，也汇聚了伦理和政治，从一个宏大的历史视角来看也是如此。

各种法律观念也为维柯的人类心理和人类社会的结构之观念提供了术语。他从根本性的知识、意志和权力（*nosse, velle, posse*）三分的角度界定这一结构，这对应于财产、自由和自卫（*dominium, libertas, tutela*）的法学分类。简言之，它指的是一些民法假定，即人类主体是由下述术语界定的：第一，人的"自由"（处于他自己的法律之下，而非他人的法律之下——*suum iuris*，而非 *alienum iuris*）；第二，生而自由的人从本性上讲是为了使用和生存而获取财产（*dominium, proprietas*）；

第三，他被允许拥有自卫权，如果必要，可以使用暴力［根据古老的民法格言"以暴制暴是被允许的"（*vi vim repellere licet*）］。这一三分法也在政治层面被重述，因为，如维柯所补充的，"所有共和政体都脱胎于统治、自由和自卫"；尤其是有相应的君主制、民主制和贵族制（*regia*，*libera*，*optimatium*）三种宪制种类。这是可以被称为维柯的"元规范学"*［metanomics，类比于笛卡尔的形而上学（mataphysics）］的第一条陈述，因为"普遍法的体系"事实上是"新科学"的一个面向。[26]

在其概念所及范围内，维柯法哲学的广度一如其深度，因为它不仅试图探究神话和史前史的深度，还试图涵盖整个"万国世界"。当然，维柯这一著名短语源自民法传统的"万民法"。万民法为维柯的法学研究及其最终的"新科学"界定了"可理解的研究领域"，尽管与通常一样，他使得这一范畴带有他自己独特的晦涩难懂之处。再一次试图结合法律的权威形式与理性形式、实证形式与自然形式，维柯将人类集体行为的舞台界定为"万民自然法"（*ius naturale gentium*）；对学者而言，这是一个包含了全部范围的"普遍历史"的舞台，正如对博丹和其他比较法研究者来说的那样，这些人的著作维柯非常熟悉，也大量引用。[27]

与他之前那么多法学家和孟德斯鸠（他几乎与维柯同时代，并且至少拥有维柯的著作）一样，维柯的重中之重是寻找"法的精神"；他再次按照语文学-哲学二元论——具有原创性和传统性——方式解释

---

* Metanomics 由 meta-和-nomics 构成，meta-表示"在……之后""超越……"，译为"元……"；-nomics 源于 nomos，表示一门学科或一个领域的法则（law）。Metanomics 即用来描述这些法则的法则。——译者注

的这一古老准则,这让我们不仅回想起雅克·德·勒维尼,也回想起塞尔苏斯的讨论,他们同样将法的精神置于法的文字之上。对维柯而言,"法律精神"(mens legum)代表了其历史含义,这一历史含义来源于人的意志和权威;而"法律理性"(ratio legum)则指的是其理性和真理。这也再度阐明了"确定"与"真实"之间的区别["确定源自权威,真理源自理性"(certum ab authoritate, verum a ratione)是维柯在这一点上的准则]。[28]

维柯新科学的方法也非常依赖于"解释的艺术"(iuris interpretandi ars),格劳秀斯(按照维柯的回忆)认为,解释很大程度上源自修辞。[29] 维柯主张,语词含义的法学研究[民法的、也是教会法的主题《论语词的含义》(De verborum significatione)]事实上是"哲学的一部分",尤其是当它与词源学和语词起源[在这一意义上也是"自然"(physis)]的恰当理解相连接时。以此,维柯将他的"新科学"等同于语文学[《新科学的尝试》(Nova scientia tenatur)*,他《普遍法》第二部分"论语文学的稳定性"(On the constancy of philology)的第一章],通过推理也将他的"新科学"等同于历史[语词史(historia verborum)和事物史(historia rerum)是语文学(philologia)的两个部分]。

在他思想的这一阶段,维柯的方法总体上来说聚焦于利用、转化并且通常是重塑民法传统的一些重要特征。以其非常典型的激进——追根溯源——的方式,维柯重拾了民法学者对起源,尤其是罗马法的神话来源[查士丁尼称之为"传说"(fabulae)]以及"正诗"(serious poem)(《十二铜表法》)的兴趣,《十二铜表法》是从不成文的、"史

---

* *Nova scientia tenatur*,疑为 *Nova Scientia Tentatur*。——译者注

第十三章 历史学派 359

诗般"习俗转变为成文法的典范,并指明了走向文明、最终走向哲学的道路。[30] 在《普遍法》的最后几节,维柯直接转向了对反映于法律制度中的人类历史阶段的检视,亦即解释,以便将"万民法"的时间维度纳入其人类新科学之中。维柯的动力是要将法律主题投射回"万民法"——不是万民人法（ius gentium）,而是万民神法（fas gentium）——的宗教阶段所表现出的神话与暴力的"黑暗时代"（tempora obscura）中;而且他将法学的"智慧"投射回到诗人（prima sapientia poetarum）身上,他们是"第一代立法者"。按照"法律源于事实"这一古老规则,维柯对其进行了恰当援引,"封建"习俗的起源也成为一种普遍的模式,它既适用于早期罗马社会,也适用于日耳曼社会。[31] 这些态度不仅是"历史主义的",也是与生俱来的,有助于解释维柯在历史学派时代以及"新科学"之后的时代广为流行的原因。

在其"新科学"中,维柯根据"万民自然法"（ius naturale gentium）的一般模式,将共和国的起源归为财产权,尤其是土地法制度。这也是他对彭波尼"当制度自身开始发号施令时,王国就建立了"这一评论的解读,"制度"（res）一词表示的是财产权,要么是公共的,要么是私人的（res publicae, res privatae）。维柯承认所有权和"封建"发展的三个阶段:平民佃户（plebeian tenants）（他评论说,"霍特曼惊奇地发现,在回归野蛮的封建法中他们被称为家臣"）、武装骑士（quiritary）（或领主）领地,以及"称之为公民所有权的完全财产权"——文明的商业阶段即来源于此。"所有上述历史,"他总结道,"由希腊人保存于既表示法律又表示牧场（pasture）的法（nomos）一词之中。"[32]

不论什么时候,维柯都在继续其对"原则"的探寻,也一直试图集结他所谓的"法律科学的基本原理"[33]（*legitimae scientiae principiae*），他的这一用语也指向了牛顿和阿库修斯。与培根类似，但是与他的法学前辈更类似，维柯寻求一种特殊性与普遍性、偶然性与永恒性的统一；当然，他所深思熟虑的"新科学"一方面是一种"权威的哲学"["权威"（authority）一词既来源于"作者"（author），也来源于"自我"（*autos*, the self）]，另一方面也是一种"万民自然法"（*diritto naturale delle genti*，这一术语改编自更早的惯用语，*ius naturale gentium*）。跟18世纪的伟大法典一样，"新科学"既是一种语文学，又是一种哲学；既是一部历史，又是一种体制。

在其最终形式中，维柯的新科学背离了人类"智慧"（*sapientia*，作为文明观念根基的"关于神圣事物和人世事物的知识"）的法律和罗马形式，转向希腊传统，最终转向语文学和哲学传统。这一更令人熟知的（尽管也更隐秘的）英雄与巨人、过程（*corsi*）与回归（*ricorsi*）的维柯在此不能予以考虑，尽管法学（the jurisprudential）与荷马史诗（the Homeric）——事实上是维柯新科学的拉丁化身和希腊化身——之间确实存在明显的联系。在两种情形下，他的目标都是从诗歌（先是从《十二铜表法》，继而是从荷马）迈向智慧的更高、更"文明"的形式，并且进一步推导出文明及其过程的更大的模式；最后在人类自身自创、自觉、自省的"自然"和造物基础上，建构出一种人类中心的人类"科学"。

维柯也赞同格劳秀斯，反对马基雅维利和霍布斯，他相信"人本性上是社会的"（*hominem esse natura socialem*），并且从最终的意义上来说，人类是自身历史的尺度（measure）。"人类是他自己的作品。"[正如米什莱（Michelet）喜欢援引的维柯的著名用语，文明的世界是由人创造的：人是我全部作品的主题（*che questo mondo civile egli certamente e stato fatto dagli uomini—L'humanité est son oeuvre à elle-même*）]。[34] 对维柯而言，就如同对希腊人来说一样，习俗为王［君主法（lex regina）是维柯对古代品达的 nomos basileus 的翻译］。简而言之，跟智者学派和古代、中世纪及早期近代传统的法学专家们一样，维柯本质上不是自然（Physis）而是习俗（Nomos）的拥护者；尽管他确实渴望在人类科学——既是语文学的又是哲学的，还是百科全书式的和元史学的——中调和这些古老的敌手。他的努力得到了自然法批评者们的广大赞赏和颂扬，他们在历史和智识传统中为这样一种人类科学寻求基础——尽管不是在几代人的"启蒙"、革命、帝国、全面战争及其伴随的社会转型经验消逝之前。

法律人类学

历史法学派是兴起于德国大学的一种后革命现象，在很大程度上抱持着反革命的立场。这一国际性事业最主要的建设者和活的灵魂是卡尔·弗里德里希·冯·萨维尼（Karl Friedrich von Savigny），1810 年以后黑格尔在柏林大学的同事和论敌、后来的普鲁士司法改革部长；但它真正的奠基人是古斯塔夫·胡果——哥廷根早期"历史主义"学派的知名成员。萨维尼是"历史法学派"（*historische Rechtsschule*）之父，而胡果是历史法学派的祖父［用马克思的说法叫"族长"（*Altvater*）］，他的著作提供了对各种理性主义法学（rationalist jurisprudence）最全面的批判,这些被粗略地归在"哲学学派"的名头下。[35]

然而,历史法学派有着远为更深远的根源,胡果他自己也是一个更古老的法律传统的代言人。哥廷根大学建立于光荣革命那一年,它不同寻常地对英国和法国的影响[尤其是休谟、沙夫茨伯里(Shaftesbury)和孟德斯鸠的影响]抱持开放态度;自17世纪晚期以来,该校的法学教授就一直持续攻击沃尔夫及其学派的"新经院主义"所建构的自然法。1754年,J. J. 施茂斯(J. J. Schmauss)发表了《自然法的新体系》,强调人性中非理性和动物性的(在这个意义上是"自然的")一面。追求新"自然"观念之努力的另一面,就是沿着康林的著作(的思路),继续搜寻德国自己的法律传统——已经被外国的影响搞得模糊不清了。G. C. 格鲍尔(G. C. Gebauer)在1732年写道,很显然政治科学(*Staatslehre*)"不应通过《学说汇纂》第一卷第二章(Digest I, 2)《论法的起源》(*De origine juris*),或者《法令全书》(*Pandects*)或《法典》(the Code)的最后几卷来阐明,而应通过日耳曼的历史来阐明"。正如 J. P. 冯·路德维希(J. P. von Ludewig)两年后所写的,"德意志帝国(the German Reich)到现在已经遗忘了自己,德国法学家(*Rechts-Gelehrten*)将之建立在罗马法的流沙之上"。[36]

J. S. 普特尔(J. S. Pütter, 1725-1809)在哥廷根相当长的教职期间中都在追求这些目标,其间他写作了大量关于德国法律史和宪法史及法学方法的著述。普特尔将抽象体系与实践性的"本土"理性(*Lokalvernunft*)进行对比,将植根于土生土长的日耳曼习俗的"人民的声音"与外来输入的东西进行对比。他特别强烈反对民法、教会法和封建法的入侵,赞赏土生土长的日耳曼习惯法(*Gewohnheitsrecht*)——

第十三章 历史学派 *363*

"深深扎根于德意志的构成（constitution）之中，部分扎根于德意志的风气（climate）之中，扎根于德意志的处境所共有的一切事物之中。"因此，德国不需要成文法典。他也承认，在13世纪的权力真空后，日耳曼法很大程度上建立在强力的基础上：国家法（Staatsrecht）是丛林法则（Faustrecht）的产物，这个命题后来被马克思和其他日耳曼法律传统的批评者们所接受。[37]

胡果是普特尔的学生，他继承了对旧哲学学派的攻击和对新自然观念的探求，他的探求更多地与历史性的看法保持一致；当然，他这样做也是因为脑海中有许多新的目标，包括大革命、《拿破仑法典》和德国唯心主义（尽管他也宣称自己是一个批判性的康德主义者）。胡果的自然法教科书于1789年面世，该书着手重新界定法学，变革其经典，并在这一过程中以现代术语理解众多的社会、社会变迁和一般性的人性问题。在这一努力中，他追随了哥廷根传统的引导；其以普特尔、J. F. 赖特迈尔（J. F. Reitemeier）、J. F. 弗莱特（J. F. Flatt）和其他提供"修正版"自然法的人为代表。但是，他是第一个因"将自然法从天堂召回人间"（ius naturae a coelo ad terram revocant）而获得声望的人，正如一位后来的仰慕者借用西塞罗对苏格拉底的著名评价那样。[38]可以这样说，他将重点从自然（Physis）转到了习俗（Nomos）上，或者说，他试图将二者都融入单一的历史进程中。

很明显，胡果不知道维柯的著作，但是两人显然有类似之处。跟维柯一样，胡果一度反思了他自己的学术自传和灵感来源，其中不仅包括莱布尼茨、康林和他的德国老师海内修斯与普特尔，还包括（其间还有其他人）孟德斯鸠、孔迪拉克（Condillac）、培根、休谟和吉本

(吉本著名的第44章论罗马法"精神"的文稿是他翻译的)。[39] 也跟维柯一样，胡果"不是一个伟大的数学家"（他认为在他的自传性反思中这样评价是合适的），他更喜欢老式的研究抽象自然哲学的学问（learning）。与维柯试图将学问与思辨、语文学与哲学结合起来一样，胡果也希望汇集他所谓的"实在法哲学，尤其是（以副标题进行补充）私法的实在法哲学"，当然这种说法显得自相矛盾，可能也是一种反叛。又一次地，他的目标是，在一个后革命时代调和古老的二元性，即法律智慧所包含的"神圣"事物和"人世"事物，尤其是老对手自然（Physis）和习俗（Nomos）。

对胡果而言，"实证主义的"或"现实主义的"法律传统以智者学派、尤其是柏拉图（他为法律提供了价值和目标）所表达的希腊的法律（nomoi）观念为开端，并通过罗马和基督教的解释得以发展。但是它也包含了博丹和孟德斯鸠的现代贡献，不仅加入了文化和环境的"实证"因素，还包含康林的现代贡献，即强调历史这一重要维度。具体而言它不包含这样的"实在法的反对者"(Gegner des positiven Rechts)：诸如"启蒙思想家"[les philosophes (die Aufklärer)]、"重农主义者或经济学家"（Physiocraten oder Economisten）以及如卢梭、狄德罗、马伯里（Mably）等共产主义者。[40] 从现代经验和批判哲学的高度来看，胡果继续了他"百科全书式的"事业。与康德类似，但是胡果却通过历史来丰富和更正"形而上学"，他考虑了三个基本问题：法律权利（Rechtens）是什么，它是否与理性相一致，以及它正在变成什么；换言之，即教义问题（法律的权力机构宣称了什么）、哲学问题（根据传统自然法的理性基础）和历史问题（法律是如何发展的，又将走向何

第十三章 历史学派 *365*

方)。在这些意义上,通过他开创性著作的后续版本,胡果重新审视了那些旧的法律主题:习俗与法律、人与物、"我的"与"你的"[他的说法是"源自'我的'与'你的'或私法的学说"(*Lehre vom Meum et Tuum oder Privatrecht*)]、解释与立法、法律史与法体系;但是在所有这些之上,他最关心作为实践判断和哲学推理的基础的"前知识"(*Vorkenntnisse*,既暗含了"偏见"这一法律观念,也意指伽达默尔和海德格尔的诠释学知识"前结构")。以这种方式,胡果被引向了他的"法律人类学"——法律专长和法律观念在理论上和学术上的先决条件。

  胡果与康德类似,而且在某些方面很崇拜他,也是被旧的、未经检视的哲学,在这里即自然法理论所导致的概念模糊唤醒的。他的结论——法学的基础应当是"实证的""历史的"而非理性主义的、"形而上学的"——同样受到了休谟怀疑主义观点的激励;他尤其提到休谟的警告(*Vorsichtsmassreglen*),休谟的警告拒斥了自然法的"形而上学"追求,而支持将"一般观念"作为"在与道德和批判主义相关的所有问题上"的恰当立场。[41] 胡果认为,我们不应指望他人按照对"我们的"时代和人民适宜的方式作出行为。为说明这一道德相对主义态度,胡果引用了历史学家约翰内斯·冯·穆勒(Johannes von Müller)关于尼禄(Nero)荒淫无度的评论:即使是反常的性行为也可能成为"自然的"[通过风俗习惯成为自然(*sey uns durch Sitten zur Natur geworden*)]。再一次地,推论的结果是,实在法及其哲学的恰当舞台不是原初自然,而是"第二"自然。

  然而,胡果确实希望通过"法律人类学"连接习俗(Nomos)和自然（Physis）的领域。他回想起亚里士多德的旧公式——所有的智识问题都源于感觉经验（nihil in intellectu quod non prius in sensu），并将它用作法学的基础。追随盖尤斯人类中心主义的排序，胡果由中心向外、或者说自下而上地塑造他的实在法哲学：由人类的动物本性［der Mensch als Thier，化用了乌尔比安众人皆知的自然法定义——"（自然法就是）自然教授给所有动物的法则"］开始，发展到稍后、更高级的意识、语言和社会组织阶段。[42] 所有这一切都是为对现代德国法学更为传统的研究做了准备，这一研究吸取各种各样的传统来源，有法律的，也有法律之外的，尤其以在自然与社会的前沿所提出的根本性——存在性的和经济的——问题为开端；自然与社会的交汇处所存在着的是自由与财产权［"我的"与"你的"（meum et tuum）］、自我与自我为了生存所必需之物之间的古老二元困境。在革命年代和后革命年代，更大的社会和政治组织［宪制结构（Verfassung）］问题开启了财产权的理论与实践，在很多方面历史（法）学派的命运也是如此。

从现代和后启蒙运动的角度来说，胡果的成就是提出了自然与历史的问题——如果他没有解决的话。这涉及追问本能与文明、理性与实践判断之间的相互关系。前者体现了启蒙运动关于从野蛮到文明的"自然"发展的古老问题，后者则体现了这一问题的革命性解决方案：借助计划和执行，对文明状态的理性创造实现的（并且在这一意义上也是"自然的"），尤其以法典为象征。胡果（的研究）不是唯一的，却是最系统地看到这两个问题都要求一种"实在法哲学"而非理性主义思辨的人，法国复辟时期的历史法学派开始将这一"实在法哲学"具体化。

历史法学派

正是在启蒙运动（*Aufklärung*）的历史主义延伸的基础上——不过是在远远更为热烈的意识形态语境中，萨维尼才在拿破仑失败后对实证和历史法学进行了辩护。萨维尼从三面发动自己的"战役"：批判当时的法律科学（他1814年著名的宣言，"论立法和法学的当代使命"），创办他学术改革和专业改革计划的主要期刊《历史法学杂志》（*Zeitschrift für geschichtliche Rechtswissenschaft*），以及奠定其学术根基［里程碑式的《中世纪罗马法史》（*History of Roman Law in the Middle Ages*）］。[43] 萨维尼十多年前就已经凭借一本同样充满争议的关于占有法的论著确立了他的名声，但却是1814年的批判使他成为历史法学派的领袖。在这本引发了大量更加具有"哲学性"信仰的法学家批评的小册子中，萨维尼以新的"历史精神"反对当时一位法国法学家所谓的"法典化精神"，后者尤其体现在1804年《拿破仑法典》及其已经开始自我生产的学术传统中。萨维尼的主张不仅对学术和法学产生了影响，也对那个复辟和再革命时代隐约出现的社会问题产生了影响。[44]

关于法典化的大辩论于1814年由A. W. 雷伯格（A. W. *Rehburg*）发表的既反"哲学"学派又反波拿巴主义的宣言《论〈拿破仑法典〉及其在德国的影响》（*On the Code Napoléon and Its Influence in Germany*）和A. F. J. 蒂堡（A. F. J. *Thibaut*）几乎同时发表的更加激进的辩护《论统一民法对于德意志的必要性》（*Of the Necessity of a General Civil Code for Germany*）触发，而蒂堡在海德堡大学的前辈中有最重要的自然法学家塞缪尔·普芬道夫。对蒂堡而言，法典既会成为德国自由（Freiheit）的巅峰，也会成为德国统一［真正的国家统一（wahre National-Einheit）］的巅峰。他承认一些法学家的假定，法律是民族精神（Volksgeist）的表达；但是他辩称现代"民"*法超越了旧的地方性规定，后者受到时间和地点的限制——孟德斯鸠和其他人所强烈要求的。这样一部德国法典不仅将取代罗马法，也会取代旧习俗，这些习俗通常仅仅是对法律的败坏（Rechtsfaulheit）；而且在任何情况下（法典）都是法律人的创造，而非"人民"的成果。蒂堡不相信萨维尼"历史的重生与拯救"的观念，他向另一代人抱怨"所谓的历史法学派"（sogennante historische Rechtsschule）及其宣称拥有获知民族意识的特别专长和特权的主张。[45]

正是为了针对蒂堡的"哲学"计划，萨维尼通过宣言进行了回应，"法典化论争"（Kodifikationstreit）在德国杂志上和欧洲文坛上余音绕梁多年。刚开始论争的目标是《拿破仑法典》。建立在一个把"实证"法当作立法命令的错误理论上——这是胡果很久以前就反对的，这一法国构造物像"癌症"一样啃噬着德国社会，它巩固了拿破仑另一种形式的帝国入侵。萨维尼采纳了反对立法假定的论点，事实上也包括社会工程，或者（孔多塞所说的）"社会数学"，这是波拿巴主义的法律批评者们十多年前就抛弃了的。他特别引用了蒙彼利埃（Montpellier）上诉法庭记录的反对意见，这些反对意见抱怨《法国民法典》的缺陷、疏漏、恣意和抽象。[46] 废除古老法律——无论是罗马法还是习惯法——的观念是非历史的，不专业的；在胡果和伯克的意义上也

---

* Bürgerliches—bourgeois，Bürgerliches 为德语，bourgeois 为法语，两个词都有"平民、市民"和"资产阶级"的含义。——译者注

是"非自然的"。萨维尼辩称，立法的目的是"辅助习俗"，而非取代它；在任何一种情况下，编纂者们，包括波塔利斯（Portalis），都表现得如此不专业、不切实际，以至于他们的创造注定要失败。一个仍然由肤浅或虚假的"哲学"——启蒙哲学家们称之为"立法艺术"——支配的时代，也不能指望创造出一套实际的实在法体系，并使其能够同时适应过去的法律传统与当下的社会现实——而它必须如此，这是萨维尼的核心意思。

萨维尼的一项论据关涉"解释"这一敏感问题，当时的法学家们追随莱布尼茨称之为"诠释学的艺术"，当然，这是使他区别于蒂堡的另一点。虽然他们不信任对法律文本的司法建构实践，但是编纂者们无法避免承认它。按照波塔利斯的说法，解释有五个基础，自然法或衡平法、罗马法、习俗和判决、"共同法"及"一般原则"（古老格言的哲学演绎）。[47] 不幸的是，他们不能解释这些术语在司法自由裁量之外还意味着什么，司法自由裁量是萨维尼所不赞成的；萨维尼对当时法国或德国法官的学问，跟他对康巴塞雷斯、波塔利斯和其他编纂者的态度一样，毫无尊重。萨维尼也不能容忍他的死对头蒂堡所提倡的肤浅的（文法的和逻辑的，但是非历史的）"法律诠释学"。他的观点远为更接近浪漫主义诠释学，这一诠释学流派与 F. A. 沃尔夫（F. A. Wolf）、弗里德里希·阿斯特（Friedrich Ast）以及施莱尔马赫（Schleiermacher）相关联。

与胡果一样，萨维尼的立场比后来的批评者所承认的复杂得多。他否认向"过去的霸权"（*der Herrschaft der Vergangenheit*）投降的渴望；尽管他是一位"罗马法学者"，但是他关心的不是古典法，而是德意志法律传统"被接受"、被现代化的法律（usus modernus Pandectarum；heutiges römisches Recht）。[48] 萨维尼表现出了对《普鲁士1792年法典》的赞赏，既因为其切合实际的规定非常丰富，也因为它所必定包含的习俗是德意志民族（Volk）的习俗。他辩称，一般而言，法律有双重生命，"首先，作为共同体集体存在的一部分——它始终不会消逝；其次，作为法学家手中的独特知识分支"。不是目光短浅的制定法（Gesetzgebung），而是根基坚实的"民族法"（Volksrecht）和"法学家法"（Juristenrecht），呈现了法学的真实状况、法学历史的目标和法学科学的主题。[49]

对德国而言，这尤其意指罗马法传统，实际上它对法国的意义也一样：鉴于《法国民法典》的大多数内容，尤其是与财产权和家庭相关的核心条款，就是建立在这一"共同法"之上的。然而，它也意指本地习俗，这在法国法典和普鲁士法典中都举足轻重；这是萨维尼的下述假定的根基：法律表达了一个民族的"精神"。换句话说，不是神秘的"民族精神"（Volksgeist）这种哲学假设（赫尔德式的和尤其是黑格尔式的），而是习俗作为本地行为的沉淀或残留。对萨维尼而言，其证据是法律上的老生常谈：财产和占有制度二者都部分是事实，部分是法律，它们是合法性（legality）链条中的纽带，或者是正当化（legitimation）过程中的不同阶段。

历史法学派受到了学术进步的极大推动，其中最轰动、最具象征意义的是萨维尼的朋友巴托尔德·格奥尔格·尼布尔在1816年发现了盖尤斯《法学阶梯》的手稿，这是前查士丁尼法学唯一尚存的著作，也是法律体系化最重要的模板。对萨维尼而言，这份羊皮书卷的发现是神的显现。就收录于《学说汇纂》的盖尤斯著名的正义定义["正义即稳固的、不可动摇的向所有人提供他的权利的意志"（D.I, 1, 3, 10）]，萨维尼在当年年末写给尼布尔的一封书信中惊呼，"这毫无疑问是盖尤斯的著作！……我们可以期待将会有越来越多的东西从这些书页中解密"。[50]

跟盖尤斯一样，萨维尼相信民法既需要历史，也需要体系。（换一种说法）跟胡果一样，萨维尼立志超越实在法，到达法体系。当然，他大部头的《中世纪罗马法史》部分就是作为未完成的主要著作《现代罗马法体系》的预备，后者在德国关于它自己的《民法典》（最终在该世纪末得以制定出来）的辩论中占有举足轻重的地位。在某种意义上，萨维尼在继续旧的潘德克顿传统，但是他的目标不是"教义学的"或理性化的汇编（compendium）；而是一部包含法学生命历程中多种截然不同的极性（polarities）的历史大全（Summa）和综合：习俗和成文法、日耳曼法和罗马法、经院哲学和人文主义、传统和新意、立法和法学、实在法和自然法，以及一如既往的，法（Nomos）和自然（Physis）。

历史法学派在其他学科也有分支或延伸，包括语文学（philology）或语言学（尤其是通过萨维尼的学生雅各布·格林体现出来）和政治经济学，实际上也包括圣经批判研究（biblical criticism）和宗教。这揭示了萨维尼想要传达的更大的信息，即所有形式的人类文化根本上的历史性；当然，跟胡果一样，他通常以浪漫主义时代流行的有机体比喻的形式表达出来。萨维尼不是一个权威主义者，他也不梦想恢复已经逝去的时代。历史方法并不包含对罗马法或者任何已确立的制度的

"排他行的崇拜","相反,其目标是要将每一个已确立的制度追溯到其根源处,因而发现一个有机的原则,凭此,仍有生命的就可以与已无生命或仅属于历史的区分开来"。[51]

对一些后来的批评者来说,萨维尼的历史主义观点仅仅是伪装得不到家的"保守主义",或也许是"非理性主义"。实际上,这是鲁道夫·冯·耶林(Rudolph von Jhering)——胡果在海德堡大学的后继者——的指责;这种指责后来也为卡尔·曼海姆(Karl Mannheim)及其他人——可能包括20世纪法律职业里的大多数人——所重申。曼海姆还指出,事实上,萨维尼直到1840年才使用"民族精神"一词,可能是受到了G.F.普赫塔(G. F. Puchta)的影响;相反,他写到了从本能朝民族意识运动的高级本质,或许,用谢林(Schelling)的说法,叫作人民的"第二本质"。[52]

无论如何,很显然,萨维尼的法学观念既是实践的、"政治的",也是学术的,因为他立志使"法的历史科学"这一深见对法律改革产生影响。他在法国和德国的许多学生也是如此。萨维尼关于习俗的观念由其门生和同事更完整地勾勒出来,比如卡尔·弗里德里希·艾希霍恩(Karl Friedrich Eichhorn),他将焦点转向日耳曼法;尤其是普赫塔,他成为习惯法、习惯法历史及习惯法当下意义的首要权威。[53] 如萨维尼在其宣言中所总结的,一旦历史法学教授给了年轻一代,它将成为"一个活的习惯法的学科——因而也是真正进步的学科"。只有到那时,罗马法才能被超越,或者被赋予体面的葬礼,"一种真正民族的法"才能得以实现。对萨维尼和那些我们可以称之为左翼萨维尼主义的人——他们希望历史法学派可以促进大革命的社会连续性——而言,过去不仅是可以利用的,即使无法完美,它也至少是可以改善的;正是历史智慧,而非哲学思辨,提供了通向进步的、改良性"社会科学"的钥匙。

法律与社会问题

在实践层面,同时发生的"方法之争"(*Methodenstreit*)和"文化之争"(*Kulturkampf*)似乎发生在"理想主义者"与"现实主义者"之间,他们一个是自然(Physis)的拥护者,一个是习俗(Nomos)的拥护者;这场争论持续了三代人,贯穿19世纪的前半叶。争论发生于柏林大学,一方是萨维尼的追随者,另一方是黑格尔的追随者,尤其是爱德华·甘斯(Eduard Gans)(还部分涉及卡尔·马克思)。"争论非常壮观,"欧仁·勒米尼尔,萨维尼的一位法国门徒写道,"在历史法学派中,他们害怕哲学……在哲学学派阵营,他们带着怜悯地鄙视纯粹'历史'的法学家。"[54] 其中主要的问题很久以前就已由胡果探讨过,但是现在它们是在由逐渐被称为"社会问题"的表象所激起的智识语境中进行辩论的,社会问题以财产问题为中心,但是开始集中于阶级冲突问题,并在萨维尼的追随者和黑格尔的追随者中都产生了"左右"分野。法学提供了这一问题的第一个概念框架,这是一个太经常被历史学家们遗忘的事实。

处于这一争议中心的,是一个最意想不到也最难懂的问题,罗马法中的占有,以及最学究、智力上难以企及的著作,即萨维尼1803年的《论占有》(*Das Recht des Besitzes*)。然而,萨维尼的这第一部学术著作历经了八版，有意大利文、法文和英文译本，它激起了大量学术回应、补充、更正以及通俗引申和离题的争论，大量学院派的东西，或支持或反对，至今仍在增加。根据约翰·奥斯丁的说法，萨维尼的这本书"最完美精妙，系大师之作……错误和瑕疵最少"；欧根·埃利希则视之为可能是现代最具影响力的法学专著，他在甚至未考虑下述事实——这是唯一一部不仅在马克思主义诞生时就存在（也有所贡献）、而且在历史法学派消亡后依然留存下来的著作——的前提下，就可以得出这一结论。[55]

从一个角度来看，用萨维尼自己专著的话来说，《论占有》反思并重述了整个民法传统，并阐述了历史法学派富有启发的原则。该书涵盖了罗马法"占有"的专业故事：从古典起源，经注释法学派和评注法学派（阿佐、奥多弗雷多斯）的解释，到人文主义法学家（阿尔恰托、杜阿伦、居雅士）和"体系论法学家"（多诺和许多其后的法学家），直至蒂堡和其他同时代的人。对现代读者而言，它不仅向一个民族如何解决"我的"和"你的"这一普遍性问题的方案投去了历史之光，阐明了历史法学的前提和方法；它后来在法国王政复辟时期的版本也为围绕哲学学派和历史学派都宣称的"社会科学"的争议火上浇油。

一部"纯粹学术性"（*reine Wissenschaft*）的著作何以如此有影响呢？毫无疑问，一个原因是萨维尼的方法显然与"纯粹理性"（*reine Vernunft*）的风格相矛盾。另一个原因是对萨维尼著作的反应与最具煽动性的后革命问题相交汇，即私人的"资产阶级"财产的起源和缘起，尤其是《法国民法典》中的"绝对"财产权观念（经旧制度的法学家波蒂埃

第十三章　历史学派　375

取自罗马法)。[56] 用历史术语来说,即用在欧洲社会思想中一直占据主导地位的罗马模型的术语来说,它似乎触及了曾与社会契约相关联的所有旧有煽动性的问题。

有一个问题与《学说汇纂》中关于占有(possessio)和所有权(dominium)、继而专有权(proprietas)明显自相矛盾的表述有关:其中一条表述认为财产权源自占有(dominium rerum ex naturali possessione coepisse, Digest, 41, 2, 1, 1),另一条表述认为"占有与财产权毫无共同之处"(nihil commune habet proprietas cum possessione, Digest, 21, 2, 12, 1)。萨维尼自己的看法强调占有与财产权的分离,他的观点得到了历史的支持,他的朋友尼布尔对罗马"公地"(ager publicus)的研究(表明),只有"公地"隶属于所有权(dominium);这种支持也来自他以前的学生雅各布·格林*对该术语的印欧背景的语言学研究。[57] 关于古代权威,萨维尼也坚持,占有——不论是"社会的"(civil)还是"自然的"(natural)——享有事实和法律的双重身份;最重要的是,它不仅依赖于物理上的占据(occupation),也依赖于维持占有的"意志"(Besitzwille; animus possedendi)。

在德国,对萨维尼论著的反应一直持续到下一代,许多法学家都有表态,既有像蒂堡这样的论敌,也有像普赫塔这样的门生;但是到了1830年代,论争已经从学术转移到了更一般、更哲学的层面。主要的批评者是黑格尔主义者爱德华·甘斯,他长久以来都反对萨维尼那

---

* 雅各布·格林(Jocob Ludwig Carl Grimm, 1785—1863):德国语文学家、法学家、神话学家,与其弟威廉·格林(Wilhelm Carl Grimm, 1786—1859)合称"格林兄弟",两人是著名的《格林童话》的编纂者。——译者注

罗马法式的（Romanist）、"外部的"法律发展观念。关于占有法，他认为，罗马人只有"实践性的精明"（practical sagacity），但没有"哲学真理"（philosophical truth）；将占有法建基于"自然"，使其仅仅是一个"事实"，是一种自我矛盾。"占有是一个事实，一个自然事件，而非法律［law（Recht）］，"甘斯嘲讽地总结道，"但是占有者，就是因为他是占有者，因而拥有权利［rights（Rechte）］。"[58]

令像甘斯这样的黑格尔主义批评者感到震撼的，是萨维尼的立场隐含的不道德的和权威主义的后果。按照支持甘斯的 A. 克普（A. Koeppe）的看法，占有法（或一般意义上的法）的起源、因而也即性质问题的答案不在于其"渊源"（sources），而在于理性和哲学。进一步将争议政治化的是，另一位"普鲁士法学家"继而抱怨萨维尼对"意志"［恣意的、典型罗马的"任性"（Willkür）］因素的强调，认为它会将理性从历史中抽离出来，并且会将黑格尔式的集体精神（Geist）从社会中分离出来。他补充说，没有理性和有机基础（vernünftigen Organismus）的国家，其统一并非建立在它自己的意识（eine geistige Idee）上，而仅仅建立在外部因素的基础上，这将使其成为一个警察国家（Polizeistaat）。[59] 在此，历史学派与哲学学派的辩论扩展到了开始兴起的罗马法学派（Romanists）与日耳曼主义者（Germanists），以及"右翼"黑格尔主义者与"左翼"黑格尔主义者之间的争论。

在后黑格尔主义和后萨维尼主义世代，争议超越了法律职业的边界。"《法律大全》是多么糟糕的一部书啊，这自私的圣经，"海因里希·海涅（Heinrich Heine）写道，"的确，我们应将财产理论归功于这些罗马窃贼们，此前（财产）仅仅只是一个事实。"[60] 也确确实实是

第十三章　历史学派　377

在历史"现实主义者"与哲学"理想主义者"的冲突中,卡尔·马克思——既是萨维尼的学生、也是甘斯的学生、还是一个"青年黑格尔主义者"——开始寻找他自己的历史和哲学的观点。法律发源于事实的观念可能是对的,但对他而言却是令人憎恶的;他第一部发表的重要著作(1842)就是在这些基础上攻击历史法学派,尽管他没有选择他曾经的老师萨维尼(萨维尼当时刚被任命为司法部长),而是选择了胡果为靶子。胡果在一种"实证的"外表下捍卫同样的一套不道德的和权威主义的观念,并建立了那"以昨日之卑鄙正当化今日之卑鄙的学派"。对马克思而言,胡果卑躬屈膝的弦外之音似乎是,"服从权力已在其手中的当局是良心的神圣义务"。[61]

在法国,很多读者没能看到萨维尼著作的相关性。一位法国批评者抱怨道,它要是只是由一位2世纪的罗马法学家(盖尤斯)所写的倒还好些,这位法国批评者同样警告提防对财产权起源及其正当性的研究。"我会走得更远,"这位"占有法"的学生写道,"财产权观念不仅与世界同时诞生,而是首先诞生的,占有的观念随之而来。"[62]"老的"哲学学派成员们辩称财产权在起源上是"自然的",如果不是"神圣的"的话。"上帝禁止我产生或写下'财产权纯粹是一种任意的制度'这样的想法!"弗雷德里克·陶利尔(Frederic Taulier)大声疾呼,"我毫不犹豫地宣告其渊源(source)是神圣的,其起源(origin)是永恒的。"根据《法国民法典》的精神,拒斥了格劳秀斯和普芬道夫反社会并且可能是无神论的观念,他以一种更世俗和更法律主义的语气补充道,"财产即人格,即自由"。[63] 正如西奥多·肖沃特(Théodore Chavot)以几乎是存在主义的术语所写的,"从人得知他自己的个性时起,他就已经知道了外部客体，并且已经尝试占用（appropriate）它们"。[64]

这里当然是要无视萨维尼对占有和财产权"毫无共同之处"的坚持，但事实上，大多数德国和法国学者做了一个历史的勾连，建立在"财产权是法律，占有则是事实"［如雷蒙·特罗普隆（Raymond Troplong）所写到的］这一主张之上。[65] 最简单的表达方式是，占有是财产权的"原因"，这的确是年长的、"右派的"蒲鲁东*的结论。正如萨维尼的门生和通俗化者的爱德华·拉布雷（Edouard Laboulaye）粗略总结的，"法律来源于事实，而这个法律即财产权"。关于历史法学派，一位研究占有的历史学家认为，财产权既不是自然的，也不是绝对的；它依时间、地点和社会情境而变化，并且仍处于演变的过程中。另一位占有之诉（possessory actions）的法国学习者，J.-M.卡隆（J.-M. Carou）仍然继续将这一历史化的论证与一种三阶段理论联系起来，根据这一理论，人类社会起源于"占据"（occupation）［著名的"第一占据人"（first occupant）］，进步到文明化的"占有"（possession）阶段，最后到达"自由"社会人道、理性的"绝对"私有财产权状态。[66]

这一过程的关键和法国王政复辟的核心社会困境即劳动问题，按照普罗斯佩·巴朗特（Prosper Barante）的说法，劳动即"那些既不拥有土地，也不拥有资本的人的财产"，他补充道，"这一财产是所有财产中最神圣的"。[67] 特罗普隆拒绝认真对待自然法理论中所说的曾经一度没有占有或财产权的人类"阶段"的观念，但是他在一定限度内

---

* 让-巴蒂斯特-维克多·蒲鲁东（Jean-Baptiste-Victor Proudhon，1758—1838），法国法学家。他是后文将提及的"左派的"蒲鲁东皮埃尔-约瑟夫·蒲鲁东的远房堂亲。——译者注

赞同这一历史命题,他相信财产权会"被时间神圣化"。他并不像格劳秀斯一样相信,财产权仅仅建立在时效的基础上,实际上他援引维柯和罗马法来否定单单是时间就证立占据的观点。对特罗普隆而言,占有仅仅是财产权的"迹象"(sign),而财产权系于生产和公共效用。在最根本的意义上,财产权是"劳动之女"(fille du travail)——1848年革命隐含的主题。[68] 年长的、"右派的"蒲鲁东,曾是一个《法国民法典》的波拿巴主义评注者,他指出,"财产权的范围"问题是法国王政复辟时期基本社会问题的焦点所在,这一问题通常是拥有者(the have's)和没有者(the have-not's),即有产者(propriétaires)与无产者(prolétaires)之间激烈的斗争。[69]

在后革命的法国,财产权与占有之间的紧张或曰混淆,被"新""旧"制度的所有者之间的冲突加剧了,也被以下事实加剧了:在实践中,争端的绝大部分并没有在民法典理论上的"绝对"私有财产权这一主题下进行,而是在"占有之诉"的主题下进行的,"占有之诉"则是由新的治安法官体制和旧的事实占有习惯法处理的。如卡隆追随特罗普隆所解释的,困境在于"抽象"的财产权观念[这尤其为旧的有产者(anciens propriétaires)及其理论的、法律主义的主张所捍卫]与有用、富有成效的占有事实之间的冲突:"一个原则毫无活力、懒散懈怠,另一个原则对国家而言则有利可图;一方面颓废堕落,另一方面则锐意进取。"卡隆总结道,正是在这一意义上,"财产权与占有毫无共同之处"。[70]

这正是蒲鲁东——"另一个""左派的"蒲鲁东*——所采纳的立场；实际上，他从回顾整个司法传统的困惑与它的虚伪开始，然后以他的悖论（和法律主义的笑话）"财产即盗窃"作结［在现代条件下，"私有物"（res privata）即"盗窃物"（res furtiva）］。年轻的蒲鲁东跟他年长的堂亲一样，都看到了同样的分裂；但是他分析这个问题的方式不同，他将原因归结于占有和人为赋名、法律化的"财产权"的现代分离，亦即产品与"劳动"的分离。更一般地说，也是法律与正义的分离，在某种意义上，甚至还是现代惯习与自然的分离。通过这种非自然的分离，蒲鲁东总结道，"法律确实在其自身的范围之外创造了一种权利……它认可了自私；支持了可怕的做作（pretension）"。[71] 最后，顺着与马克思相同的思路，他断定，这一分离颠覆了古代法学的整个结构，或者至少败坏了其声誉。

面对源自财产问题、经济困境和由此产生的阶级分化的社会问题，旧的法学在实践层面和政治层面都陷入了绝境。对像马克思和蒲鲁东这样的批评者而言，它只是旧制度"意识形态"的一种表达。然而，就社会调研和解释而言（如果对法律科学而言不是这样的话），历史学派促进了对人类基本问题的讨论；通过批评和回应（如果不是通过接受和延伸的话），它帮助为一种新"革命"时代的社会的科学提供了基础；这一新的"革命"时代完全超出了历史学派的经验，当然也

---

* 皮埃尔-约瑟夫·蒲鲁东（Pierre-Joseph Proudhon, 1809—1865）：法国社会主义者、无政府主义者，其最知名的著作是《什么是财产权？或对权利和政治的原理的研究》（*What is Property? Or, an Inquiry into the Principle of Right and Government, Qu'est-ce que la propriété? Recherche sur le principe du droit et du gouvernement*），他在该书中提出了著名的"财产即盗窃"的观点。——译者注

完全超出了旧法律传统的经验。Nomos 的故事的又一个阶段结束了，或者至少是逐渐变弱，最后被人忽视，变得无关紧要了。然而，在正统法学的前沿，几条新的道路现在正在逐渐展开。

第十四章
从公民科学到人文科学

谁又能想到什么傻事或聪明事，是前人没有想到过的？

——歌德：《浮士德》

被哲学超越的法律

在 19 世纪很长一段时间里，法学仍然坚持自己的至高地位，即继续声称自己是"真正的哲学"、真正的社会的科学的根基、知识体系的中心，其他的学科恭敬地围绕在它周围。自 18 世纪中期开始，接连出版了一系列法学"百科全书"：从 J.S. 普特尔（1767）的著作，到古斯塔夫·胡果（1792），再到 A.F.J. 蒂堡（1797）、G.F. 普赫塔（1825）以及许多其他作品，它们都意图在"法典法学"（Pandektenrecht）的罗马法框架下阐释这些自负的主张。[1] 总体而言，法学"百科全书"和形式哲学（包括黑格尔对"百科全书"的见解）分享了一种对体系的偏好；但另一方面，法学也与古典哲学形成明显对比——也许也是法学要自我标榜为"社会科学"的一个缺点，即前者与传统知识保留着许多联系，因此也与传统的恶习和意识形态割舍不断。

这是社会思想史上的一个非凡篇章,直到现在才得以研究;它包括了法律传统中很多杰出人物。萨维尼自己希望为其历史成果冠以现代罗马法宏大"体系"(*System des heutigen römischen Rechts*)之名,以便不仅对罗马法领域有效,也能适用于欧洲社会的所有方面。在这部开始于 1840 年、但至死仍未完成的著作中,萨维尼希望界定"一个科学的领域……由数个世纪未中断的努力培育出来,(并为当下提供)丰富的遗产",从而重新建立起理论与实践、个人与社会,以及过去与当下之间的必要联系。[2]

对萨维尼来说,"实证法"是历史的产物,其"主体"是"民族"。这一观点并不像其听起来的那样感性和理想主义。约翰·P. 道森写道,"现在比曾经更清楚的是,神秘的'民族精神'(Volksgeist)概念——民族经验的缓慢形成的集体心智的总结——事实上起到了一层保护性迷雾的作用,笼罩着法学家在其作品中事实上塑造着的连续性"。[3] 根本上而言,历史学派的学说既是法律至上性面对专横主权的自我防卫,也是法学知识与经验——"科学的法律"——面对法律的抽象"哲学"进路的防卫。法律与社会科学的模范并非亚里士多德、阿奎那、霍布斯或卢梭这些人,而是盖尤斯、巴托鲁斯、格劳秀斯和波蒂埃,也就是说,不是康德与黑格尔的模式,而是萨维尼与普赫塔的模式。

然而,萨维尼的专业旨趣显然与当时的社会与政治思想不符,尤其与"奥斯丁式"的"法律是主权者命令"的简单而直接的定义不符。无论左翼还是右翼,从革命社会主义到保守民族主义,意识形态的力量使这一保守的学术路径日益被淘汰,并与社会科学领域中有影响力的人分隔开来。同时，历史法学派也与哲学语境中新的、同样专业性的观念水火不容，在后康德时代，哲理学派也自我标榜为一种"科学"（也就是"诸科学的科学"），进而转向自然科学寻求概念模型，并把包括法学在内的所有其他学科，统摄进其知识帝国的框架之中。

这一观点的领军人物是萨维尼在柏林大学的伟大论敌黑格尔，当他说"法律科学是哲学的一部分"（*die Rechtswissenschaft ist ein Teil der Philosophie*）时，他同样在诉诸那个古老的观念，即法律是道德哲学的一部分。[4] 通过把实践理性与哲学人类学联系起来，黑格尔的《法哲学原理》一书扭转了对法学家的败局；法学家们长期以来利用哲学家的作品，并宣称有权抢夺欧洲法学传统的遗产——作为西方哲学的伟大遗产的一部分。当然，各个派别的"青年黑格尔主义者"也都跟着这样做。

黑格尔晚期哲学最具特色的部分，或许就是其对社会语境的坚定认识，以及与各种形式的人类意识建立关联的决心。这一哲学与社会的结合是其著名宣言——"凡是合理的都是存在的，凡是存在的都是合理的"——的最主要意涵。尽管对"社会"的着迷是后革命时代思想潮流的一个普遍特征，但在黑格尔（和费希特）之前，从没有人以这样系统、深刻的方式来探寻精神（*Geist*）与社会（*Gesellschaft*）——思想形式与集体行为样式——之间的互相关联。这种观念部分来源于黑格尔对苏格兰启蒙运动及其对自然法的常识性观点有着广博但鲜为人所重视的涉猎（尤其是亚当·斯密，黑格尔最晚在 1803 年就已熟悉其作品），这些都对青年马克思产生了深远影响。"在其根本上，《法哲学原理》的方法是唯物主义的，"赫伯特·马尔库塞（Herbert Marcuse）说，"黑格尔一段接一段地揭示了其哲学概念的社会与经济基础。"[5] 无论是出于好意或恶意，黑格尔哲学的这个侧面常常被看作马克思主义的先声。然而在某些方面，尤其是通过从法学根基转向政治经济学，马克思背离甚至抛弃了黑格尔的社会哲学，对后者的伦理学与人类学关切视而不见。这也是为什么我们试着将黑格尔的社会思想置于旧法学传统之下，或更一般地，置于道德哲学视野之下的另一个原因。

在他的《法哲学》（Philosophy of Law）中［虽然《权利哲学》（Philosophy of Right）才是传统的英译，但这个译名实在难叫人满意］，（在我看来是）黑格尔颇为刻意地对法学传统展开了一番解释或重述（正如他对路德神学传统所做的那样）。总而言之，在黑格尔看来，法律在形式与内容上应该是"实证的"，并且要有特定的历史性（与孟德斯鸠所理解的一样），然而"自然法"代表了一种古典的"哲学"视角。特别地，黑格尔力求在被错误对立起来的"实证"法与"自然"法之间建立真正的哲学综合，为达此目标，他不仅使用了他原创的"逻辑学"，也通过与罗马法学——无论是现代还是古代形式——进行类比或者同源性（分析）；就罗马法学的古今形式而言，海因切丝和查士丁尼的法学阶梯都进行了详细的说明。换句话说，黑格尔的"法哲学"某种程度上代表了罗马"实证"法的一种演变与升华，只是利用了"形式"与"价值"，以及"观念"与"假设"等术语。指出这些关系并不很依赖于对原始资料的特定研究（Quellenforschung）（尽管黑格尔的著作大量援引罗马法的渊源和评释），而是更多依靠形式分析和类比，其实就是要回到黑格尔从正统法学传统及其惯例、词汇和结构中推断出来的法律基本原理之中。

黑格尔以对罗马法及其现代解释者——如历史法学派的创立者胡果——的方法的严苛批评开始（鉴于海内修斯这样的哲理法学家也有类似的批评，而黑格尔也引用了他，这样说有些不礼貌）。罗马法学家意识到了恣意的提法的危害，黑格尔引用了《学说汇纂》中的著名格言，"所有的定义都是危险的"；但在黑格尔看来，他们都陷入了一个既没有哲学基础，也没有历史基础的抽象概念体系的专业陷阱之中。黑格尔认为，胡果对罗马法"理性"特征的赞美，尤其是他用罗马法的分类与"三分法"来比附康德学说的尝试是很愚蠢的。[6] 黑格尔在此开辟了一条小径，四分之一个世纪后，马克思也将沿着这条道路追随他；这条新路开始于对由胡果普及的观念的拒斥，这一观念将"实在法"——无论是习惯法还是立法——理解为"自然"法正当化的基础。哲学学派与历史学派斗争中的分界线早在蒂堡和萨维尼的论战中就已经划下，黑格尔的贡献在于将讨论的基础从专业的"法律自然主义"（jusnaturalism）转向真正的哲学表述，即法的绝对理念的构建。

然而，在某种意义上，这一辩证法构想的基础已经可见于民法的结构之中，尤其在《学说汇纂》的编排中，查士丁尼的《法学阶梯》更是如此。首先，民法在根本上是不可动摇的"人类中心主义"的：它以"人"为中心，由此是主体性的。黑格尔总结道，"法的首要基础是意识的存在"（*Das Boden des Rechts ist überhaupt das Geistige*）。他大体上沿袭了罗马法学古老的"三分法"，将法律分成人、物与诉讼三类范畴（persona, res, actio）。"人格"在法律上根据自由来界定，既意味着选择或行动的自由，也意味着为这些行动负责。认识论上至关重要的是意图的决定，在黑格尔的语汇中，人被等同于"心灵"（spirit）或"精神"（esprit）（并至少丰富了"Geist"的意涵）。黑格尔坚持"意志"和"自由意志"在法律及由此在"权利"中的作用，以此增强了暗含于法学中的这一论证思路。法律自身有"意志"或精神意涵，被它统治的主体也一样。这些就是黑格尔的法律概念或者说法律理念的主要成分。[7]

法的三元论的第二个因素是"物"——"实体"（reality, res, realitas），对黑格尔和民法学家来说，它意味着自由人格、困窘的或者贪婪的自我的自然目的和必然目标，正是它构成了德国唯心主义者世界观的核心，对法学家也必不可少。为了哲学上的一贯性，黑格尔拒绝传统法律中令人困惑的、"在"人或物（ius ad personam, ad rem）上的权利习俗，并将个人权利和一般性的法律独占性地聚焦于人格范畴之下。然而，法律和权利的主体需要一个客体来"实现"个人自由；而"实体"恰恰为社会存在提供了这第二种定义特征；在黑格尔的术语中，"实体"是主体通过法的三元结构的第三个因素"行为"而渗入"外部领域"的。（在民法中，权利也是通过行动来获取和维持的，但这里是指"法律行为"，而不是更广义的社会行为。）经由这条法律基础结构之路，并以世俗化与动态化的形式重新解释之后，黑格尔将社会行为的首要和最直接的舞台建立在最基础的社会单元——自主决定的个人——之上。

这一被法学家界定为"实体"的社会领域可以更为具体地被界定为财产或潜在财产，它是个人的与社会的、即私人占有的客体。[8] 一个自然"物"(thing, Sache)通过自由主体的有意志的取得而成为社会财产(social property, Eigentum)。黑格尔再一次拒绝法律传统和术语的束缚,比如萨维尼和历史学派坚持的财产权与民事占有或取得时效的区分。黑格尔很清楚萨维尼对这个主题的研究,对他来说,由有意控制所确立的占有(Besitz)是财产权的第一阶段;而时效仅仅是继续持有的意愿或"意志"在时间上的表达,正如法学家也同意的那样,它伴随着财产权社会正当化的要求。黑格尔承认,在历史上,私有财产的演进是极度痛苦和血腥的过程。虽然个人自由曾是基督教的创造(这被路德主义进一步加强),但如黑格尔所说,财产自由"仅仅在昨天"才达到,他指的主要是法国大革命以及立法延伸的《民法典》所形成的"绝对"私有财产。

如果对黑格尔来说自由是主体和叫作财产的客体相结合的产物,那么其社会对立面则由另一个被黑格尔赋予新意义的法律术语——"异化"(alienation)——来表述。[9] 在罗马法中,异化指的是一个人与其物品的分离,字面意思就是人格与实体的分离。在现代术语中,也就是在黑格尔的话语下,个体与他所欲求和劳动的客体的异化,同时也意味着精神的忧虑,因为自我意识依赖于意志经由客体的实现,这在某种意义上构成了"物品"(goods)。马克思在他对黑格尔的批判中,所抓住的正是"异化"的这一扩展意涵,这一点也可以看作是对黑格尔观点的阐述。当然,不能否认两人对异化的讨论都与他们对现代政治经济学的阅读有关;但在我看来,他们二者的洞察都是由古老的民法传统所影响甚至激发出来的。

从自由的、有权利的"人"出发,人类意志穿过人类共同体的一个个同心圆——家庭、"公民社会",还有民族国家——向外扩展,这也代表了理念的人文和物质表达。黑格尔无疑接受了古老的公共-私人的区别。国家包含并控制自由个体及其所有物,正如在民法中,公共领域(res publica)包含并控制(或至少规制)"人"及其私人领域(res privata)。对黑格尔来说,这一社会历程概括了自然的历程,因为"权利(即法律)体系是现实的自由的领域,精神世界就像第二自然一样来自于它"。[10]

黑格尔对历史学派的批评后来被爱德华·甘斯所发展,再后来又被甘斯曾经的学生马克思所推进。从本质上来讲,反对胡果和萨维尼的理由是,他们给罗马法附加了太多理性,因而混淆了意志的问题和理性的问题——起源的问题和正当性的问题,并进而赋予实证法高于哲学的地位。如马克思后来所写,胡果夸大了人性中动物的一面;而且在对"实证法"和古老法律传统"权威"的赞美中,他实际上在教导(我们)服从一个腐败的政治结构——建立在古老的法律传统之上。如此继续推理,马克思指控萨维尼的学派是"以昨天之卑劣行为来使得今日之卑劣行为正当化的学派",一个"历史仅向其展示其经验(posterior)的学派"[用历史学派粗糙的经验主义所说的双关语,即后验假说(a posterior)]。[11]

然而,在许多方面,黑格尔确实总结了法律传统,哲学化地扩展了其形式与范畴,并将它们从其专业语境中分离出来。以这种方式,他实际上颠倒了法律、道德和政治哲学的演进过程。他在《法哲学》的前言中说,"毕竟,(法律)、伦理与国家的真理与这块土地上的法律、日常生活中的道德以及宗教上的公开认可和表达同样古老"。在其对人类经验的哲学重述中，黑格尔令法律为概念化"百科全书"及其体系服务，从而推动哲学的至高主张——进入社会行动和历史发展的世界，并再一次、也许是一劳永逸地，瓦解了法学作为社会的首要科学的抱负。总之，在哲学带来的批评与抱负之外，其他无论是新的还是被"科学"改进过的学科，都准备好要在法（Nomos）的王国中主张拥有类似的权威——从最多塑造了黑格尔自己思考的新领域开始。

被经济学颠覆的法律

政治经济学和法学关系的历史还有待我们进一步细述（实际上任何综合意义上的政治经济学自身的历史也是如此）。二者间这一根本性关联的前提是"市民社会"这一自治的、亚政治场域，以及私法的根本基础。除了这一前提外，这个故事当然还要牵涉到民法的各类目，如所有权、土地法、合同，还有"利息"（interest, De eoquod interest）。但是，更直接地来说，自然法（以及与之相关的"第二经院哲学"学派）为经济学提供了理论基础：经济学的努力也正是依据一种统一的、可计算的人性概念，或者说一种以经济动机和商业关系解释社会行为的"人类学"，来更简洁地、更一般地重新定义法律。这就是如路易斯·布伦尼斯（Louis Boullenois）等学者的目标，他们力图将"人"和"财产"（在财产的意义上，biens）的法律概念统合成一个综合的个体概念：不是"形而上学"的存在，而是一种社会关系中的存在（in ordine ad societatem）——既是主体，又是客体。[12] 这在概念上开辟了一条从传统法学走向一种关于社会行为的普遍科学的道路，后者在17世纪已经被称为"政治经济学"(区分于私人经济学,或者家政学的公共科学),后来与重农主义和苏格兰学派的学说联系在一起。

在18世纪的德国,自然法和"政治经济学"(cameralist science, Kameralwissenschaft)相结合,促成了从理论的、法条主义的方法向应用于社会和"国家"科学(Staatswissenschaften)——后来被称为"国家经济学"(National-Ökonomik)——的实践性、经济学、统计学进路的转变。格奥尔格·奥布里特(Georg Obrecht)直到1612年去世为止一直在斯特拉斯堡大学任法学教授,他是第一批自觉地从法学传统转向行政管理或为国家事务而展开的经济和政治力量调度问题的法学家之一,这些考虑总是聚焦于备战。[13]当然,实际的行政管理独立于法律传统,并且或许和后者一样古老。J. H. G. 冯·尤斯梯(J. H. G. von Justi)在18世纪中叶写道,"经济学和财政科学在世界上是非常古老的";布兰奇又补充道,"比我们所能想象的更加久远……(政治经济学)的适用实际上在财产被引入人类社会那一刻就发生了,而共和国正因此才开始存在"。[14]当我们回溯过去,至少应当说重商经济学(cameralism)构成了与法学相对的另一种传统,尤斯梯本人关于国家的天性的著作(Die Natur und das Wesen der Staaten, 1760)也被认为是孟德斯鸠作品一份"可供替代的著述";尽管孟德斯鸠的著作是杰出的作品,但它缺少对法律的实践功能的评价。

在那个时代重商经济学日益受到官方的认可,他们的学说出现在日报上,大学也为政治经济学研究提供了更多的席位;重商经济学派确立了自己作为立法的辅助科学的地位,但与此同时,这也标明了与法律和法学的整体视野的进一步分歧或偏差。在法律思想的哥廷根学派中，J. J. 施茂斯的著作阐明了从法律思考向物质思考的转变；"古老的经济学历史学派"则继承了这种潮流，哥廷根大学的教授威廉·罗雪尔（Wilhelm Röscher）是该学派的领导人物之一。[15] 该学派是萨维尼历史法学派的一个分支，布鲁诺·希尔德布兰德（Bruno Hildebrand）和卡尔·克尼斯（Karl Knies）也是其中的成员，他们认为"国民经济"事实上类似于习惯法，同样也与国家环境和传统有关。罗雪尔关于国民经济历史的伟大著作对现代经济学的意义，相当于萨维尼对罗马法中世纪资源所做工作的研究，即为现代经济学树立了它的权威原则。通过詹姆斯·斯图亚特的《政治经济学原理研究》（Inquiry into the Principles of Political Economy）和亚当·斯密的《国富论》，后者在 1776 年出版以后很快就被翻译成德文，苏格兰人知识在德国产生了和在法国一样的决定性影响。

经济学现代学科在很大程度上是苏格兰和英格兰哲学的创造物。个中历程无需过多细述，此处仅需指出从传统的、保守的和权威主义的法学传统的根本转向即可。这再一次在亚当·斯密的作品中得到了最清楚的阐释，他早期关于法学的演讲——在爱丁堡大学执教时期所做，当然处在道德哲学的宽泛范畴内——已经预示了他以后在政治经济中的先驱性作品。他在这部著作中涉及罗马法和普通法，但他是在理性、比较分析财产、合同以及现代商业的语境下使用这些资源的，尤其是采取了"自然权利"、特别是社会发展各"阶段"的术语。一方面，分别由猎人、牧羊人、农业和商业主导的四阶段学说，（可以）从对自然法的"元历史"思考中推论出来；其次，我更倾向于认为，从民法的历史含义、尤其是自然法法律人的角度来看，民法的功能首先是暗示了亚当·斯密的法学的原初议题：财产和商业活动领域的不可阻挡的扩张。

在其更著名的著作中，斯密研究了财产、财富和权力的"进步"问题，这部作品将"道德哲学"扩展到了经济学思想的更为技术化的领域中。《国富论》撇开了法律、习俗、惯例及其在世界各国的种种令人分心的变种问题，直指商业行为中的独立问题，以自然法的抽象和普世风格，以及事实上也与哲理法学派的前提相符合的方式来处理这些问题，同样力求创造一种心理学的普遍理论，作为解释和正当性的基础。[16] 通过独立的司法部门实现法律（斯密认为必不可少的），在很大程度上，其功能在于，以一种消极的方式来让"每个人都感到自己绝对安全地拥有所有属于他的权利"。虽然在斯密看来，历史发展的模式是从原初自然向社会化的"第二"自然进步，但是他那牛顿科学式的现代社会理论，其实全部都要回到一个简单的概念——人类贪得无厌的根本"天性"（nature）；这个天性在一个由市场力量决定的统一社会系统中活动，受到商业贸易规则的限制，却未必会被它改造。这至少是对19世纪一位法国批评家所说的"形而上学式的政治经济学"的"经典"的漫画式描述，这在下一个世纪被广为传播。无论如何，斯密的巨著为19世纪关于古典主义经济学的争论搭建了舞台，（这些争论）包括了经济学解释中著名的自由主义与"历史主义"间的方法论之争——哲理学派和历史学派（在此处是青年历史学派）无休止战斗的又一幕。

19世纪的法国学者们注意到了从"沉思的科学"向政治经济学的"转向"，这看上去像是一场"改宗"运动。[17] 据亨利·鲍德里亚

（Henri Baudrillart）的观点，早在 1789 年，法学就已经在对政治经济学的竞赛中落败了。在那之后，现代革命的经验倾向于强调法律的旧概念与经济行为的新概念之间的区别，亦即习俗（Nomos）和自然（Physis）的新形式——以自然科学模式改写的社会科学——之间的区别。到鲍德里亚的时代，政治经济学的专业化已经完成了；至于社会科学，他的一个同事（化用了柏拉图学院对几何学的要求）创造了一句格言，"不懂经济学者勿入"。

在知识分子中（尤其那些拒绝走上权力道路、参加立法活动的知识分子们），从强调习惯和价值的旧法学传统，向以敏锐和"现实主义"著称的政治经济学的转向趋势变得越发流行起来；他们的梦想是（建立）一种现代社会科学，可以像斯密富有教益性的工作那样，以另一种方式为人类立法并确定法律内容。因此，在法国大革命的十年间，通过阅读苏格兰人的著作，黑格尔"发现了经济学"，自那之后就都在一个社会语境中展开他的哲学体系；年轻的马克思（黑格尔主义者甘斯以及萨维尼的学生）离开了法学院，并且在恩格斯的资助下学习了盎格鲁-苏格兰政治经济学，以构建自己概念性的（也是革命性的）社会科学体系；年轻的蒲鲁东从对法学的抱怨，转向直接批评财产这一现代社会的"盗窃"系统；年轻的马克斯·韦伯则着手于研究从法律到政治经济学的"各学科的演化"，并最终导向他的后马克思的"社会学"体系。[18]

职业和学院法学对政治经济学的重要性及其对传统法律概念的侵蚀并非毫无察觉。坚持旧时代法律最令人惊奇的一个例子，是一本著名的律师手册《律师职业》（*Profession d'avocat*），首版由 A. G. 加缪

(A. G. Camus）于 1770 年出版，最后一版（第五版）由 A. A. J. 杜宾（A. A. J. Dupin）出版于 1832 年。[19] 在 1804 年的版本中，增添了"社会经济"的相关章节（书中列为"新术语"），其中包括了对现代律师训练十分重要的统计学。就在一年以前，一本新杂志《法学与政治经济学研究通讯》(Bulletin de l'Institut de Jurisprudence et d'économie politique) 出版了，它同时赞美旧法律传统与新的经济科学，在所谓的"黑暗世纪"中，前者由蒙彼利埃大学的普拉琴第努斯"保存"下来。大约也正在这个时候（1803），J. B. 萨伊（J. B. Say）出版了他的政治经济学经典著作，在书中，他反对陈旧的正统重商主义观念并宣传了亚当·斯密的思想；1816 年，他在法国开设了最早的政治经济学课程。

在萨伊看来，所有权的概念——民法典的主要主题（如果不是唯一的）——为所有宣称是关于社会的科学提供了普遍基础。"思辨的哲学忙着追寻财产法的真正基础"，他刻意轻视法律的琐碎细节并写道，"法学家树立了财产交易的规则；而政治科学为这种法律展现了最安全的保障；因为对政治经济学来说，它将所有权仅仅看作财富增长的最强大的激励手段（la multiplication des richesses）"。[20]

对新学科的热情让很多别的学者纷纷走出法律的传统领域。1823 年，以对萨维尼及彼得罗·罗西（Pietro Rossi）和西斯蒙第（Sismondi）著作的翻译而闻名的瑞士《法律与判例年鉴》，将标题改成了《法律与政治经济学年鉴》；而罗西本人——萨维尼的忠诚仰慕者——也接受了基佐（Guizot）的邀请，前往法兰西学院讲授政治经济学。罗西早前赞美历史学派是一种新的"社会革命"的基础，而在 1830 年以后，他宣称政治经济学这种"最高的社会科学"是"所有道德科学的强有力综合"的恰当基础。[21] 就如维尔纳夫·巴尔日蒙（Villeneuve Bargement）在1841年所写的，"我们希望宣布，政治经济学——由于其重要目标——应当被视为最卓越的社会科学"。[22]

法律与政治经济学还有另外几个重叠之处，尤其在旧历史学派与经济学的新历史学派之间，他们都反对把英国人的学说——英帝国主义的一种升华形式——强行植入不那么先进的社会。这在1880年代自由主义与历史主义著名的方法论（Methodenstreit）争论中特别明显。二者的另一个交集是在所有权和占有方面的争议，革命征用与补偿让这个问题显得越发复杂；它持续为法律和经济学提供了某种共同基础，即便只是两者争论的战场。"财产权"已然成为欧洲的社会和政治思想中的通用话语，而与之相伴的就是个人"自由"的思想（这一点在法律和经济学中也同样如此）。但是，正如欧根·埃利希曾提醒我们的，所有权其实是一个法律拟制的产物。他宣称，正相反，"占有法是经济秩序的真正法律，是最贴近经济学'活法'（living law）的"。[23]

这也是马克思在他早年转向经济学时的见解。"政治经济学，就像真实的流程那样，"他在1843年对詹姆斯·密尔（James Mill）的评论中写道，"开始于人和人之间的关系，即财产所有人之间的关系。"尽管马克思为"异化"概念添附了马克思主义"人文主义者"所强调的精神痛苦，但是财产权或更准确地说财产权的征用，却也是"异化"在法律意义上的最初来源。马克思还引用罗马法上的所有权概念来进一步佐证他的解释，特别是"公地"（ager publicus）概念，即罗马人最早的公有土地，看上去它例证了"原始共产主义"阶段的存在，这也是马克思和恩格斯在革命年代共同支持的一个论点。[24]

但法律是马克思的出发点和主要靶子,也包括其"意识形态"伙伴——有组织的宗教。当他还是(萨维尼及其他人的)法科学生时,马克思曾试着遵循旧潘德克顿学派的模式创建自己的法学体系;但是,当他在黑格尔哲学的帮助下,意识到传统私法与公法无甚关联,也就是说,无关于公民社会或者国家的好处,相反却是用来保全法律传统中的邪恶习俗时,他就放弃了这个工作(当时他已经完成了300页)。所以他拒绝了"法的形而上学"(康德派的术语),以及它的"三分法和沉闷冗长风格";并在黑格尔主义的影响下,转而攻击历史主义学派;在恩格斯的鼓动下,马克思走上了通往社会科学的政治经济学近道,他从研究萨伊、穆勒、理查德(Ricardo)、边沁等人的学说开始,最终导向对黑格尔《法哲学原理》的批判和他自己的《1848年经济学哲学手稿》。[25]

年轻的马克思并非唯一从传统法理学中醒悟过来的人,P.J.蒲鲁东年轻时也经历了非常相似的"转变",从法律转向经济学及1848年以前欧洲的社会问题,最终也是从思辨哲学向革命行动的转向。尽管蒲鲁东也曾经希望建立一个法学体系,能够取代民法典以达至社会正义,但他和马克思一样,放弃了法律职业——明显的资产阶级政权(Bourgeois Monarchy)的共犯。蒲鲁东对他"什么是财产权"的著名提问给出了种种自相矛盾的回答,"财产权是一切""财产权什么都不是""财产权是盗窃""(财产)是人类的命运问题外,理性所能提出的最大的问题,却又是理性最无法解决的问题"。同样,对蒲鲁东而言,对这个"艰难的问题"——根本上就是"占有"和"所有权"之间的关系——的答案,应该去从政治经济学中寻找,而不能在法理学中寻找，法理学仅仅令人绝望地混淆它们，蒲鲁东详细论证了这一点。下一个问题"什么是政治经济学？"也是如此，"政治经济学……归根结底是财产权的法典或古老惯例"，这是他在《哲学的贫困》中的回答；而在他的笔记中（1847），回答则是"革命"（La révolution, aujourd'hui, c'est l'économie politique）。而至于社会，他补充说，这就是战争（C'est la guerre）。[26]

蒲鲁东发泄怒火的对象——律师们，也认可这门新学科的价值。在复辟时期，尤其在1848年以后，法国（同样重塑了）的法律职业群体和这种新的社会科学方法达成了妥协；1864年，一代人以前设立的政治经济学讲席，终于被填上了。在首次授课时，安瑟姆·巴特比（Anselm Batbie）仍然援引古罗马民法说法，赞美法学家是"法律的祭司"，"致力于对正义的礼拜"和人民的福祉（salus populi）。[27]财产权问题，当然也成为两个学科之间的主要连接点；而巴特比也认识到，政治经济学的事实经常与民法典原则发生冲突。巴特比的后继者，亨利·鲍德里亚，特别关注所有权的严峻困难，（他认为）这个问题的解答在于劳动的原则——同时也是它的来源。[28]如果重复一遍蒲鲁东的问题：什么是所有权？鲍德里亚的回答是，所有权是战斗口号（"battle-cry"）；但同时，他希望经济学和法律的科学能够廓清"谜题"，并且解决它所带来的问题。蒲鲁东和鲍德里亚一起推动了"社会法"（droit social）的出现，这种在19世纪晚期被设计出来的法律，旨在减轻自由市场和不受控制的工业扩张所带来的滥用和社会成本。

无论左翼还是右翼，对政治经济学那些更为支持帝国主义的践行者和拥护者而言，它不只是用来理解世界，更是用控制和改造世界的工具。对萨伊和弗里德里希·李斯特（Friedrich List）而言［尽管他们在国家（nationality）问题上或许意见相左］，政治经济学是关于生存、财富和进步的科学；对马克思和蒲鲁东而言（尽管他们在革命问题上可能意见相左），政治经济学戳穿了现代工业社会的种种幌子和错误意识，揭露了工业社会的真正"本性"——（阶级）矛盾。在他们看来，传统法学由于纠缠于旧传统、旧方法和旧价值，不仅在实践上，而且在知识上都已经彻底破产；而政治经济学就是去神秘化、去道德化（但没有去政治化）的法学。但最为重要的是，经济学在上个世纪的成功故事（暂且不管其意识形态分歧），使得人文科学的天平更加偏向社会思想的非历史的、自然科学模式，并且标志着习俗（Nomos）在自然（Pyhsis）的力量面前的又一次失败。这并不是说，在这场使得"沉闷的科学"*（dismal science，即经济学）的从业者获得诺贝尔奖的胜利进程中，政治经济学在寻找更新、更好的社会科学的过程中再无对手。在这些学科中仍有两个值得我们考虑，其中第一个借用了希腊语为一个现代学科命名，并且在哲学上与"人的尺度"一致，这就是现代的人类学。

被人类学超越的法律

在 19 世纪晚期获得"科学性"的地位之前，"人类学"所指的并不是后来被吸收到专业教规中的各种经验传统，而是对人性进行全面

---

* 苏格兰历史学家托马斯·卡莱尔（Thomas Carlyle, 1795—1881），创造了政治经济学是一门"沉闷的科学"（the dismal science）的说法。——译者注

和理论探讨的一个哲学分支。这个术语在现代最早出现于 16 世纪初马格努斯·亨德（Magnus Hundt）的一本叫作《人的尊严、天性和财产》（Anthropologium de hominis dignitate, natura et proprietatibus, 1501）的著作的标题中，到 18 世纪，这个词已经跻身哲学词汇的范畴，并在 19 世纪成为学术期刊的标题。[29] 至少直到卡尔·路德维希·米歇勒（Carl Ludwig Micheler）的唯心主义著作《人类学与心理学，或主体精神的哲学》（Anthropologie und Psychologie, oder die Philosophie des subjektiven Geistes, 1840），"人类学"一词意味着对人类心灵的研究——不管是心智的主观面还是生理方面。"认识你自己"是哲学传统的第一条座右铭，而（正如米歇勒所回忆的）人类学则以最直接、很大程度上也是思辨性的方式来寻求这种知识。因此，"人类学"当然会在德国唯心主义的宏大体系，特别是康德和黑格尔主义中占有显赫的位置，雅各布·弗里德里希·弗里斯（J. F. Fries）还为康德的"三大批判"增加了一部"理性的人类学批判"。在 1800 年到 1832 年间，大约有 47 部关于哲学人类学的作品发表，这种传统在今天依然存在，尤其在德国。[30]

在马克思时代的德国大学里，人类学被当作医学和法学学习的先修课予以教授；这也反映在"百科全书"教科书中，例如胡果的教科书中（他在这方面援引了康德的《判断力批判》）。例如，1836 年，马克思在柏林大学选修了 H. 斯特凡斯（H. Steftans）的人类学课程，作为其法学学位课程的一部分。胡果首次系统地提出了"法学人类学"构想，其《自然法手册》（Handbuch des Naturrechts）只是以一种更系统的方式呈现了《学说汇纂》第一篇所确立的法的原则，即将法律等同于智慧（"神圣事物和人类事物的知识"），法律的定义、特别是自然法（"自然对所有动物的教诲"）以及自然理性的理念。胡果的"人类学"还复述了关于人的潜力和"尊严"的普遍观点，其范围从动物性的冲动到主观"精神"，并服从于文化发展各阶段的法律。[31]

但是，如果人类学在经典意义上力图从人类行为中寻找不可缩减的"天性"，那么它就不会继续满足对个人心理学的研究，而是倾向于关注集体性的和文化性的模式。[32]或许可以这么说，人类学不仅研究人的原初本性，也研究人的"第二天性"，毕竟人——自由、负责任的人，作为法律的主体，是由多种多样的传统的、社会的以及自然属性所定义的。正是出于这个原因，法学家越来越认识到法学与人类学更密切联系所可能带来的好处（正如法学与政治经济学的联系那样）。对人类"文化"作为社会组织的更大背景的研究，在普芬道夫和其他自然法学家的著作中已经有所暗示（"文化"这个词自身也是在教育的意义上使用的）。实际上，新国际法（*novum ius gentium*）的扩张和旧自然法的现代化促成了法律传统中人类学新视角的出现。在19世纪，这些在历史学派的前提中被加强的关切，标志着法律专业与经验研究在许多方面的合流，这些最终汇入现代人类学之中。[33]

被卡尔·贝克尔（Carl Becker）称为启蒙哲学的"新历史"对旧的法律传统产生了重要影响，启蒙哲学本身则反映了启蒙时代对"新人类学"的兴趣。在1801年的一次讲演中，A. L. 朱西厄（A. L. Jussieu）称赞了在法学家中很流行的"社会科学"，进而历史性地承认了这些不断扩大的知识视界。"社会科学研究了罗马共和国时代以来各殖民地的组织，"他说，"它考察了习惯法的权利、古人的法典、促进婚姻的法律，可能还有母亲对孩子的有限控制、雅典人在废除法律方面的进展；它一直试图为当代人吸取过往时代的经验。"人类学研究，譬如巴伦·德杰兰多（Baron Degérando）对野蛮人的观察，意欲在空间上延伸历史抱负在时间上的投射；两者都代表了德杰兰多用"教皇"［改写了皮埃尔·沙朗（Pierre Charron）的说法］所表达的，"对人的恰切研究"。[34]

启蒙时期的"新人类学"［如乔治·古斯多夫（Georges Gusdorf）所称］在生物学、心理学、社会学和语言学等一系列层面上寻求自我知识；同时，特定人文科学（尤其是历史、经济、心理、语言、民族志）的扩张一方面侵蚀了旧法学的权威，另一方面也扩展了其学科视野和相对主义观念。这些趋势被18世纪末和19世纪建立在"东方文艺复兴"基础上的语言学研究所加剧，并将文化研究从狭隘的西方场域推向更广阔的"印欧"场域，进而引起了比较学术的兴起。[35]

这些现象也造成了人们抛弃旧法学传统而转向其他领域，最开始时尤其是政治经济学，但也包括了人类学研究。最著名的例子就是J. J. 巴霍芬，他将罗马法研究当作神话学和人类学的入门。"对我而言，罗马法律始终是古代、特别是罗马语言学的一部分，"他在给萨维尼的生平简介中这么写道，"因此，作为一个更大整体的一部分，（罗马法）被包含在古典文明的整体研究体系中。"[36]但是，语言学的新潮流为巴霍芬打开了更大的视野，他从民法进入了更冒险的神话和母权制（Mutterrecht）领域。

在英国，旧法学在"科学"民族学的出现中发挥了重要作用，这当中的关键人物是亨利·萨姆那·梅因，19世纪50年代，他同时在律师会馆和剑桥大学以钦定教授的身份教授罗马法。梅因不仅是历史学派的崇拜者，也是法国法律传统钦慕者，他曾表示，"尽管有各种各样的缺点，孟德斯鸠的著作始终坚持历史的方法，在此之前，自然法从没有哪怕一瞬间的立足点"。[37] 跟萨维尼一样，梅因在根本上关心的是法律和社会的一致——既是实践上的也是理论上的；他反对边沁和奥斯丁将法律简单当作命令和义务的观点。这一理论就像自然法那样，与下述更早的时代是毫无关联的：法律以习俗或"习惯"的形式出现，并作为一种特权式的秩序或"法官寡头制"而被保存。

对梅因而言，他的《古代法》系列讲座（1861）的重要性不仅在于"欧洲各民族用罗马法的残骸筑起了他们的城墙"，也因为罗马法"在人类的所有制度中有着最长的历史"，而且罗马法"从其发端到终结，被一次次地改进和完善"。[38] 换句话说，它是历史理解和社会进步的理想模型。最重要的是，通过与比较法学和比较神话学相结合，罗马法提供了"对各个处于原始境况的种族进行研究"的通道，在这个意义上也是向人类学研究的过渡。梅因首要关注的是民法的传统议题，特别是家庭、继承、所有、契约、衡平的发展以及各种由成文法设计的"法律拟制"。但是他也承认，除了自然法的思辨以外，不能指望法学独立回答社会的终极"起源"等根本性问题。

和历史学派的其他同情者或仰慕者一样，梅因倾向于原始共产主义的观念，并且以村社的遗迹和"古代法……对个人几乎一无所知"、对"人"和"物"几乎不加区分来加以说明。正如路易斯·亨利·摩尔根（Lewis Henry Morgan）和约翰·弗格森·麦克伦南（John Ferguson McLennan）（两人都是律师）曾教导的那样，古代法的关键点不是个人自由而是亲属关系；对梅因而言，法的演化轨迹大体上就是"从身份到契约"。梅因最近的传记作者这么写道,(梅因)"用罗马法为旧的真理注入新的生命"。[39] 同样,摩尔根还特别以布莱克斯通(特别是"血缘关系")为基础,在"民族学对象"中加入了"律师的视角"。据他最近的传记作者所言,摩尔根"对易洛魁血缘的有利位置的描述是建立在教会法和罗马民法作为文明国家法律的基础之观点上的"。这种从罗马经验普遍化的倾向——特别在"父权制理论"(patriarchal theory)的问题上(从罗马法的 *patria* 和 *potestas* 推断出来)——后来受到麦克伦南和其他人的批评;但在之后的讲座中,摩尔根通过利用古印度和凯尔特法律史的"新材料"[马努法律和布雷恩法则(Laws of Maurer and the Brehon laws)],以及古斯塔夫·冯·毛雷尔(Gustav von Maurer)和埃米尔·德·拉弗勒(Emile de Laveleye)对财产的原始形式的著作来扩展其学说的视野;这些著作采用了美国、俄罗斯、日本、爪哇、印度以及古希腊、罗马和现代欧洲的材料。[40]

与自然法和新政治经济学的拥护者们不同,利用民族志材料进行研究的学者们倾向于拒绝"绝对"财产的观念;当然,这种观点已经被当代的进化论观点——其中已经包含着民族学和人类学的新领域——所强化。在综述财产理论的各种理论之后,埃米尔·德·拉弗勒拒绝了旧有的先占观念——政治经济学家对"劳动"看似更合理的强调;拒绝了(反事实且非历史的)契约论基础的解释——其他经济学家假定私有财产与人的天性相一致;也拒绝了(历史学派认可的)法律习俗的解释——财产权就是法律本身;他回到一种普遍主义的信念——这种信念被他的比较法学研究所加强,所有权确实是一种"自然权利",同时与古代的平等观念和现代对社会正义的期望相关联。[41]

晚年马克思不仅热衷于研究达尔文的进化论，而且被梅因、摩尔根、麦克伦南等人的"新人类学"所吸引。在年轻时经历了从旧法学向政治经济学的转向，在晚年时马克思的视野超越了欧洲社会的界限。在他的《人类学笔记》（Ethnological Notebooks）中，他开始抨击这些作者，正如四十年前他一边研究英国政治经济学，一边着眼于构建社会发展的扩展理论（这看来很可能），虽然继续以某种辩证唯物主义为基础，但已经将严格意义的西式封建主义、资本主义和革命模式的历史经验之外的东西考虑进来。[42]

马克思不同意梅因（和奥斯丁）的著作，因为他们将阶级对立追溯到中世纪。对马克思而言，梅因的自大、民族中心、目光狭隘、精英主义，（一言以蔽之）是资产阶级的。由于不了解巴霍芬和摩尔根的工作，"愚钝的"梅因狭隘地求助于罗马法律史，尤其是其父权（patria potestas）原则来论证男性继承的问题。罗马法中臭名昭著的形式主义被梅因（"作为律师"）赞为"正义起源"，这在马克思看来"毋宁是戏剧化地说明了法律纠纷成为律师利润的来源"。与"奥斯丁幼稚琐碎的学说"一样，梅因的论证不是一种人类学家的论证，而是"要么是法学家的，要么是意识形态的"，马克思通晓多国语言，以其警句式（notetaking）的行话如此评价。

相比梅因的法学猜测（这是这些后期笔记的主要目标），马克思更偏向摩尔根的观点，因为它们是由"实证研究"和对历史中的技术和物质因素——"生存的技术"——的重视而推演出来的。虽然也是律师，但摩尔根并没有试图将人文科学建立在法律形式主义的基础之上。他的假设被马克思这样表述，"人类进步的历程与个别的人无关，而置身于物质记录——凝结在体制、习惯和风俗当中，并在发明和发现中得以保留"。对于摩尔根的"财产的影响"的重要观点，马克思写道，"这是使得雅利安和闪米特民族从野蛮走向文明的力量（这里删去了"影响"一词）"；而且，实际上也正是一夫一妻制家庭这一"财产制造组织"所产生的"对财产的激情"，为基本的政治和社会模式提供了解释。[43]

马克思没有完成他关于"后-资本主义"（post-*Kapital*）体系的论述，而只是出版了一个相当简短的总结，但在他晚期的工作中（一如早期那样），他从积极和消极两方面说明了旧法律传统的重要性。从积极方面来说，法律发展的罗马模式，特别是财产和亲属关系的问题（超出了对阶级关系的经济和法律分析），持续塑造着马克思及其同时代人的准人类学思想。从消极的"批判"方面来说，传统法学构成了更"科学"和广泛的人类历史和社会组织研究的靶子。

马克思继续为文化（从更严格的意义上说是社会）寻求物质基础，但通往现代人类学的其他道路更广泛，更少预设。在法学的人类学后代（也是法学的叛逃者）当中，新一批探险者涌入了习俗的王国（*the Kingdom of Nomos*），并为人文科学奠定了新的更广阔的基础。新兴人类学的主导概念保证了人类材料——如果不是人的尺度的话——将被保存。在德国，民族心理学（*Völkspsychologie*）开始于"民族精神"（*Volksgeist*）的观念，赫尔德、萨维尼等人是提倡者，并将其扩展到社会心理学的思辨领域。

在英国，人类学同样避开了政治经济学的简化倾向，它不是诉诸由理性定义和机械决定的"市场"，而是关注由"文化"或"文明"

等术语所表现的一种折衷的、多元的抽象概念。爱德华·泰勒（Edward Tylor）在他为该学科草拟的"纲领"中将其定义为"包含着知识、信仰、艺术、道德、法律、习俗以及人类作为社会成员而获得的其他任何能力和习惯的复杂整体"。[44] 这显然依然是另一种"第二自然"的表达。

然而，历史结构和概念性诱惑——包括生物主义、进化论、种族主义、心理主义、功能主义、跨文化指标和其他普遍化或系统化观念——的缺乏，往往会怂恿人类学在其解释中——如果不是在田野调查中的话——越过习俗王国的熟悉领域的边界。人类学始终保留了诠释甚至哲学（以及文学）的维度，但从专业上来说自然科学模式往往占上风，文化通常在自然的阴影下被继续研究。这对接下来将要提到的这个学科的最后一个问题——"习俗"的后裔和背叛者——而言，情况更是如此。

被社会学俘虏的法律

N. S. 蒂马沙夫（Nicholas Sergeyevitch Timasheff）宣称，"社会学诞生于对法律的敌视之中"，这个说法在名义上似乎有些道理。[45] "社会学"这个术语而非"社会学"这个概念本身，是奥古斯特·孔德和他在1830年代宣扬的"实证哲学体系顶点"的思想产物。孔德承认前人孔多塞、孟德斯鸠，甚至亚里士多德的工作，但这只是名义上的尊敬；总的来说，他的倾向是宣称自己"新哲学"的原创性，并压制其他人的影响力（最著名的当然是圣西门）。他对维柯（尽管没有指名道姓）

不屑一顾，认为他是"钟摆运动或循环运动等含糊、荒唐概念"的制造者，而且看来他对法学家的作品不甚了解。他修改了科学的分类，从数学和自然科学到"社会物理学"（social physics）、道德科学以及对自然（Physis）传统表现出无可置疑的忠诚的世俗宗教。孔德认为，法律和变幻莫测的习俗（Nomos）、"对权利的含糊而吵闹的讨论"，都将随着实证哲学的到来而统统消失。[46]

这种对科学主义的简单化倾向受到下述两种动机的进一步鼓励。一是社会学家对达尔文主义解释力的迷恋，尤其是在法国和英国；二是社会学家们日益增长的确立其学科的科学地位的焦虑。像过去时代的法学家和新近的立法者一样，社会学家一直渴望直接测量和掌控社会；他们的帝国主义梦想（再次强调，同前科学时代的法学家一样）不仅帮助他们形成了自我形象，也形塑了其历史观，当然这种塑造也有可能是一种畸形的塑造。根据一种强调自然科学和哲学联系的高级辉格主义，实证主义和马克思主义被置于舞台的中心，启蒙运动光明的一面提供了光明，而较早的、不那么尖锐的教条方法被降为模糊的背景，再加上柏拉图和亚里士多德以来的正统哲学传统中的几个选定的人物，共同上演了理性与现代性胜利的戏剧。[47]

但如果更仔细地加以研究，我们会发现，这似乎是研究该问题的一种狭隘、非历史的方法。该学科在美国的创始人之一阿尔比恩·斯莫尔（Albion Small）在对社会学史的开创性研究中，提出了一种更全面、更令人信服的观点。"社会学并不是如普遍描绘的那样像一颗彗星，一个没有来由可循、也不知向哪里去的天体，"他宣称，"它的血统与人们试图了解人类的历史同样古老。"斯莫尔没有去追踪整个谱系，但他确实为社会科学这一分支的近祖提供了一个相当广阔的视角，不仅包括经济思想的各种学派，还有历史学派。斯莫尔不是从马克思、孔德甚或苏格兰的道德主义者开始的，而是从萨维尼与蒂堡之间关于德国社会是否适应一部法典的争辩开始的。区分这两位法学家的议题是理性和社会变革的根本问题——"人类经验中前提与后果之间的关系"，而根据斯莫尔的说法，现代社会学家沿袭了同样的问题群。[48]

一些社会思想史学家，如罗伯特·尼斯贝特（Robert Nisbet）对"社会学传统"也采取了类似的广阔视角；特别是孟德斯鸠，长久以来他都被涂尔干、欧根·埃利希、维尔纳·斯塔克（Werner Stark）、雷蒙·阿隆等认同为（至少是）一位社会学的先驱。[49]德国传统也维系着与法学思想的联系，最突出的是洛伦兹·冯·施泰因（Lorenz von Stein）、斐迪南·滕尼斯（Fernand Tönnies）、乔治·齐美尔（Georg Simmel）、鲁道夫·冯·耶林、奥托·基尔克和马克斯·韦伯的作品。[50]如尼斯贝特所说，不管他们采取了怎样的修辞策略，这些人的思想都无法被当作仅仅是"逻辑经验分析"的产物。尼斯贝特自己选择遵循他对"单位观念"（如社区、权威、身份、神圣的和异化）的洛夫乔伊式（Lovejovian）* 分析，但这些观点也代表着所有学者都熟知的法学范畴，而且当然也内嵌于日常语言之中——（虽然）他们试图将其转化为更科学的术语。更重要的是，他们鼓励我们去关注在这些概念以及相关的态度和方法的发展中法律传统所具有的意义，并努力让我们恢复对其的些许赞赏。

---

* 亚瑟·奥卡·洛夫乔伊（Arthur Oncken Lovejoy）：美国著名哲学家，观念史思想家。——译者注

与人类学家对待"文化"的方式一样,社会学家将"社会"作为其首要概念。总的来说,他们的目标是直接理解"社会"的模式和结构,找出莱斯特·沃德(Lester Ward)所说的"真正的法律",而不太多考虑内容——至少不必太考虑多样性、变化和"地方性知识"的意义。这种趋势在法国可见于洛伦兹·冯·施泰因的"社会运动"的历史,像马克思、蒲鲁东等人一样,施泰因从律师生涯开始,但后来转而相信经济秩序尤其是财产的首要性。跟随着黑格尔的步伐,分离出"共同意志"——国家——之后,施泰因开始寻找"社会的概念及其动态法律"。[51] 法律的残留影响在某些领域显而易见,特别是在基尔克的社团理论和滕尼斯共同体与社会的理念中;但基尔克也倾向于一种学术性的社会"现实主义",而滕尼斯则回归到旧自然法学家的范畴。"唯社会学论"最极端的例子是乔治·齐美尔的形式主义理论,他把注意力集中在普遍的"社会形式"上;但是,即便是尊重"经验"研究的韦伯及其追随者,也分享了对形式主义的反历史倾向。[52]

与最帝国主义倾向和最自然化阶段的旧法学一样,社会学在因果关系和系统性特征等问题上追求普适性,并以此为基础寻求其"科学"地位。与之相似地,从浪漫主义的公司理论到阿尔弗雷德·舒尔茨(Alfred Schutz)的社会现象学,社会学已经创造了一种与法律传统和历史视角(尽管它声称是经验主义的)相分离的值得注目的学术理论体系。在某种意义上,社会学可以被看作旧教义法学"百科全书"(事实上在19世纪后期这种书仍有出版)的一种升华,(社会学)保留了前者的某些形式和语言,但舍弃了他们的前提和学术包袱,而转向新的抽象和自然主义的普适性。[53] 如克利福德·吉尔茨所说,"弗洛伊德、皮亚杰（Piaget）、冯·诺依曼（von Neumann）和乔姆斯基（Chomsky）的唯一联系［更不用说卡尔·荣（Carl Jung）和斯金纳（B. F. Skinner）］，是人的思想机制在不同的时间、空间、文化与环境中恒定性的信念，而且他们清楚这个机制是什么"。[54] 在我看来，这些评价对古典社会学的"先驱和创始人们"（只有马克斯·韦伯有资格称得上是一个例外）以及他们所创造的新学术传统也同样适用，尤其在美国更是如此。

现代社会学的必要前提是政治与社会之间的基本区分，在概念上对应着国家与公民社会（"资产阶级"社会）。"社会"本身就是一个有争议的构造，处在经济学概念和社会概念［从一般意义来说也是"社会主义的"（socialist），并衍生为"社会学的"（sociological）］，即市场与共同体的张力之中。这种冲突对立正式表达于梅因的身份与契约、滕尼斯的共同体（Gemeinschaft）与社会（Gesellschaft）的著名区分之中，并将法律用语转变为普遍的社会学范畴。他们专门地、自觉地做到了这一点，这从滕尼斯的主要例证中可以明显看出：占有是共同体的特征，而财产是社会的特征。[55] 总体而言，滕尼斯将对法律传统的（两个）极端进行批评作为其学说的起点：一端是霍布斯的抽象自然律，另一端是历史学派的保守观点。然而，滕尼斯本人也将他的理论与一个更广义版本的历史学派的习俗概念联系起来，作为普遍（和"默契"的）意志的表述；按滕尼斯的表述，"社会意志本身从习惯、惯例和实践中提炼出来"。[56]

尽管继承了法国实证主义的遗产，埃米尔·涂尔干（Emile Turkheim）仍然对广义上的法（Nomos）的力量保持了一定的尊重，（这体现在）他拒绝借用其他"实证科学"的材料作为社会学的用途。根据涂尔干的"社会学方法规则"，其学科经验上的单位和范畴虽然与自然科学类似，却是社会科学独有的。对他而言，集体的人类行为不能以物理决定论或心理动机理解，而必须被理解为"社会事实"，只有在社会语境内才具有意义，也只有在这个基础上，才能得出社会学的推论和社会学的"法律"。从方法论上来说（或许也是自明地），涂尔干承认法（Nomos）是"社会团结"（对孔德和圣西门"和谐"概念的科学继承）的形式；然而不幸的是，其本身时常缺乏一种现代的存在形式，并越来越因失范和"无法无天"（anomie）的状态而饱受折磨。尽管如此，涂尔干那以各种社会功能和机制表达出来的共同体观念，代表着传统法律范畴的一种升华的形而上学，或者毋宁说是一种转喻（metanomical）形式。事实上，正如涂尔干所说，传统法律是"社会团结"的一种主要形式或最初表述。[57]

马克斯·韦伯，受过法律训练并且集中关注法律社会学领域（Rechtssoziologie），他试图更直接地在其系统的社会学中复制法律思想的结构，事实上，我们可以把韦伯的学术工作看作"法律绅士"（*legal honoratiores*）传统在社会思想上某种意义上的延续，他将其从一个罗马专业阶级变成一个社会范畴。对韦伯而言，就如对涂尔干（同样还有古老的罗马法体系建构者和现代的"法典学派/潘德克顿学派"）一样，意义是一种社会系统的功能；这尤其适用于人类行为、价值问题以及正当化的方法。在韦伯碎片化和"现代主义"的分析中，法律与道德哲学隔绝开来，法律传统被降格为社会行为的一种"不科学"类别。总的来说，正是政治经济学对法学的侵蚀和破坏，使韦伯迈向对人类社会状况更系统和"价值无涉"的探究。韦伯社会学代表着一种法律习俗和经济分析的综合,被下述事实所强化:一则是来自最广泛的比较和"普遍"历史的资料(包括对罗马法和日耳曼法律的大量引用),二则是对正当性、结构和"权力"问题的关注。[58]

在某种意义上,正如涂尔干是将"共同体"概念从传统的社会和历史思想中解脱出来,变成抽象社会学概念一样,韦伯通过他著名的三种分类——法理型、卡里斯玛型和传统型——改造了权威的概念。与通常一样,韦伯的这种分类不仅来源于实证调查,更源于历史惯例和实例或法律主题。于是,"卡里斯玛型权威"就是以传统的(尤其是日耳曼的)神授王权的概念为例进行说明(如果不是直接源自这里的话),尽管也与通常一样,辅之以世界历史范围内的例子予以强化论证。至于另外两种形式的权威类型,它们事实上构成了法律史进程的起点与终点(*termini a quo* 和 *ad quem*),尽管韦伯典型地以抽象和普遍性阐述开始其论述。"在纯粹的传统型权威中,法律或行政规则不可能由立法有意地创造,"韦伯写道,"有部分创新的规则想要被合法化,只能宣称其曾经'在过去是有根据的'(valid of yore),但现在只有通过'智慧'的方式(Wisdom,古日耳曼法的 *Weistum*)才能得到承认。发现法律(*Rechtsfindung*)的司法裁决仅指传统文件,即先例和更早的裁决。"[59] 当然,法理型权威的"纯粹类型"指的就是后来现代工业国家的法典编纂、理性组织和科层化特征,以及政治经济学和社会工程学对传统法学的侵蚀。

在韦伯对资本主义社会的阐释中,密涅瓦猫头鹰的飞行轨迹变得更加复杂了,而黑格尔主义和马克思主义的社会语境意识被导向批判性思考的一个新阶段，并与"知识社会学"这一新分支领域联系起来。知识社会学（Wissensoziologie）与法学思想的联系很轻，但有两点或许还应该提一下，（和往常一样）一个是积极的，一个是消极的。首先，旧法学传统本身构成"社会意义"的一个样本，其中术语和概念需要在法律系统之中才能被理解；更具体、更地方化地来说，习惯的观念是与特定的社会和文化语境——尤其是各种特殊的"旨趣"（interests）——相联系的。正是这种"法的精神"的概念使得孟德斯鸠在知识社会学的经典中获得了一种回顾性的地位。就消极方面而言，法律可以看作是"意识形态"或法学错误观念的经典形式，由此它成为评论者最喜爱的一个靶子，他们借此来批评现有法律传统的政治意蕴。[60]

这个负面的维度或许也提醒我们，至少就其更激进的形式而言，社会学是（正如尤尔根·哈贝马斯所说的那样）"最卓越的危机的科学"（the science of crisis par excellence）。在这个意义上，这标志着与和旧法律传统紧密相关的社会思想的决裂，后者一直以来把稳定和平衡、至多是渐进变化视为其目标。在这个"批判的"（通常也是马克思主义的）模式中，社会学已被加上了"主体的消解"，或如最近一位观察家在其"社会学与人类的黄昏"中所称的"同中心主义"（homocentrism）的消解，以及经济学乃至最终自然科学模型上"价值无涉"社会科学的兴起的标记。[61] 在法国，这由涂尔干社会学和后来的结构主义阐明。在德国，社会科学家间（大致以1855年前或后出生为界）的代沟加深了与社会科学的共识性的研究进路的决裂：一边是施莫勒（Schmoller）的一代（青年历史经济学派的领头人），大多是反对大学改革的终身教职教授，他们在政治上保守，效忠于国家及其在研究中的优先性；另一边则是韦伯的一代（历史学派的严厉批评者），多为支持改革的"杰出"教员，或自由或激进，致力于理论研究和独立研究。这种情况也助长了社会学的自主性。

然而社会学和法学之间的联系仍然得到了保留，而且，尽管这一联系经常是秘密的，但在某些方面仍隐隐可见。一是法国的"社会法"运动 [*droit social*，加布里埃尔·勒·布拉（Gabriel Le Bras）用这一术语称呼教会法传统]，该运动类似于并在某种程度上加强了涂尔干以更自然主义的方式所追求的"社会团结"。莱昂·狄骥（Léon Duguit）强调了法律的社会功能，因此也强调自由经济学家和大多数《民法典》评注者所忽视的诸如财产等制度的功能。狄骥辩称，《民法典》所确立的"形而上学和个人主义的秩序体系"应该被一种"司法现实主义和社会主义的秩序体系"所取代。[62]

法学与社会思想之间的联系也在另一个分支学科（在韦伯的作品中已经出现了）中得到清晰体现，这就是"社会法学"。如蒂马沙夫所说，这就是"社会学在法学中的发现"，与之相伴的是对社会思想史采取稍微更广阔些的视角。[63] 乔治·古尔维奇将亚里士多德追溯为创始人之一；但他所重视的不是亚里士多德的《政治学》，而是《尼各马可伦理学》，其中首次从公民社会的角度确立正义的含义，即从"不同种类的实证法则，及其与 *Nomos*（真正有效的社会秩序）、*Filia*（社会性或社会团结）以及特定群体（*koinoniai*）的关系，而国家只不过是一顶皇冠"的角度进行分析。而且，古尔维奇总结说，"所有的法律，无论是人类意志建立的还是独立于人类意志的（在此意义上就是"自然的"），据亚里士多德，都不过是对 *Nomos* 的要求的理性阐述……是掌控社会行为的活的、自发的规则之体".[64]进而古尔维奇利用哲学把法律传统的概念核心理性化、正当化和普适化了,并使其适合于现代社会学的原则。

　　仅仅这些意见显然不足以说明这些权威社会学家们成就的丰富性和深度,也不足以说明恩斯特·贝克尔(Ernst Becker)所说的"失落的人的科学"的困境,但或许能够表明(社会学)与旧法律传统之间经由日常语言(如果不是特别专业的话)这一媒介所维系的某些隐秘的、但十分根本和正式的联系。在很多种意义上,法律构成了社会学思想的概念原型,甚至是其基础,并为后者贡献了很多专业名词。社会学的特有语言正是通过对手边的社会和法律惯用语的某种提炼而创造出来的,开始于对人格、财产、行为、继承、习惯、契约、支配、神法与人法、公法与私法、法律创造与法律发现、法典编纂和行政以及旧盖尤斯体系的其他用语的重新定义。对于二者在共享形式和结构的特质而言,也可以得出十分相似的结论(这更多只是推断),尽管对知识历史学家而言,这很难理解。可以这样说,无论是从当下的视角,还是从长视角(超长视角)来看,如果如孔德所说形而上学是死去的神学的幽灵,那么就可以类似地认为,社会学就是过去的法学的幽灵。

第十五章
结论：法的遗产

正如你所说，我们生活在狭小的视野中：

我们在人群中行动，我们一起流动和交谈，

看到这么多双眼睛、手和脸。

如此多的嘴巴，全都蕴含着神秘的意义。

然而，对它们知之甚少，只看到我们意识中的明亮小圆圈，

在它之外是无尽的黑暗。

——康纳德·艾肯：《重写本》

社会科学主义

自然与文化的辩证法依旧伴我们左右，存在于我们的语言和知识习惯中——如果不是存在于知识偏好之中的话。这种二元性被理查德·罗蒂（Richard Rorty）表达为心理定式（mental sets）或者话语共同体的不同。罗蒂写到，人类以两种主要方式给生活赋予意义，"一种是通过讲述他们对共同体的贡献——不管是他们所生活的真实历史中的共同体，还是另一个在时间和距离上都很遥远的真实共同体，或者一

个由历史上或虚构中或两者兼备的许多男、女英雄所组成的想象的共同体。第二种方式是通过将他们自己描述为与非人类事实有直接关联"。[1] 第一类人罗蒂称为实用主义者，"他们受到狭小视野和人类条件的束缚"（胡塞尔会将这种条件说是"生活世界"）；第二类人是"现实主义者"，他们是柏拉图遥远的子嗣，其思想（或修辞）是"自然的和非地方性的"。实际上我一直在讲述第一个共同体的故事，讲述的是实用哲学的代表观点——如果不是罗蒂意义上的"实用主义者"的话。

在西方历史上，习俗（Nomos）和自然（Physis）之间的斗争已经上演两千五百年了。借助着对维柯与笛卡尔相反观点的精确援引，厄恩斯特·特尔慈写到，"自然主义和历史主义是现代世界两个最伟大的知识创造"，尽管可以确定的是，从理论科学和实践科学之别的角度来说，我们可以将"自然"科学和"道德"科学的分野追溯到中世纪甚至更古老的思想。[2] 特尔慈的直接目的是谴责自然主义的支配地位，他所采取的形式是"实证主义"，或者更一般意义上的知识的或者怀疑论的困惑（malaise），这在魏玛时期被称为"历史学的危机"。经济学和宗教领域的某些特定问题——都受到19世纪后期以来的人类化和"历史化"力量的攻击——引发我们对理性和神启的质疑；特尔慈沿着历史学和社会学的进路展开其批判。

但是，事实上从康德时代开始时，争论已经越来越多地转移到哲学、尤其是"新批判"先验唯心主义的基础上来。自然（Physis）和习俗（Nomos）的对立继续为自然科学和人文科学（德语翻译为 *Naturwissenschaften* 和 *Kultur-* 或 *Geisteswissenschaften*，或者约翰·斯图亚特·密尔所

第十五章 结论：法的遗产 419

说的"道德科学")划定界限,这尤其得益于像威廉·文德尔班（Wilhelm Windelband）、海因里希·李凯尔特、威廉·狄尔泰（Wilhelm Dilthey）等新康德主义者的努力。[3] 除了狄尔泰的历史研究外,这些讨论离人类社会、文化和法学的"生活世界"（lifeworld）非常遥远。罗蒂的概念体系中自然、普遍（nomothetic）科学,以及与其相距甚远的文化的、个人性（idiographic）科学,很难与自然科学或社会科学的分野对应（尽管它们的"修辞"是对立的）;科学与价值的分离依赖于自然科学上的客观性的理念,但这很难令人更满意,甚至是根本无法令人信服的。

从前,法学经超越了这种分离,宣称自己同时孕育着习俗（Nomos）和自然（Physis）,可以容纳多种多样的对抗、交互作用,尤其是18世纪晚期、19世纪初历史法学派与哲理法学派的争论所产生的思维火花,这种火花在以经济学和社会学开端的所有新兴的人类学科中不断被提及、反复被传颂。但是,到19世纪末的时候,曾经自诩连接自然与文化的法学,越来越成为这些争论的镜子——无法超越这些争论。康德在其《学科的争论》（Contest of Faculties）的讨论中对法律作为理性科学的观点提出质疑,他认为法学家不像哲学家,他们更多是依赖于法典,而不对法典进行理性反思和推理。康德所指的是专业化的、教条式的法学,尤其是指潘德克顿学派,而不是指更广泛视野下的法律传统;或许不幸的是,康德从未发展出一套可以澄清其法律理念的法律判断的标准［韦伯的同事格奥尔格·耶利内克（Georg Jellinek）如此评价］。[4]

然而,康德马虎的论证也的确批评了未经检验的、无知的法学家与权威、偏见和历史的偶然性捆绑的行为,并从他先验论的视角出发,增强了哲理法学派对历史法学派的主要批评，即历史法学派最坏会成为受制于一种后验论的进路。康德不公正的判断也预示了法学研究在下个世纪从神坛的知识坠落——自由主义、马克思主义和实证主义的矛盾观点也起到了同样的作用。汉斯-格奥尔格·伽达默尔近期复活了康德的观念，他认为，"法律诠释学由于有着一个教条式的目的，所以日渐与整全性理解相分离"。[5] 伽达默尔还指出了"权威"和"偏见"的问题，这些观念在文艺复兴的理性面前名誉扫地，但是在更大意义上对诠释学的理解而言却又必不可少。更重要的是，法律诠释学摆脱了哲学诠释学所遭遇的根本的质疑——与社会"事实"相分离，实际上只是一种理念而已。（哈贝马斯是这种观点的代表人物。）

如果哲学家们遵循康德的教诲，普遍地否认法律的"科学"地位，新的社会科学也会拒绝承认法学家们能对社会事实有任何真正的理解。这也是像汉斯·凯尔森、奥地利马克思主义者卡尔·伦纳（Karl Renner）等法学家们所暗示的，尽管基于完全不同的基础，他们都坚持法律与社会秩序相分离的观点。[6] 一般而言，在20世纪的前几十年间，法学本身是哲学家和社会科学家所感知和叹息的文化危机的一部分。不仅法律职业本身被削弱了，对社会和文化的严肃研究也是如此，其他学科宣称具有更"科学"的地位，并从"法律科学"中衍生出来。法学被碎片化为实证主义者、唯心主义者、形式主义者、社会学主义者、社会主义者，他们"纯粹"的部分很少有共同之处，甚至都无法共享一个职业化的记忆；在相对主义和"历史学危机"的浪潮之中，欧洲出现了自然法的复兴。实际上，这个"危机"——现代社会学诞生于其中、而且所有的科学都受其折磨（就像胡塞尔悲观地看到的那样)[7]——将法学推向了概念和道德混乱之中,变成了一种抽象深奥的理论,一个破产的"法律主义",或更糟糕地,成为一种陈词滥调的"理念"的表达。法律的历史是由学者们继续下去的,但是它却大体上与人文科学研究甚至历史本身相分离。

近来有更多的努力试图在法律和其他学科之间建立关联,包括经济学、人类学、修辞学甚至文学批评(经常是以其最流行的形式)。但是这些努力的目标要么是技术化的,要么是理念化的,而不是历史的或人类学的,而且它们基于对法律职业的关心,而不是为了任何的人类理解——即便以最宽泛的视角来看也是如此。经济与法律运动已经在努力将法律置于自由市场的假设之中;甚至法律的批判法律运动——采纳了"批判理论"并试图将社会价值重新植入法律之中——都倾向于将基础建立在历史之上,历史受制于乡愁(nostalgia)、发展至上主义或一种"永恒的话语"的表象(timeless discourse)。[8]

传统法律科学领域中的大多数"科学"关切事实上已经传递到其他学科上,或者说被其他学科所挪用;而且这些关切也已经与历史视角无关——如果不总是与"地方性知识"无关的话。(法学中的)财产和商业的问题,与生产和财政牢固地联系在一起,由此被政治经济学重述:市场取代了法学"百科全书"成为研究的可理解领域。[9] 社会学部分地是回应经济分析的反社会倾向而产生的,但是却代之以社会学本身的反历史的抽象;它的结构功能论、行为论和社会生物论的扩展性观点削减了人的维度。[10] 人类学采取更为宽广的视角来看待人类的状况,但是其对进化论、跨文化分析和结构主义的坚守,使得人类学在解释问题上继续倾向于自然主义和普适主义的模式。一般地说,从这些模式中引申出来的学术范式——制度经济学、"解释"社会学、人类学以及哲学人类学——在20世纪已经被边缘化了；（包括经济和机制在内的）知识界力量以及历史视角的缺失易于加剧其边缘性。

对审慎和实践哲学传统以科学性为代价的众所周知的退却过程，当然可以有一种政治维度的解读，因为科学普适化继续代表了最大范围的力量和控制——无论是左翼的还是右翼的。包括法学在内的实践智慧（审慎性知识）表明，"偏见"、规范和目标来自于权力的权威性批评标准的中心，或许也是控制和现代化的紧急状态的障碍。我希望，至少这是Nomos的故事暗示我们的一个方面。

人的尺度

然而，以实证主义和数学方式存在的自然（Physis）并非在知识上就毫发无损，尽管它在制度上可能是胜利的。20世纪在对自然的帝国主义式扩展的抵抗运动中，有三者特别值得关注。一是韦伯的理解社会学（*verstehende Soziologie*），它同时根植于法律和政治经济学之中，在美国由塔尔科特·帕森斯（Talcott Parsons）及其门徒所继承；二是狄尔泰的追随者们的"哲学人类学"，如埃利希·罗特哈克尔（Erich Rothacker）、米歇尔·兰德曼（Michael Landmann）和德国某些"新人类学家"；紧密相关的第三个是向现代诠释学的文化转向，尤其是伽达默尔，他强调法律诠释学对于人文科学的"典范意义"。[11] 对伽达默尔来说，这种意义在于以下事实，即法学家需要将历史理解和法律原理结合起来，置身于传统之中赋予法律文本以意义——通过将法律适用到当前状况，进而创造出对理解和判断而言必不可少的视域融合。伽达默尔也不是哈贝马斯的反对者，忽视"经验的语言学以外的模式"，因为语言的功能在于向经验、判断、交流、行为以及由自然和社会的互动所共同构成的生活世界开放。

对解释的自然科学模式的更晚近的评论也应该被关注到，这种评论指出自然科学模式不仅与科学方法的过时理念相连，也与其中17世纪的"形而上学基石"相连。"现代主义"（可能是"现代化"在知识上的最终成果）被定义为"笛卡尔的工程，自17世纪以来在哲学上占据统治地位，试图将知识建立在理性怀疑的基石之上"，是"追求精确的现代计划"，到尼采时达到巅峰——尽管并未在此止步。[12] 它建议的是一种通俗版本的科学主义，它建立在大部分现代自然科学和社会科学隐含的假设之上——如果不总是以正式的宣告出现的话。它包含"逃离模糊性"的价值追求以及对方法论的偏好，赋予三段论和实验（朴素笛卡尔主义和培根主义方法的底线）以特殊地位，拒绝"偏见"而赞扬"预测"，回避价值问题而拥抱控制机制，轻视"地方性知识"——除非它服务于更大的计划。

现代主义是笛卡尔主义传统两个方面——理性主义和怀疑论——的受益者，这一矛盾立刻导致了个人理性的兴起，也孕育了其毁灭。就科学和哲学理性的进步来说，似乎没有任何限制，但是对于单个主体而言，科学分析、思想和选择领域所可以确定的目标却相应地被削弱。李嘉图经济学、涂尔干社会学或者结构人类学主义［或者马文·哈里斯（Marvin Harris）生理学这种最极端的例子］中的人类客体不再是法律中自由的、责任自负的"个人"，而是定量分析中的"非人"

的因素。就像福柯、海德格尔和解构主义批评等从不同方面暗示的那样，摆脱意识形态和"偏见"的假象的动力不仅导致了"作者的死亡"，也导致了人之主体性的废除。这些是法学作为一种可行的"社会科学"过时后的一些近况。尽管自然法的一些领军人物曾经做过激进的推理，法律传统从未丧失其人类中心主义和唯意志论的假设，哪怕仅仅出于这一原因，也使得法律并未遵循科学现代主义的道路和"追求精确的计划"。

人文科学的一个中心问题一直是主体——灵魂（Psyche）、人格（persona）、个人以及作者。"个人主义"不仅仅是资本主义社会的产物，因为从一个更长的视角来看，法学传统是西方思想、尤其是"道德科学"的可持续性特征的主要所在地。在很多方面，古老法学传统与自由、可以思考、责任自负的法律主体概念平行发展；当下，两者一齐走向破产。就像尼采所说的，"主体是虚构的"。[13] 19世纪的社会思想仍然严肃地对待心理状态和理性主义，即便是马克思在分析"异化"这一基本上属于法律和经济学的概念时，也认可了心理学维度的存在。但是社会心理学侵蚀了这一维度（尤其是民族心理学和群众心理学）；而且无论是左翼还是右翼的经济分析、无论是涂尔干主义还是结构主义的社会学，更不必说新经济主义统计学，都发现有可能与心理学彻底地分离［尽管"心理"的剩余概念被像吕西安·列维-布留尔（Lucien Levy-Bruhl）这样的人类学家所保存］。

对集体行为来说，这样的假设或许是必需的，但是与这种态度常相伴随的简化论会妨碍我们的理解。近来，有更多一些人对现代主义哲学的统治地位发出质疑声音：克利福德·吉尔茨和詹姆斯·布恩

(James Boone)领衔"地方性知识"范式;理查德·H. 布朗(Richard H. Brown)以比喻的手法和"诗性社会学"的方式挑战"范式帝国主义";唐纳德·麦克洛斯基(Donald McCloskey)指出经济学和其他科学方法一样强有力,且对修辞来说必不可少;另外,查尔斯·泰勒(Charles Taylor)在作品中为人的"主体性"和诠释社会科学辩护。[14] 事实上,这些评论有一个共同点,那就是对修辞和文学类别的全新理解;因为就像吉尔茨提醒我们的那样,人文科学的研究者们在其理论和实践中真正"做"的是"写作",经常是以"第一人称"去书写他人的故事。在人文科学中,至少作者是活的,作者身份的学术性和"主观性"习惯也同样如此。[15]

像笛卡尔理论中的"我思"一样,自然法则看上去要求将记忆遗忘。启蒙运动及其余波使得我们远离了智识奋进者的共同体,根据阿拉斯代尔·麦金太尔(Alasdair MacIntyre)的说法,这还使得我们对下述理念视而不见,一个"植根于某个传统的理性探寻的理念,据此理念理性辩护得以产生,且作为历史的一部分——在其中它们以超越同一传统中历史上的前辈们的不足和局限、并为提供支持"。我并不十分赞同麦金太尔关于"理性"的观点或对哲理学派传统(亚里士多德、奥古斯丁、阿奎那,诸如此类)的独占性的顺从,但是我非常认可他对传统的见解,"一个随着时间而展开的论证,特定的根本性共识在其中被界定和再界定":既包含了这个传统之外的争论,也包含了"那些使得根本性共识的意义和理性得以表达,且使得传统能够在其间得以形成的内部争论。"[16] 我仅仅想补充一点,该传统最好从语言而非学说的角度去理解,当然这在理解 Nomos 时也同样适用。

如果 Nomos 的故事有什么寓意的话，那就是社会和文化视野中的自我认知从来不会简单或者"自然而然地"获得。自然的力量是令人敬畏的。古往今来，自然科学倾向于去撕下遮蔽了"真实"的文化面具，但是在其下方总是有另一层伪装、另一个人格（和人类主体一样表示一个面具）；尽管培根认为"（只要）对问题进行严苛的探究，最终会追溯到自然"。换句话说，在历史语境下探究人类"自然"时，神话是没有终点的，没有可以被解释的"最后的"神话。[17] 以"规则"模式出现的社会思想的力量在于它接受人类认识力的局限，并且拒斥"理性的滥用"；这种"理性的滥用"在下述努力中不断地重复出现：试图将人类经验减轻到可管理的代码，进而可以从中得出所有问题的答案。但是问题本身会随着世代而变化，所以特定社会、文化或政治语境中的神话或意义也一定会不断改变。

Nomos 要求我们意识到人类状况的根本性限制——"经验的视域结构"，以及构成了人类和历史"时空"的冗长的年代顺序。它也要求我们关注这一处境下的应对和"行为"方式，这些方式均可以被归入"实践智慧"的标题之下。它最终要求我们认真对待自由、责任自负的"主体"概念，尽管这并非是要忽视社会对其建构、塑造和扭曲效应。[18] 在 Nomos 的所有这些条件中，法律传统——就像人类语言一样（当然是西方的语言）的 Nomos 很大程度上就是以此种方式表达出来的——主宰了我们的文化视野，并分享了它们人类中心主义的前提和结构。

这里或许隐含着一场哥白尼式的反革命。在这场革命中，"人"在经验方面被置于宇宙的中心；太阳升起又落下，运动不止，个人或沐浴阳光之下或被烧伤；社会和道德选择不断作出；人类的意义得以成形。（黑格尔将这场"反革命"表述为"地球依然是形而上学世界的中心"。）这一人类中心主义的神话不仅根植于语言之中，而且也与我们的情感和社会状态相符，或许还与我们的"自然"理性相符，尽管我们学会了以不同方式去思考，偶尔以不同方式去交谈。当然，从其他视角来看，这个推定的"自我"也许会消失；但是这些视角自身必定会依附在神话结构之上，这些结构与实践理性相距甚远，并且与实践判断和行动的众多问题毫无关系。寻找一个阿基米德支点对几何学来说的确是一个有用的假设，但是我们却肯定无法据此立身，也无法作为理解的起点。

最后，我们也无法忘却现代科学的教导，但是我们可以将它们置于恰当的、有用的地方。我们都知道，人类在世界的中心地位已经遭到了各种各样的知识革命的侵蚀——哥白尼革命、达尔文革命、弗洛伊德革命（或许我们还可以加上女权主义革命），但是，"他""她"无法脱离这些宏大视角展开社会行动。人类可以欣赏，但是很难体验后哥白尼时代的宇宙秩序；人类可以理解，但是无法坠入人类本性中动物性的一面；人类可以探究，但是不能无意识地选择或行动。因此人类必须生活在这样的假设中，"就好像"那感知和体验到的人类状态是确实存在着的。我们将继续生活在以人类为中心的世界里，我们将继续以拟人化的方式去作出判断，我们继续生活在"意识的狭小光环"的疆域中。这个人类世界，无论好坏，无论被统计学、技术、遗传学、精神疗法怎样改变，无论我们怎样认为或伪装，习俗之王（King Nomos）依旧统治着我们。

注 释

序言

〔1〕Pascal, *Pensées*, Eng. tr. (New York, 1958), no. 454. 2.

〔2〕Ibid., no. 159; cf. no. 93.

〔3〕Cf. Nietzsche, *Twilight of the Idols*, tr. R. Hollingdale (New York, 1968), 40.

〔4〕Suidae lexicon, graecae et latinae (Halle, 1953). Nomos 的经典用法, 参见保利-维索瓦的《古典百科全书》的条目。

〔5〕Paul Ricoeur, *Interpretation Theory* (Fr. Worth, 1976), 25.

〔6〕Nietzsche, *The Will to Power*, tr. W. Kaufmann and R. J. Hollingdale (New York, 1967), 239.

〔7〕See Chs. 3, 12.

〔8〕如参见 Donald N. McCloskey, *The Rhetoric of Economics* (Madison, Wis., 1987), 其第二章用科学主义、行为主义、操作主义、实证经济学、量化热情等来界定"现代主义"。"从某种意义上来说, 社会科学美国化的最具有毁灭性的发展是将历史与社会科学割裂开来", 参见 Peter T. Manicas, *A History and Philosophy of the Social Sciences* (Oxford, 1987), 第 281 页。

〔9〕Hans Blumenberg, *Work on Myth*, tr. Robert M. Wallace (Cambridge, Mass., 1985).

〔10〕我对这一点的更为历史性的解释, 可见我的 *Beginning of Ideology* (Cambridge, Eng., 1981, 1984) 一书。

第一章 导论：法的理念

〔1〕R. G. Collingwood, *The Idea of Nature* (Oxford, 1945).

〔2〕See Clarence J. Glacken, *Traces on the Rhodian Shore*: *Nature and Culture in Western*

Thought from Ancient Times to the End of the Eighteenth Century (Berkeley, 1967); Hans Kelsen, *Society and Nature: A Sociological Inquiry* (Chicago, 1943); 以及 Georges Gusdorf, *Les Sciences humaines et la pensée occidentale* (14 vols., Paris, 1966-88). 也可参见第15章。

〔3〕几乎没有一部经典的社会史和人类学著作对当前的研究有太多的意义,(可参见第14章)它们坚持哲学思想或政治思想的古老准则;绝大部分通常也不是对法律思想或政治思想的审视——如Fassò 和Carlyles 的作品,他们仅仅可以作为对相关援引的索引。

〔4〕Wilhelm Nestle, *Vom Mythos zum Logos* (Stuttgart, 1942); 以及 Gusdorf, II, 98。

〔5〕Henri Frankfort, *Before Philosophy* (Chicago, 1946), 12.

〔6〕Richard Broxton Onians, *The Origins of European Thought* (Cambridge, Eng., 1951).

〔7〕参见第二章,注释44。

〔8〕Pico della Mirandola, "Oration on the Dignity of Man." 关于这一观念的兴衰,可参见下述有争议性的研究,Martin Bernal, *Black Athena: The Afroasiatic Roots of Classical Civilization*, I (Brunswick, N. J., 1987)。

〔9〕Joyce O. Herzler, *The Social Thought of Ancient Civilizations* (New York, 1936), 89; 参见 Paul Vinogradoff, *Outlines of Historical Jurisprudence* (Oxford, 1920), I; A. S. Diamond, *Primitive Law, Past and Present* (London, 1977). 此方面有建议性的研究还有乔治·杜梅齐 (Georges Dumézil) 的著作。

〔10〕Calvert Watkins, "Studies in Indo-European Legal Language, Institutions, and Mythology," in *Indo-European and Indo-Europeans*, ed. G. Cardone et al. (Philadelphia, 1970), 345.

〔11〕G. S. Kirk, *Myth: Its Meaning and Function in Greek and Other Cultures* (Cambridge, Eng., 1970), 其第172页和第152页之后讨论了自然(Physis)和法(Nomos)的二元论。

〔12〕Stephen Toulmin, *Human Understanding: The Collective Use and Evolution of Concepts* (Princeton, 1972), 86-87.

〔13〕G. A. di Gennaro, *Respublica jurisconsultorum* (Naples, 1752). 参见 Max Weber, *On Law in Economy and Society*, tr. Edward Shils and Max Rheinstein (New York, 1967), 198 and 332, 对古罗马法律绅士的功能进行了符合现代的社会学扩展。也可参见第14章。

〔14〕Hans Blumenberg, *Work on Myth*, tr. Robert M. Wallace (Cambridge, Mass., 1985), 627.

〔15〕A. C. Crombie, *From Augustine to Galileo* (London, 1952.), I, 1.

〔16〕Thomas Kuhn, *The Essential Tension* (Chicago, 1977), 151; and Antonio de Gennaro, *Introduzione alla storia del pensiero giuridico* (Turin, 1979).

〔17〕Marshall Claggett, *The Science of Mechanics in the Middle Ages* (Madison, Wis., 1959), xix.

〔18〕Frankfort, 12. 参见 Gunther Buck, "The Structure of Hermeneutical Experience and the Problem of Tradition," *New Literary History*, 10 (1978), 31-47.

〔19〕Eugen Ehrlich, *Fundamental Principles of the Sociology of Law*, tr. Walter L. Moll (Cambridge, Mass., 1936), 98. 参见 C. Reinhold Noyes, *The Institution of Property* (New York, 1936), 49.

〔20〕Ralph Waldo Emerson, "Ode"（题写给 W. H. Channing）.

〔21〕参见第14章。

〔22〕Emile Beneveniste, "De la subjectivité dans le langage," in *Problèmes de linguistique générale* (Paris, 1966), 258-66.

〔23〕Hans-Georg Gadamer, *Philosophical Hermeneutics*, tr. David Linge (Berkeley, 1976), 71.

〔24〕Ehrlich, 251.

〔25〕参见第13章。

〔26〕Ernst Robert Curtius, *European Literature and the Latin Middle Ages*, tr. W. Trask (New York, 1953); and Hans Blumenberg, *Die Lesbarkeit der Welt* (Frankfurt, 1981).

〔27〕Walter Ullmann, *The Medieval Idea of Law as Represented by Lucas de Penna* (London, 1946), 163.

〔28〕D. R. Kelley, "Hermes, Clio, Themis: Historical Interpretation and Legal Hermeneutics," *Journal of Modern History*, 55 (1983), 350-67（重印于我的 *History, Law, and the Human Sciences* [London, 1984]）.

〔29〕Paul Ricoeur, *Freud and Philosophy: An Essay on Interpretation*, tr. Dennis Savage (New Haven, 1970), 4.

〔30〕Pindar, Nemean Odes, IV, 346.

第二章 希腊源流

〔1〕一般性的文献，可参见 Werner Jaeger, *Paideia*, tr, Gilbert Higher (3 vols., Oxford, 1939-45); W. K. C. Guthrie, *A History of Greek Philosophy* (6 vols., Cambridge, Eng., 1962-79); E. R. Dodds, *The Greeks and the Irrational* (Brekeley, 1951); Eric Havelock, *The Greek Concept of Justice: From its Shadow in Homer to Its Substance in Plato* (Cambridge, Mass., 1978); Bruno Snell, *The Greek Origins of European Thought* (New York, 1960); Richard Broxton Onians, *The Origin of European Thought about the Body, the Mind, the Soul, the World, Time, and Fate* (Cambridge, Eng., 1951); David B. Claus, *Toward the Soul* (New Haven, 1981); Friedrich Solmsen, "Plato and the Concept of the Soul (Psyche)," *Journal of the History of Ideas*, 44 (1983), 355–67; Ignace Meyerson, ed., *Problèmes de la personne* (Paris, 1973), articles by J.-P. Vernant, M. Détienne, and G. Le Bras; 以及尼采朋友的经典著作: Erwin Rohde, *Psyche: The Cult of Souls and Belief in Immortality among the Greeks*, tr. W. B. Hollis (New York, 1966); 以及 Emile Benveniste, *Le Vocabulaire des institutions indo-européennes* (2 vols., Paris, 1969)。

〔2〕Heraclitus, Fr. 45, in Kathleen Freeman, *The Pre-Socratic Philosophers* (Oxford, 1946), 27; Jonathan Barnes, *The Presocratic Philosophers* (London, 1986), 473; 以及 G. S. Kirk and J. E. Raven, *The Presocratic Philosophers* (Cambridge, Eng., 1971). 上述三本作品皆基于 H. Diels 与 W. Kranz 所著 *Die Fragmente der Vorsokratiker* (Berlin, 1960)。

〔3〕Dodds, 15; 同时参见 Onians, 95。

〔4〕Gustav Glotz, *La Solidarité de la famille dans le droit criminel* (Paris, 1904); and W. K. Lacey, *The Family in Classical Greece* (Ithaca, 1968). 同时参见涂尔干对 Stephen Lukes, *Emile Durkheim* (New York, 1972) 中 Glotz 论文的评论，见第 624 页，以及本书第十四章。

〔5〕Dodds, 17.

〔6〕James M. Redfield, *Nature and Culture in the Iliad* (Chicago, 1975), 116.

〔7〕Brian Vickers, *Towards Greek Tragedy: Drama, Myth, Society* (London, 1973), 3.

〔8〕Kathleen Freeman, *The Work and Life of Solon* (Cardiff, 1926), 208.

〔9〕Havelock, 233.

〔10〕Plato, *Cratylus*, 408; 并参见 Ch. 1, n. 10。

〔11〕Rudolf Pfeiffer, *History of Classical Scholarship* (Oxford, 1968). 参见 Ch. 8。

〔12〕Mario Untersteiner, *The Sophists*, tr. K. Freeman (Oxford, 1954), 62.

〔13〕一般性文献，可参见 Wilheim Nestle, *Vom Mythos zum Logos* (Stuttgart, 1942); Walter Burkert, *Structure and History in Greek Mythology and Ritual* (Berkeley, 1979); F. M. Comford, *From Religion to Philosophy* (New York, 1957); William Green, *Moira: Fate, Good, and Evil in Greek Thought* (Cambridge, Mass., 1944); Werner Jaeger, *The Theology of the Early Greek Philosophers* (Oxford, 1947); G. S. Kirk, *Myth: Its Meaning and Function in Greek and Other Cultures* (Cambridge, Eng., 1970); Hugh Lloyd-Jones, *The Justice of Zeus* (Berkeley, 1971); Martin Persson Nilsson, *Greek Piety*, tr. H. J. Rose (Oxford, 1948); Jean-Pierre

Vernant, *Myth and Society in Ancient Greece*, tr. Janet Lloyd (Atlantic Highlands, N. J., 1980), and *Mythe et pensée chez les Grecs* (Paris, 1965-74); M. L. West, *Early Greek Philosophy and the Orient* (Oxford, 1971); 以及 Ernst Cassirer, *Logos, Dike, Kosmos in der Entwicklung der griechische Philosophie* (Göteborg, 1941)。

* Martin P. Nilsson: 1874-1967, 瑞典语文学家, 希腊、罗马及泛希腊化地区宗教体系研究者。

[14] Marcel Détienne and J. -P. Vernant, *Cunning Intelligence in Greek Culture and Society*, tr. Janet Lloyd (Hassocks, Sussex, 1978)。

[15] Hesiod, *Theogony*, tr. H. Evelyn-White (London, 1926), 144; 以及 Homeric Hymns, 432。

[16] Jane Ellen Harrison, *Themis* (New York, 1962), 485; 以及 Rudolf Hirzel, *Themis, Dike, und Verwantes* (Leipzig, 1907)。

[17] Hesiod, *Works and Days*, tr. H. Evelyn-White (Cambridge, Mass., 1970), 20.

[18] Homer, *Iliad*, XVIII, 580; 并参见 Benveniste, II, 99-110。

[19] Pindar, *Nemean Odes*, IV, 10; 以及 Herodotus, VII, 104. Plato, *Gorgias*, 484b; 并参见 Marcello Gigante, *Nomos Basileus* (Naples, 1956)。

[20] Emmanuel La Roche, *Histoire de la racine NEM-en grec ancien* (Paris, 1949). All translations are mine unless otherwise indicated.

[21] Heraclitus, Fr. 32, in Freeman, *Pre-Socratic Philosophers*, 27; Xenophon, *Memorabilia*, 4.3.16.

[22] Heraclitus, Fr. 44, in Freeman, *Pre-Socratic Philosophers*, 27; cf. Xenophon, *Memorabilia*, 4.3.16, cited by Guthrie, III, 227.

[23] Freeman, *Solon*, 216.

[24] Heraclitus, Fr. 53; in Freeman Pre-Socratic Philosophers, 28; See Erik Wolf, *Griechisches Rechtsdenken* (Frankfurt, 1950); 以及 Erich Berneker, ed., *Zur Griechischen Rechtsgeschichte* (Darmstadt, 1968); Victor Ehrenberg, *Die Rechtsidee im frühen Greichtum* (Leipzig, 1921); Richard Garner, *Law and Society in Classical Athens* (New York, 1987); Glotz, *Études sociales et juridiques sur l'antiquité grecque* (Paris, 1906); J. Walter Jones, *The Law and Legal Theory of the Greeks* (Oxford, 1956); Douglas M. MacDowell, *The Law in Classical Greece* (Ithaca, 1978); Michael Gagarin, *Early Greek Law* (Brekeley, 1986); Martin Ostwald, *Nomos and the Beginnings of Athenian Democracy* (Oxford, 1969), and *From Popular Sovereignty to the Sovereignty of Law* (Berkeley, 1986); P. J. Rhodes, *The Athenian Boule* (Oxford, 1972); Jacqueline de Romilly, *La Loi dans la pensée grecque* (Paris, 1971); 以及 S. H. Humphreys,

"Law as Discourse," *History and Anthropology*, 1 (1985), 241-64, 以及 "The Discourse of Law," *History and Law Review*, 6 (1988), 465-93。

〔25〕Isocrates, *Areopagiticus*, 40; Tacitus, Annals, 3, 27.

〔26〕Jaeger, Paideia, I, 103.

〔27〕M. I. Finley, *The Ancient Greeks* (London, 1963), 36.

〔28〕Romilly, 24.

〔29〕Jones, 99.

〔30〕除了经典之作菲斯泰尔·德·古朗士的《古代城市》(*The Ancient City*),也可参见 A. R. W. Harrison, *The Law of Athens: The Family and Property* (Oxford, 1968); 及上文的注释4。

〔31〕Plutarch's life of Solon.

〔32〕Freeman, *solon*, 209; cf. Victor Ehrenberg, *From Solon to Socrates* (London, 1968), 52.

〔33〕*Demosthenes*, tr. J. H. Vince (Cambridge, Mass., 1964), vol. III.

〔34〕La Roche, 183; 以及 Ostwald, *Nomos*, 20ff.。

〔35〕MacDowell, 47.

〔36〕Friedrich Solmsen, *Intellectual Experiments of the Greek Enlightenment* (Princeton, 1975); cf. Nietzsche, *the Will to Power*, tr. W. Kaufamann and R. J. Hollingdale (New York, 1967), 239.

〔37〕一般性研究,可参见 Guthrie, I, 55; Jones, 20; Ehrenberg, *From Solon to Socrates*, 334; G. E. R. Lloyd, *Polarity and Analogy: Two Types of Argumentation in Early Greek Thought* (Cambridge eng., 1966); 特别是 Felix Heinemann, *Nomos und Physis* (Basel, 1945)。

〔38〕Guthrie, III, 63, 141, 同时也可参考诡辩家们的"历史主义理论",并可参见下文注释66。

〔39〕Nietzsche, "The Greek State," tr. M. Mügge, in *The Works*, ed. O. Levy (New York, 1924), II, 7.

〔40〕Untersteiner, *The Sophists*, 121, 140.

〔41〕为 Guthrie 在 I, 113 中所引用。

〔42〕Charles H. Kahn, *The Art and Thought of Heraclitus: An Edition of the Fragments with Translation and Commentary* (Cambridge, Mass., 1979), 260-261 and 335 (论述了意为"性格"的"ethos"和意为"习惯"的"ethos"之间的区别)。Cf. Martin Heidegger, "Letter on Humanism", 及 J. Salis and K. Maly, eds., *Heraclitean Fragments: A Companion*

Volume to the Heidegger-Fink Seminar on Heraclitus (University, Ala., 1980).

〔43〕参见第六章注47；第十一章注17和注63；第十二章注27。

〔44〕Aristotle, *On the Soul*, tr. W. S. Hett (Cambridge, Mass., 1975), 304, 以及 *De memoria*, II (451bI3); cf. Richard Sorabji, *Aristotle on Memory* (1972), 54. 也可参见 Aristotle, *Rhetoric*, I. II (137oa3), 以及 *Nicomachean Ethics*, tr. H. Rackham (Cambridge, Mass., 1926), VII. 10 (1152b29-33), "每一种习惯都很难改变，因为它也是某种意义上的自然"。

〔45〕Plato, *Cratylus*, 433.

〔46〕西方思想（历史的、社会的和文化的）中的词源学论点的使用，是进一步研究特别需要的。

〔47〕Aristotle, *Nicomachaean Ethics*, V, 7 (1134b18-21), 以及 VIII, 13 (1162b21).

〔48〕Plato, *The Laws*, tr. Thomas L. Pangle (New York, 1980), 18 (638e).

〔49〕Snell, 40.

〔50〕Diogenes Laertius, *Lives of Eminent Philosophers*, tr. R. D. Hicks (London, 1925), IX, 61.

〔51〕Guthrie, I, 108. 当然，在惯例和专断的意义上对正义的概念所作出的最经典论述来自于格劳孔（Glaucon），出自柏拉图的《理想国》357c. 参见第12章，注28.

〔52〕Louis Gernet, *The Anthropology of Ancient Greece*, tr. J. Hamiltonand and B. Nagy (Baltimore, 1981), 234.

〔53〕Guthrie, I, 164.

〔54〕Diogenes L aertius, IX, 61.

〔55〕Jaeger, *Theology*, 185. 一般性研究，可参见 Untersteiner; Guthrie, I, 176ff; Carl Joachim Classen, ed., *Sophistik* (Darmstadt, 1976); George Kennedy, *The Art of Persuasion in Greece* (Priceton, 1963); Ehrenberg, *From Solon to Socrates*, 330; Rosamond Kent Sprague, *The Older Sophists* (Columbia, S. C., 1972), 由 Diels-Kranz 翻译过来; 尤其应参见 Brian Vickers, *In Defense of Rhetoric* (Oxford, 1988).

〔56〕Aristotle, *Politics*, III, 5 (128ob8).

〔57〕Sprague, 79; cf. *Aristides*, tr. C. A. Behr (Cambridge, Mass., 1973), "To Plato: In Defense of Oratory."

〔58〕Plato, *Protagoras*, tr. W. Lamb (Cambridge, Mass., 1967), 128.

〔59〕Sprague, 291.

〔60〕除 Vickers 之外，还可参见 Ch. Perelmen and L. Olbrechts-Tyteca, *The New Rhet-*

oric, tr. J. Wilkinson and P. Weaver (Notre Dame, 1969); John Nelson, Allan Megill and Donald N. McCloskey, eds., *The Rhetoric of the Human Sciences* (Madison, Wis., 1987)。

[61] Diogenes Laertius, IX, 51; cf. Untersteiner, 19.

[62] Sprague, 99.

[63] Kurt Von Fritz, *The Theory of the Mixed Constitution in Classical Antiquity* (New York, 1954).

[64] Isocrates, *Against the Sophists*, tr. George Norton (Cambridge, Mass., 1968).

[65] Jaeger, *Paideia*, I, 143.

[66] Sprague, 80. 关于"Homomensurasatz"的大量文献,可参见 Barnes, 541; Ehrenberg, *From Solon to Socrates*, 330; 和 Cynthia Farrar, *The Origins of Democratic Thinking* (Cambridge, Eng., 1988), 49ff. 综述可参见 Gernet; S. H. Humphreys, *Anthropology and the Greeks* (London, 1978); Thomas Cole, *Democritus and the Sources of Greek Anthropology*, Philosophical Monographs, vol. XXV (Philadelphia, 1967); 尤其是 Clarence J. Glacken, *Traces on the Rhodian Shore: Nature and Culture in Western Thought from Ancient Times to the End of the Eighteenth Century* (Berkeley, 1967)。

[67] Plato, *Protagoras*, 124 (320).

[68] Sprague, 90, 279.

[69] Guthrie, I, 135.

[70] Antiphon, *On Truth*, II, 22.

[71] Glacken, 116ff.

[72] E. R. Dodds, *The Ancient Concept of Progress* (Oxford, 1973), 19.

[73] See François Hartog, *The Mirror of Herodotus* (Berkeley, 1988), on his "representation of the other."

第三章 罗马基石

[1] 综述参见 Jean Bayet, *Historie politique et psychologique de la religion romaine* (Paris, 1957); Raymond Bloch, *The Origins of Rome* (New York, 1960); Georges Cornil, *Ancient Droit romain: le problème de origines* (Paris, 1930); Georges Dumézil, *Jupiter, Mars, Quirinus* (Paris, 1941), *Naissance de Rome* (Paris, 1944), 与 *Archaic Roman Religion*, tr. P. Krapp (Chicago, 1970); Frederick C. Granted., *Ancient Roman Religion* (New York, 1957); H. W. G. Liebeschuetz, *Continuity and Change in Roman Religion* (Oxford, 1979); Joachim Marquardt, *Romische Staatsverwaltung: Das Sacralwesen* (Leipzig, 1885); Pierre Noailles, *Du Droit sacré au droit civil* (Paris, 1949); H, J. Rose, *Primitive Culture in Italy* (London,

1926）；以及 Emile Benveniste, *Le Vocabulaire des institutions indo-européennes*（2 vols., Paris, 1969）. 一定要参阅 Mommsen-Krueger 编著的由 Alan Watson 面译的影印版《查士丁尼法》（Corpus Juris Justiniani）（1986），包括《学说汇纂》（Digest）、《查士丁尼法典》（Code）和《法学阶梯》（Institutes）（以下注释中分别缩写为 D, C 和 I）。

〔2〕Cornil, 27. Cf. Johannes Stroux, *Summum Ius Summa Iniuria: Ein Kapite laus der Geschichte der Interpretatio Iuris*（Leipzig, 1926）; and Carlo Alberto Maschi, *Studi sull'interpretazione dei legati*（Milan, 1938）.

〔3〕Cicero, *De oratore*, I, xlvi. 提请注意，西塞罗颂扬的即所谓"实践智慧（phronesis）"，这种品质被斯多葛学派看作四美德之一，和勇气、节制、公正并称，并且在芝诺（Zeno）看来，的确应当居于四美德之首。

〔4〕Bloch, 57.

〔5〕Henry Summer Maine, *Ancient Law*（London, 1861）, 1.

〔6〕Livy, *Ab urbe condita*, III, xxxiii; D, 1, 2, 2.

〔7〕See Bayet, 尤其是 Dumézil 的著作；亦可参见 Hans Ankum, "Towards a Rehabilitation of Pomponius," *Daube Noster*, ed. A. Waston（Edinburgh, 1974）, 1-13。

〔8〕Liebeschuetz, 51; Marquardt, 27; Dumézil, *Archaic Roman Religion*, II, 367.

〔9〕Fustel de Coulanges, *The Ancient City*, Eng. tr.（New York, 1955）, 112.

〔10〕Bloch, 51.

〔11〕Ibid., 124.

〔12〕Ovid, *Fasti*, II, 641; cf. Grant, 11.

〔13〕Noailles, 1; 以及 R. Orestano, "Dal ius al fas," *Bullettinodell'Istituto di diritto romana*, 46（1940）, 194-273。

〔14〕综述可参见 Hildegard Temporini, ed., *Aufstieg und Niedergang der römischen Welt*（New York, 1972），包括几篇关于法律的文章; Eberhard Bruch, *Uber römisches Recht im Rahmen der Kulturgeschichte*（Berlin, 1954）; John Crook, *Law and Life of Rome*（Ithaca, 1967）; Einar Gjerstad, *Early Rome*, vol. V, *The Written Sources*（Lund, 1973）; Paul Krueger, *Geschichte der Quellen und Literatur des römischen Rechts*（Munich, 1912）; Wolfgang Kunkel, *An Introduction to Roman Legal and Constitutional History*（Oxford, 1973）; Fritz Schulz, *History of Roman Legal Science*（Oxford, 1953），与 *Principles of Roman Law*, tr. M. Wolff（Oxford, 1936），后者主要基于 Rudolf von Jhering 的经典之作 *Der Geist des römischen Rechts*（3vols., Leipzig, 1852-65）; Leopold Wenger, *Die Quellen des römischen Rechts*（Vienna, 1953）; C. W. Westrup, *Introduction to Early Roman Law: Comparative Sociological Studies*（4 vols., Copenhagen, 1944-50）; Hans Julius Wolff, *Roman Law*（Norman,

Okla., 1951), 16。

[15] Gjerstad, 309; Michele Ducos, *L'Influence grecque sur la loi des douze tables* (Paris, 1978).

[16] D. I, 1.

[17] D. I, 2, 2.

[18] Westrup, vols. II and III; cf. Jane Chance Nitzsche, *The Genius Figure in Antiquity and the Middle Ages* (New York, 1975).

[19] Liebeschuetz, 51.

[20] Gjerstad, 113; Westrup, II, 15; 以及参见 Bruce W. Frier, *Landlords and Tenants in Imperial Rome* (Princeton, 1980), 196ff. 。

[21] Dumézil, *Jupiter, Mars, Quirinus.*

[22] Cicero, *De republica*, tr. C. W. Keyes (New York, 1928), II, 1.

[23] 综述参见 A. S. Schiller, *Roman Law: Mechanisms of Development* (The Hague, 1978); Alan Watson, *Roman Private Law around 200 B. C.* (Edinburgh, 1971); 尤其应参见 Schulz, *Roman Legal Science*。

[24] Max Weber, On Law and Society, tr. E. Shils, ed. M. Rheinstein (New York, 1967), 214; 也可参见 Bruce W. Frier, *The Rise of the Roman Jurists* (Princeton, 1985)。

[25] Schulz, *Roman Legal Science.*

[26] *Codex Theodosianus*, ed. Mommsen (Berlin, 1904), tr. J. C. Rolfe (Cambridge, Mass., 1967-84), I, 4, 3.

[27] Aulus Gellius, *Noctes attitae*, XX, 1; 并参见 Leofranc Holford-Strevens, *Aulus Gellius* (Chapel Hill, 1988), 218-23。

[28] Cicero, *De legibus*, I, 6.

[29] Crook, 138.

[30] See CH. 12.

[31] D. I, 1, 1.

[32] 综述参见 E. Vernon Arnold, *Roman Stoicism* (London, 1958); Max Käser, *Roman Private Law*, tr. R. Dannenburg (Durban, 1965); Fabio Lanfranchi, *Ildiritto nei retori romani* (Milan, 1938); Carol Alberto Maschi, *La concezione naturalistica del diritto degli istituti giuridici romani* (Milan, 1937); Dieter Nörr, *Divisio und Partitio* (Berlin, 1972), and *Rechtskritik in der römischen Antike* (Munich, 1974); Peter Stein, *Regulae Iuris* (Edinburgh, 1966); Uwe Wesel, *Rhetorische Statuslehre und Gesetzauslegung der römischen Juristen* (Colegne, 1967); Franz Wieacker, *Textstufen Klassischen Jurisen* (Göttingen, 1960); 再次提醒参

见 Schulz, *Roman Legal Science*。

[33] Quintilian, *Institutiones oratoriae*, I, 1; Pliny, *Naturalis historia*, XXVI, 6; also Varro, *De linguae latinae*, VIII, 27; Aulus Gellius, *Noctes attitae*, XII, 13, 29; and Sextus Empiricus, *Outlines of Pyrrhonism*, in J. Annas and J. Barnes, *The Modes of Skepticism* (Cambridge, Eng., 1985). 除了现代的相关辞典外，还可参见 Henri Estienne, *Thesaurus linguae latinae* and *Thesaurus linguae graecae*; *Suidae lexicon*; Thomas Cooper, *Thesaurus linguae graecae et brittanicae*; and Du Cange, *Glossarium mediae et infimae latinitatis*。

[34] 参见第七章注5。

[35] Cicero, *De republica*, iv, 12.

[36] Emmanuel La Roche, *Histoire de la racine NEM-en grec ancien* (Paris, 1949).

[37] D. I, 1, 1.

[38] D. I, 2, 2 ("De origine juris").

[39] Schulz, *Roman Legal Science*, 62-69.

[40] D. L, 17; see Stein, *RegulaeIuris*; 及第十二章注21。

[41] D. L, 17, 202.

[42] I. 1, 3; cf. Peter Stein, "The Relations between Grammar and Law in the Early Principate: The Beginnings of Analogy," *La critica del testo*, 2 (1971), 757-69; also Vincenzo Scarano Ussani, *Valori e storia nella cultura giuridica fra Nerva e Adriano* (Naples, 1979); and J. Hellegouarc'h, *Le Vocabulaire latine des relations et des partis politiques dans la République* (Paris, 1972).

[43] Schulz, *Roman Legal Science*, 62-69; and Marcia Colish, *The Stoic Tradition from Antiquity to the Early Middle Ages* (Leiden, 1985), I, 31ff.

[44] D. I, 2, 3, 2 (Marcianus): "Sed ut philosophus summae stoicae sapientiae Chrysippus sic incipit libro, quem fecit peri nomou: ho nomos panton esti basileus theuon te kan anthropinon pragmaton" (某种程度上可以这么翻译："nomos 是一切属神和属人之物的统领"). 参见第十一章文首引用的格言 (epigraph), 和第十三章的注37。

[45] 综述见 A. M. Honoré, *Gaius* (Oxford, 1962); also Richard Gregor Bohmed, ed., *Gaius Studien* (Freiburg, 1968-); F. Bova, ed., *Prospettive sistematiche nel diritto romano* (Turin, 1976); *Gaio nel suo tempo: atti del simpo sio romanistico* (Naples, 1967); and Bernardo Santalucia, *L'Opera di Gaio "ad edictum praetoris urbani"* (Milan, 1975).

[46] Schultz, *Roman Legal Science*, 94.

[47] D. I, 5, 3; and Gaius, *Institutiones*, I, 8.

[48] Henry Goudy, *Trichotomy in Roman Law* (Oxford, 1910).

〔49〕Burkhard Schmiedel, *Consuetudo im klassischen und nachklassischen Recht* (Graz, 1966).

〔50〕参见第十一章注 11 和注 18, 和第十二章注 36。

〔51〕P. W. Duff, *Personality in Roman Private Law* (Cambridge, Eng., 1938); Paolo Zatti, *Persona giuridicia et soggettività* (Padua, 1975); Heinz Hübner, "Subjektivismus in der Entwicklung des Privatrechts," in *Festschrift fur Max Käster* (Munich, 1976), 715-42; Peter Garnsey, *Social Status and Legal Privilege in the Roman Empire* (Oxford, 1970); Jhering, I, 3; and *Quaderni fioreniti per la storia del diritto*, 11-12 (1982-83), 这本书专注于"Itinerari moderni della persona giuridica"议题。

〔52〕参见第十二章注 56。

〔53〕Carlo Maiorca, *La cosa in senso giuridico* (Turin, 1937); Frier, *Landlords and Tenants*; also Riccardo Orestano, "Gaio e le 'res incorporeales,'" in *Diritto, incontri, e scontri* (Bologna, 1981); Giovanni Pugliese, "'Res corporeales,' 'res incorporeales,' e il problema del diritto soggetivo," in *Studi in onore di Vincenzo Arangio-Ruiz* (Naples, 1953), III, 223-60; and Pierpaolo Zamorani, "Gaio e la distizione 'res corporeales' 'res incorporeales,'" *Labeo*, 20 (1974), 362-69, 以及他的 *Possessio e animus* (Milan, 1977)。

〔54〕C. Reinold Noyes, *The Institution of Property* (New York, 1936), 49. 参见第十三章注 25。

〔55〕Ernst Immanuel Bekker, *Die Aktionen des römischen Privatrechts* (Berlin, 1871)

〔56〕See Weber, *On Law and Society*.

〔57〕Gunther Buck, "The Structure of Hermeneutica Experience and the Problem of Tradition," *New Literary History*, 10 (1978), 31-47. See Max Käser, "'Iuspublicum' et 'ius privatum,'" *Zeitschrift der Savigny-Stiftung fur Rechtsgeschichte*, Röm. Abt., 103 (1986), 1-101; Hans Mullejan, *Publicus und Privatus im römischen Recht und im alteren kanonischen Recht* (Munich, 1961); and Gianetto Longo, "Utilitas publica," *Labeo*, 18 (1972), 7-71.

〔58〕Westrup, vol. II; also Vincenzo Mannino, L' "*auctoritaspatrum*" (Milan, 1979).

〔59〕D. I, 1, 1; 并参见第十一章注 32。

第四章 拜占庭教会法

〔1〕François Baudouin, *Commentarius de legib. XII. Tab.*, in *Tractatus universi iuris* (Venice, 1584), I, 226. 除第三章的参考文献外, 一般性研究可参见 A. M. Honoré, *Tribonian* (Ithaca, 1978); Paul Collinet, *Etudes historiques sur le droit de Justinien* (Paris, 1912); Gerhart Ladner, "Justinian's Theory of Law and the Renewal Ideology of the *Leges Bar-*

barorum," in *Images and Ideas in the Middle Ages* (Rome, 1983), II, 609-628; H. F. Jolowicz, *Roman Foundations of Modern Law* (Oxford, 1957); Max Käser, *Roman Private Law*, tr. Rolf Dannenburg (Durban, 1965); and Adolf Berger, *Encyclopedic Dictionary of Roman Law* (Philadelphia, 1953)。

〔2〕*Omnem* 敕令位于《学说汇纂》的前言,"…quae omnia optinere sancimus in omneaeuum."

〔3〕C. N. Cochrane, *Christianity and Classical Culture* (Oxford, 1940), 318-357.

〔4〕ibid., 180.

〔5〕Honoré, *Tribonian*, 242ff.

〔6〕Eugène Lerminier, *Philosophie du droit* (Paris, 1831), 311.

〔7〕D. I, 1, 2, 2; 并参见 Donald R. Kelley, "The Rise of Legal History in the Renaissance," *History and Theory*, 9 (1970), 174-194 (重印于 *History, Law, and the Human Sciences*)。

〔8〕D. I, 1, 1; I, 2, 2; 及 *Omnem* 宪法和 *Deo auctore* 敕令; 同时可参见 F. Pringsheim, "Justinian's Prohibition of Commentaries to the Digest", 收于其 *Gesammelte Abhandlungen* (Heidelberg, 1961), 86-106. See Ch. 8, n. 16。

〔9〕Accursius, *ad tit*.

〔10〕Constitution Omnem: "…multas etenim formas edere natura novas deproperat."

〔11〕see Ch. 11 at n. 21。

〔12〕D. I, 1, 1, 1: "…veram nisi fallor philosophiam, non simulatam affectantes," 阿库修斯评注道, "Civilis sapientia vera philosophia dicitur, id est amor sapientiae"。和 D. I, 1, 10, 2, "Iuris prudentia est divinarum atque humanarum rerum notitia, iusti atque iniusti scientia"。

〔13〕See Eugene Rice, *The Renaissance Idea of Wisdom* (Cambridge, Mass., 1957).

〔14〕D. I, 1, 3.

〔15〕D. I, 1, 9.

〔16〕D. I, 1, 3, 35 和 D. I, 1, 3, 37. 参见 Ch. 4, n. 16; Ch. 6, nn. 9, 47; 和 Ch. 8, n. 20。

〔17〕D. L. 16 和 D. L. 17. 参见 Ch. 8, n. 16。

〔18〕A. M. Honoré, *Gaius* (Oxford, 1962); 并参见 Donald R. Kelley, "Gaius Noster: Substructures of Western Social Thought", *American Historical Review*, 84 (1979), 619-648 (重印于 *History, Law, and the Human Sciences*), 及该处所引文献。

〔19〕D. I. 4, 1, and *Deo auctore*.

[20] See Ch. 13 at n. 20.

[21] Robert Villers, *Rome et le droit privé* (Paris, 1977), 286ff.

[22] See Ch. 13, n. 56, 和 Ch. 14, n. 24。

[23] 万民法史的参考文献必须通过自然法的文献来处理（参见第十二章，注17）。

[24] See Ch. 11 at n. 23.

[25] H. Wagner, *Studien zur allgemeinen Rechtslehre des Gaius* (Zutphen, 1978); 以及保利-维索瓦（Pauly-Wissowa）*Real-Encyclopädie der classischen Altertumswissenschaft* 中的文章。

[26] See Ch. 12 at n. 28.

[27] Peter Stein, "The Development of the Notion of *Naturalis Ratio*," *Daube Noster*, ed. A. Watson (Edinburgh, 1974), 315.

[28] D. I, 12, 1, 13; XLII, 22, 7, 15; L, 1, 33. See Fritz Schulz, *Principles of Roman Law*, tr. M. Wolff (Oxford, 1936), 109ff, 该书概述了鲁道夫·冯·耶林（Rudolf von Jhering）的经典著作 *Der Geist des römischen Rechts*。

[29] Ernest Levy, *West Roman Vulgar Law: The Law of Property* (Philadelphia, 1951), 7.

[30] Edward Pickman, *The Mind of Latin Christendom* (Oxford, 1937), 8.

[31] 接下来的内容参见 Adolph Berger, *Encyclopedic Dictionary of Roman Law*, 以及比如布里松（Brisson）和加尔文（Calvinus）编纂的现代词典。

第五章　基督教传统

[1] 一般性研究，可参见 Boaz Cohen, *Law and Tradition in Judaism* (New York, 1969); W. E. Ball, *St. Paul and the Roman Law* (Edinburgh, 1901); Edward Carpenter, *Pagan and Christian Creeds* (New York, 1920); Henry Chadwick, *Early Christian Thought and the Classical Tradition* (New York, 1966); Charles Norris Cochrane, *Christianity and Classical Culture* (Oxford, 1940); Jean Dauvillier, *Histoire du droit et des institutions de l'égliseen Occident*, vol. II, *Les Temps apostoliques* (Paris, 1970); J. Duncan, M. Dettett, *Law in the New Testament* (London, 1970); E. O. James, *The Worship of the Sky-God* (London, 1963); Werner Jaeger, *Early Christianity and Greek Paideia* (Cambridge, Mass, .1961); Jaroslav Pelikan, *The Christian Tradition* (5 vols., Chicago, 1971-89), vol. I; and A. N. Sherwin-White, *Roman Society and Roman Law in the New Testament* (Oxford, 1963). 对教父著作最有用的指引是 Johannes Quasten, *Patrology* (3 vols., Utrecht, 1950-60), 由几位学者完成意大利卷的卷四（Westminster, Md., 1986）来完善。Louis Duchesne, *Early History of*

the Church（London，1909）的卷一第 112 页评论道，"很奇怪的是，没有人尝试区分自然和道德以及追踪二者不同的源头。这当然是圣经教育的结果。以《圣经》为例，没有可能将创世者与立法者分离开来"。

〔2〕Chadwick，23（就像俄利根认为，保罗读过赫拉克利特）。

〔3〕M. Hyamson，ed.，*Mosaicarum et Romanarum legum collation*（London，1913）第 81 页写道，"狄奥多西皇帝的宪法完全遵循了摩西法的精神"。

〔4〕A. Cancrini，*Syneidesis*（Roman，1970）；J. Stelzenberger，*Syneidesis*，*Conscientia*，*Gewissen*（Paderborn，1963）；and C. A. Pierce，*Conscience and the New Testament*（Chicago，1955）。

〔5〕Harry Wolfson，*Philo*（Cambridge，Mass.，1962），183 and 194，对比了摩西和柏拉图的"法"。

〔6〕Tertullian，*Apology*，tr. S. Thelwall（Buffalo，1885），21："如果你们的法律错了，那么我认为这是因为人性本源；它并不是从天堂堕落而来。难道不是斯巴达人自己修改了吕库古的法律？……难道不是你自己每天努力用帝国法令的新斧劈开裂缝，以期照亮你们整个古代参差不齐的法律的黑暗？"综述性研究，可参见 Yves M. J. Congar，*Tradition and Traditions*，tr. M. Nasby and T. Ramborough（NewYork，1966）；August Deneffe，*Traditionbegriff*（Münster，1931）；R. P. C. Hanson，*Origen's Doctrine of Tradition*（London，1954）；and Gerard E. Caspary，*Politics and Exegesis：Origen and the Two Swords*（Berkeley，1979）。

〔7〕See Ch. 7，n. 32

〔8〕Gal. 3：13；并参见 Thomas S. Kepler，ed.，*Contemporaray Thinking about Paul*（New York，1950）。

〔9〕Paul，Rom. 2：14.

〔10〕Paul，Acts 17：28；cf. E. K. Rand，*Founders of the Middle Ages*（Cambridge，Mass.，1929）.

〔11〕Paul，Gal. 3：28；Eph. 4：5；I Tim. I：9.

〔12〕Tertullian，*Adversos Judaeos*，3.8；cf. Justin，*Dialogue with Trypho*，18.3（Pelikan，I，35）.

〔13〕Pelikan，I，72ff.

〔14〕Ibid.，76.

〔15〕Caspary，21；cf. Macklin Smith，*Prudentius's Psychomachia*（Princeton，1976），esp. 127.

〔16〕一般性研究，可参见 Pelikan；Hanson；L. W. Barnard，*JustinMartyr：His life and Thought* (Cambridge, Eng., 1967); J. Hefele-H. Leclercq, *Histoire des Conciles*, vol. I (Paris, 1907); Pierre de Labriolle, *History and Literature of Christianity from Tertullian to Boethius*, tr. H. Wilson (NewYork, 1925); Gerhard Ladner, *The Idea of Reform: Its Impact on Christian Thought in the Age of the Fathers* (Cambridge, Mass., 1959; New York, 1925); R. A. Markus, *History and Society in the Theology of St. Augustine* (Cambridge, Eng., 1970); E. M. Pickman, *The Mind of Latin Christendom* (Oxford, 1937); and Harry Wolfson, *The Philosophy of the Church Fathers: Faith, Trinity, Incarnation* (Cambridge, Mass., 1956)。

〔17〕Irenacus, *Against Heresies*, in *The Ante-Nicene Fathers*, ed. A. Roberts and J. Donaldson, I (Buffalo, 1885), 23, 2.

〔18〕Hippolytus, *The Treatise on the Apostolic Tradition*, ed. G. Dix (London, 1968), 2ff.

〔19〕Hanson, 174.

〔20〕Origen, *Song of Songs*, tr. R. Lawson (London, 1957), 218.

〔21〕Irenacus, *Against Heresies*, I, 10, 2; 进一步的引用，可参见 Congar, 31-37。

〔22〕Ladner, 301.

〔23〕Ibid., 302; cf. Matt. 11: 27.

〔24〕Eusebius *Praeparatio evangelium*; Vincent of Lerins, *Commontory*, tr. R. Morris, in *The Fathers of the Church* (New York, 1949); 并参见上文注释18。

〔25〕See Congar and Deneffe.

〔26〕"Letter to Diognetus," tr. Cyril Richardson, in *Early Christian Fathers* (Philadelphia, 1953), 216.

〔27〕Tertullian, *The Prescription against Heretics*, in *The Ante-Nicene Fathers*, vol. III, ed. A. Roberts and J. Donaldson (Buffalo, 1885), 243; cf. Terttullian, *Apology and Ad Nationes*, ibid., 21, 109.

〔28〕J. DuQuesnay Adams, *The Populus of Augustine and Jerome* (New Haven, 1971). Cf. George Boas, *Vox Populi* (Baltimore, 1969); and Michael Hoeflich, "The Concepet of Utilitas Populi in Early Ecclesiastical Law and Government," *Zeitschrift der Savigny-Stiftung für Rechtsgeschichte*, Kan. Abt., 67 (1981), 36-74.

〔29〕John 14: 6, 被多位作者引用——从德尔图良到格里高利七世（到后来路德）。See Ladner, 138; Gerd Tellenbach, *Church, State, and Christian*, tr. R. F. Bennett (Oxford, 1940), 164; and Réne Wehrlé, *De la coutume dans le droit canonique* (Paris, 1928), 47.

〔30〕Augstine, *Contra Julianum Pelagium* (Patrilogia Latina, XLIV, 816); Jerome, *Epistolae*, XCVIII, 3; and Celment, *Exhortation to the Greeks*.

〔31〕Eberhard F. Bruck, *Kirchenvater und soziales Erbrecht: Wanderungen religiöser Iden- durch die Rechte des ostlichen und westlichen Welt* (Berlin, 1952). See Ch. 9 at n. 11.

〔32〕Irenaeus, *Against Heresies*, 3. 3. I.

〔33〕Guy Swanson, *Religion and Regime* (Ann Arbor, 1967).

〔34〕Gabriel Le Bras, Institutions ecclésiastiques de la chrétienté médiévale (Paris, 1959); and J. Flach in *Mélange Fitting*, I, 383-421. 综述性研究, 可参见 R. W. and A. J. Carlyle, *A History of Medieval Political Theory and Church Politics in the Mid-Twelfth Century* (6 vols., London, 1903-36); Stanley Chodorow, *Christian Political Theory and Church Politics in the Mid-Twelfth Century: The Ecclesiology of Gratian's Decretum* (Berkeley, 1972); Jean Gaudemet, *La Formation du droit séulier et du droit de l'église au IV et V siécles* (Paris, 1957), and *Eglise et sociétéen Occident enmoyenâge* (London, 1984); Pierre Legendre, *La Pénétration du droit romain dans le droit canonique classique de Gratienà Innocent IV* (Paris, 1961); Gabriel Le Bras, "Le Droit romain au service de la domination pontificale," *Revue historique de droit français et étranger*, 27 (1949), 377-98; J. Westbury-Jones, *Roman and Christian Imperialism* (New York, 1939); Tellenbach; 和 Walter Ullmann 的著作, 特别是 *The Growth of Papal Government in the Middle Ages* (New York, 1956)。

〔35〕Salvian, The Governance of God, tr. J. F. O'Sullivan (Washington, D. C., 1962), 113.

〔36〕See Ball, 5, 17, 39.

〔37〕See John T. McNeil and Helen M. Gerner, *Medieval Handbooks of Penance*, (New York, 1938); and Oscar D. Watkin, *A History of Penance*, (NewYork, 1920).

〔38〕Eusebius, Theophania, 3. 2 (cf. Praise of Constantine, 16. 4), 被 T. E. Mommsen, Medieval and Renaissance Studies, ed. E. Rice (Ithaca, 1959), 283. 引用。

〔39〕参见上文注释 6. Duchesne 评论说, 基督教已经宣称了 *crimenlaesae religions romanae*。

〔40〕Isidore, *Etymologiae*, V.

〔41〕Ullman, *Growth of Papal Government*.

〔42〕一般性研究, 可参见 John S. Dunne, *The City of the Gods* (New York, 1965); Kenneth Setton, *Christian Attitudes towards the Empire in the Fourth Century* (New York, 1941); 以及上文注释 34。

〔43〕Lactantius, *The Divine Institutes*, tr. M. MacDonald (Washington, D. C.), 338ff.

〔44〕Rand, 16. Cf Jaeger; Labriolle; and Cochrane.

〔45〕Augustine, *Civitas Dei*, III, 25. Cf. R. A. Markus, *Saeculum: History and Society* in the Theology of St. Augustine (Cambridge, Eng., 1970); and H. Arquillière, L' Augustinisme politique (Paris, 1955).

[46] Cf. Ullmann, Growth of Papal Government, 18.

[47] P. A. van den Baar, Die kirchliche Lehre der Translatio Imperii Romani bis zurmitte des 13 Jahrhunderts (Roman, 1956); Werner Goez, Translatio Imperrrii (Tubingen, 1958); Percy Ernst Schramm, Kaiser, Rom, und Renovatio (Berlin, 1929); and Walter Ullmann, Medieval Papalism (London, 1949), Ch. 6.

[48] Tellenbach, vii. 格里高利改革者的"战斗口号"成为了这本书的标题的来源, Libertas Ecclesiae: Kirche und Weltordnung im Zeitalter des Investiturstreites (Stuttgart, 1936)。

[49] Ulmann, Growth of Papal Government, 359; and Ernst Kantorowicz, The King's Two Bodies: A Study in Medieval Political Theology (Princeton, 1957).

[50] Ullmann, Growth of Papal Government, Ch. 12.

[51] See Walter Ullmann, Law and Politics in the Middle Age, (Ithaca, 1975); Harold Berman, Law and Revolution: The Formation of the Western Legal Tradition, (Cambridge, Mass., 1983); Charles Duggan, Twelfth-century Decretal Collections (London, 1963); H. E. Feine, Kirchliche Rechtsgechichte (Weimar, 1955), Vol. I; Stephan Kuttner, Kanonistische Schuldlehre von Gratian bis auf die Dekretalen Gregors IX (Roman, 1935), and Harmony from Dissonance (Latrobe, Pa., 1960); Friedrich Maasen, Geschichte der Quellen und der Literatur des canonischen Rechts (Graz, 1870); R. C. Mortimer, Western Canon Law, (Berkeley, 1953); Paolo Silli, Mito e realita dell' "aequitas christiana" (Milan, 1980); Eugen Wohlhaupter, Aequitas canonica (Paderborn, 1937); Wehrlé; and The Cambrideg History of Medieval Political Thought, ed. J. H. Burns (Cambridge, Eng., 1988), esp Ch. 15, "Law," by Kenneth Pennington and J. P. Canning.

[52] Vincent of Lerins, Commontory, 309.

[53] Salvian, The Governance of God, tr. J. O'Sullivan (Washington, 1962), 164; and Gregory I, Homiliarum in Ezechielem, 2.6, 被援引于 Gustav Schnürer, Church and Culture in the Middle Age, tr. G. Undreiner (Paterson, N. J., 1956), I, 225。

[54] Patrice Cousin, Précis d'histoire monastique. (Paris, 1956); and see Ch. 6 at n. 10.

[55] P. Fournier and G. Le Bras, Histoire de collections canoniquesen occident (Paris, 1931-32); 更多的参考, 可参见 Ullmann, Law and Politics。

[56] Domenico Maffei, La Donazione di Costantino nei giuristi medievali (Milan, 1964); 关于伪造罪的圣典学检测, 可参见 R. L. Poole, Lectures on the History of the Papal Chancery

down to the Time of Innocent III (Camvridge, Eng., 1915); and Unlmann, *Law and Politics*, 128-31。

〔57〕The Correspondence of Pope Gregory VII, tr. E. Emerton (New York, 1932), 194; see also Chodorow, 107, and Duggan, 14.

〔58〕Joseph Gilchrist, ed., *The Collection in Seventy-Four Titles: A Canon Law Manual of the Gregorian Reform* (Toronto, 1980).

〔59〕Cf. Ullmann, *Growth of Papal Government*, 169.

〔60〕必须要参考的是 Emil Friedberg, ed., *Corpus Iuris Canonici* (Graz, 1959); and see Ch. 8, n. 26。

第六章 日耳曼的入侵

〔1〕Isidore of Seville, *Etymologiae*, V, 2, citied by Gratian, *Decretum*, I, d. 1. 一般性的背景知识可参见 Gerhard Funlce, *Gewohnhet* (Bonn, 1958); Siegfried Brie, *Die Lebre vom Gewohnheitsrecht* (Breslau, 1899); Auguste Lebrun, *La Coutume* (Paris, 1932); Burkhard Schmiedel, *Consuetudo in klassischen und nachklassischen römischen Recht* (Graz, 1966); Enrico Besta, *Introduzione al diritto commune* (Milan, 1938); Francesco Calasso, *Medeo evo del diritto*, vol. I (Milan, 1954); Filippo Gallo, *Interpretazione e form azione consuetudinaria del diritto* (Turin, 19 71); Eugen Ehrlich, *Fundamental Principles of the Sociology of Law*, tr. W. Moll (Cambridge, Mass., 1936); R. W. and A. J. Carlyle, *A History of Medieval Political Theory in the West* (6 vols., London, 1903-36), II, 50-67, III, 41—51, IV, 45-50, VI, 17-25, 150-53; and Walter Ullmann, *Principles of Government and Politics in the Middle Ages* (London, 1961)。

〔2〕Luigi Prosdocimi, "Ex facto ius oritur," *Studi senesi*, 66-67 (1954-55), 808-19; and Ennio Cortese, *La Norma giuridica* (Milan, 1962-64), II, 150.

〔3〕Patrice Cousin, *Précis d'histoire monastique* (Tournai, 1956), 该书中修道院习俗附有一个参考文献。

〔4〕Digest I, 3, 40; and cf. I, 3, 32, and 35; also Code, VII, 52, 一般性的文献, 可参见 Adolph Berger. *Encyclopedic Dictionary of Roman Law* (Philadelphia, 1953).

〔5〕See Ch. 3 at n. 43.

〔6〕E. g., Cicero, *De finibus*, V, 74; Quintilian, *Institutiones oratoriae*, I, 1; Pliny, *Naturalis historia*, VII, 78; Varro, *De linguae latinae*, VIII, 27; and Aulus Gellius, *Noctes atticae*, XII, 13, 29.

〔7〕See Andrea Alciato, *Opera omnia* (Venice, 1553), IV, 935; and Jean Coras, *De iu-*

ris arte libellus (Lyon, 1560), 259.

〔8〕 René Wehrlé, *De la coutume dans le droit canonique* (Paris, 1928); and *Dictionnaire du droit canonique*, ed. R. Naz (Paris, 1935—65), article "Coutume."

〔9〕 D. I, 3, 37. See Ch. 4, n. 16；本章的注释49；以及 Ch. 8, n. 20.

〔10〕 在大量的文献中可特别参见 J. -M. Clement, *Lexique des anciennes règles monastiques*, vol. I (A—M) (Steenbrigis, 1978), article, "Consuetudo"; Bede K. Lackner, *The Eleventh-Century Background of Citeaux* (Washington, D. C., 1972); David Knowles, *The Monastic Order in England* (Cambridge, Eng., 1950); and Richard Yeo, *The Structure and Content of the Monastic Profession* (Rome, 1982). See also Anthony Black, *Guilds and Civil Society in European Political Thought from the Twelfth Century to the Present* (Ithaca, 1984).

〔11〕 Simeon L. Guterman, *From Personal to Territorial Law* (Metuchen, N. J., 1972); and cf. Ehrlich, 436ff.

〔12〕 Hostiensis, *In primum librum Decretalium commentaria* (Lyon, 1537); and Azo, *In ius civile summa* (Lyon, 1564), V.

〔13〕 See Peter of Ravenna (A. D. 1508), *De Consuetudine*, in *Tractatus universi juris*, II, fol. 384V, and fol. 388r on *desuetudo*. See also *Corpus juris canonici, per regulas digestas* (Cologne, 1738), I, 79.

〔14〕 Andrea de Isernia, *In usus feudorum commentaria* (Frankfurt, 1598), I.

〔15〕 *Proverbia sententiaque Latinitatis medii aevi*, ed. Hans Walther (Gottingen, 1963), II, 377, and also 3227a.

〔16〕 Pierre de Fontaines, *Le Conseil à un ami*, ed. A. J. Marnier (Pans, 1846), 492. Cf. Aristotle, *On the Soul*, tr. W. S. Hett (Cambridge, Mass., 1975), 304; and Richard Sorabji, *Aristotle on Memory* (London, 1972), 56. See also Ch. 2, n. 44.

〔17〕 See Ernest Levy, *West Roman Vulgar Law* (Philadelphia, 1951); Fritz Kern, *Kingship and Law in the Middle Ages*, tr. S. B. Chrimes (Oxford, 1948); Ferdinand Lot, *Les Invasions germaniques* (Paris, 1945); E. A. Thomson, *The Early Germans* (Oxford, 1965); P. D. King, *Law and Society in the Visigothic Kingdom* (Cambridge, Eng., 1972); Gerhart B. Ladner, "Justinian's Theory of Law and the Renewal Ideology of the *Leges Barbarorum*," in his *Images and Ideas in the Middle Ages* (Rome, 1983), II, 609-28; and Rosamond M. McKittrick, *The Carolingians and the Written Word* (Cambridge, Eng., 1989). See also Franz Wieacker, *Privatrechtsgeschichte der Neuzeit* (Göttingen, 1967); and Adriano Cavanna, *Storia del dirittomodemo in Europa* (Milan, 1982); 并参见对国别法的各种研究手册，尤其是 Hermann Conrad 和 Heinrich Brunner 对德意志的研究；Paul Viollet, Jean Brissaud, Emile Chenon 和 François

Olivier-Martin 对法兰西的研究；A. Pertile, Carlo Calisse 和 Bruno Paradisi 对意大利的研究；Alfonso Garcia-Gallo 和 E. N. Van Kleffens 对西班牙的研究；以及 Pollock and Maitland, William Holdsworth 和 T. F. T. Plucknett 对英格兰的研究。

〔18〕 *Las Sietepartidas*, ed. G. Lopez (Paris, 1851), 24; and *Leyes del Fuero-Juzgo* (Madrid, 1792.), I. Cf. *Leges Visigothorum*, ed. K. Zeuner, in *Monumenta Germaniae Historica*: Leges, I (Hannover 1902), 38ff.; and L. Stouff, "L' Interpretatio de la loi romaine des Wisigothes dans les formules et les chartes du VIe au XIe siècle," *Mélanges Fitting* (Montpellier, 1908), II, 167-88.

〔19〕 *Leges Burgundiorum*, ed L. Salis, in *Monumenta Germaniae Historica*: Leges, II (I) (Hannover, 1892), 29. Cf. Katherine Fisher Drew, *The Burgundian Code* (Philadelphia, 1949).

〔20〕 *Lex Salica*, 100 *Titel Text*, ed. K. Eckhardt (Weimar, 1953).

〔21〕 Erwin Hölzle, *Die Idee einer altgermanischen Freiheit vor Montesquieu* (Munich, 1925).

〔22〕 Lot, 246, citing a cartulary of 757.

〔23〕 Kern, 151, 并参见 Rolf Sprandel, "Über das Problem neueren Rechts in früheren Mittelalter", *Zeitschrift der Savigny-Stiftung fur Rechtsgeschichte*, Kan. Abt., 48 (1962), 117-37。

〔24〕 See Louis Halphen, *Charlemagne et l'empire carolingienne* (Paris, 1947); Werner Goez, *Translatio Imperii* (Tübingen, 1958); Luitpold Wallach, *Alcuin and Charlemagne* (Ithaca, 1959); H. R. Loyne, ed., *The Reign of Charlemegne* (London, 1975); Robert Folz, *Le Souvenir et la légende de Charlemagne dans l'Empire germanique médiévale*. (Paris, 1950); McKittrick; and Walter Ullmann, *The Carolingian Renaissance and the Idea of Kingship* (London, 1969).

〔25〕 Marc Bloch, *La Société féodale* (Paris, 1939), I, 177; cf. François Olivier Martin, *Histoire de la coutume de la prévoté et vicomté de Paris*, I (Paris, 1922), 6-7.

〔26〕 除了布洛赫的 *La Société féodale* 外，还可参见 F. L. Ganshof, *Feudalism*, tr. P. Grierson (London, 1952.); and Boutruche, *Seigneurie et féodalité*, vol. I (Paris, 1959)。并参见 K. J, Hollyman, *Le Développement du vocabulaire féodalé en France pendant le haut moyen âge* (Paris, 1957); Ernst Adolph Laspeyres, *Ueber die Entstehung und älteste Bearbeitung der Libri Feudorum* (Berlin, 1830); Karl Lehmann, *Das Langobardisches Lehnrecht* (Göttingen, 1896); Marie-Louise Carlin, *La Pénétration du droit romain dans les actes de la practique provencale, XIe -XIIIe siècle* (Paris, 1967); J. S. Critchley, *Feudalism* (London, 1978); Claudio

Sanchez-Albornoz y Mendina, *En torno a los origines del feudalismo*, vol. III (Mendoza, 1942); and Ch. II, n. 31。

〔27〕 E. Meynial, "Notes sur la formation de la théorie du domaine divisé (domaine directe et domaine utile) du XI Ie au XI Ve siècle chez les romanistes," *Mélanges Fitting*, II, 409—61; cf. Antoine Loisel, *Institutes coutumières* (Paris, 1607), II, 2, 1.

〔28〕 See Ch. 11 at n. 42.

〔29〕 Ugo Gualazzini, "I 'Libri Feudorum' e il contributo di Accursio alla sistemazione e allaloro 'glossa,'" *Atti del convegno internazionali di studi accursiani*, ed. G. Rossi (Milan, 1965), II, 579-96.

〔30〕 See D. R. Kelley, "De Origine Feudorum: The Beginnings of an Historical Problem", *Speculum*, 39 (1964), 207-28 (重印于 *History, Law, and the Human Sciences*)。

〔31〕 Henri Beaune, *Introduction historique à l'etude historique du Droit coutumier française* (Paris, 1880); Robert Besnier, *La Coutume de Normandie* (Paris, 1935); Marc Bloch, *French Rural History*, tr. J. Sondheimer (Berkeley, 1966); Gaston Roupnel, *Histoire de la campagne française* (Paris, 1932); Emile Champeaux, "Coutumes de Bourgogne et coutumes du duché de Bourgogne," *Mémoires de la Société pour l'histoire du droit et des institutions des anciens pays bouguignons* [*MSHDB*], 2 (1935), 47-76; M. Petitjean, "La Coutume de Bourgogne: des coutumesofficieux à la coutume officielle," *MSHDB*, 42 (1985), 13-20; Paul Viollet, "Les Coutumes de Normandie," *Histoire littéraire de la France*, 33 (Paris, 1906), 41-190; and Jean Yver, "Les caractères originaux du groupe de coutumes de l'Quest de la France," *Revue historique de droit français et étranger*, 30 (1952), 5-36.

〔32〕 John Cowell, *The Interpreter* (Cambridge, Eng., 1607), "Custom."

〔33〕 Emily Zack Tabuteau, *Transfers of Property in Eleventh-Century Normandy* (Chapel Hill, 1988), 2, 226.

〔34〕 Jacques d'Ableiges, *Le Grand Coustumier de France*, ed. L. Le Caron (Paris, 1598), 102; Jean Bouteiller, *Somme rurale* (Paris, 1603), 5.

〔35〕 Gilles Fortin, *Conference de la coustume de Paris, avec les autres coustumes de France* (Paris 1605), "Epitre"; cf. Guy Coquille, *Commentaires sur les coustumes de Nivernois*, in *Les Oeuvres* (Paris, 1646), 2.

〔36〕 M. T. Clanchy, *From Memory to Written Record: England*, 1066-1307 (London, 1979); and J. P. Dawson, *A History of Lay Judges* (Cambridge, Mass., 1960).

〔37〕 Olivier-Martin; 一般性论述可参见 Andre Gouron 与 Odile Terrin 在 *Bibliographie des coutumes de France* (Geneva, 1975) 和 Jean Caswell and Ivan Sipkov, *The Customs of*

France in the Library of Congress (Washington, D. C., 1977) 中的列表。

[38] E. N. Van Kleffens, *Hispanic Law until the End of the Middle Ages* (Edinburgh, 1968), 39ff.

[39] J. P. Dawson, *Oracles of the Law* (Ann Arbor, 1968), 154.

[40] See Erik Wolf, *Grosse Rechtsdenker* (Tübingen, 1963), 1–27; and Hermann Conrad, *Deutsche Rechtsgeschichte*, 1 (Karlsruhe, 1954), 476.

[41] R. C. Van Caenegem, *Royal Writs in England from the Conquest to Glanville* (London, 1959); Fredric Cheyette, "Custom, Case Law, and Medieval 'Constitutionalism': A Reconsideration," *Political Science Quarterly*, 88 (1963), 362–90; 并参见 Ch. 10, n. 7。

[42] H. Pissard, *Essai su la conaissance et la preuve des coutumes* (Paris, 1910); *La Preuve*: *Recueil de la Société Jean Bodin pour l'histoire comparative des institutions* (4 vols., Brussels, 1963—65); and Piero Craven, *Ricerche sulla formazione del diritto consuetudinario in Francia* (sec. XIII–XVI) (Milan, 1969).

[43] 被下文援引: Aubépin, "De l'influence de Dumoudin sur la législation française," *Revue de législation et de jurisprudence*, 6 (1855), 77。

[44] *Très ancien Coutumier de Normandie*, ed. E. J. Tardif (Paris, 1896), 2. 参见上文注释 1 和 30 中所引用的作品; 并参见 Olivier Guillot, "Consuetudines, consuetude", *MSHDB*, 40 (1983) 21–48; and Paul Guilhiermoz, "La Persistance du caractère oral dans la procédure civile française", *Nouvelle Revue historique de droit français et étranger*, 13 (1889), 21–65。

[45] Bouteiller, 6.

[46] Beaumanoir, *Coutumes de Beauvaisis*, ed. A. Salmon (Paris, 1889), I, 3.

[47] See Ch. 1, n. 2, and Ch. 11, n. 63.

[48] Loisel, I, 1, 3, and II, 5, 1; also *Coutume de Paris*, art. 318. 关于 *Rex non moritur*, 参见 Ernst Kantorowicz 的经典研究, *The King's Two Bodies* (Princeton, 1957), 408。

[49] Odofredus, *Lectura super Codice* (Lyon, 1552), fol. 3r; cf. Vicarius, 也被下文援引: Paul Vinogradoff, *Roman Law in Medieval Europe* (Oxford, 1949), 57。

[50] A. Esmein, "Decern faciunt populum," *Mélanges P. F. Girard* (Paris, 1912.), I, 457–73 cf. Jeremy Duquesnay Adams, *The Populus of Augustine and Jerome* (New Haven, 1971).

[51] Azo, *In ius civile summa* (Lyon, 1564), fol. 233V; and Odofredus, *Lectura super Digestoveteri* (Lyon, 1550), fol. 14r; cf. Digest I, 3, 37.

[52] Gaines Post, *Studies in Medieval Legal and Political Thought* (Princeton, 1964).

〔53〕See Ch. 10 at n. 72; cf. Daniel Boorstin, *The Mysterious Science of Law* (Cambridge, Mass., 1941).

〔54〕See Ch. 11 at n. 41.

〔55〕Montesquieu, *De l' esprit des loix*, L. XXVII, ch. 45.

〔56〕Bloch, *French Rural History*, 46.

〔57〕Beaumanoir, *Coutumes de Beauvaisis*, I, 436. Cf. Loisel, 46; and Roland and Boyer, *Locutions latines et adages du droit* français *contemporain* (Lyon, 1978), I, 118.

〔58〕Bloch, *French Rural History*, 70 and 59 (援引了 Laurière).

第七章 中世纪的重建

〔1〕除了上一章所引用的作品外，尤其参见 Helmut Coing, ed., *Handbuch der Quellen und Literatur der neueren europäischen Privatrechtsgeschichte* (Munich, 1973), vol. I, 有范围很广的书目——C. H. Haskins, *The Renaissance of the Twelfth Century* (Cambridge, Mass., 1917); Hasrings Rashdall, *The Universities of Europe irt the Middle Ages* (Oxford, 1936); Paul Koschaker, *Europa und das romische Recht* (Munich, 1953); Walter Ullmann, *Law and Politics in the Middle Ages* (Ithaca, 1975); Paul Vinogradoff, *Roman Law in Medieval Europe* (Oxford, 1927); Eduard Meijers, *Etudes d'histoire du droit* (4 vols., Leiden, 1956—66); and Stephan Kuttner, "The Revival of jurisprudence"; 以及 Knut Wolfgang Norr, "Institutional Foundations of the New Jurisprudence", in *Renaissance and Renewal in the Twelfth Century*, ed. R. Benson and G. Constable (Cambridge, Mass., 1982), 299-338; James A. Brundage, "The Medieval Advocate's Profession", *Law and History Review*, 6 (1988), 439-93; 以及 *The Cambridge History of Medieval Political Thought* (Cambridge. Eng., 1988), esp. ch. 15。

〔2〕Chrétien de Troyes, *Cliges*, lines 35-38.

〔3〕Alexander of Roes, *De translatione imperii*, tr. in Ewart Lewis, *Medieval Political Ideas* (New York, 1954), II, 466.

〔4〕*Summa Lipsiensis*, citied by Sergio Mochy Onory, *Fonti canonistiche dell'idea moderno dello stato* (Milan, 1951), 174.

〔5〕Odofredus, *Super Digestoveteri* (Lyon, 1550), fol. 2r; cf. Azo, *Digestum vetus ad tit.*; Baldus, *Super Digesto veteri* (n. p., 1535), fol. 3r; and Pierre Rebuff, *De privilegiis scholasticorum tractatus varii* (Lyon, 1581), 500; and see Ch. 8 at N. 47.

〔6〕See Charles Radding, *The Origins of Medieval Jurisprudence: Paris and Bologna*, 850—1150 (New Haven, 1988), 尽管他关于伦巴德优先于博洛尼亚法学的论点不太受欢迎。

〔7〕Haskins, 201: "Bulgarus os aureum, /Martinus copia legum, /Mens legum est Ugo, /Jacobus id quod ego."

〔8〕*Monumenta Germaniae Historica*: *Constitutiones*, I, ed. L. Weiland (Hannover, 1893), 249; and see Ch. 9 at n. 16.

〔9〕Henri d'Andeli, *The Battle of the Seven Arts*, tr. L. Paetow (Berkeley, 1914), 43.

〔10〕Otto of Freising, *The Deeds of Frederick Barbarossa*, tr. C. Mierow (New York, 1952), 61.

〔11〕G. A. di Gennaro, *Respublica jurisconsultorum* (Naples, 1752).

〔12〕Karl O. Apel, *Transformation der Philosophie* (Frankfurt, 1976), II, 178-221; Max Weber, *On Law in Economy and Society*, tr. E. Shils and M. Rheinstein (Cambridge, Mass., 1954), 198-223; and see Johannes Fried, *Die Entstehung des Juristenstandes im 12. Jahrhundert* (Cologne, 1974).

〔13〕所收集的文本载于 S. Caprioli et al., eds., *Glosse preaccursiane alle istitutione* (Rome, 1984); Ugo Nicolini, ed., *Per lo studio dell'ordinamento giuridico nel commune medievale* (Milan, 1972); and Rudolph Weigand, *Die Naturrechtslehre der Legisten und Dekretisten von Irnerius bis Accursius und von Gratian bis Johannes Teutonicus* (Munich, 1967). 一般性论述可参见 Woldemar Engelmann, *Die Wiedergeburt der Rechtskultur in Italien durch der wissenschaftliche Lehre* (Leipzig, 1939); Winfried Trusen, *Anfänge des gelehrten Rechts in Deutschland* (Wiesbaden, 1962); Riccardo Orestano, *Introduzione allo studio del diritto romano* (Bologna, 1987), 26-36, "Scienza giuridicoeuropea"; Francesco Calasso, *I glossatori e la teoria della sovranita* (Milan, 1951); Gerhard Otte, *Dialektik und Jurisprudenz* (Frankfurt, 1971); Theodor Vieweg, *Topik und Jurisprudenz* (Munich, 1974); Ennio Cortese, *La normagiuridica* (2 vols., Milan, 1962-64); Ernst Kantorowicz, *The King's Two Bodies* (Princeton, 1957); Gaines Post, *Studies in Medieval Legal and Political Thought* (Princeton, 1964); R. W. and A. J. Carlyle, *A History of Medieval Political Theory in the West* (6 vols., London, 1903-36), vol. II; Eugenio Dupre Theseider, *L'Idea imperiale di Roma nella tradizione del medioevo* (Milan, 1942); *Atti del convegno internazionali di studi accursiani*, ed. G. Rossi (3 vols., Milan, 1968); 尤其是 *Ius Romanum Medii Aevi* (Milan, 1961—), 这是一部由多位专家完成、包含24个部分、涵盖整个欧洲范围的作品。

〔14〕Fritz Schulz, *History of Roman Legal Science* (Oxford, 1953), 279. Cf. Luigi Prosdocimi, "'Iusvetus' accursiano e'ius novum' postaccursiano," in*Atti*, III, 947-51.

〔15〕Hermann Kantorowicz, "Note on the Development of the Gloss to the Justinian and the Canon Law," in B. Smalley, *The Study of the Bible in the Middle Ages* (Oxford, 1952), 52-

55, and "A Medieval Grammarian on the Sources of the Law," *Tijdschrift voor Rechtsgeschiedenis*, 15 (1937), 25-47; also Hugolinus, 引自 K. F. von Savigny, *Geschichte des römischen Rechts im Mittelalter* (6 vols., Heidelberg, 1815—31), III, 553. See also Edwin A. Quain, "The Medieval Accessus ad Auctores," *Traditio*, 3 (1945), 215-64; Carlo Alberto Maschi, "Accursio, precursore del metodo storico-critico nello studio del'corpur iuris civilis," in *Atti*, II, 599—618; and J. A. C. Smith, *Medieval Law Teachers and Writers* (Ottawa, 1975).

[16] *Quaestiones de iuris subtilitatibus*, ed. G. Zanetti (Florence, 1958); also Nicolini, *Per lo studio dell'ordinamento giuridico* and *Aspetti dell'insegnamento giuridico nella universita medievali* (Reggio Calabria, 1974).

[17] Digest L, 17, 207, gloss.

[18] *Dissensiones dominorum sive controversiae veterum iuris romani interpretum qui glossatores vocantur*, ed. G. Haenel (Leipzig, 1834), 151—52; cf. J. P. Dawson, *Oracles of the Law* (Ann Arbor, 1968), 129-30; 更一般的研究, 如 Hermann Krause, "Dauer und Vergänglichkeit im mittelalterlichen Recht," *Zeitschrift der Savigny-Stiftung für Rechtsgeschichte*, Ger. Abt., 75 (1958), 206-51。

[19] See e. g., Baldus, *Super Digestoveteri* (n. p., 1535), fol. 211; and Andrea de Isernia, *In usus feudorum commentaria* (Frankfurt, 1598), 4. See also Cortese, I, 184; and Ch. 8 at n. 37.

[20] Adriano Cavanna, *Storia del diritto moderna in Europa*, I (Milan, 1982), 353. See also Otte, 62; and D. R. Kelley, "Gaius Noster," *American Historical Review*, 84 (1979), 619—48 (重印于 *History, Law, and the Human Sciences*)。

[21] Weigand, 51.

[22] Ibid., 155.

[23] Paolo Grossi, *Le situazioni reali nell'esperanza giuridica medievale* (Padua, 1968); Wilhelm Endemann, *Studien in der romisch-kanonistischen Wirthschafts-und Rechtslehre* (Berlin, 1874—83); C. Karsten, *Die Lehre von Vertragbei den italienischen Juristen der Mittelalters* (Rostok, 1882); and C. Lefebvre, *Juges et savants en Europe du XIIIe au XVIe siècle* (Rome, 1965).

[24] See Ch. 8 at n. 40.

[25] Pierre Michaud-Quandn, *Universitas: expression du mouvement communitaire dans le moyen-âge latin* (Paris, 1970), and *Études sur le vocabalaire philosophique du moyen âge* (Rome, 1970); and also Pietro Costa, *Iurisdictio: semantica del potere politico nella pubblicistica medievale*, 1100-1433 (Milan, 1969).

[26] Emil Friedberg, ed., *Corpus Iuris Canonici* (Graz, 1959); and see G. Lebras, *Histoire du droit at des institutions de l'Égliseen Occident*, I, *Prolegomènes*, 以及 C. Lefebvre and J. Rambaud, VII, *L' Age classique*, 1140-1378 (Paris, 1965). 另见 Stephan Kuttner, *Harmony from Dissonance* (Latrobe, Pa., 1960), 他的许多文章收录在 *Gratian and the Schools of Law*, 1140—1234 (London, 1983), *Medieval Councils, Decretals, and Collections of Canon Law* (London, 1980), 以及 *The History of Ideas and Doctrines of Canon Law in the Middle Ages* (London, 1980); Harold Berman, *Law and Revolution: The Formation of the Western Legal Tradition* (Cambridge, Mass., 1983); 更进一步的研究参见 Lefebvre, *Juges et savants*, and *Les Pouvoirs du jugeen droit canonique* (Paris, 1938); P. A. Van den Baar, *Die kirchliche Lehre der Translatio Imperii Romani* (Rome, 1956); Stanley Chodorow, *Christian Political Theory and Church Politics in the Mid-Twelfth Century: The Ecclesiology of Gratian's Decretum* (Berkeley, 1972); Charles Duggan, *Twelfth-Century Decretal Collections* (London, 1963); Mochy Onory; 以及 R. G. G. Knox, "Rufinus and Stephan on Church Judgment" (Ph. D. diss., Yale University, 1976)。

[27] Glenn Olsen, "The Idea of the Ecclesias Primitiva in the Writings of the Twelfth-Century Canonists," *Traditio*, 25 (1969), 61-86.

[28] Kantorowicz, *King's Two Bodies*; Pierre Gillet, *La Personnalité juridique en droit ecclésiastique* (Mainz, 1927); Paolo Grossi, "'Unanimitas,' alle origine del concetto di persona giuridica nel diritto canonico," *Annali di storia del diritto*, 2 (1958), 229-331; Melchiore Roberti, "Il corpus mysticum nella storia della persona giuridica," in *Studi di storia e diritto in onore di Enrico Besta* (Milan, 1939), IV, 37-82; and R. E. Giesey, "The French Estates and the Corpus Mysticum Regni," *Album Maude Cam* (Louvain, 1960), 155-71; also Walter Ullmann, *Principles of Government and Politics in the Middle Ages* (London, 1961).

[29] See Charles Lefebvre, "Le Droit canonique dans les additions à la glose du Code de Justinian: le ius commune," *Studia Gratiani*, 12 (1967), 331-58; 以及 E. F. Vodola, "Fides et Culpa: The Use of Roman Law in Ecclesiastical Ideology," in *Authority and Power*, ed. B. Tierney and P. Linehan (Cambridge, Eng., 1980), 83-97.

[30] R. C. Mortimer, *Western Canon Law* (Berkeley, 1953); Oswald J. Reichel, *A Complete Manual of Canon Law* (London, 1896); Stephan Kuttner, *Kanonistische Schuldlehre* (Rome, 1935); Clarence Gallagher, *Canon Law and the Christian Community* (Rome, 1978), on Hostiensis; J. Gilchrist, *The Church and Economic Activity in the Middle Ages* (New York, 1969); Frederick W. Russell, *The Just War in the Middle Ages* (Cambridge, Eng., 1975); and Berman, 218ff.

[31] Friedrich Maasen, *Geschichte der Quellen und der Literatur des canonischen Rechts* (Graz, 1870); Joh. Friedrich von Schulte, *Die Geschichte der Quellen und Literatur des canonischen Rechts* (Stuttgart, 1880); 以及 Vodola.

[32] See e. g., Albericus de Rosate, *Commentariorum ... super Digesto veteri* (Lyon, 1545), fol. 11r, "Natura naturans est Deus: natura autem naturata est homo"; cf. Hostiensis, *Summa* (Lyon, 1537), fol. 2v; and Reginaldo Pizzorini, *Il dintto natural idelle origini a s. Tommaso d'Aquino* (Rome, 1978). See also Brian Tierney, "Natura id est Deus: A Case of Juristic Pantheism?", *Journal of the History of Ideas*, 24 (1963), 307-22.

[33] John Baldwin, "Critics of the Legal Profession: Peter the Chanter and His Circle," *Proceedings of the Second International Congress of Medieval Canon Law* (Rome, 1965), 249-59.

[34] Azo, *In ius civile summa* (Venice, 1566), fol. 233V; Odofredus, *Lectura super Digesto veter.* (Lyon, 1550), fol. 14v, following Digest I, 3, 37.

[35] Fritz Schulz, *Principles of Roman Law*, tr. M. Wolff (Oxford, 1936), 109.

[36] Hermann Krause, *Kaiserrecht und Rezeption* (Heidelberg, 1952); Percy Ernst Schramm, *Der König von Frankreich* (Weimar, 1960); Kantorowicz, *King's Two Bodies*, ch. 7; 以及 Mochi Onory, 96 页以下。

[37] See Ch. 8 at n. 16.

[38] Arthur Duck, *De usu et autoritate juris civilis Romanorum per dominia principum christianorum* (London, 1653).

[39] Karl Lehmann, *Das langobardische Lehnrecht* (Gottingen, 1896); E. A. Laspeyres, *Ueber die Entstehung und älteste Bearbeitung der libri feudorum* (Berlin, 1830); and Ugo Gualazzini, "I 'Libri feudorum' e il contributo di Accursio alla loro sistemazione e alla loro 'glossa,'" in *Atti*, II, 579-96.

[40] William Durandus, *Speculum* (Lyon, 1547), fols. 117r-124v; and Accursius, *Digestum vetus*, *ad tit.*, "nam civilis sapientia vera philosophia dicitur et est amor sapientiae." Cf. Andrea de Isernia, 5.

[41] Thea Buyken, *Das römische Recht in den Constitutionem von Melfi* (Cologne, 1960); and *The Liber Augustalis*, tr. James Powell (Syracuse, 1971).

[42] Jacob Burckhardt, *Civilization of the Renaissance in Italy*, tr. S. G. C. Middle-more (London, 1950), 2.

[43] See Ch. 13 at n. 12.

[44] Duck, *de usu*, 235.

〔45〕 see Ch. 8 at n. 21.

〔46〕 See Ch. 6 at n. 46, and Ch. 11; also André Gouron, "Die Entstehung der französischen Rechtsschule: Summa Iustiniani est in hoc opere and Tübinger Rechtsbuch," *Zeitschrift der Savigny-Stiftung für Rechtsgeschichte*, Röm. Abt., 93 (1976), 138-60.

〔47〕 L. Waelkens, *La Théorie de la coutume chez Jacques de Revigny* (Leiden, 1984), 编有 MS 文本; 以及 Cortese, index。

〔48〕 尤其参见 F. W. Maitland, ed., *Selected Passages from the Works of Bracton and Azo* (London, 1895); 以及 H. G. Richardson, *Bracton: The Problem of His Text* (London, 1965).

〔49〕 Albericus de Rosate, *In Primam ff. [Digesti] Veter. Part. Commentarii* (Venice, 1585), fol. 46; 以及参见 Giason del Maino, *In Primam Digesti Veteris Partem Commentarii* (Venice, 1589), *Praefatiuncula*. 另见 James Muldoon, *Popes, Lawyers, and Infidels* (Philadelphia, 1979); 以及 Steven Rowan, *Ulrich Zasius* (Frankfurt, 1987), 44。

〔50〕 See Ch. 12 at n. 42.

第八章　意大利式的法学

〔1〕 (在众多的法学技术性文献中) 最有用的是 Helmut Coing, ed., *Handbuch der Quellen und. Literatur der neueren europäischen Privatrechtsgeschichte* (2 vols., Munich, 1973-77); Adriano Cavanna, *Storia del diritto moderno in Europa*, vol. I (Milan, 1982); Walter Ullmann, *Law and Politics in the Middle Ages* (Ithaca, 1975); Ennio Cortese, *La norma giuridica* (2 vols., Milan, 1962-64); Enrico Besta, *Introduzione al diritto commune* (Milan, 1938); Riccardo Orestano, *Introduzione alla studia storica del diritto romano* (Turin, 1963); Woldemar Engelmann, *Die Wiedergeburt der Rechtskultur in Italien durch die wissenschaftliche Lehre* (Leipzig, 1939); E. M. Meijers, *Etudes d'histoire du droit* (4 vols., Leiden, 1956-66); Ernst Kantorowicz, *The King's Two Bodies* (Princeton, 1957); Pietro Costa, *Iurisdictio: semantica del potere publico nella pubblistica medievale*, 1100-1400 (Milan, 1969); Vincenzo Piano Mortari, *Dogmatica e interpretazione* (Naples, 1976); 以及 *La formazione storica del diritto moderno in Europa*, Atti del III congresso internazionale del diritto moderno in Europa (3 vols., Florence, 1977); 以及 D. R. Kelley, "Civil Science in the Renaissance: Jurisprudence Italian Style," *Historical Journal*, 22 (1979), 777-94, 以及 "Vera Philosophia: The Philosophical Significance of Renaissance Jurisprudence," *Journal of the History of Philosophy*, 14 (1976) 267-79 (共同重印于我的 History, Law, and the Human Sciences 一书中); 此外有关单个法学家们的著作将在下文提及。

〔2〕 Nicolas Reusner, ed., *CHEIRAGOGIA, sive cynosura iuris* (Spires, 1588), appendix;

并可见于 Guido Kisch, *Studien zur humanistischen Jurisprudenz* (Berlin, 1972), 46.

〔3〕Accursius, *Digestum vetus*, ad tit.; cf. Chasseneuz, *Catalogue gloriae mundi* (Frankfurt, 1586), fol. 207r.

〔4〕Baldus, *Lectura in Codicem* (Paris, 1528), *ad tit.* ; and see G. Monti, *Cino da Pistoia giurista* (Citta di Castello, 1924); G. Zaccagnini, *Cino da Pistoia* (Pistoia, 1918); the collaborative volume, *Cino da Pistoia nei VI centenario della morte* (Pistoia, 1937); Engelmann, 204; and William Bowsky, "A New Consilium of Cino of Pistoia (1324): Citizenship, Residence, and Taxation," *Speculum*, 42 (1967), 431-41. 巴尔都斯引用自 *L'Opera di Baldo, per curadell' Università di Perugia nel V centenario della morte del grande giureconsulto* (Perugia, 1901), 78. See Norbert Horn, *Aequitas in den Lehren des Baldus* (Cologne, 1968); 特别是 Joseph Canning, *Baldus de Ubaldis* (Cambridge, Eng., 1987).

〔5〕See e. g., Bartolus, *In primam ff.* [Digesti] *veteris partem commentaria* (Turin, 1574), fol. 13v; Baldus, *Super Digesto veteri commentarii* (n. p., 1535), fol. 12r, and *In praelectiones ad Codicem* (Lyon, 1556), fol. 5r; Placentinus, *Summa Codicis* (Mainz, 1536), 17; and Odofredus, *Lectura super Codice* (Lyon, 1522), fol. 3r; also Emilio Albertario, "Hodie," in *Studi di diritto romano*, VI (Milan, 1953), 125-42; Cortese, I, 81; Calasso, *I glossatori e la teoria della sovranita* (Milan, 1951), 38; and Ullmann, *The Medieval Idea of Law as Represented by Lucas de Penna* (London, 1946), 49.

〔6〕Belleperche, *In aliquot Cod . leges* (Frankfurt, 1571), 8 (据巴尔都斯所说, 巴托鲁斯将这段话当作自己观点出版, 参见 *Dictionnaire de biographie francaise*); Baldus, *Super Digesto veteri*, fol. 12r, 以及 *Repetitio super lege cunctos populos* (C . 1 . 1 . 1), ed. E. Meijers (Haarlem, 1939); Albericus de Rosate, *Commentariorum...super Codice* (Lyon, 1545), fol. 7r; and Giason del Maino, *In primam Codicis partem commentaria* (Venice, 1589), fol. 2v。

〔7〕经典作品如 C . N . S. Woolf, *Bartolus of Sassoferrato* (Cambridge, Eng., 1913); the collection *Bartolo da Sassoferrato: studi e documenti per il VI. centenario* (Milan, 1962); and Y. Sasaki, "Ius gentium in der Lehre des Bartolus," in *Satura Roberto Feenstra*, ed. J. A. Ankum et aL. (Freiburg, 1985), 421-36。

〔8〕Cortese, I, 86; Horn, 74; Besta, 43; and Ullmann, *Lucas de Penna*, 107.

〔9〕Alciato, *De verborum significatione*, *in Opera omnia* (Milan, 1617), I, 461; and Luigi Palazzini Finetti, *Storia della ricerca della interpolazioni nel corpus iuris giustinianeo* (Milan, 1953), 21. Cf. P. C. Brederode, *Thesaurus dictionum ex sententiarum ex Bartoli a Saxoferrato operibus* (Frankfurt, 1660).

〔10〕Baldus, *Super Digesto*, fol. 4r.

〔11〕 R. Stintzing, *Das Sprichwort "uristen böse Christen"* (Bonn, 1875); and C. Kenny, "Bonus Jurista, Malus Christa," *Law Quarterly Review*, 19 (1903), 326ff.

〔12〕 Coing, *Handbuch*, I, 39-128, II, 3-102.

〔13〕 John P. Dawson, *A History of Lay Judges* (Cambridge, Mass., 1960), 69.

〔14〕 Roberto Weiss, *The Dawn of Humanism in Italy* (London, 1947), 5.

〔15〕 See Ch. 3 at n. 25.

〔16〕 Johann Oldendorp, *Interpretatio privilegii duplicis* (n. p., 1543), and Justinian's constitution *Omnem*. See also Cortese; Piano Mortari, *Dogmatica*; Orestano, 51-131; Mario Sbriccoli, *L'Interpretazione dello statuto* (Milan, 1969); and D. R. Kelley, "Civil Science in the Renaissance: The Problem of Interpretation," in *The Languages of Political Theory in Early-Modern Europe*, ed. Anthony Pagden (Cambridge, Eng., 1987), 57-78, 包含了进一步的参考文献; 以及 Ch. 11 at n. 6。

〔17〕 P. Gammaro, *De extensionibus*, in *Tractatus universi iuris* (10 vols., Venice, 1583), XVIII, 248, "Nam ista interpretatio est pars ipsius iuris".

〔18〕 Digest 1, 3, 17.

〔19〕 Baldus, *Super Digesto veteri*, fol. 4V; and Bartolus, *Commentaria*, fols. 16 and (on the regulae antiqui iuris) 248; see also Vincenzo Piano Mortari, *Richerche sulla teoria dell' interpretazione del diritto nel secolo XVI* (Milan, 1956), 68ff; and Engelmann, 152ff.

〔20〕 Odofredus, *Lectura super Digesto veteri* (Lyon, 1550), fol. 14r; cf. Azo, *Inius civile summa* (Lyon, 1564), fol. 233V; Digest, I, 3, 37; and see Ch. 4, n. 16.

〔21〕 Révigny, *Lectura super Codice* (Paris, n. d), on Code I, 14, 5; Belleperche, *In libros Institutionum...commentarii* (n. p., n. d.), on Institutes I, 1, 3; cf. also E. Meijers, III, 59, 95; and W. M. Gordon, "Cinus and Pierre de Belleperche," *Daube Noster*, ed. A. Watson (Edinburgh, 1974), 105-17.

〔22〕 Norbert Bobbio, *L' Analogia nella logica del diritto* (Turin, 1938).

〔23〕 Digest L, 17, 202.

〔24〕 Ullmann, *Lucas de Penna*, 111ff.

〔25〕 Bartolus, *Commentaria*, fol. 21r.

〔26〕 Baldus, *Super Digesto veteri*, fol. 10r; and cf. C. Karsten, *Die Lehre von Vertrage bei den italienischen Juristen des Mittelalters* (Rostok, 1881), 论合同行为。

〔27〕 Bartolus, fol. 22V. See also Pierre Rebuffi, *Explicatio ad quartuor primos Pandectarum libros* (Lyon, 1589), 1; and Jacques de Révigny, cited by Cortese, II, 32.

〔28〕 Claude de Seyssel, *Speculum feudorum* (Basel, 1566), 11.

〔29〕 Albericus de Rosate, in *Tractatus des statutis, diversorum autorum et j. c. in Europea praestantissimorum* (Frankfurt, 1608), 10. See also P. C. Brederode, *Thesaurus dictionum et sententiarum ex Bartoli a Saxoferrato operibus* (Frankfurt, 1660): "Interpretatio extensiva non habet locum in statutis," "interpretatio probabilis non est necessaria," "Statutorum interpretatio fieri debet per conditores," "Verborum interpretatio fieri debet secundum communem usum loquendi," etc.

〔30〕 Dante dal Re, *I precursori italiani di una nuova scuola di diritto romano nel secolo XV* (Rome, 1878), 31.

〔31〕 D. R. Kelley, *Foundations of Modem Historical Scholarship* (New York, 1970), 37ff. 瓦拉对巴托鲁斯的攻击体现在 *Opera omnia* 中他给 Pier Candido Decembrio 的信里, *Opera omnia* (Turin, 196a), I, 633.

〔32〕 Andrea Alciato, *De verborum significatione* (Lyon, 1536), 86, and also 92 (*extensio de similibus ad similia*), 91 (*legis correctio*), and 90 ("Qua propter qui hodie est communis usus, olim fuisse non praesumitur"). See Hans Troje, "Alciats Methode der Kommentierung des 'corpus iuris civilis,'" in A. Buck and O. Herding, eds., *Der Kommentar in der Renaissance* (Godesburg, 1975); Guido Kisch, *Erasmus und die Jurisprudenz seiner Zeit* (Basel, 1960); and *La critico del testo* (Florence, 1971), 论法的历史的部分。

〔33〕 Alciato, 13, 202.

〔34〕 See above, n. 1.

〔35〕 Cited by Calasso, *Medio evo del diritto* (Milan, 1954), 571. And see D. R. Kelley, "The Prehistory of Sociology: Montesquieu, Vico, andthe Legal Tradition," *Journal of the History of the Behavioral Sciences*, 16 (1980), 133-44 (reprinted in *History, Law, and the Human Sciences*). Cf. Alciato, 20.

〔36〕 Giason del Maino, *In Primam Digesti Veteris Partem Commentaria* (Venice, 1589), on D. I, I, 9; see also Baldus, *Super Digesto veteri*, fol. 3r; also Cortese, 184ff; and A. London Fell, *The Origins of Legislative Sovereignty* (3 vols., Konigstein, 1983—87). 更多的一般性介绍, See more generally Robert Merton, *Social Causation* (Boston, 1942); and H. L. A. Hart and A. M. Honore, *Causation in the Law* (Oxford, 1959).

〔37〕 André Tiragueau, *Tractatus Varii* (Lyon, 1574); cf, Jacques Brejon, *Andre Tiraqueau*, 1488-1558 (Paris 1937); and Cortese, index.

〔38〕 Chasseneux, *Catalogus gloriae mundi*, fol. 209V; A. Favre, *Institutiones Papinianiae scientia* (Cologne, 1631), 8; and Jean Coras, *De iure arte libellus* (Lyon, 1560).

〔39〕 See Ch. 12, n. 24.

[40] See J. P. Canning, "Law," in *The Cambridge History of Medieval Political Theory*, 461; and Horn, 28.

[41] Cino da Pistoia, Super Codice et Digesto veteri lectura (Lyon, 1517) fol. 2r; Albericus de Rosate, *Commentariorum...super Digesto veteri* (Lyon, 1545), fol. 11r; 以及其他研究 (see Cortese, I, 45, 56—58); also Ch. 7 at n. 31.

[42] Azo, *Summa* (Venice, 1566), vol. 29; Placentinus, cited by Orestano, 189; and Révigny, cited by Cortese, I, 301, 375 and see Ch. 4.

[43] Paolo Grossi, Le Situazione reali nell'esperienza giuridica medievale (Bologna, 1968); and Ch. 13, n. 52.

[44] Odofredus, *Lectura super Codice*, fol. 3r; Placentinus, *Summa Codicis* (Mainz, 1536), 17; and see D. R. Kelley, "Clio and the Lawyers: Forms of Historical Consciousness in Medieval Jurisprudence," *Medievalia et Humanistica*, n. s. 5 (1974), 25-49 (重印于 *History, Law, and the Human Sciences*)。

[45] Baldus, *Commentarii*, fol. 6; cf. Cortese, II, 5ff; and L' *Opera di Baldo*, 433, 435; cf. Ullmann, *Lucas de Penna*, 41.

[46] Cina da Pistoia, *In Digesti veteris...commentaria* (Lyon, 1547), fol. 1.

[47] Baldus, *Opus aureum ...super feudis* (Venice, 1516), fol. 2r; Andrea, *In usu feudorum epitome* (Lyon, 1556), 3; and see D. K. Kelley, "De Origine Feudorum," *Speculum*, 39 (1964) 207-28 (重印于 *History, Law, and the Human Sciences*)。

[48] Albericus de Rosate, *In primam ff.* [Digest] *ceter. part. commentarii* (Venice, 1585), fol. 44v; and cf. Ullmann, *Lucas de Penna*, 57; also *Quaderni fiorentini*, 11-12 (1982-83), 这里论述了 "Itinerari moderni della persona giuridica"。

[49] See Ch. 9 at n, 19, and Ch. 12.

[50] Baldus, cited in *L'Opera del Baldo*, 435.

[51] Lorenzo Valla, *Elegantia linguae latinae*, BK. I, "prefatio", and *Antidoti in Poggium*, in *Opera Omnia*, I, 3, 295. See F. Ercole, *Da Bartolo all'Althusio* (Florence, 1932); Gaines Post, *Studies in Medieval Political and Legal Thought* (Princeton, 1964); Peter Riesenberg, "Civism and Roman Law in Eighteenth-Century Italian Society," *Explorations in Economic History* 7 (1960-70), 237-54; Julius Kirshner, "*Civitas sibi facit civem*: Bartolus de Sassoferraro's Doctrine on the Making of a Citizen", *Speculum*, 48 (1973), 694, 以及 "*Ars imitatur naturam*: A Consilium of Baldus on Naturalization in Florence," *Viator*, 5 (1974), 289, and "Between Nature and Culture: An Opinion of Baldus of Perugia on Venetian Citizenship as Second Nature," *Journal of Medieval and Renaissance Studies*, 9 (1979), 179-208; and especial-

ly Canning, *Baldus*.

〔52〕Rabelais, *Pantagruely* Ch. 5. See Enzo Nardi, *Rabelais e il diritto romano* (Milan 1962); and Robert Marichal; "Rabelais et la réforme de lajustice," *Bibliothèque d'humanisme et renaissance*, 14 (1952), 176-91.

〔53〕Coluccio Salutati, *De nobilitate legum et medicinae*, ed. E. Garin (Florence, 1947).

〔54〕Claude de Seyssel, *Commentaria in sex partes Digestorum et Codicus* (n. p., 1508); and see D. R. Kelley, "Vera Philosophia: The Philosophical Significance of Renaissance Jurisprudence," *Journal of the History of Philosophy*, 145 (1976), 267-79 (重印于 *History, Law, and the Human Sciences*). For Trapezuntius, "civilis scientia" was rhetoric (G. Cotroneo, *I Trattatisti dell' "Ars Historica"* [Naples, 1971], 40).

〔55〕此处我特别参考了 Hans Baron, *The Crisis of the Early Italian Renaissance* (Princeton, 1966), 以及他的最新研究 *In Search of Florentine Civic Humanism* (Princeton, 1988); 并且参考了 J. G. A. Pocock, *The Machiavellian Moment* (Princeton, 1975), 我的研究特别受惠于他们二人。See also note 47 above; Iulio Tarducci in *L'Opera di Baldo*, 409-66; and Lauro Mar-tines, *Lawyers and Statecraft in Renaissance Florence* (Princeton, 1968). 短语 "political humanism" 被 Werner Jaeger (*Paideia*, I, 436) 使用，他是巴罗尼的老师和模范，这一术语同样被厄尔曼使用，Walter Ullmann, *Medieval Foundations of Renaissance Humanism* (London, 1977), 118.

〔56〕Kantorowicz, *King's Two Bodies*, 277.

〔57〕Alciato, *De verborum significatione*, 20: "verba debent civiliter et secundum ius interpretari," etc.

〔58〕See Kirschner, "Between Nature and Culture"; cf. Randolph Starn, *Contrary Commonwealth: The Theme of Exile in Medieval and Renaissance Italy* (Berkeley, 1982).

〔59〕Baldus, *Commentaria*, fol. 16r; and cf. Ullmann, "De Bartoli sententia: concilium repraesentat mentempopuli," 载于文集 *Bartolo da Sassoferrato*, II, 707-33。

第九章 传统与变革

〔1〕See Ernst Kantorowicz, *King's Two Bodies* (Princeton, 1957); Walter Ullmann, *Principles of Government and Politics in the Middle Ages* (London, 1961), and *Medieval Foundations of Renaissance Humanism* (London, 1977); Brian Tierney, *Foundations of the Conciliar Theory* (Cambridge, Eng., 1977); Gaines Post, *Studies in Medieval Legal Thought* (Princeton, 1964); A. J. Carlyle, *History of Political Theory in the West*, VI (London, 1936); Congar,

Tradition and Traditions, tr. M. Naseby and T. Rainborough (New York, 1967); *Dictionnaire du droit canonique*, tr. R. Naz (Paris, 1936-66); 以及在第五章注 51 和第七章注 25 中引用的作品。

〔2〕Gabriel Le Bras, *Histoire du droit et des institutions de l'Église en Occident*, I, Prolégomènes (Paris, 1955), 25.

〔3〕Pier Giovanni Caron, "'Aequitas et interpretatio' dans la doctrine canonique aux Xllle et XlVe siècles," *Proceedings of the Third International Congress of Canon Law*, ed. S. Kuttner (Paris, 1971); Eugen Wohlhaupter, *Aequitas Canonica* (Paderborn, 1931); Felix Grat, *Etude sur le motu proprio* (Melun, 1945); and J. Muldoon, "Extra Ecclesiam non est Imperium," *Studia Gratiana*, 9 (1966), 553-80.

〔4〕Sergio Mochi Onory, *Fonti canonistiche dell'idea moderno dello stato* (Milan, 1951); Victor Martin, *Les Origines du gallicanisme* (Paris, 1939); Gustav Mollat, "Les Origines du gallicanisme parlementaire aux XlVe et XVe siècles," *Revue d' histoire ecclésiastique*, 43 (1948), 90-147; Joseph Lecler, "Qu'est-ce que les libertés de l' église gallicane?", *Recherches de science religieuse*, 23 (1933), 385-410; 以及 P. A. van den Baar, *Die kirchliche Lehre der Translatio Imperii Romani his zur Mitte des*13. *Jahrundert* (Roman, 1956)。关于"世俗化"的现代和衍生概念，See Hans Blumenberg, *The Legitimacy of the Modern Age*, tr. R. Wallace (Cambridge, Mass., 1983); 以及 Franco Todescan, *Le radici teologiche del giusnaturalismo laico*, I (Milan, 1983), 1-18。

〔5〕被下文援引：Brian Tierney, *Medieval Poor Law* (Berkeley, 1959), 32-33.

〔6〕Kantorowicz; Otto von Gierke, *Das deutsche Genossenschaftsrecht* (Berlin, 1868); Pierre Gillet, *La Personnalité juridique en droit ecclésiastique* (Malines, 1927); Paul Sigmund, *Nicolas of Cusa and Medieval Political Thought* (Cambridge, Mass., 1963); Walter Ullmann, *The Medieval Idea of Law as Represented by Lucas de Penna* (London, 1963) 163; 以及 R. E. Giesey, "The French Estates and the Corpus Mysticum Regni," *Album Helen Maud Cam* (Louvain, 1960), 155-71。

〔7〕Pierre Michaud-Quantin, *Universitas: expression du mouvement communitaire dans le moyen-âge latin* (Paris, 1970), and *Etudes sur le vocabulaire philosophique du moyen âge* (Roman, 1970); and Paul Ourliac, "Science politique et droit canonique au XVe siècles," in *La Storia del diritto nel quadro delle scienze storiche*, Atti de primo congresso internazionale della società italiana di storia del diritto (Florence, 1966), 497-521, and "La Notion de loi fondamentale dans le droit canonique des XlVe et XVe siècles," in *Théorie et practique politique à la Renaissance* (Paris, 1977), 121-31.

〔8〕 Peter Riesenberg, *Inalienability of Sovereignty in Medieval Political Thought* (New York, 1956).

〔9〕 Paolo Grossi, "'Unanimitas': alle origine del concetto di persona giuridica nel diritto canonico," *Annali di storia del diritto*, 2 (1958), 229-331.

〔10〕 Ullmann, *Lucas de Penna*, 163; and cf. Pierre Legendre, "L'Histoire du droit canonique et la science des cultures," in *Proceedings of the Second Congress International of Medieval Canon Law* (Roman, 1965), 281-94.

〔11〕 Harold Berman, *Law and Revolution* (Cambridge, Mass., 1983); Le Bras; Hans Erich Feine, *Kirchliche Rechtsgeschichte* (Weimar, 1955), I; Geoffrey Barraclough, *Papal Provisions* (Oxford, 1935); F. Kempf, *The Church in the Age of Feudalism*, Vol. Ill of *Handbook of Church History*, ed. H. Jedin et aL. (New York, 1969); James A. Watt, *The Theory of Papal Monarchy in the Thirteenth Century* (New York, 1965); Tierney, *Origins of Papal Infallibility*, 1150-1350 (Leiden, 1972); Kuttner, *Kanonistisches Schuldlehre von Gratian bis auf die Dekretalen Gregors IX* (Rome, 1935); Oswald J. Reichel, *A Complete Manual of Canon Law* (London, 1896); R. C. Mortimer, *Western Canon Law* (Berkeley, 1953); also Richard Potz, *Die Geltung kirchenrechtlicher Normen* (Vienna, 1978); 以及 Helmuth Pree, *Die evolutive Integration der Rechtsnorm in kanonischen Recht* (Vienna, 1980)。

〔12〕 被下文援引: R. G. G. Knox, *Rufirtus and Stephen on Church Judgment* (Ph. D. diss., Yale University, 1976); cf. Gillet.

〔13〕 Reichel; John T. Noonan, "Marital Affection in the Canonists," *Studia Gratiana*, 12 (1967), 481-509; Tierney, *Medieval Poor Law*; Richard Trexler, *Synodal Law in Florence and Fiesole*, 1306-1518 (Rome, 1971); Wilhelm Endemann, *Studien in der romanisch-kanonistischen Wirthschafts- und Rechtslehre* (2 vols., Berlin, 1874-83); and James A. Brundage, *Law, Sex, and Christian Society in Medieval Europe* (Chicago, 1987).

〔14〕 René Wehrlé, *De la coutume dans le droit canonique* (Paris, 1928); John P. Dawson, *A History of Lay Judges* (Cambridge, Mass., 1960); *La norma en el derecho canónico*, Actas del III congreso internacional de derecho canónico (Pamplona, 1979); Martin Hechel, "Säkularisierung: Staatkirchliche Aspekte eines umstrittenen Kategorie," *Zeitschrift der Savigny-Stiftung für Rechtsges-chichte*, Kan. Abt., 66 (1980), 1-163; also Damian van den Eyde, "The Terms 'ius positivum' and 'signum positivum' in Twelfth-Century Scholasticism," *Franciscan Studies*, 9 (1949), 41-49; and Stephan Kuttner, "Sur les origines du cerme 'droit positif,'" *Revue historique de droit français et étranger*, 4th ser., 15 (1936) 728-40, 重印于他的 *History of Ideas and Doctrines of Canon Law in the Middle Ages* (London, 1980)。

〔15〕 Abbo of Fleury (d. 1004), *Collectiocanonum* (*Patrilogialatinae*, 139, col. 481), 被下文援引: Jean-Marie Salgado, "La Méthode d' interprétation du droit en usage chez les canonisces," *Revue de l' Universitéd' Ottawa*, 21 (1951), 209. See also Kuttner, "Urban II and the Doctrine of Interpretation: A Turning Point?", *Studia Gratiana*, 15 (1972), 55-86, 重印于其 *History of Ideas*; and Le Bras, *Histoire du droit*, 116, and "Les Problèmes du temps dans l' histoire du droit canon," *Revue historique de droit français et étranger*, 4th ser., 30 (1952), 487-513; and Mortimer, 46ff。

〔16〕 Hostiensis, *Summa*, 被下文援引: Caron, 133, and on Hostiensis, Clarence Gallagher, *Canon Law and the Christian Community* (Rome, 1978). See also C. Lefebvre, *Les Pouvoirs du juge en droit canonique* (Paris, 1938); Wohlhaupter, 68ff; and F. W. Maitland, *Roman Canon Law in the Church of England* (London, 1898).

〔17〕 Kenneth Pennington, "Law," in *Cambridge History of Medieval Political Thought*, ed. J. H. Burns (Cambridge, Eng., 1988), 428.

〔18〕 J. T. McNeil and Helen M. Game, *Medieval Handbooks of Penance* (New York, 1938); and see H. Appel, *Die Lehre der Scholastiker von der Synteresis* (Rostok, 1891); J. Stelzenberger, *Syneidesisy, Conscientia, Gewissen* (Paderborn, 1963); and A. Cancrini, *Syneidesis* (Rome, 1970).

〔19〕 J. Gilchrist, *The Church and Economic Activity in the Middle Ages* (New York, 1969); Philippe Godding, "La Notion de possession du droit romano - canonique dans les principalités belges aux 12e et 13e siècles," *Studia Gratiana*, 19 (1976), 315-335; Benjamin N. Nelson, *The Idea of Usury: From Tribal Brotherhood to Universal Otherhood* (Princeton, 1949). 关于教会法对于法典编纂的意义, See Sten Ganér, *Studien zur Ideengeschichte der Gesetzgebung* (Stockholm, 1960)。

〔20〕 一个有用的指引是 Patrice Cousin, *Précis d'histoire monastique* (Paris, 1956); and see Ch. 6 at n. 10。

〔21〕 James Muldoon, *Popes, Lawyers, and Infidels* (Philadelphia, 1979); Joan D. Tooke, *The Just War in Aquinas and Grotius* (London, 1965).

〔22〕 Joseph Hefele (-Leclercq), *Histoire des conciles* (11 cols., Paris, 1907-49); Tierney; Anthony J. Black, *Monarchy and Community: Political Ideas in the Later Conciliar Controversy* (Cambridge, Eng., 1970); Hubert Jedin, *A History of the Council of Trent*, Vol. II, tr. E. Graf (Edinburgh, 1961).

〔23〕 Henry of Langenstein, *A Letter on Behalf of a Council of Peace*, and Dietrich of Niem, *Ways of Uniting and Reforming the Church*, both in *Advocates of Reform*, ed. M. Spinka (Philadelphia, 1953）; and cf. Post, 163-240. "QOT" 公式成为教会法的一个 "规则", 类似于民法上的 regulae antiqui juris: see, eg., J. C. Dantoine, *Les Règles du droit canon* (Liège, 1775), 181, "Quod omnes tangit...Le consentement de tous les interessés est requis dans une affaire commune entre plusieurs personnes"。

［24］ Anthony J. Black, *Council and Commune: The Conciliar Movement and the Fifteenth-Century Heritage* (London, 1979).

［25］ See Jean Pierre Royer, *L'Église et le royaume de France au XIVe siècle d'après le "Songe du Vergier" et la jurisprudence du Parlement* (Paris, 1969); Georges de Lagarde, "Le 'Songe du verger' et les origines du gallicanisme," 摘取自 *Revue des sciences religieuses* (Paris, 1934); 以及上文注释 4 所引的文献。

［26］ See *La seconda scolastica nella formazione del diritto privato moderno*, ed. P. Grossi (Florence, 1973); Joseph Soder, *Francesco Suarez und die Völkerrecht* (Frankfurt, 1973); Michel Villey, "La Promotion de la loi et du droit subjectif dans la seconde scolasdque," *Quaderni fiorentini*, I (1972), 23-52; José Fernande-Santamaria, *The State, War, and Peace: Spanish Political Thought in the Renaissance, 1516-1559* (Cambridge, Eng., 1977); also Paolo Prodi, *Il sovrano pontifice* (Bologna, 1982); Eng. tr. by Susan Haskins (Cambridge, Eng., 1987); and Ch. 12.

［27］ See E. N. Van Kleffens, *Hispanic Law* (Edinburgh, 1968), 183, 291.

［28］ Robert Feenstra, "L'Influence de la scolastique espanole sur Grotius en droit privé," *Quaderni fiorentini*, I (1973) 377-402.

［29］ 一般性的阐述可参见 Y. Congar, *Tradition and Traditions*, tr. M. Naseby and T. Ramborough (New York, 1966); August Deneffe, *Der Traditionsbegriff* (Munster, 1931); and Jaroslav Pelikan, *The Christian Tradition* (Chicago, 1971)。

［30］ Alberto Pincherle, "Graziano e Lutero," *Studia Gratiana*, 3 (1953), 453-81. See Gordon Rupp, *The Righteousness of God* (London, 1963), on Luther and *justitia*. (总的来说, 我避免了提及讨论路德 "法律" 观念汗牛充栋的文献。)

［31］ "Why the Books of the Pope and his Disciples Were Burned by Doctor Martin Luther," tr. L. Spitz [Sr.], in *Luther's Works*, XXXI, ed. H. Grimm (Philadelphia, 1957), 383-95.

［32］ Domenico Maffei, *La Donazione di Costantino nei giuristi medievali* (Milan, 1964).

［33］ Luther, "Why the Books Were Burned."

［34］ Philip Melanchthon, "Oratio de legibus" (1523-25), ed. Guido Kisch, *Melanchthons Rechts- und Soziallehre* (Berlin, 1967), 189-209.

〔35〕Jean Calvin, *Institutes de la religion chrétienne*, esp. II, vii; 同时可参见其他许多文献, 如 Josef Bohatec, *Calvin und das Recht* (Feudingen, 1934)。

〔36〕François Hotman, *De statu primitivae ecclesiae* (Geneva, 1553); and see D. R. Kelley, *Franqçois Hotman: A Revolutionary's Ordeal* (Princeton, 1973)。

〔37〕Charles Dumoulin, *Annotationes ad jus canonicum*, in *Opera omnia* (Paris, 1861), IV; 一般地, 可参见 René Metz, "La Contribution de la France à l'étude du décret de Gratien depuis le XVIe siècle jusqu'à nos jours," *Studia Gratiana*, 2 (1954), 495-518; Michel Reulos, "Le Décret de Gratien chez ies humanistes, les Gallicans, et les réformésfrançais du XVIe siècle," *Studia Gratiana*, 2 (1954), 679-96; and J. F. von Schulte, *Die Geschichte der Quellen und Lit-eratur des canonischen Rechts von der Mitte des 16. Jahrhunderts bis zu Gegenwart* (Stuttgart, 1880)。

〔38〕Dumoulin, *Annotationes*, 176, and also 121 (涉及 "stulta praxis canonistarum") and 156 (涉及他们的方法——"falsum et Judaicum")。

〔39〕D. R. Kelley, "Fides Historiae: Charles Dumoulin and the Gallican View of History," *Traditio*, 22 (1966), 347-402; and see J. L, Thireau, *Charles Dumoulin*, 1500-1566 (Geneva, 1980)。

〔40〕Richard Hooker, *Of the Laws of Ecclesiastical Polity*, I, ed. G. Edelen (Cambridge, Eng., 1977), 献给"在英国教会中寻求法律之改革、建立教会法秩序的人", 同时有一个对 "*Primarie* and *Secondarie lawes*" 的讨论, 见 108 页。

第十章 英格兰的发展：普通法

〔1〕Bracton, *De legibus et consuetudinibus*, *Angliae*, ed. and tr. Samuel Thorne (Cambridge, Mass., 1968), I, 19. 一般性的材料, 可参见 W. S. Holdsworth, *A History of English Law* (London, 1923-66), and *Sources and Literature of English Law* (London, 1925); F. Pollack and F. W. Maitland, *The History of English Law before the Time of Edward I* (2 vols., Cambridge, Eng., 1898); T. F. T. Plucknett, *A Concise History of the Common Law* (London, 1956), and *Early English Legal Literature* (Cambridge, Eng., 1958); H. G. Richardson and G. O. Sayles, *Law and Legislation from Aethelbert to Magna Carta* (Edinburgh, 1966); J. P. Dawson, *The Oracles of the Law* (Ann Arbor, 1968), and *A History of Lay Judges* (Cambridge, Mass., 1967); S. F. C. Milsom, *The Legal Framework of English Feudalism* (Cambridge, Eng., 1976); and Arthur R. Hogue, *Origins of the Common Law* (Indianapolis, 1966)。

〔2〕HenriLevy-Ullman, *The English Legal Tradition: Its Sources and History*, tr. M. Mitchell (London, 1935), 23.

[3] L. J. Downer, ed., *Leges Henrici Primi* (Oxford, 1972), 80.

[4] See Ch. 6, n. 40.

[5] M . T . Clanchy, *From Memory to Written Record: England*, 1066-1307 (London, 1979); Paul Brand, "The Origin of the English Legal Profession," *Law and History Review*, 5 (1987), 31-50; and James A. Brundage, "The Medieval Advocate's Profession," *Law and History Review*, 6 (1988), 439-64; V. H. Galbraith, *Studies in the Public Records* (London, 1948); and L. W. Abbott, *Law Reporting in England*, 1485-1585 (London, 1973).

[6] J. W. Gough, *Fundamental Law in English Constitutional History* (Oxford, 1955); Charles Gray, "Reason, Authority, and Imagination: The Jurisprudence of Sir Edward Coke," in *Culture and Politics from Puritanism to the Enlightenment*, ed. P. Zagorin (Berkeley, 1980); Stephen D. White, *Sir Edward Coke and "The Grievances of the Commonwealth,"* 1621-1628 (Chapel Hill, 1979).

[7] R. C. Van Caenegem, *Royal Writs in England from the Conquest to Glanvill* (London, 1959); and Robert Palmer, "The Origin of Property in England," *Law and History Review*, 3 (1985), 1-50 (and cf. 375-96).

[8] Samuel Thorne, ed., *Bracton on the Laws and Customs of England* (Cambridge. Mass., 1968).

[9] Gaines Post, *Studies in Medieval Legal and Political Thought* (Princeton, 1964), 163-240 (esp. 189).

[10] C. H. Mcllwain, *The High Court of Parliament and Its Supremacy* (New Haven, 1934).

[11] T. F. T. Plucknett, *Statutes and their Interpretation in the First Half of the Fourteenth Century* (Cambridge, Eng., 1922).

[12] David Jenkins, citied by John Dykstra Eusden, *Puritans, Lawyers, and Politics in Early Seventeenth-Century England* (New Haven, 1958), 46.

[13] John Fortescue, *De laudibus legum Anglie*, ed. and tr. S. B. Chrimes (Cambridge, Eng., 1949), 16. 一般性的材料, 参见 Lawrence Manley, *Convention*, 1500-1700 (Cambridge, Mass., 1980), 106; J. G. A. Pocock, *The Ancient Constitution and the Feudal Law*, 2nd ed. (Cambridge, Eng., 1987), 16, 34; Samuel Kliger, *The Goths in England* (Cambridge, Mass., 1952.); Donald W. Henson, *From Kingdom to Commonwealth* (Cambridge, Mass., 1970); G. R. Elton, "The Rule of Law in Sixteenth-Century England," in his *Studies in Tudor and Stuart Politics and Government* (Cambridge, Eng., 1974), I, 260-84; E-W. Ives, *The Common Lawyers of Pre-Reformation England* (Cambridge, Eng., 1983); Wilfrid

Prest. *The Inns of Court under Elizabeth and the Modern Euope and America* (New York, 1981), esp. Prest, "The English Bar, 1550-1700," 65-85, J. H. Baker, "The English Legal Profession, 1450-1550," 16-41, and C. W. Brooke, "The Common Lawyers in England, c. 1558-1642," 42-64; J. H Baker, "The Dark Age of English Legal History, 1500-1700," *Legal History Studies*, 1972, ed. D. Jenkins (Cardiff, 1975), 1-27; C. W. Brooke, "Litigants and Attorneys in the King's Bench and Common Pleas, 1560-1640," in *Legal Records and the Historian*, ed. J. H. Baker (London, 1978); Johann P. Sommerville, *Politics and Ideology in England*, 1603-1640 (London, 1986), and "The Norman Conquest in Early Stuart Political Thought," *Political Studies*, 34 (1986), 249-61。

[14] Pollock and Maitland, I, 58-65; and R. F. Jones, *The Triumph of the English Language* (Stanford, 1953).

[15] Fortescue, 15ff; cf. Daniel Boorstin, *The Mysterious Science of Law* (Cambridge, Mass., 1941).

[16] Charles Gray, *Copyhold, Equity, and the Common Law* (Cambridge, Mass., 1963).

[17] Coke, *The Reports* (13 vols., London, 1738), vol. X, fol. xvii; and cf. François Hotman, *De feudis commentatio tripertita*, in *Operum* (Lyon, 1599-1600), vol. II, col. 913.

[18] Christopher St. German, *Doctor and Student*, ed. T. F. T. Plucknett and J. Barton (London, 1974), chs. 6-11; John A. Guy, *Christopher St. German on Chancery and Statute* (London, 1985); W. J. Jones, *The Elizabethan Court of Chancery* (London, 1967); Stuart Prall, "The Development of Equity in Tudor England," *Journal of Legal History*, 8 (1964), 1-19; and John A. Guy, "Law, Equity, and Conscience in Henrician Juristic Thought," in *Reassessing the Henrician Age*, ed. A. Fox and John A. Guy (London, 1986), 179-98; also Maitland, *Equity*, revised by J. Brunyate (Cambridge, Eng., 1936).

[19] St. German, 57.

[20] Fortescue, ch. 39.

[21] St. German, xlvi (editor's preface).

[22] William Blackstone, *Commentaries on the Laws of England in Four Books*, ed. G. Sharswood (2 vols., Philadelphia, 1862), bk. II, ch. 9 (#145).

[23] Richard Hooker, *Of the Laws of Ecclesiastical Polity*, I, ed. George Edelen (Cambridge, Mass., 1977), 108 cf. Manley, 90; and Arthur Ferguson, *Clio Unbound* (Durham, N. C., 1979), 329-45.

[24] Burke, cited in James K. Chandler, *Wordsworth's Second Nature: A Study of Poetry and Politics* (Chicago, 1984), 71.

[25] Coke, II, preface; and cf. Pocock, *The Ancient Constitution*; Herbert Butterfield, *The Englishman and His History* (Cambridge, Eng., 1944); and John W. McKenna, "How God Became an Englishman," in *Tudor Rule and Revolution*, ed. D. Guth and John McKenna (Cambridge, Eng., 1982), 25-44.

[26] Coke, III, preface; and on *judex lex loguens* see Karel Menzo Schönfeld, *Montesquieu en "la bouche de la loi"* (Leiden, 1979), 42., etc.

[27] Willliam Lambarde, *Archeion, or a Discourse upon the High Court of Justice in England*, ed. C. McIlwain and P. Ward (Cambridge, Mass. , 1959) 126; and cf. *William Lambarde and Local Government*, ed. C. Reed (Ithaca, 1962); and Wilbur Dunkel , *William Lambarde Elizabethan Jurist*, 1536-1601 (New Brunswick, N. J., 1965). Cf. Thomas Phaer, *A newe boke of presidentes* (London, 1543); and Rupert Cross, *Precedents in English Law* (Oxford, 1961). Cf. also *Magna Carta*, c. 39; and *Libri Feudorum*, V, 1.

[28] Henry Finch, *Nomotechnia, Cest a scavoir, un description del cannon leyes dangleterre solonque les Rules del Art Paralleleesoue les Prerogatives le Roy* (London 1613); and cf. Wilfred R. Prest, "The Art of Law and the Law of God: Sir Henry Finch, 1558-1625," in *Puritans and Revolutionaries* (Oxford 1978), 95-117.

[29] Coke, VII, preface; and Fortescue, 21. John Bridall, *Speculum juris anglicana* (London, 1673), 49, 先将习俗定义为一种曾经合理的行为方式, 然后成长为一种完美形式, 并且对人民有益。

[30] Oliver Wendell Holmes, Jr., *The Common Law* (Boston, 1881), I.

[31] Duck, *De usu et autoritate juris civilis Romanorum per dominia principum christianorum* (London, 1653); *Ius Romani Medii Aevi* (Milan, 1961-), 24 vols. by various authors; Holdsworth , *History of English Law*, IV; Eleanor Rathbone, "Roman Law in the Anglo-Norman Realm," *Studia Gratiana*, 11 (1967), 255-71; RalphV. Turner, "Roman Law in England before the Time of Bracton," *Journal of British Studies*, 15 (1975), 1-25; H. Coing, "Das Schrifttum der englischen Civilians und die kontinentale Rechtsliteratur in dere Zeit zwischen 1550 und 1800," *Ius Commute*, 5 (1975) 1-55; Walter Ullmann, "Bartolus and English Jurisprudence," *Jurisprudence in the Middle Ages* (London 1980) , 18 (评论了 Gentili' sphrase "Bartolus Noster"); Brian P. Levack, *The Civil Laws in England* (Oxford, 1973); "The English Civilians, 1500-1700," in Prest, ed., *Lawyers*, 108-28, "Law and Ideology: The Civil Law and Theories of Absolutism in Elizabethan and Jacobean England," in *The Historical Renaissance*, ed. R. Strierand H. Dubrow (Chicago, 1988), and *The Formation of the English State England, Scotland, and the Union*, 1603-1707, (Oxford, 1987). See also Maitland,

English Law and the Renaissance（Cambridge, Eng., 1901），以及同名的相关作品 Samuel Thornein *La storia del diritto nel quadro delle scienze storiche*（Florence, 1966）以及同一主题的校正作品, 437-45; and W. S. Holdsworth, "Reception of Roman Law in the Sixteenth Century," *Law Quarterly Review*, 27（1911）, 387-98, and *Essays in Law and History*, ed. A. L. Goodhart and H. G. Hanburv（Oxford, 1946）, 188; Daniel R. Coquillette, "Legal Ideology and Incorporation: I, The English Civilian Writers, 1523-1607," *Boston University Law Review*, 61（1981）, 1-89; Louis Knafla, "The Influence of Continental Humanism on English Common Law in the Renaissance," in *Acta Neo-Latini Bononiensis*, ed. R. J. Schoeck（Binghamton, N. Y., 1985）; and D. R. Kelley, "History, English Law, and the Renaissance," *Past and Present*, 65（1974）, 24-51（重印于 *History, Law, and the Human Sciences*）and 72（1976）, 143-46.

〔32〕R. Crompton, *L' Authoroté et iuridiction des courts de la maiesté de la royne*（London, 1637）.

〔33〕Hooker, preface; cf. Cosin, *An Apologie of, and for, sundrie proceedings by Iurisdiction Ecclesiastical*（London, 1591）.

〔34〕Cambridge University Library, Baker MS 37, fols. 212r-220v, "D. Thomas Smith Doctoris LL. et Regii apud Cantabrigiensis Professoris, Oratio prima, de suis auditoribus, et de ratione studii juris civilis."

〔35〕Alberico Gentili, De iuris interpretibus（London, 1582）; and see Guido Astuti, *Mos italicus e mos gallicus nei dialoghi " de iuris interpretibus" de Alberico Gentili*（Bologna, 1937）; and Diego Panizza, Alberico Gentili: giurista ideolgico nell'lnghliterra elizabettiana（Padua, 1981）.

〔36〕*Opus epistolarum Des. Erasmi*, ed. P. S. Allen, IV（Oxford, 1922）, 17.

〔37〕Robert Wiseman, *The Law of Laws or the Excellency of the Civil Law, above all other humane laws whatsoever*（London, 1656）.

〔38〕Cited by Dunkel, 33.

〔39〕Coke, X, preface.

〔40〕Fortescue, 42.

〔41〕*Acts of the Privy Council of England*, ed. J. R. Dasent（London, 1890）, II, 49.

〔42〕Thomas Smith, *De Republica Anglorum*, ed. Mary Dewar（Cambridge, Eng., 1982）, 89 and 96, 他评论道, 在民法中, 确定事实后, 律师根据法律来处理纠纷, 正如法谚所云: ex facto jus oritur。

〔43〕John Aylmer, An Harborovve for faithful and trewesubiectes（Strasbourg,〔1559〕）, sig. K4V, Q2v.

〔44〕John Rastel, *Expositiones terminorum legum anglorum* (n. p. , 1527),"prohemium."

〔45〕John Doderidge, *The English Lawyer* (London, 1631), 对匿名的 *The Lawyers Light* 的重印稿。

〔46〕Edward Hake, *Epieikeia: A Dialogue on Equity in Three Parts*, ed. D. E. C. Yale (New Haven, 1953), 33.

〔47〕*The Political Works of James I*, ed. C. McIlwain (Cambridge, Mass., 1918), 310.

〔48〕[Anon.], *Englands Monarch* (London, 1644), 反对 Gentile's *Regales disputationes tres* (London, 1604); and cf. John Cowell, *The Interpreter* (Cambridge, Eng., 1607)。

〔49〕Wiseman, 19; and Etienne Pasquier, L' *Interprétation des Institutes de Justinian*, ed. M. le due Pasquier (Paris, 1847), I, 26; cf. Roger Twysden, *Certain Considerations upon the Government of England*, ed. J. M. Kemble (Cambridge, Eng., 1849), 84-85.

〔50〕William Fulbeke, *A Parallele or Conference of the Civil Law, the Canon Law, and the Common Law of this Realme of England* (London, 1618), preface; 以及参见其 *Pandectes of the Law of Nations* (London, 1602), (他) 对读者们说,"我好像是在思维的世界里徜徉,在求知的天堂里,在众多的美好幻象中有四种完美的法律:一是教会法,对我有天然的吸引力;二是民法,其智慧让我倾慕;三是普通法,令我拜服;四是国际法,我恭敬地服从。"

〔51〕See Ch. 13 at n. 2.

〔52〕John Selden, "Notes on Sir John Fortescue's *De laudibus...in Opera omnia* (London, 1725), vol. Ill, col. 1892; and see Paul Christianson, "John Selden, the Five Knights' Case, and Discretionary Imprisonment," *Criminal Justice History*, 6 (1985), 65-87; and Richard Tuck, *Natural Rights Theories: Their Origin and Development* (Cambridge, Eng., 1979), ch. 4.

〔53〕*English Works of Sir H. Spelman* (London, 1723), II, 100.

〔54〕British Library, Sloane MS 3828, "A Discourse on the First 4 Chapters of the Digest to Shew the Excellence and usefullnesse of the Civill Law," by George Mackenzie (口述记录到他1691年5月8日去世之前), and Harleian MS 6850, "Proposals for publishing the body of the Civil Law with annotations."

〔55〕Francis Bacon, *The Elements of the Common Lawes* (London, 1617), 献给伊丽莎白女王, in *The Letters and the Life of Francis Bacon*, ed. James Spedding (London, 1874), VII, 358, and *Works*, ed. Spedding, (Boston, 1861), XV, 317; and William Phillips, *Studii*

Legalis Ratio (London, 1675), 70. See also Barbara Shapiro, "Codification of Laws in Seventeenth-Century England," *Wisconsin Law Review* (1974), 428-65; and Roger T. Simonds, "Bacon's Legal Learning Its Influence on His Philosophical Ideas," *Acta Conventus Neo-Latini Sanctadreani*, ed. I. D. McFarlane (Binghamton, N. Y., 1986).

[56] William Noy, *The Compleat Lawyer*, or *a treatise concerning tenures and estates* (London, 1670); and see Holdsworth, *History of English Law*, VI, 683-94.

[57] William Dugdale, *Origines juridicales*, 2nd ed. (London, 1671), 3.

[58] See above, n. 13.

[59] Thomas Hobbes, *The Elements of Law, Natural and Politic*, ed. F. Tönnies (Cambridge, Eng., 1928), 51; 也可参见 Stuart E. Prall, *The Agitation for Law Reform during the Puritan Revolution* (The Hague, 1966)。

[60] Thomas Hobbes, *A Dialogue between a Philosopher and a Student of the Common Laws of England*, ed. J. Cropsey (Chicago, 1971), 55ff.

[61] Matthew Hale's "Criticisms on Hobbes's Dialogue of the Common Laws" (British Library, Harleian MS 711, fols. 418-39), in Holdsworth, *History of English Law*, V, 499-513; and cf. Hale, *The History of the Common Law of England*, ed. C. Gray (Chicago, 1971).

[62] Hale's "Criticisms," in Holdsworth, V, 512.

[63] John Bowie, *Hobbes and His Critics* (London, 1951); Samuel Mintz, *The Hunting of Leviathan* (Cambridge, Eng., 1962); and Corinne Comstock Weston and Janille Renfrom Greenberg, *Subject and Sovereign: The Grand Controversy on Legal Sovereignty in Stuart England* (Cambridge, Eng., 1981).

[64] William Petyt, *The Antient Right of the Commons Asserted* (London, 1680). Cf. William Atwood, *Jus Anglorum ab Antiquo* (London, 1688), and Robert Brady, *An Introduction to the English History* (n. p., n. d.), 后者包含了反皮特的小册子和论文 *Argumentum Antinormanicum*, 以及国王世系图。See also J. G. A. Pocock, "Robert Brady," *Cambridge Historical Journal*, 10 (1950-52), 186-204.

[65] John Tyrrell, *Biblioteca politica*, or *a discourse By way of dialogue whether Monarchy be jure divino* (London, 1694).

[66] Blackstone, 16; cf. Luc Henry Dunoyer, *Blackstone et Pothier* (Paris, 1927); Robert Chambers, *A Course of Lectures on the English Law*, 1767-73 (Madison, 1986); Boorstin; and now David Lieberman, *The Province of Legislation Determined: Legal Theory in Eighteenth-Century Britain* (Cambridge, 1989).

[67] Richard B. Sher, *Church and University in the Scottish Enlightenment* (Princeton,

1985), 315-18, 关于从神职人员到法律人的"戏剧性转变", 一般性的研究可参见 Stafr-Society, ed., *Introduction to Scottish Legal History* (Edinburgh, 1958), and *An Introductory Survey of the Sources and Literature of Scots Law* (Edinburgh, 1936); D. M. Walker, *The Scottish Jurists* (Edinburgh, 1985); R. H. Campbell and Andrew Skinner, eds., *The Origins and Nature of the Scottish Enlightenment* (Edinburgh, 1982); Anand C. Chitnis, *The Scottish Enlightenment: A Social History* (Totowa, N. J., 1976), ch. 4, and *The Scottish Enlightenment and Early VictorianSociety* (London, 1986); Jane Rendall, *The Origins of the Scottish Enlightenment* (London, 1978); Peter Stein, "Law and Society in Eighteenth-Century Scottish Thought," *Essays in Scottish History in the Eighteenth Century*, ed. N. T. Phillipson and R. Mitchison (Edinburgh, 1970), 148-68; I. Hont and M. Ignatieff, eds., *Wealthand Virtue* (Cambridge, Eng., 1983); and Ronald Meek, *Social Science and the Ignoble Savage* (Cambridge, Eng., 1976), 以及他的其他作品。

[68] James Dalrymple, Viscount Stair, *The Institutions of the Law of Scotland* [1681, 1693], ed. D. Walker (Edinburgh, 1981); and see William M. Gordon, "Stairs's Use of Roman Law," *Law-Making and Law-Makers in British History*, ed. A. Harding (London, 1980).

[69] James Moore and Michael Silverthorne, "Gershom Carmichael and the Natural Jurisprudence Tradition in Eighteenth-Century Scotland," and J. G. A. Pocock, "Cambridge Paradigms: A Study of the Relations between Civic Humanism and the Civil Jurisprudence Interpretations of Eighteenth-Century Social Thought," in *Wealth and Virtue*, 235-52.

[70] Henry Home, Lord Kames, *Historical Law Tracts* (Edinburgh, 1761), 22; and see William C. Lehman, *Henry Home, Lord Kames, and the Scottish Enlightenment* (The Hague, 1971); and David Lieberman, "The Legal Needs of a Commercial Society: The Jurisprudence of Lord Kames," in *Wealth and Virtue*, 203-34.

[71] See Ch. 14 at n. 16.

[72] A. Y. Goguet, *The Origin of Laws, Arts and Sciences and their Progress among the Most Ancient Nations* (Edinburgh, 1775).

[73] *The Works of James Wilson*, ed. R. G. McCloskey (Cambridge, Mass., 1967), lectures on law (1790-91), I, 70; and see Geoffrey Seed, *James Wilson* (Millwood, N. Y., 1978); also H. Trevor Coulborn, *The Lamp of Experience: Whig History and the Origins of the American Revolution* (Chapel Hill, 1965).

[74] *The Earliest Diary of John Adams*, ed. L. H. Butterfield (Cambridge, Mass., 1966), 55, 76; and *Diary and Autobiography of John Adams*, ed. Butterfield (Cambridge, Mass., 1962), II, 375, III, 271, IV, 200; and see Gilbert Chinard, *Honest John Adams* (Boston,

1933).

[75] Thomas Jefferson, *The Writings*, ed. Paul Leicester Ford (NewYork, 1898), IX, 480, XVIII, 1 (" The Batture at New Orleans"), XV, 207; and see Merrill D. Peterson, *Thomas Jefferson and the New Nation* (New York, 1970); and Karl Lehman, *Thomas Jefferson: American Humanist* (New York, 1947).

第十一章　法国式的法学

[1] Nicolas Reusner, *CHEIRAGOGIA*, *sive Cynosura iuris* (Speier, 1588), appendix. 一般性的和进一步的参考可见 D. R. Kelley, *Foundations of Modern Historical Scholarship* (New York, 1970), and "Civil Science in the Renaissance: Jurisprudence in the French Manner," *History of European Ideas*, 2 (1981), 261-76 (reprinted in *History, Law, and the Human Sciences*); Vincenzo Piano Mortari 的多种著作, 如 *Diritto romano e diritto nazionale in Francia nel secolo XVI* (Milan, 1962), *Diritto logica metodo nel secolo XVI* (Naples, 1978), and *Gli Inizi del diritto moder no en Europa* (Naples, 1980); 以及 Hans Erich Troje, *Graeca Leguntur* (Cologne, 1971), and his sections in Helmut Coing, *Handbuch der Quellen und Literatur der neueren europäischen Privatrechts geschichte* II (I) (Munich, 1977), 615-795。

[2] De juris interpretibus dialogi sex (London, 1582), 4; and see Ch. 8 at n. 51. Cf. G. C. J. J. van der Bergh, "Auctoritas Poetarum: The Fortunes of a Legal Argument," in *Daube Noster*, ed. A. Watson (Edinburgh 1974), 105-17, 以及 "A Note on Humanist Philology and Legal Scholarship", *Satura Roberto Feenstra* (Freiburg, 1985), 523-32, and *Themis ende Muzen* (Haarlem, 1964).

[3] "Epistola Francisci Duareni and Andream Guillartum...De ratione docendi discendique Iuris conscripta," *Opera omnia* (Geneva, 1608), 288-93; and Equinaire Baron, "De ratione docendi, discendique iuris civilis, Ad iuventutum," in his Opera omnia, ed. F. Baudouin (Paris, 1562), I; 两者都重印于 Reusner, 11-37, 37-40. See E. Durtelle Saint-Sauveur, "Eguiner Baronet et l'École de Bourgesavant Cujas," *Travaux juridiques et canoniques de l'Universitéde Rennes*, 15 (1936), 69-114; and W. Vogt, *Franciscus Duarenus, 1509-1559* (Stuttgart, 1970)。

[4] Jacques Flach, *Cujas, les glossateurs, et les bartolistes* (Paris, 1883); and Pierre Mesnard, "La Place de Cujas dans la querelle de l'humanisme juridique," *Revne historique de droit francais et étranger*, 4th ser., 28 (1950), 521-37.

[5] David Quint, *Origins and Originality in Renaissance Literature* (New Haven, 1983).

[6] Anthony Grafton, *Joseph Scaliger* (London, 1984), I; John D'Amico, *Theory and*

Practice in Reniassance Textual Criticism: *Beatus Rhenanus between Conjecture and History* (Berkeley, 1988); and William McCuaig, *Carlo Sigonio*: *The Changing World of the Late Renaissance* (Princeton, 1989), 包含对意大利、法国、德国式文本批判主义的论述, and see Ch. 8 at n. 31.

〔7〕See D. R. Kelley, "Civil Science in the Renaissance: The Problem of Interpretation," in *The Language of Political Theory in Early-Modern Europe*, ed. A. Pagden, (Cambridge, Eng., 1987), 57-78; and Ch. 12 at n. 7.

〔8〕François Baudouin, *De institutiorie historiae universae et eius cum jurisprudentia coniunctione* [1561] (Strasbourg, 1608); and see M. Erbe, *François Bauduin* (Gutersloh, 1978); D. R. Kelley, "The Rise of Legal History in the Renaissance," *History and Theory*, 9 (1970), 174-94 (reprinted in *History, Law, and the Human Sciences*), and *François Hotman*: *A Revolutionary's Ordeal* (Princeton, 1973); and A. Eyssel, *Doneau, sa vie et ses ouvrages* (Dijon, 1860).

〔9〕参见本章注释41.

〔10〕Baron, *Opera*, I, 29; and Hugues Doneau, *Opera omnia* (Lucca, 1762), vol. I, col. 48.

〔11〕See Jean Moreau-Reibel, *Jean Bodin et le droit public compare dans ses raports avec la philosophie de l'historie* (Paris, 1933); also Jacques Brejon, *André Tiraqueau, 1488-1558* (Paris, 1937); and A. J. Carlyle, *A History of Medieval Political Theory in the West*, VI, (Cambridge, Eng., 1936).

〔12〕Leonardo Bruni, *Humanistisch-Philosophische Schriften*, ed. H. Baron (Leipzig, 1928), 88-96, tr. in G. Griffiths et aL., *The Humanism of Leonardo Bruni*: *Selected Texts* (Binghamton, N. Y., 1987); 对比代 (Budé) 的论述, 参见 David O. MacNeill, *Guillaume Budé and Humanism in the Reign of FrancisI* (Geneva, 1975); and D. R. Kelley, *Foundations of Modern Historical Scholarship*, ch. 3; 但是也可参见 Douglas Osler 在 *Ius Commune*, 13 (1985), 195-212 中的批评。

〔13〕Baron, "Commentary on the Digest," in *Opera*, I, 27, 38; 以及他的 *Institutionum civilian ab Iustiniano Caesare editarum libri quattro, bipartito commentario illustrati* (Poitou, 1546)。

〔14〕Baron, *Opera*, I, 164.

〔15〕Ibid., 67. 对拜伦而言, 习俗既不是 observata 也不是过时的 (I, 49)。

〔16〕François Connan, *Commentarii iuris civiles libre* X (Paris, 1553), fols. 39v-44v; and see Christoph Bergfeld, *Franciscus Connanus, 1508-1551* (Cologne, 1551).

[17] Connan, fol. 43.

[18] Ibid., fols. 44, 40.

[19] Pierre Ayrault, *Rerum ab omni antiquitate iudicarum Pandectae* (Paris, 1573), sig. a2, "Res iudicatae, prima pars iuris, aut sola, aut praecipua," 以及 sig. a4, "Et Constitutio quid aliud est, quam quod ex multis iudiciis et opinionibus item variis aliorum exemplis definiri atque constituti placuit?"

[20] Jean Bodin, *Methodus ad facilem historiarum cognitionem*, in *Oeuvres philosophiques*, ed. Pierre Mesnard (Paris, 1951), 109. 有关博丹的丰富文献尤其见于 Horst Denzer, ed., *Jean Bodin: Verhandlungen der Internationalen Bodin Tagung* (Munich, 1973); 和 J. P. Mayer, ed., *Fundamental Studies on Jean Bodin* (New York, 1979), 重印于 Bezold, Feist, Hauser, Mesnard, 和其他人的经典作品中。

[21] 一般性论述, 可参见 Troje, *Graeca Leguntur*; Cesare Vasoli, *La dialettica e la retorica dell'umanesimo* (Milan, 1968); Otto Ritschl, *System und systematische Methode in der Geschichte der wissenschaftlichen Sprachgebrauchs und der philosophischen Methodologie* (Bonn, 1906); Guido Kisch, *Studien zur humanistische Jurisprudenz* (Basel, 1972), *Humanismus und Jurisprudenz* (Basel, 1955); and see Ch. 12。

[22] Joanna Artelle, "Le Thème de l'utilité publique dans la polémique anti-nobiliaire en France dans la deuxième moitié du XVI siècle," in *Théorie et Practice*, ed. P. Ourliac.

[23] See Ch. 7. at n. 47.

[24] Doneau, *Opera*, I, 75.

[25] François Hotman, *Dialecticae Institutiones* (Geneva, 1573); 也可参考他的 *Partitiones iuris civilis elementariae* (Basel, 1560)。

[26] Jean Coras, *De iuris arte libellus* (Lyon, 1560), *In titulum Pandectarum de Iustitia et Iure* (Lyon, 1568), and *De Iure civile, in artem redigendo*, in *Tractatus universi juris* (Venice, 1584), vol. I, fol. 59ff; 也可参见 A. London Fell, *Origins of Legislative Sovereignty and the Legislative State* (3 vols., Königstein, 1983-87)。

[27] Connan, fol. 8v.

[28] Doneau, vol. I, col. 47.

[29] Gregory of Toulouse, *Syntagma iuris universi, atque legum pene omnium gentium et rerum publicarum praecipuarum* (Frankfurt, 1591), 及 *De Republica* (Frankfurt, 1609); 并参见 Claude Collot, *L'École doctrinale de droit public de Pont-à-Mousson* (Pierre Grégoire de Toulouse et Guillaume Barclay) (Paris, 1965); 与 Luigi Gambino, *Il De Republica de Pierre Grégoire* (Milan, 1975)。

〔30〕See Ch. 3 at n. 60.

〔31〕参见 Auguste Lebrun, *La Coutume, ses sources—son autoritéen droit privé* (Paris, 1932); Piero Craveri, *Ricerche sulla formazione del diritto consuetudinario in Francia (Sec. XII—XVI)* (Milan, 1969); François Olivier-Martin, *Histoire de la coutume de la prévôté et vicomté de Paris* (Paris, 1922); Henri Beaune, *Introduction à l'étude historique du droit coutumier français* (Paris, 1880); Yvonne Bongert, *Recherches sur les cours laïques du Xe au XIIIe siècle* (Paris, 1949); René Filhol, *Le Premier Président Christofle de Thou et la Réformation des Coutumes* (Paris, 1937); John P. Dawson, *Orcles of the Law* (Ann Arbor, 1968), 和 "The Codification of the French Customs," *Michigan Law Review*, 30 (1940), 765-800; Paul Viollet, "Les Coutumes de Normandie," in *Histoire littéraire de France*, XXXIII (Paris, 1906), 41-190; 以及 Robert Besnier, *La Coutume de Normandie* (Paris, 1935)。

〔32〕Louis Le Caron, *Peithanon, seu verisimilium libri tres priores* (Paris, 1553), 以及 La Claire, *ou de la prudence du droit* (Paris, 1554); cf. Baudouin, *Commentarius in quatuor libros institutionum iuris civilis* (Paris, 1554), in tit.; see also D. R. Kelley, "Louis Le Caron Philosophe," in *Philosophy and Humanism: Renaissance Essays in Honor of Paul Oskar Kristeller*, ed. E. Mathoney (Leiden, 1976), 重印于 *History, Law, and the Human Sciences*; and Madeleine Foisil, "'La Loi et la Monarchie absolue selon les Pandectes ou Digestes du droit français de Louis Charondas Le Caron (XVI siècle)," in *La Formazione storica del diritto moderno en Europa* (Florence, 1977), I, 221-36。

〔33〕Louis Le Caron, *La Philosophie* (Paris, 1555), f. 12, 讨论了阿波罗神的训诫"Cognoi toi-mesme"。

〔34〕Louis Le Caron, *Panegyrique, ou Oraison de louange au Roy Charles VIII* (Paris, 1566), sig. Dii.

〔35〕Louis Le Caron, *Pandectes, ou Digestes du droict françois* (Paris, 1587), I, 3.

〔36〕Etienne Pasquier, *L'Interprétation des Institutes de Justinian, avec la conférence de chasque paragraphe aux ordonnances royaux, arretz de Parlement at coustumes générales de la France*, ed. M. le duc Pasquier (Paris, 1847); 以及 Guy Coquille, *Institution au droict françois*, in Oeuvres (3 vols., Paris, 1646), II。

〔37〕Antoine Loisel, *Institutues coutumières*, ed. Michel Reulos (Paris, 1935); and Michel Reulos, *Etude sur l'esprit, les sources, et la méthode des Insitutes couturières d'Antoine Loisel* (Paris, 1935). See also François de Launay, *Commentaire sur les Institutes Coutumières de M. Antoine Loisel* (Paris, 1665); and Claude Pocquet de Livonnière, *Regles du droit francois* (Paris, 1761).

〔38〕François Hotman, *Antitribonian* (Paris, 1603). 同时参见下述法学论文 A. H. Saint-Charmaran (Paris, Law Faculty, 1973); 以及 Kelley, François Hotman, 192-97。

〔39〕Etienne Pasquier, *Les Letters* (Paris, 1619), bk. 19, letters 8-14; 及 *Épitred' Antoine Loisel à son Ami Etienne Pasquier*, ed. A. Sorel (Arras, n. d.); 并参见 Dorothy Thickett, *Estienne Pasquier, 1529-1615: The Versatile Barrister of Sixteenth-Century France* (London, 1979). 这些信稿未被收录于 Thickett 的评述版中。

〔40〕Loisel, *Pasquier, ou dialogue des avocats du parlement de Paris*, ed. A. Dupin (Paris, 1844).

〔41〕Montesquieu, *De l'esprit des lois*, XXVIII, 45. 一般性论述可见于 François Olivier Martin 与 Vincenzo Piano Mortari, "Potere region e consuetudine redatta nella Francia del cinquecento," *Quaderni Fiorentini*, I (1972), 131-75; also Elie Carcassonne, *Montesquieu et le problème de la constitution français au XVIIIe siècle* (Paris, 1927)。

〔42〕Jacques Godefroy, *Commentaries sur la coustume reformee du pays et duché de Normandie* (Rouen, 1626), I. 一般性的论述可参见 John Glisson, *Introduction historique au droit* (Brussells, 1979); Hippolyte Pissard, *Essai sur la connaissance et la prevue des coutumes* (Paris, 1910); Paul Ourliac, *Etudes du droit mediéval* (Paris, 1979); J.-Fr. Poudret, "Réflexions sur la preuve de la coutume devant les jurisdictions royales françaises aus XIIIe et XIVe siècles: le role de l'enquête par turbe," *Revue historique du droit français et étranger*, 65 (1987), 71-86; *La Preuve: Recueils de la Société Jean Bodin pour l'histoire comparative des institutions* (4 vols., Brussels, 1963-65). 尤其可参见 André Gouron 与 Odile Terrin, *Bibliographie des coutumes de France* (Geneva, 1975); Jean Caswell 与 Ivan Sipkov, *The Coutumes of France in the Library of Congress* (Washington, D. C., 1977)。

〔43〕Laurent Bouchel, *Les Coustumes de bailliages de Senlis...* (Paris, 1615), 3.

〔44〕Philippe Bugnyon, *Traicté des lois abrogees et enusitees en toutes less cours du royaume* (Lyon, 1563).

〔45〕Pierre Anglebreme, *Commentarius in Aurelianas consuetudines* (n. p., n. d.), fol. clxxxvi. 并参见 Paul Guilhiermoz, "La Persistance du caractère oral dans la procedure civile française," *Nouvelle revue historique de droit français et étranger*, 13 (1889), 21-65。

〔46〕Filhol, 115.

〔47〕Ibid., 67.

〔48〕*Commentaires generales et locales...de Bourbonnais*, ed. M. A. des Pommiers (Paris, 1732), iii; and cf. Coquille, *Commentaires sur les coustumes de Nivernois*, in *Oeuvres*, I, 2.

〔49〕Bernard Automne, *La Conference du droict françois avec le droict romain, civil et can-*

on (Paris, 1610), preface.

[50] Edme Billon, *Coutume du Comté et Bailliage d'Auxerre* (Paris, 1693), preface.

[51] Coquille, *Coustumes de Nivernois*, I, 2.

[52] Charles Dumoulin, *Prima pars Commentariorum in Consuetudines Parisiensis* (Paris, 1539), 以及 *Oratio de concordia et unione consuetudinem Franciae* (Paris, 1546). 参见 D. R. Kelley, "Fides Historiae: Charles Dumoulin and the Gallican View of History," *Traditio*, 22 (1966), 347-402; Jean-Louis Thireau, *Charles Dumoulin, 1500-1566* (Geneva, 1980); 以及 Pierre Laborderie-Boulou, *Quelques réflexions sur l'influence de Dumoulin dans l'histoire du droit français* (Paris, 1908); Ph. Meylan, "Les Statuts réels et personnels dans la doctrine de Du Moulin," *Mélanges Paul Fournier* (Paris, 1929), 511-26; Aubépin, "De l'influence de Dumoulin sur la législation française," *Revue critique de législation et de jurisprudence*, 3 (1853), 603-25。

[53] Claude de Seyssel, *The Monarchy of France*, ed. D. R. Kelley, tr. J. H. Hexter (New Haven, 1981), I, x.

[54] Julien Brodeau, *Commentaire sur la coustume de la Prevosté et Vicomté de Paris* (Paris, 1658), 3.

[55] Claude de Ferrière, *Commentaire sur la coutume de la prevoté et vicomté de Paris* (n. p., n. d.), I. Cf. François Bourjon, *Le Droit commun de la France et la coutume de Paris reduits en principes* (Paris, 1747), preface, "Le droutcommun du Royaume est l'exact explication de la Coutume"; and see Renée Martinage-Baranger, *Bourjon at le Code Civil* (Paris, 1971); 以及 Jacques Vanderlinden, *Le Concept de Code en Europe* (Brussels, 1967), appendix.

[56] Launay, xxxiii.

[57] Claude Berroyer and Eusèbe de Laurière, eds., *Bibliotheque des coutumes* (Paris, 1699), "avec des Conjectures sur l'origine du Droit François"; 并参考由 Charles A. Bourdot de Richebourg 所著的基础性汇编 *Nouveau coutumier general* (Paris, 1724)。

[58] Paul Challine, *Methode generale pour intelligence des coustumes de France* (Pairs, 1666); cf. Coquille, I, 1; and René Choppin, *Commentaires sur la Coustume d'Aniou* (Paris, 1612).

[59] Claude de Ferrière, *Nouvelle Institution coutumiere* (Paris, 1692), 14. Cf. Christiane Chêne, *L'Enseignement du droit français en pays de droit écrit, 1679-1793* (Geneva, 1982); Alfred de Curzon, *L'Enseignement du droit français dans les universités de France aux XVIIe et XVIIIe siècles* (Paris, 1920); 以及 G. Péries, *La Faculté de droit dans l'ancienne Université de Paris* (Paris, 1890); also Jean Gaudemet, "Les Tendances à l'unification du droit

en France dans les derniers siècles de l'ancien regime (XVIe-XVIIe)," in *La formazione storica del diritto moderno in Europa* (Florence, 1977), I, 157-94; André-Jean Arnaud, *Les Origines-doctrinales du Code civil français* (Paris, 1969)。

〔60〕 Jean Bouhier, *Oeuvres de jurisprudence* (Dijon, 1787), 353ff ("Observations sur la coutume de Bourgogne"), 及 396; 并参见 J. Bart, "Les Préoccupations du président Bouhier pendant les derniers années de sa vie," *Mémoires de la Société pour l'Histoire du Droit et des Institutions des anciens pays bouguignons, comtois et romands*, 28 (1967), 141-72; 及 A. Lombard, *L'Abbé Du Bos, un initiateur de la pensée moderne*, 1670-1742 (Paris, 1913)。

〔61〕 Pierre Grosely, *Recherches pour servir à l'histoire du droit françois* (Paris, 1752), 122ff.

〔62〕 Hans Blumenberg, *Work on Myth*, tr. R. Wallace (Cambridge, Mass, 1985); 并参见 Erwin Hölzle, *Die Idee einer altgermanischen Freiheit vor Montesquieu* (Berlin, 1925); and above 42。

〔63〕 Ferrière, 2.

〔64〕 Angleberme, fol. clxxxvi.

〔65〕 [P. G. Michaux], *Les Coutumes consideress comme loix de la nation dans son origine et dans son etat actuel* (Paris, 1783), 2, 10, 108, 30.

第十二章 哲学学派

〔1〕 一般性论述,可参见 Rodolf Stintzing, *Geschichte der deutschen Rechtswissenschaft*, I (Munich, 1880); Neal Ward Gilbert, *Concepts of Method in the Renaissance* (New York, 1960); Cesare Vasoli, *La dialettica e la retorica dell'umanesimo* (Milan, 1968), and "La dialettica umanistica e la metodologia giuridica nel secolo XVI," in *La formazione storica del diritto modern in Europa* (3 vols., Florence, 1977), I, 237-79; Theodor Vieweg, *Topik und Jurisprudenz* (Munich, 1969); Klaus Luig, "Institutionen-Lehrbuchen des nationalen Rechts in 17. und 18. Jahrhundert," *Ius Commune*, 3 (1970), 64-97; J. Blühdorn and J. Ritter, eds., *Philosophie und Rechtswissenschaft* (Frankfurt, 1969); Norbert Bobbio, *L' Analogia nella logica del diritto* (Turin, 1938); Gerhard Otte, *Dialektik und Jurisprudenz* (Frankfurt, 1971); Hans Erich Troje, "Arbeitshypothesen zum Thema 'humanistische Jurisprudenz'," *Tijdschrift voor Rechtsgeschiedenis*, 38 (1970), 519-63; Friedrich Ebrard, "Über Methoden, Systeme, Dogmen in der Geschichte des Privatrechts," *Zeitschrift fur sweizerischesRecht*, 67 (1948), 95-136; Georges Kalinowski, "La Logique et son histoire," *Archives de philosophie du droit*, 27 (1982), 275-89; Aldo Mazzacane, *Scienza, logica, eideologia nella giurisprudenza tedesca del sec. XVI* (Milan, 1971), and "Umanesimo e sistematiche giuridiche in Germania alla fine del cinquecento: 'equita' e 'giurisprudenza' nella opera di Hermann Vultejus," *Annali di storia del diritto*, 12-13 (1968-69), 257-319; and D. R. Kelly, "Law," in *Cambridge History of Political Thought*, 1450-1700 (Cambridge, Eng., [1990])。

〔2〕这些论述中许多保存在 Reusner, *CHEIRAGOGIA* (Speier, 1588) 和 *Variorum opuscula ad cultiorem jurisprudentiam adsequandam pertinentia* (Pisa, 1769) 中。see also D. R. Kelly, "Civil Scicence in the Renaissance: The Problem of Interpretation," in *The Languages of Political Theory in Early-Modern Europe*, ed. A. Pagden (Cambridge, Eng., 1987), 57-58; and Vincenzo Piano Mortari, *Ricerche sulla teoria dell'interpretazione del diritto nel secolo XVI* (Milan, 1956)。

〔3〕*Methodica dialectices ratio ad iurisprudentiam accommodata*, in Claudius Cantiuncula, *Topica Legalia* (Basel, 1545), III; and see Guido Kisch, *Claudius Cantiuncula: Ein Basler Jurist und Humanist des 16. Jahrhunderts* (Basel, 1970). 关于 *ius in arten redigendo*, 可见 Quintilian, XII, 3, 10, 以及 Aulus Gellius, I, 22, 7。

〔4〕例如，皮埃尔·盖拉德的 *Methodequ'on doit tenir en la lecture de l'histoire* 的一个拉丁版本，在其写给 B. Fulgosias 的前言中就被称为"deprompta ex suis institutionibus historicis", *Factorum dictorumque memorabilem libri IX* (Paris, 1578)。

〔5〕Leibniz, *Nova Methodus discendae docendaeque jurisprudentiae* (1667), in *Sammtliche Schriften und Briefe*, ed. PreussischeAkademic der Wissenschaften, VI (I) (Berlin, 1923), 338; and see below, n. 18.

〔6〕Johannes Oldendorp, *De duplici verborum et rerum significatione* (Venice, 1557), fol. 7r. Cf. Pietro Andrea Gammaro, *De veritate ad excellentia legum scientiae*, in *Tractatus universi juris* (II vols., Venice, 1583), I, fol. 249: "Finis iuris civilis est reipublicae gubernatio."

〔7〕Barnabé Brisson, *De verborum significatione* (Halle, 1743), preface; see Jacob Spiegel, *Lexicon juris civilis* (Basel, 1539); Oldendorp, *De copia verborum et rerum in iure civili* (Lyon, 1546); François Hotman, *Novus commentarius de verbis iuris* (Basel, 1563); see also P. Brederode, *Thesaurus dictionum et sententiarum ex Bartoli a Saxoferrato operibus* (Frankfurt, 1660); and Guido Kisch, "Juridical Lexicography and the Reception of Roman Law," in his *Forschungen zur Rechts-und Sozialgeschichte des Mittelalters* (Simaringen, 1980).

〔8〕Stephanus de Federicus, De interpretatione legum, in *Tractus universi juris*, I, fol. 210; cf. Gammaro, *De veritate*, fol. 132.

〔9〕Bartolommeo Cepolla, *De interpretatione legis extensiva* (Venice, 1557), fol. 7.

〔10〕Christopher Hegendorf, *Dialecticae legalis libri quinque* (Lyon, 1534), 71.

〔11〕Oldendorp, *De duplici verorum et rerum significatione*, 13-32("Regulae aliquot de significatione"); and see Peter Macke, *Die Rechts-und Staatsdenken des Johannes Oldendorp* (Cologne, 1966); and Erik Wolf, *Grosse Rechtsdenker der deutschen Geistesgeschichte* (Tübingen, 1963), 138-76.

〔12〕Conrad Lagus, *Methodica iuris utriusque traditio* (Lyon, 1566), 2.

〔13〕Matteo Gribaldi, *De methodo ac ratione studiendi libri tres* (Lyon, 1556); and see Guido Kisch, *Melanchthons Rechts- und Soziallehre* (Basel, 1967).

〔14〕François Hotman, *Jurisconsultus* (Basel, 1559), II. 关于第一自然法与第二自然法的区分，也可参见 Antoine Faber, *Iurisprudentia Paponianae scientia* (Lyon, 1607), 35。

〔15〕Gammaro, *De extensionibus*, in *Tactatus universi Juris*, vol. XVIII, fol. 248.

〔16〕Cantiuncula, *Topica legalia*, first "topic," and p. 10: "Non est tamen eorum interpertatio firmum et necessarium praejudicium: sed probabile."

〔17〕Claude de Seyssel, *In VI. fforum 〔Digesti〕 partes et primam C 〔odicis〕* (n. p., n. d.), II. 一般性论述，可参见 *Althusius-Bibliographie*, ed. H. U. Scupin et al. (Berlin, 1973); Otto Gierke, *Natural Law and the Theory of Society*, tr. Ernest Barker (Cambridge, Eng., 1934); Carl von Kartenborn, *Die Vorläufer des Hugo Grotius* (Leipzig, 1848); Francesco Ercole, *Da Bartolo all'Althusio* (Florence, 1932); Otto Wilhelm Krause, *Naturrechtler des sechzehnten Jahrhunderts* (Frankfurt, 1982); Hans Medick, *Naturzusrand und Naturgeschichte der bürgerlichen Gesellschaft* (Göttingen, 1973); Ernst Reibstein, *Volkerrecht: Eine Geschichte seiner Idee in Lehre und Paxis* (Munich, 1957); G. Solari, *Studistorici di filosofia del diritto* (Turin, 1949); Michael Stolleis, *ed.*, *Staatsdenkerim 17. und 18. Jahrhundert* (Frankfurt, 1977); Richard Tuck, *Natural Rights Theories* (Cambridge, Eng., 1979), and "The 'Modern' Theory of Natural Law," in *The Languages of Political Theory*, 99-122; Michel Villey, "Les Fondateurs de l'École du droit naturel modern au XVIIe siècle," *Archives de philosophie du droit*, 6 (1961), 73-105; Hans Welzel, *Naturrecht und material Gerechtigkeit* (Göttingen, 1962). See also Erik Wolf, *Da Problem der Naturrechtlehre* (Karlsruhe, 1964); Marcelino Rodriguez Molinero, *Derecho natural e historia en el pensamiento europeo contemporaneo* (Madrid, 1973); and Franco Todescan, *Le radici teologiche del giusnaturalismo* (2 vols., Milan, 1983-87), on "the problem of secularization" in Grotius (vol. I) and in Domat (vol. II). 1989 年 6 月，在哥廷根的一次国际会议上发表了许多关于自然法的有价值的文章。

〔18〕Leibniz, *Nova Methodus*, 233; and see Hans-Peter Schneider, *Justitia Universalis* (Frankfurt, 1967); Kurt Dickerhof, *Leibniz' Bedeutung für die Gesetzgebung* (Freiburg, 1941); Klaus Luig, "Die Rolle des deutschen Rechts in Leibniz' Kodifikationsplan," *Ius Com-*

mune, 5 (1975), 56-70; Hansjakob Stehle, *Der Rechtsgedanke im politischen Weltbild von Leibniz* (Frankfurt, 1950); Fritz Sturm, *Das römische Recht in der Sicht von Gottfried Wilhelm Leibniz* (Tübingen, 1968); Vasoli, "Encyclopedismo, pansofia, e riforma 'metodica' del dirittonella 'Nova Methodus' di Letbniz," *Quaderni fiorentini per la storia del pensiero giuridico moderno*, 2 (1973), 37ff; also Ch. H. Eckhard, *Hermeneutica iuris*, ed. C. W. Walch (Leipzig, 1802).

[19] Peter Peterson, *Geschichte der aristotelischen Philosophie im Protestantischen Deutschland* (Leipzig, 1921); H. Drietzel, *Protestantisches Aristotelismus und absolutes Staat: die Politica des H. Arnisaeus* (Wiesbaden, 1970); H. Rommen, *Die ewige Wiederkehr des Naturrechts* (Munich, 1947); M. Stolleis, *Geschichte des offentlichen Rechts in Deutschland*, I (Munich, 1988); and Ch. 9, n. 25. 一种经典的拉米斯主义框架可见于 Althusius, *Jurisprudentiae Romanae libri: Ad leges Methodi Rameae conformati* (Basel, 1589)。

[20] Ulrich Gottfried Leinsle, *Das Ding und die Method* (Augsburg, 1985); and RES, *Lessico intellettuale europeo*, vol. 26, ed. M. Fattori and M. Bianchi (Rome, 1982); see also Hans-Georg Gadamer, *Philosophical Hermeneutics*, tr. D. Linge (Berkeley, 1976), 69-81.

[21] Digest, L, 17; and see Peter Stein, Regulae Juris (Edingurgh, 1966). See also Henri Roland and Laurent Boyer, *Locutions Latines et adages du droit francais contemporain* (Paris, 1978); M. A. Screech, "Commonplaces of Law, Proverbial Wisdom, and Philosophy," in *Classical Influences on European Culture*, A. D. 1500 – 1700, ed. R. R. Bolgar (Cambridge, Eng., 1976), 127-34; Ferdinand Elsener, "Regula iuris, Brocardum, Sprichwort," *Studien und Müeilungen zur Geschichte des Benediktinerordens und seiner Zweige*, 73 (1962), 177-218, 附有进一步的参考书目。

[22] Digest, L, 17.

[23] Leibniz, *Textesinédits*, ed. Gaston Grua (2 vols., Paris, 1948), II, 649. Jean Domat, *Les Loix civiles dans leur ordre naturel* (2 vols., Luxembourg, 1702), I, 6; and see Nicolas Matteucci, *Jean Domat, un magistrate giansenista* (Bologna, 1959); Franco Todesca, "Domat et les sources du droit," *Archives de philosophie du droit*, 27 (1980), 55-66; René-Frederic Voeltzel, Jean Domat (1625-1969) (Paris, 1936); Carmine Ventimiglia, Società, politica, diritto: *il christiano e il mondo in Pascal e Domat* (Parma, 1983).

[24] François Bourjon, *Le Droit commun de la France et la coutume de Paris reduits en pricipes* (Paris, 1747); and Pierre Merville, *La coutume de Normandie reduiteen maxims* (Paris, 1707).

[25] Louis Boullenois, *Dissertations sur des questions qui naissent de la contrarieté des loix et des coutumes* (Paris, 1732), xiv.

[26] Leibniz, *Textes inédits*, II, 649, 703, and *Die philosophischen Schriften*, ed. G. J. Gerhardt (Berlin, 1875), I, 159. See also Horst Denzer, *Moralphilosophie und Naturrecht bei Samuel Pufendorf* (Munich, 1972); Lenard Krieger, *The Politics of Discretion: Pufendorf and the Acceptance of Natural Law* (Chicago, 1965); Istvan Hont, "The Language of Sociability and Commerce: Samuel Pufendorf and the Theoretical Foundations of the 'Four-Stages Theory,'" in *The languages of Political Theory*, 253-76; Bernard Gagnebin, *Burlamaqui et le droit naturel* (Geneva, 1944); Ph. Meylan, *Jean Barberac, 1674-1744, et les débuts d l'enseignement du droit dans l'ancienne ac adémie de Lausanne* (Lausanne, 1937); Ricardo Orestano, "Institution, Barbeyrac, e l'anagrafe di un sigificato," *Quaderni fiorentini*, 11-12 (1982-83), I, 169-78; Siegelinde Othmer, *Berlin und die Verbreitung des Naturrechts in Europa: Kultur und sozialgeschichtliche Studienzu Jean Barbeyracs Pufendorf-Übersetzungen und eine Analyse seiner Leserschaft* (Berlin, 1970); and Fiametta Palladini, ed., *Discussioni seicentesche su Samuel Pufendorf: scritti latini*, 1663-1700 (Bologna, 1978).

[27] Cepolla, *De interpretation legis*, fol. 27r, "extension interpretive introducta fuit iure-naturali secundario"; [Schneidewein], *In quatuor institutionum imperialium commentarii* (Turin, 1660), 7: "Doctores dividunt ius naturali in primaevum, et secundarium. Primaevum appellant, quod homines cum brutis commune habent… Secundarium vero ius natural dicitur, quod solus hominibus convenit, quod in sola naturali ratione conquiescit…"; J. W. Textor, *Synopsis juris gentium* (Washington, D. C., 1916), 8, 在这里提到了亚里士多德, "对法律博士, 尤其是早期的博士们来说, 以下观点是很普遍的: 国际法分为初级和次级两种, 前者包括了来自理性的材料, 来自于事物的开端; 而后者则是从人们生活的惯例和必要性中产生的"; 以及参见 Emmerich de Vattel, *The Law of Nations*, tr. J. Chitty (London, 1834), preface. Also see Ch. 9, no. 10; and J. C. Heineccius, *Opera omnia* (Geneva, 1744), I, 10。

[28] Grotius, *De jure belli ac pacis* (1625), Proleg. 5, and *De Iure Praedae Commentarius* (Oxford, 1950), 6; and cf. Leibniz, *The Political Writings*, tr. P. Riley (Cambridge, Eng., 1972), 45: "whether justice and goodness are arbitrary or whether they belong to the necessary and eternal truths about the nature of things, as do number and proportion." 一般性论述, see Robert Feenstra, "L'Influence de la scolastique espanole sur Grotius en droit privé", *Quaderni fiorentini*, I (1973), 377-402; and Robert Feenstra with C. J. D. Waal, *Seventeenth-Century Leiden Law Professors and Their Influence on the Development of the Civil Law* (Amsterdam, 1975); Peter Pavel Remec, *The Position of the Individual in International Law according to Grotius and Vattel* (The Hague, 1960); and L. Rosa, "Grozio fra il giusnaturalismo scolastico e il giusnaturalismo modern," *Miscellanea Adriano Gazzana*, II (Milan, 1960); also Grotius, *The*

Jurisprudence of Holland (Oxford, 1953), 6. And see Gesina van der Molem, *Alberico Gentili and the Development of International Law* (Leiden, 1968); and C. Van Vollenhoven, *Les Trois Phases du droit des gens* (The Hague, 1919).

〔29〕Domat, I, 6; Laurens Bouchel, *La Bibliotheque ou thresor du droict françoise* (Paris, 1615), 120: "Le droit civil soit muable et changeable par civile raison: le naturel estably par la divine providence soit constant et stable."

〔30〕Ian Hacking, *The Emergence of Probability* (Cambridge, Eng., 1975), 86.

〔31〕Georges Gurvitch's *L'Idée du droit social* (Paris, 1932), 175.

〔32〕Samuel Rachel, *De Jure Naturae et Gentium Dissertationes* (1676) (Washington, D. C., 1916).

〔33〕Textor, ch. 1, 特别是第六段:"或许可以这样总结,万国法并不是起源于一两次的操作,而是长期的持续使用。格劳秀斯也认为……"

〔34〕Heineccius, *Opera omnia* (Geneva, 1744), I, 190, and IV, 37.

〔35〕Henry Sumner Maine, *Ancient Law*, 24th ed. (London, 1924), 52.

〔36〕Digest, I, 3, 17; cf. Spiritus, *Lessico intellectual europeo*, vol. 32, ed. M. Fattori and M. Bianchi (Rome, 1984); and Giovanni Tarello, *Le ideologie della codificazione nel secolo XVIII* (Geneva, 1976), 145.

〔37〕Domat, I, i-xxxi("Traité des lois"),特别是第十六段。

〔38〕Ibid., I, 1; and see Ch. 3, n. 51.

〔39〕Montesquieu, *De l'esprit des lois*; and see Edouard Laboulaye, *Histoire du droit de propriété foncière en occident* (Paris, 1839), 13; also Raymond Aron, *Main Currents in Sociological Thought* (New York, 1968), I, 14; Eugen Ehrlich, "Montesquieu and Sociological Jurisprudence," *Harvard Law Review*, 29 (1915-16), 582-600; Etienne Fournol, *Bodin prédécesseur de Montesquieu* (Paris, 1896); Mark Huilling, *Montesquieu and the Old Regime* (Berkeley, 1976); Mark H. Waddicor, *Montesquieu and the Philosophy of Natural Law* (The Hague, 1970); and Simone Goyard-Fabre, *La Philosophie du droit de Montesquieu* (Paris, 1973). 根据 Roger Mercier, Le Réhabilitation de la nature humaine, 1700-1750 (Villemomble, 1960), 189, 孟德斯鸠至少看过维柯的《新科学》。

〔40〕Montesquieu, *De l'esprit des lois*, bk. XXXVI, chs. I, 29, 38. Iris Cox, *Montesquieu and the History of French Laws* (Oxford, 1983).

〔41〕Ibid., bk. XXVIII, ch. 34.

〔42〕一般性论述,可参见 Sten Gagnér, *Ideengeschichte der Gesetzgebung* (Stockholm, 1960); André-Jean Arnaud, *Les Origines doctrinales du Code civil français* (Paris, 1969); Giovanni Tarello, *Storia della cultura giuridica moderna* (Bologna, 1976), and *Le ideologie della codificazione*; J. Van Kan, *Les Efforts de codification en France* (Paris, 1929); Walter Wilhem, "Gesetzgebung und Kodificationim 17. Und 18. Jahrhundert," *Ius Commune*, I (1967), 241-70; Marcel Thomann, "Histoire de l'idéologie juridique au XVIIIe siècle, ou: 'le droit prisonnier des mots,' "*Archives de philosophie du droit*, 19 (1974), 127-49; and *Rechtsphilosophie der Aufklärung*, ed. Reinhard Brandt (Berlin, 1981)。

[43] M. Duchet, *Anthropologie et histoire au siècle des lumières* (Paris, 1971), 373; and cf. Morelly, *Code de la nature*, ed. G. Chinard (n.p., 1950).

[44] Rabaut Saint-Etienne, *Considerations sur les interest du tiers-etat addresses au people des provinces* (Paris, 1788), 13, 也被巴克尔援引, Keith Baker, "Memory and Practice: Politics and the Representation of the Past in Eighteenth-Century France," *Representations*, no. II (1985), 159。

[45] Charles Dumoulin, *Oratio de Concordia et unione consuetudinarium Franciae*, in his *Tracatus commerciorum* (Paris, 1546), 807; and see Ch. II, n. 52.

[46] Rodolfo Batiza, *Domat, Pothier, and the Code Napoléon* (n.p., 1973).

[47] Samuel Cocceij, *Code Frederic, ou corps de droit pour les etats de sa majesté le Roi de Prusse*, tr. from the German (Halle, 1751), xxiii, xviii; Cocceij remarked also that "l'Hommeest ne pour la Societé," and that "les Loix de la Societé Civile" organized in this new "Systeme de droit" followed the plan of Justinian.

[48] see Ch. 10 at n. 60.

[49] Jeremy Bentham, *Handbook of Political Fallacies*, ed. H. Larrabee (Baltimore, 1953), 34, 43, and *of Laws in General*, ed. H. L. A. Hart (London, 1960), 194; and see Elie Halevy, *The Growth of Philosophical Radicalism*, tr. M. Moriss (London, 1928); and Gerald J. Postrema, *Bentham and the Common Law Tradition* (Oxford, 1986).

[50] *Codification Proposal Addressed by Jeremy Bentham to All Nations Professing Liberal Opinions* (London, 1822). And cf. H. F. Jolowicz, "Was Bentham a Lawyer?" in *Jeremy Bentham and the Law*, ed. G. Keeton and G. Schwarzenberger (London, 1948), 1-19.

[51] John Austin, *Lectures on Jurisprudence*, or *The Philosophy of Positive Law*, ed. R. Campbell (London, 1874); and see W. L. Morison, *John Austin* (Stanford, 1982); and Andreas Schwarz, "John Austin and the German Jurisprudence of His Time," *Politica*, I (1934), 178-99.

[52] See, e.g., *L'Esprit de legislation*, "traduit de l'allemand" (London, 1768); and Gaetano Filangieri, *La Science de legislation* (Paris, 1786).

〔53〕L. Cahen and R. Guyot, eds., *L'Oeuvre législative de la révolution* (Paris, 1913), and *Archives parlementaires* ed. J. Mavidal and E. Laurent (82 vols., Paris, 1862), X, 717ff. 一般性研究参见 Raoul Aubin, *L'Organisation judiciaired'après les Cahiers de 1789* (Paris, 1928); and Guy Chaussinand-Nogaret, *The French Nobility in the Eighteenth Century*, tr. W. Doyle (Cambridge, Eng., 1985), 从陈情书来看，超过四分之三的贵族渴望对民法进行改革; Edmond Seligman, *La Justice de France pendant la révolution* (Besançon, 1919); C. D. A. Valette, *De le durée persistante de l'ensemble du droit civil français pendant et depuis la révolution de 1789* (Paris, 1892); also J. C. Q. Mackreel, *The Attack on "Feudalism" in Eighteenth-Century France* (London, 1973); Philippe Sagnac, *La Législation civile de la révolution française, 1789-1804: Essai d'histoire sociale* (Paris, 1898); Phillippe Sagnac and P. Caron eds., *Les Comités des droits féodaux et de législation et d'abolition du régime seigneurial, 1789-1793* (Paris, 1907); 其完美的汇编，见 *La Révolution et l'ordre juridique privé: rationalité ou scandale? Actes du colloque d'Orléans* (Orléans, 1988)。

〔54〕*Archives parlementaries*, XII, 570; and see Michael Fitzsimmons, *Dissolution and Disillusionment: The Parisian Order of Barristers, 1789-1815* (Cambridge, Mass., 1987).

〔55〕Jeremy Bentham, *Draught of a new plan for the organization of the Judicial Establishment in France* (n. p., 21 Dec. 1789).

〔56〕P. A. Fenet, *Recueil complet des travaux préparatoires du Code Civil* (15 vols., Paris, 1827), I, 1; and see F. Papillard, *Cambacérès* (Paris, 1961).

〔57〕Fenet, VI, 169.

〔58〕特别可参见 Sergio Moravia, *Il pensiero degli Idéologues: scienza e filosofia in Francia, 1780-1815* (Florence, 1974), 746; Georges Gusdorf, *Les Sciences humanies et la pensée occidentale*, VIII, *La Conscience révolutionnaire: Les Idéologues* (Paris, 1978), 401; and Maxime Leroy, *Histoire des idées socialesen France*, II (Paris, 1950)。法律与社会科学之间的关系也可见 A. L. Jussieu, *Discours*, *Corps Législatif: Conseil des Cinqcents* (Paris, An 7; BN. Le. 43. 3603.), 3。

〔59〕A. Esmein, "L'Originalité du Code Civil," *Le Code Civil: livre du centenaire* (Paris, 1904), I, 17; and see Calude Journès, *La Coutume et la loi: études d'un conflit* (Lyon, 1986)。

〔60〕J. B. D. Riffé-Caubray, *Les Pandectes françaises, ou recueil complet de toutes les lois en vigueur* (Paris, 1803), 5; 一般性的论述可参见 D. R. Kelly, *Historians and the Law in Postrevolutionary France* (Princeton, 1984)。

第十三章 历史学派

〔1〕Digest I, 2, 2. 一般性的讨论参见 (R. Stintzing-) E. Landsberg, *Geschichte der deutschen Rechtswissenschaft*, III (Berlin, 1898); Notker Hammerstein, *Jus und Historie: Ein Beitragzur Geschichte des historischen Denkens an deutschen Universitäten im späten 17. und im 18. Jahrhundert* (Göttingen, 1973); Peter Stein, *Legal Evolution: The Story of an Idea* (Cambridge, Eng., 1980); Alan Watson, *Sources of Law, Legal Change, and Ambiguity* (Philadelphia, 1984); D. R. Kelley, "The Rise of Legal History in the Renaissance," *History and Theory*, 9 (1970), 174-194 (重印于 *History, Law, and the Human Sciences*), 和 "Ancient Verses on New Ideas: Legal Tradition and the French Historical School," *History and Theory*, 26 (1987), 319-338; Hans Thieme, "Die Zeit der späten Naturrechts," *Zeitschrift der Savigny-Stiftung für Rechtsgeschichte*, Ger. Abt., 56 (1936), 202-263; 并参见 Ch. 12 的 n. 17。也参见 Riccardo Orestano, *Introduzione allo studio del diritto romano* (Bologna, 1987), 尤其是第 221-306 页; 以及 James Whitman, *Roman Civilization and the German Rule of Law* (Princeton, 1990)。

[2] Norbert Horn, "Römisches Recht als gemeinschaftliches Recht bei Arthur Duck," *Studien zur europäischen Rechtsgeschichte*, ed. Walter Wilhelm (Frankfurt, 1972), 170-180; M. Stolleis, ed., *Hermann Conring, 1600-1681* (Berlin, 1983); Karl Kossert, *Hermann Conrings Rechtsgeschichtlicher Verdienst* (Cologne, 1939); 和 Ernst von Moeller, *Hermann Conring: Der Vorkämpfer der deutschen Rechts*, 1601-1681 (Hannover, 1915)。

[3] Conrad Lagus, *Methodica iuris utriusque traditio* (Lyon, 1556), 2; Jean Barbeyrac, *Oratio inauguralis de dignitate et utilitate juris achistoriarum et utriusque disciplinae amica coniunctione* (Amsterdam, 1711), 20, 该页引用了哈利卡纳苏斯的狄奥尼修斯 (Dionysius of Halicarnassus) 的 "通过事例的哲学教育"; Johann Eisenart, *De fide historica commentarii accessit Oratio de conjugendis jurisprudentiae et historiarum studiis*, citied in Hammerstein, 107; 并参见 Ch. 11, n. 21。

[4] See Ch. 4, n. 16.

[5] Montesquieu, *De l'esprit des lois*, XXXI, 2.

[6] André Terrasson, *Histoire de la jurisprudence romaine* (Paris, 1750), vii. Cf. C. G. Biener, *Commentarii de origine et progressu legum iuriumque Germanicorum* (Leipzig, 1787); Carlo Ghisalberti, *Gian Vincenzo Gravina* (Milan, 1962); and Michael Steinberg, "The Twelve Tables and Their Origins: An Eighteenth-Century Debate," *Journal of the History of Ideas* 43 (1982), 379-396.

[7] J. G. Heineccius, *Opera omnia* (Geneva, 1771), I, 10 ("Elementa Iuris Naturae et Gentium"); and cf. L. J. F. Höpfner, *Theoretisches-practisches Commentariiüber die heineccischen Institutionen* (Frankfurt, 1803).

〔8〕 Franciscus Buddeus, *Selecta iuris naturae et gentium* (Halle, 1717), "Historia Iuris Naturalis"; Adam Friedrich Glafney, *Vollstandige Geschichte des Rechts der Vernunft* (Leipzig, 1739); [Martin Hübner], *Essai sur l'histoire du droit naturel* (London, 1757); L. J. F. Höpfner, *Naturrecht der einzelnen Menschen der Gesellschaft und der Volker* (Frankfurt, 1790); J. J. Brucker, *Historia critica de philosophia* (Leipzig, 1741-1742); Diethelm Klippel, *Politische Freiheit im deutschen Naturrecht des 18. Jahrhunderts* (Paderborn, 1976); and also T. J. Hochstrasser, *The Natural Law Tradition and the Historiography of Moral Philosophy in the Enlightenment* (D. PhiL. diss., Cambridge University, 1989).

〔9〕 Robert Ward, *An Enquiry into the Foundation and History of the Law of Nations in Europe* (London, 1795), xx.

〔10〕 See John P. Dawson, *Oracles of the Law* (Ann Arbor, 1968); and also Ch. 6 at n. 32.

〔11〕 Gerhard Theuerkauf, *Lex, Speculum, Compendium: Rechtsaufzeichnung und Rechtsbewusstsein in Norddeutschland von 8. bis zum 16. Jahrhundert* (Cologne, 1968).

〔12〕 Samuel Stryk, *Specimen usus moderni pandectarum* (Halle, 1730). 对作为"国家理性"等各种外来理念之来源的罗马影响批判,可见于"Hippolithus a Lapide"(Martin Chemnitz), *Dissertatio de Ratio Status* (n. p., 1640), 该书有一句塔西佗用语,"in corruptissima RespL. plurimae leges; plurimaelegistae"。一般性的讨论,参见 Stintzing-Landsberg; Helmut Coing, *Die Rezeption des römischen Rechts in Frankfurt am Main* (Frankfurt, 1939); Georg Dahm, "On the Reception of Roman and Italian Law in Germany," in *Pre-Reformation Germany*, ed. G. Strauss (New York, 1972); Giovanni Pugliese, "I Pandettistitra tra dizione romanistica e moderna scienza del diritto," in *La formazione storica del diritto moderno in Europa* (3 vols., Florence, 1977), I, 29-72; Hermann Krause, *Kaiserrecht und Rezeption* (Heidelberg, 1952); Winfried Trusen, *Anfänge des gelehrten Rechts in Deutschland* (Wiesbaden, 1962); Rudolph Hoke, "Die Emanzipation der deutschen Rechtswissenschaft von der Zivilistik in 17. Jahrhundert," *Der Staat*, 15 (1976), 211-240; and Alfred Söllner, "Zu den Literatur-typen des deutschen *Usus modernus*," *Ius Commune*, 1 (1975), 167-186。

〔13〕 关于这一点,尤其可参见保罗·卡佩里尼(Paolo Cappellini)的简明著作, *Systema iuris*, 出版于 *Quadernifiorentini*, 17 and 19 (Milan, 1984-1985), I. *Genesi del sistema e nascita della "scienza" delle pandette*, and II. *Dalla sistema alla teoria generale*; and also Gabriella Valera, "Dalla scienza generale alla encyclopedia giuridica tedesca nella seconda metà dell' 700"(作者提供的手稿). See also Andreas B. Schwarz, "Zur Entstehung des modernen Pandektensystems," *Zeitschrift der Savigny-Stiftung für Rechtsgeschichte*, Röm. Abt., 42

(1921), 578-610; 更老一点的文献, Robert von Mohl, *Die Geschichte und Literatur der Staatswissenschaften* (Erlangen, 1855), 113ff. 。

〔14〕 Rabaut Saint-Etienne, citied in Georges Gusdorf, *Les Sciences humaines et la pensée occidentale* (13 vols., Paris, 1966-1988), VIII, 122.

〔15〕 Eugène Lerminier, *La Philosophie du droit* (Paris, 1831), II, 311.

〔16〕 Albericus de Rosate, *Commentariorum...super Digesto veteri* (Lyon, 1545), fol. 14v.

〔17〕 See especially Ronald Meek, *Smith, Marx, and After* (London, 1977); and Stein.

〔18〕 J. F. Finetti, *De principiis juris naturae, et gentium, adversus Hobbsium, Pufendorfium, Thomasium, Wolfium et alios* (Venice, 1764), I, 122, 146.

〔19〕 Georges Gurvitch, *L'Idée du droit social* (Paris, 1932); and Ernst Troeltsch, "The Idea of Natural Law and Humanity in World Politics," in Otto Gierke, *Natural Law and the Theory of Society, 1500 to 1800*, tr. Ernest Barker (Boston, 1957), 201-23.

〔20〕 Giambattista Vico, *Diritto universale*, ed. P. Cristofolini (Florence, 1974), 包括 *De universi iuris uno principio et fine uno* 和 *De constantia jurisprudentiae*, 后一部分由 C·亨利 (C. Henri) 和 J·施莱弗 (J. Schlefer) 翻译于 *Origines de la poesie et du droit* (Cafe, 1983). 一般性的讨论, 参见 D. R. Kelley, "Vico's Road: From Philology to Jurisprudence and Back," in *Giambattista Vico's Science of Humanity*, ed. G. Tagliacozzo and D. P. Verene (Baltimore, 1976), 15-29 (重印于 *History, Law, and the Human Sciences*), 该文附有进一步阅读的参考文献; also Luigi Bellofiore, *La dottina del diritto naturale in Vico* (Milan, 1954); Gaetano Catalino, *Tra storia e diritto* (Soveria, 1982); Armelo D'Amato, *Il mito di Vico e la filosofia della storia in Francia nella prima meta dell'ottocento* (Naples, 1977); Mario Donzelli, "La Conception de l'histoire de J. B. Vico et son interprétation par J. Michelet," *Archives historiques de la Révolution française*, 53 (1981), 633-58; A. C. 't Hart, *Recht en Staat in het Denken van Giambattista Vico* (Alphen, 1979); Benvenuto Donati, *Nuovi studi sulla filosofia civile di G. B. Vico* (Florence, 1936), 《论多马》 (on Domat); Dino Pasini, *Diritto e stato in Vico* (Naples, 1970); Andrea Battistini, "Vico e l'etimologia mitopoetica," *Lingua e stile*, 9 (1974), 31-66; Max H. Fisch, "Vico and Roman Law," *Essays Presented to George H. Sabine*, ed. M. Konvitzand A. Murphy (Ithaca, 1948), 62-88; Michael Mooney, *Vico in the Tradition of Rhetoric* (Princeton, 1985); Isaiah Berlin, *Vico and Herder* (London, 1976); 以及一整期的 *Rivista internazionale di filosofia del diritto*, 5 (1925).

〔21〕 维柯虽然是"学识渊博"之士,但是他因其"体系/制度精神" (esprit de système) 被不止一位学者所批评, 批评至少始于 Dubignon, *Histoire critique du gouverne-*

mentromain (Paris, 1765),他补充道(xxxv),"只有通过历史的连续性,[历史学家们]才能反驳它,它才会尊重事件的顺序,征服特定的观念"(cen'est que par le continu historique qu'on les [historiens] refutes, qu'il respecter la suite des faits, et y assujettir ses idees particulieres)。并参见 Frank Manuel, *The Eighteenth Century Confronts the Gods* (Cambridge, Mass., 1959),150。

〔22〕Vico, *Diritto universale*, 97; cf. Vico, *Autobiografia*, ed. B. Croce and F. Nicolini, in *Opere*, V (Bari, 1929), 7ff; and see Guido Fassò, *Vico e Grozio* (Naples, 1971)。

〔23〕Vico, *Diritto universale*, 35。

〔24〕Ibid., 101; and Vico, *De Antiquissima Italorum sapientia*, ed. F. Nicolini (Bari, 1914), 62。

〔24〕Vico, *De studio ratione*, *Opere*, I, 101, and *Diritt ouniversale*, 5。"基本原理"(*principia*)这一术语和观念,与牛顿科学相关,当然是法律科学的古代传统(convention):参见一位17世纪评注者对民法和教会法中"法律的规则"(*regulae juris*)[*regulae juris* 相当于 rules of law,但其不同于我们现在所说的"法治"(rule of law),它是指对法律进行解释的一般规则或原则,所以是"关于法律的规则"——译者注]的评论, Jacques Godefroy, *Aphorismes du droit*, tr. M. Caillau (Paris, 1809),"万物最重要的部分即其原则"(Le partie la plus importante de chaque chose est son principe),引自彭波尼(Digest I, 2, 1)(实际上这里引用的是盖尤斯,参见《学说汇纂(第一卷:正义与法·人的身份与物的划分·执法官)》,罗智敏译,[意]纪蔚民校,中国政法大学出版社2008年版,第19页,罗智敏教授将这一句译为"在任何事物中起源是最重要的部分"。拉丁语 principium 和法语 principe 都既有"原则"的意思,也有"起源"的意思。——译者注)。

〔26〕比如,Vico, *Diritto universale*, 33, 75。

〔27〕Ibid., 163;参考 Vico, *La scienza nuova seconda*, ed. F. Nicolini, in *Opere*, IV (Bari, 1953, 31, 154, 394;和 Vico, "Sul diritto naturale delle genti," in *Opere*, VII, 25-31。

〔28〕*Diritto universale*, 31, 99。

〔29〕Ibid., 25。

〔30〕Ibid., 259。

〔31〕Ibid., 111ff。

〔32〕Ibid., 485。

〔33〕Ibid., 53。

〔34〕Ibid., 133。

〔35〕一般性的讨论参见 Landsberg; Hammerstein; Hans Erich Bödeker, ed., *Aufklärung und*

Geschichte (Göttingen, 1986); Peter Hanns Reill, *The German Enlightenment and the Rise of Historicism* (Berkeley, 1975); Giuliano Marini, *I Maestridella Germania*: Göttingen 1770-1820 (Turin, 1975); Hans-Ulrich Stuhle, *Die Diskussion um die Erneuerung der Rechtswissenschaft von 1780-1815* (Berlin, 1978); Bödeker, "The University of Göttingen and the Natural Law Tradition"(作者提供的手稿); Pierangelo Schiera, *Dall' Arte di governo alle scienze dello stato: il cameralismo e l'assolutismo tedesco* (Milan, 1968); 和 Whitman。并参见马克思的 "Das philosophische Manifest der historischen Rechtsschule," *Marx-Engels Gesamtausgabe*, I (1), 251-259; 和下注43。

[36] J. J. Schmauss, *Neues Systema des Rechts der Natur* (Göttingen, 1754); 并参见 Reill, 56-59. 格鲍尔和路德维希被引用于 Hemmerstein, 336 and 180。

[37] J. S. Pütter, *Neuer Versuch einer Juristischen Enzyklopädie und Methodologie* (Göttingen, 1767); cf. Reill, 184; and Wilhelm Ebel, *Der Göttinger Professor Johann Stephan Pütteraus Iserlohn* (Göttingen, 1975). "本土理性"(*Lokalvernunft*)一词是尤斯图斯·莫泽尔(Justus Moser)的术语, see Gusdorf, VI, 478。

[38] K. S. Zachariae, *Savigny e il methodo della scienza giuridica* (Milan, 1966), 156, 为朱利亚诺·马里尼(Giuliano Marini) 和 J. F. Reitemeier, *Encyclopädie und Geschichte des Rechts in Deutschland* (Göttingen, 1785) 所引用; 一般性的讨论, 参见 Cappellini 和 Valera; 也参见 Arno Buschmann, *Ursprung und Grundlagen der geschichtlichen Rechtswissenschaft und Interpretationen zur Rechtslehre Gustav Hugos* (Krefeld, 1963); F. Eichengrün, *Die Rechtsphilosophie Gustav Hugos* (The Hague, 1935); Ernst-Jurgen Trojan, *Über Justus Moser, Johann Gottfried Herder, und Gustav Hugo zur Grundlagung der historischen Schule* (Bonn, 1971); 和 Jurgen Blühdorn, "Naturrechtskritik und 'Philosophie des positiven Rechts,' zu Begründung der Jurisprudenz als positiven Fachtswissenschaft durch Gustav Hugo," *Tijdschrift voor Rechtsgeschiedenis*, 16 (1973), 3-17。

[39] Gustav Hugo, *Beiträge zur civilistischen Bucherkenntniss der letzen vierzig Jahre* (Berlin, 1828), 15ff., 130.

[40] Hugo, *Lehrbuch des Naturrechts* (Berlin, 1819; 1971 年影印), 附有特奥多·菲韦格 (Theodor Vieweg) 的导言; 这构成了胡果 *Lehrbuch eines civilistisches Cursus*, vol. II, 7th ed. (Berlin, 1823) (尤其参见第104页)。cf. L. A. Warnkönig, *Rechtsphilosophie als Naturlehre des Rechts* (Freigurg, 1839); 和 F. J. Stahl, *Die Philosophie des Rechts nach geschichtlicher Ansicht* (Heidelberg, 1830); 及 A. T. Woeniger, *Die Rechtsphilosophie Stahl's und die historische Juristenschule* (Berlin, 1841)。

[41] Hugo, *Lehrbuch*, 45.

〔42〕Ibid., 53.

〔43〕Marini; Aldo Mazzacane, *Savigny e la storiografia giuridica tra storica e sistema* (Naples, 1976); Hermann Kantorowicz, "Savigny and the Historical School of Law," *Law Quarterly Review*, 53 (1937), 326-43, 重印于 *Rechtshistorische Schriften* (Karlsruhe, 1970), 419-34; Alfred Manigk, *Savigny und der Modernismus im Recht* (Berlin, 1914); Olivier Motte, *Savigny et la France* (Berne, 1983); Hedwig Vonessen, *Friedrich Karl von Savigny und Jakob Grimm* (Cologne, 1958); Edouard Laboulaye, *Essai sur la vie et les doctrines de Frédéric Charles de Savigny* (Paris, 1842); *Su Federico Carlo di Savigny* 合集, 于 *Quaderni fiorentini*, 9 (1980); 以及克劳斯·路易吉 (Klaus Luig) 和芭芭拉·多勒梅耶 (Barbara Dolemayr) 编纂的参考文献目录, 于 *Quaderni fiorentini*, 8 (1979), 501-59; 及 Sten Gagnér, *Ideengeschichte der Gesetzgebung* (Stockholm, 1960), 20。

〔44〕von Savigny, *Vom Beruf unsrer Zeit für Gesetzgebung und Rechtswissenschaft* (Heidelberg, 1814), 和其他与蒂堡的争论相关的材料一起重印于 J. Stern, *Thibaut und Savigny* (Darmstadt, 1959), 英译本; 也可参见 Reinhart Kosselleck, *Preussen zwischen Reform und Revolution* (Stuttgart, 1967); Werner Schubert, *Französisches Recht in Deutschland zu Beginn des 19. Jahrhunderts* (Cologne, 1977); 关于"法典化论争"(*Kodifikationsstreit*) 的政治语境, 参见 Michael John, *Politics and Law in Late Nineteenth-Century Germany* (Oxford, 1989)。

〔45〕A. F. T. Thibaut, *Ueber die Nothwendigkeit einer allgemeinen bürgerlichen Rechts fur Deutschland* (Heidelberg, 1814), 和他的文章 "Über die sogenannte historische und nicht-historische Schule," *Hallische Jahrbuch*, 76-78 (1839), 611ff; 并参考蒂堡对萨维尼的 "反批评"(Antikritik), 见 *Heidelbergische Jahrbücher des Litteraturs*, no. 59 (1814), 202。

〔46〕Savigny, *Beruf*, in Stern, 255, 由 A. 海沃德 (A. Hayward) 英译为 *On the Vocation of Our Age for Legislation and Jurisprudence* (London, 1831), 185。

〔47〕Savigny, *Vocation*, 91; and cf. Thibaut, *Théorie de l'interprétation logigue*, tr. G. de Sandtand A. Mailher de Chassat (Paris, 1811)。

〔48〕Savigny, *System des heutigen römischen Rechts* (Berlin, 1940), I, xiv, 45, 206; and see Savigny, *Das Obligationsrecht* (Berlin, 1851)。

〔49〕Savigny, *Vocation*, 28。

〔50〕Adolph Stoll, *Friedrich Karl von Savigny*, II (Berlin, 1929), 213 (致 B. G. 尼布尔, 1816年12月5日)。

〔51〕Savigny, *System*, preface。

〔52〕参见卡尔·曼海姆的讨论, Karl Mannheim, *Conservatism: A Contribution to the Sociology of Knowledge*, ed. D. Kettler, V. Meja and N. Stehr (London, 1986), 153ff。

〔53〕尤其参见 Georg Friedrich Puchta, *Die Gewohnheitsrecht*（Erlangen, 1828；重印于 Darmstadt, 1965）；并参见 Joachim Bohnert, *Über die Rechtslehre Georg Friedrich Puchtas, 1798-1846*（Karlsruhe, 1975）；Bruno Montanari, *Arbitrio normativo e sapere giuridico a partire da G. F. Puchta*（Milan, 1984）；及 Georg Beseler, *Volksrecht und Juristenrecht*（Leipzig, 1843）。

〔54〕Eugène Lerminier, *Introduction générale à l'histoire du droit*（Paris, 1831）, 270. 一般性的讨论参见前注43；也参见 Alfred Dufour, "Droit et langage dans l'école historique du Droit," *Archives de philosophie du droit*, 19（1974）, 151-80, 和 "La Théorie des sources du Droit dans l'école du Droit historique," Ibid., 27（1982）, 85-119；及 G. Solari, *Storicismo e dirittoprivato*, II（Turin, 1940）。

〔55〕Savigny, *Das Recht des Besitzes* [1803], ed. A. Rudorff, 7th ed.（Berlin, 1865）, 该书附有完整的关于占有的专题著述的列表；并参见 L. A. Warnkonig, *Analysis of Savigny's Treatise on the Law of Possession*（Edinburgh, 1839）. 参见 Eugen Ehrlich, *Fundamental Principles of the Sociology of Law*, tr. W. Moll（New York, 1962）, 320；和 John Austin, *Lectures on Jurisprudence*, 4th ed.（London, 1873）, I, 53（副标题"实在法的哲学"借自胡果的著作）。萨维尼的第一位法国学生勒米尼尔，其学位论文就写的这个主题：*De possession analytica Savignianae doctrinae expositio*（Paris, 1827）.

〔56〕进一步的详细讨论见 D. R. Kelley and Bonnie Smith, "What Was Property? Legal Dimensions of the Social Question in France, 1789-1848," *Proceedings of the American Philosophical Society*, 128（1984）, 200-30.

〔57〕Jakob Grimm, "Das Wort des Besitzes," 于其 *Reden und Abhandlungen*（Berlin, 1864）, 113-44（写于1850年纪念萨维尼获得博士学位50周年之际）；并参见 Grimm "Von der Poesieim Recht," *Zeitschrift für geschichtliche Rechtswissenschaft*, 2（1816）, 25-99.

〔58〕Eduard Gans, *Ueber die Grundlage des Besitzes: Eine Duplik*（Berlin, 1839）, 11, 这为弗里德里希·沙夫（Friedrich Schaff）所反对, Friedrich Schaff, *Gans' Kritik gegen Hern von Savigny die Grundlage des Besitzes betreffend*（Berlin, 1839）；并参见 Manfred Riedel, "Eduard Gans als Schüler Hegels: Zurpolitischen Auslegung der Rechtsphilosophie," *Rivista di filosofia*, 68（1977）, 234-68。

〔59〕A. Koeppe, *Zur Lehre vom Besitz*（Berlin, 1839）；和 [一位普鲁士法学家的著作], *Darstellung der Lehre vom Besitz als Kritik der v. Savigny'schen Buches*（Berlin, 1840）, 28. 对这一仍存争议的问题，存在大量文献，比如，Rudolf Jhering, *Ueber den Grund des Bestizschutzes*（Jena, 1869）, 和 *Der Besitzwille*（Jena, 1889）；及 Geoffrey MacCormick, "The Role of Animus and the Classical Law of Possession," *Zeitschrift der Savigny-Stiftung für Rechts-*

geschichte, Rom. Abt., 68 (1973), 105-145.

〔60〕引自 Max Brod, *Heine* (New York, 1956), 77.

〔61〕"Zur Kritik der Hegel'schen Rechtsphilosophie: Einleitung," *Marx-Engels Ausgabe*, 1 (1) (Berlin, 1927), 609; 一般性的研究, 参见 D. R. Kelley, "The Metaphysics of Law: An Essay on the Very Young Marx," *American Historical Review*, 83 (1978), 350-367 (重印于 *History, Law, and the Human Sciences*); Christoph Schefold, *Die Rechtsphilosophie der jungen Marx von 1842* (Munich, 1970); Hasso Jaeger, "Savigny et Marx," *Archives de philosophie du droit*, 12 (1967), 65-89 [该整期都专用于讨论"马克思与现代法权" (Marx et le droit moderne)]; Peter Landau, "Marx und die Rechtsgeschichte," *Tijdschrift voor Rechtsgeschedenis*, 41 (1973), 361-371; Heinz Lubasz, "Marx's Initial Problematic: the Problem of Poverty," *Political Studiers*, 24 (1976), 24-42; Riccardo Guastini, *Marx dalla filosofia del diritto alla scienza della societa: il lessico giuridico marxisno*, 1842-1851 (Bologna, 1974). 关于马克思对占有问题的讨论 (源于《政治经济学批判大纲》(*Grundrisse*)), 参见 Michael Cain and Alan Hunt, eds., *Marx and Engels on Law* (London, 1979), 139. 并参见 Ch. 14, n. 24。

〔62〕W. Belime, *Traité du droit de possession* (Paris, 1842), viii; 参见 D. R. Kelley, *Historians and the Law in Postrevolutionary France* (Princeton, 1984), ch. 11, 以及（与邦尼·史密斯 [Bonnie Smith] 合作的论文）"What Was Property?"。

〔63〕Frederic Taulier, *Théorie raisonnée du Code Civil* (Grenoble, 1840), 205.

〔64〕Cf. Théodore Chavot, *Traité de la propriété moilière suivant le Code Civil* (Paris, 1839), 217.

〔65〕Raymond Troplong, *De la Prescription* (Paris, 1835), I, 383, 该书引述了维柯和萨维尼; 并可参见 Edouard Laboulaye, *Histoire du droit de propriété foncière en occident* (Paris, 1839), 59。

〔66〕J.-M. Carou, *Traitét héorétique et practique des Actions possessoires* (Paris, 1841), 71.

〔67〕Prosper Barante, *Etudes littéraires et historiques* (Paris, 1858), 441.

〔68〕Raymond Troplong, *De la propriété d'après le code civil* (Paris, 1848), 15.

〔69〕J. B. V. Proudhon, *Traité du domain de propriété* (Dijon, 1839), 51. 关于该书还可参见 Paolo Grossi, *An Alternative to Private Property: Collective Property in the Juridical Consciousness of the Nineteenth Century*, tr. L. Cochrane (Chicago, 1981).

〔70〕Carou, 17.

〔71〕P. J. Proudhon, *Qu'est-ce que la propriété?* (Paris, 1966), 这本书非常需要比照法律传统进行重新评价, 这一法律传统既深深吸引着蒲鲁东, 又令蒲鲁东深恶痛绝——

是他著作的主要靶子。跟马克思一样，蒲鲁东曾设计了一个法律体系，以"在所有法典或一部法典中［决定］什么是善"（to decide "cequ'il y a bon dans les codes ou dans l'un des codes"），但他放弃了这一雄心，以使他自己关注更紧迫的"社会"问题；参见 *Carnets de Proudhon*, ed. S. Henneguyand J. Faure-Fremet（Paris, 1960), 64（année 1844-1845）。

第十四章 从公民科学到人文科学

［1］Paolo Cappellini, *Systema iuris*, published in *Quaderni fiorentini*, 17 and 19（Milan, 1984-85); Peter Stein, *Legal Evolution: The Story of an Idea*（Cambridge, Eng., 1980); Giuliano Marini, *I Maestri della Germania: Göttingen 1770-1820*（Turin, 1975); D R. Kelley, "Ancient Versus on New Ideas: Legal Tradition and the French Historical School," *History and Theory*, 26（1987), 319-38; Riccardo Orestano, *Introduzione allo studio del diritto romano*（Bologna, 1987); and James Whitman, *Roman Civilization and the German Rule of law*（Princeton, 1989). 其他的早期法学百科全书式著作如 A. F. Schott（1772), I. F. Gildemeister（1883), J. F. Reitemeier（1785), W. G Tafinger（1789), T Schmalz（1790), and K. S. Zachariae（1795). 一个有用的研究，可参见 Cornelis Anne Den Tex, *Encyclopaedia Jurisprudentiae*（Amsterdam 1835); 更一般性的研究，可见 U. Dierse, *Enzyklopaedie: Zur Geschichte eines philosophischen und wissenschaftstheoretischen Begriff*（Bonn, 1977)。

［2］K. F. von Savigny, *System des heutigen römischen Rechts*（Berlin, 1840), I, ix.

［3］John P. Dawson, *Oracles of the Law*（Ann Arbor, 1968), 453.

［4］Hegel, *Philosophie des Rechts*, intro., 2, tr. T. M. Knox as *Philosophy of Right*（Oxford, 1952); cf. Hegel, *Philosophy of Subjective Spirit*, tr. M. J. Perry（Dordrecht, 1978), II, "Anthropology," and also *Vorlesung über Rechtsphilosophie*, ed. K. H. Itting（Stuttgart, 1973).

［5］Herbert Marcuse, *Reason and Revolution: Hegel and the Rise of Social Theory*（Boston, 1960). 关于黑格尔的法律和社会哲学的大量文献，亦可见 V. S. Harris, *Hegel's Development toward the Sunlight*, 1770-1801（Oxford 1972); Lawrence Dickey, *Religion, Economics, and the Politics of spirit*, 1770-1807（Cambridge, Eng., 1987); Norbert Waswek, *The Scottish Enlightenment and Hegel's Account of "Civil Society"*（Dordrecht, 1988), 讨论了黑格尔的经济学著作（非法学）的翻译; Aldo Schiavone, *Alle origini del diritto borghese: Hegel contro Savigny*（Rome, 1984); John Edward Toews, *Hegelianism: The Path toward Dialectical Humanism*, 1805-1841（Cambridge, Eng., 1986); Hans-Christian Lucas and Otto Pöggler, eds., *Hegels Rechtsphilosophie im Zussamenhang der europäischen Verfassungsgeschichte*（Stuttgart, 1986), esp. 221-56, Walter Jaeschke, "Die Vernünftigkeit des Gesetzes"; and Dieter Henrich and Rolf-Peter Horstmann, eds., *Hegels Philosophie des Rechts: Die Theorie der Rechts-*

formen und ihre Logik (Stuttgart, 1982). See also Guido Fassò, *Storia della filosofia del diritto*, III (Bologna, 1984), 该书附有进一步的参考书目。

[6] Hegel, *Philosophy of Right*, introduction, 3.

[7] Ibid., 4ff.

[8] Ibid., I, 41ff. Cf. Ch. 13, n. 55.

[9] 对异化这一法律概念的研究，参见 D. R. Kelley, "The Metaphysics of Law: An Essay on the Very Young Marx," *American Historical Review*, 8 (1978), 350-67 (重印于 *History, Law, and the Human Sciences*). 这个问题在以下著作中都未被处理，Bertell Ollman, *Alienation: Marx's Conception of Man in Capitalist Society* (Cambridge, Eng., 1971), or Joachim Israel, *Alienation: From Marx to Modern Sociology* (Boston, 1971); see also this chapter at n. 25。

[10] Hegel, *Philosophy of Right*, introduction, 4.

[11] Marx, "Zur Kritik der Hegel'schen Rechtsphilosophie," in *Marx-Engels Ausgabe*, I (I) (Berlin, 1929), 609—*Collected Works*, III (New York, 1975), 177; 但特别需要参考 Marx, "Das philosophischen Manifest der historische Rechtsschule," *Marx-Engels Ausgabe*, I (1), 251-59—*Collected Works*, I (New York, 1975), 203-10.

[12] Louis Bouillenois, *Dissertations sur des questions qui naissent de la contrarieté des loix et des coutumes* (Paris, 1732), xiv; and see Ch. 9 at n. 26. 一般性的文献，可参见 Joseph Schumpeter, *A History of Economic Analysis* (New York, 1968), and "Some Questions of Principle," ed. Loring Allen, in *Research in the History of Economic Theory and Analysis*, 5 (1987), 93-116; 关于这一点，可参见 Mark Perlman, "Schumpeter as a Historian of Economic Thought," in *Research in Economic Thought and Analysis*, I (1983)。Also Villeneuve Bargemont, *Histoire de l'écon. politique* (Paris, 1841); Wilhelm Röscher, *Geschichte der National-Oekonomiein Deutschland* (Munich, 1874); Charles Gide, *Histoire des doctrines économiques*, 2nd ed. (Paris, 1913); Luigi Cossa, *Introduzione alla economia politica*, 3rd ed. (Milan, 1892); and Karl Pibram, *A History of Economic Reasoning* (Baltimore, 1983). 对"经济现代主义的贫困"的评判，可参见 Donald N. McCloskey, *The Rhetoric of Economics* (Madison, 1985)。

[13] Albion Small, *The Cameralists: The Pioneers of German Social Theory* (Chicago, 1909); and *Aufklarung und Geschichte: Studien zur deutschen Geschichtswissenschaft im 18. Jahrhundert*, ed. H. Bödeker (Gottingen, 1986), esp. 119-43; Gabriella Valera, "Statistik, Staatengeschichte, Geschichte im 18. Jahrhundert," and 144-68, Pasquale Pasquino, "Politisches und historische Interesse: Statistik und historische Staatslehre bei Gottfried Achenwall,

1719–1772"; also Anthony Oberschall, *Empirical Social Research in Germany*, 1848–1914 (The Hague, 1965); and Pierangelo Schiera, *Dall'Arte di governo alle scienze dello Stato: il cameralismo e l'assolutismo tedesco* (Milan, 1960).

〔14〕J. H. G. von Justi, cited by Small, 294; and cf. A. J. Blanqui, *Histoire de l'économie politique* (Paris, 1882), I.

〔15〕See Ch. 13 at n. 35, 关于经济学的历史学派，可参见罗雪尔（Röscher）的系列作品；Joseph Schumpeter, *History of Economic Analysis*; and Gerhard Titzel, *Schmoller versus Menger: Ein Analyse des Methodenstreits in Hinblick auf den Historismus in der Nationalökonomie* (Basel, 1950)。

〔16〕Adam Smith, *Lectures on Jurisprudence*, ed. R. L. Meek, D. D. Raphael, and P. G. Stein (Oxford, 1978), 14; Smith, *The Wealth of Nations*, V, I, ii. See ch. 10, n. 67, and also Peter Stein, "Adam Smith's Theory of Law and Society," *Classical Influences on Western Thought*, A. D. 1650–1820, ed. R. R. Bolgar (Cambridge, Eng., 1978), 263–73.

〔17〕C. Louandre, "Du Travail et des classes laboreuses dans l'ancienne France," *Revue des deux mondes*, 8, no. 4 (1850), 833, and 820 ("Nul n'entre ici qui n'est économiste"); see also A. C. -T., "Des plus récents travaux en economic politique," *Revue des deux mondes*, I, no. 1 (1839), 705–37, "L'économieest en verve de prosélytisme."

〔18〕Wilhelm Hennis, "A Science of Man: Max Weber and the Political Economy of the Historical School," in *Max Weber and His Contemporaries*, ed. Wolfgang Mommsen and Jurgen Osterhammel (London, 1987), 28; 以及韦伯论"学科的演化"，可参见 Walther Wegener, *Die Quellen der Wissenschaftsauffassung Max Webers und die Problematik der Werturteilsfreiheit des Nation-alökonomie* (Berlin, 1962); and see below, n. 58。

〔19〕*Profession d'avocat* (Paris, 1832), I, 359–67, "Sur l'étude des principes de l'économie sociale," by A. G. Camus, 他是这本手册 1770 年原始版的作者。

〔20〕J. B. Say, *Traité d'économie politique*, 6thed. (Paris, 1841), 132–33.

〔21〕Pietro Rossi, *Cours d'économie politique* (Paris, 1840), and *Mélanges d'économie politique, d'histoire, et de philosophie* (Paris, 1857); and see D. R. Kelley, *Historians and the Law in Postrevolutionary France* (Princeton, 1984), 124.

〔22〕Bargement, 8.

〔23〕Eugen Ehrlich, *Fundamental Principles of the Sociology of Law*, tr. W. Moll (Cambridge, Mass., 1936), 98; Paul Cauwès, *Précis du cours d'économie politique* (Paris, 1881).

〔24〕Marx-Engels, Collected Works, III, 217 and 218, 此处论述的是"私有财产权的失败者或投降者"（*Entäusserung oder Entfremdung des Privateigentums*）(*Marx-Engels Gesa-*

mtausgabe, I, pt. 3, 531); 古代罗马的例子，来自于 *Grundrisse*，现在收录于 *Collected Works*, XXVIII (New York, 1986), 404ff。

[25] 致卡尔·海因里希·马克思 (Heinrich Marx) 的信，收录于 *Collected Works*, I (New York, 1975), 10-21; *Economic and Philosophic Manuscripts*, in *Collected Works*, III, 229-346; see also n. 9 above and Ch. 13, n. 61. "Metaphysik des Rechts" 由康德在其 Metaphysische Anfangsgrunde der Rechtslehre 的序言中使用，收录于 *Metaphysik der Sitten*。

[26] P. J. Proudhon, *Carnets*, ed. S. Henneguy and J. Faure-Fremet (Paris, 1960), II, 66, and 139 ("La phénoménologie de l'esprit, c'est l'économie politique"); also Proudhon, *System of Economic Contradictions, or The Philosophy of Misery*, tr. B. Tucker (Boston, 1888), *Qu'est-ce quelapropriété?*, and *Théorie delapropriété*, II, 158; and see Ch. 13, n. 70.

[27] Anselm Batbie, *Nouveau cours d'économie politique* (Paris, 1866); and see Henri Baudrillart, "Un Jurisconsulte Économiste: M. Charles Renouard," *Revue des deux mondes*, 50, no. 4 (1880), 802-28, and "Le Nouvel Experiment de l'économie politique dans les facultés de droit," *Revue des deux mondes*, 55, no. 3 (1885), 158-85; and Alfred Jourdan, "L'Enseignement de l'économie politque," Revue d'économic politique, I (1887), 3-31.

[28] Henri Baudrillart, *Du principe de propriété* (Paris, 1855), 10, and *La Propriété* (Paris, 1867).

[29] Michelle Duchet, *Anthropologie et histoire au siècle des lumières* (Paris, 1971); René Hubert, *Les Sciences sociales dans l'Encyclopédie* (Lille, 1923); Georges Gusdorf, *Les Sciences humaines et la pensée occidentale*, VII (Paris, 1976), 其中涉及新人类学的论述; and cf. Gusdorf, II (2) (Paris, 1969), 178ff; Anthony Pagden, *The Fall of Natural Man: The American Indian and the Origins of Comparative Ethnology* (Cambridge, Eng., 1982). 更一般性的研究包括 Annemarie de Waal Malefijt, *Images of Man: A History of Anthro-pological Thought* (New York, 1974); Murray J. Leaf, *Man, Mind, and Science: A History of Anthropology* (New York, 1979); 以及下述选集汇编: Burton Feldman and Robert D. Richardson, *The Rise of Modern Anthropology* (Bloomington, Ind., 1972); and also V. F. Calverton, ed., *The Making of Man: An Outline of Anthropology* (New York, 1930)。

[30] Odo Marquard, "Zur Geschichte des philosophischen Begriffs 'Anthropologies' seit dem Ende des 18. Jahrhunderts," in *Collegium Philosophicum* (Berlin, 1965); see also Michael Landmann, *Philosophical Anthropology*, tr. D. Parent (Philadelphia, 1974), II, and *De Homine: Der Mensch im Spiegel seines Gedankens* (Munich, 1962); and H. G. Gadamer and Paul Vogler, eds., *Neue Anthropologie*, IV, *Kulturanthropologie* (Stuttgart, 1972), 225, on *Rechtssystem*.

〔31〕 D. R. Kelly, "The Science of Anthropology: An Essay on the Very Old Marx," *Journal of the History of Ideas*, 40 (1984), 245-62.

〔32〕 背景性知识可参见 Joseph Niedermann, Kultur: *Werden und Wandlungen des Begriffs und seines Ersatsbegriffe von Cicero bis Herder* (Florence, 1941); 为了对比分析，也可见可 *International Encyclopedia of Social Science* 中的"Culture"条目; also Stephen Horigan, *Nature and Culture* in Western Discourse (London, 1988); 以及列奥·施特劳斯对传统主义和历史主义的强烈批判，可见 *Natural Right and History* (Chicago, 1953)。

〔33〕 See, e. g., J. O. Brew, ed., *One Hundred Years of Anthropology* (Cambridge, Mass., 1968); T. K. Penniman, *A Hundred Years of Anthropology* (New York, 1974); Robert H. Lowie, *The History of Ethnological Theory* (New York, 1937); and George W. Stocking, Jr., *Race, Culture, and Evolution* (New York, 1968), and *Victorian Anthropology* (New York, 1987)。

〔34〕 A. L. Jussieu, *Discours: Corps Législatif, Conseil des Cinq-cents* (Paris, An. 7; BN Le. 43. 3603). 也可参考 Baron Degérando, *The Observation of Savage Peoples*, tr. F. C. T. Moore (Berkeley, 1969), 由 E. E. Evans-Pritchard 撰写的序言。

〔35〕 Raymond Schwab, *The Oriental Renaissance*, tr. G. Patterson and A. Reinking (New York, 1984); and Martin Bernal, *Black Athena: The Afroasiatic Roots of Classical Civilization*, I (New Brunswick, N. J., 1987); cf. Gusdorf, V, 355.

〔36〕 J. J. Bachofen, *Myth, Religion, and Mother Right*, tr. Ralph Manheim (Princeton, 1967), 3.

〔37〕 Henry Sumner Maine, *Ancient Law*, 10th ed. (London, 1924), 91; also Maine, *Lectures on the Early History of Institutions* (New York, 1975), and *Dissertations on Early Law and Customs* (New York, 1886). See also J. W. Burrow, *Evolution and Society: A Study of Victorian Social Theory* (Cambridge, Eng., 1966), 137-79; George Feaver, *From Status to Contract: A Biography of Sir Henry Sumner Maine, 1827-1888* (London, 1969); and R. C. J. Cocks, *Sir Henry Maine: A Study in Victorian Jurisprudence* (Cambridge, Eng., 1988).

〔38〕 Maine, *Ancient Law*, 43, 271. Cf. John Ferguson McLennan, *The Patriarchal Theory* (London, 1885); Lewis Henry Morgan, *Ancient Society*, ed. Leslie A. White (Cambridge, Mass., 1964); Edward Tylor, *Researches into the Early History of Mankind* (London, 1870), and *Anthropology* (London, 1904); 特别是 Paolo Grossi, *An Alternative to Private Property: Collective Property in the Juridical Consciousness of the Nineteenth Century*, tr. L. Cochrane (Chicago, 1981)。

〔39〕 Feaver, 24

〔40〕Thomas R. Trautmann, *Lewis Henry Morgan and the Invention of Kinship* (Berkeley, 1987), 54.

〔41〕Emile de Laveleye, *Primitive Property*, tr. G. Marriott (London, 1878).

〔42〕*The Ethnological Notebooks of Karl Marx*, ed. Lawrence Krader (Assen, 1972), 324ff; and see Kelley, "The Science of Anthropology", 附有更进一步的引文。

〔43〕*Ethnological Notebooks*, 112, 224. 正是在马克思笔记的基础上, 恩格斯创作了他的《家庭、私有制和国家的起源》。

〔44〕Edward Tylor, *Primitive Culture* (London, 1871), and *Main Trends of Researching in the Social and Human Sciences*, ed. J. Havet (The Hague, 1978), II, pt. I, 18; cf. Ivan Kalvar, The Völkerpsychologie of Lazarus and Steinthal and the Modern Concept of Culture, *Journal of the History of Ideas*, 48 (1987), 671-90.

〔45〕N. S. Timasheff, *An Introduction to the Sociology of Law* (Cambridge, Mass., 1939). 社会学史的大量文献多停留在表面（除了对主要人物的评论外）, 且与法律的关系也不大。细致的研究包括: Ronald Fletcher, *The Making of Sociology* (New York, 1971); Alberto Izzo, ed., *Storia del pensiero sociologico* (Bologna, 1974-77); and Raymond Aron, *Main Currents in Sociological Thought* (New York, 1965)。更具理论意义研究有如 Peter T. Manicas, *A History and Philosophy of the Social Sciences* (Oxford, 1987), 该书对社会科学的美国化进行了研究; Geoffrey Hawthorne, *Enlightenment and Despair: A History of Social Theory*, 2nd ed. (Cambridge, Eng., 1987), 该书还附有最新的参考书目; 以及 Philip Abrams, "The Sense of the Past and the Origin of Sociology," *Past and Present*, 35 (1972), 1832。

〔46〕Auguste Comte, *Cours de philosophie positive*, ed. J. P. Enthoven (Paris, 1975), II, *Physique sociale*, 88.

〔47〕Stefan Collini, Donald Winch, and John Burrow, *That Noble Science of Politics* (Cambridge, Eng., 1983).

〔48〕Albion Small, *Origins of Sociology* (Chicago, 1924); see also Ernst Becker, *The Lost Science of Man* (New York, 1971); and D. R. Kelley, "The Prehistory of Sociology: Montesquieu, Vico, and the Legal Tradition," *Journal of the History of the Behavioral Sciences*, 16 (1980), 133-44 (重印于 History, Law, and the Human Sciences). 然而, 斯莫尔的后辈们已经割裂了他们与斯莫尔所追踪的根源的关系, 参见最近的两本同样取名为《芝加哥社会学派》(*The Chicago School of Sociology*) 的书, 分别是 Martin Bulmer (Chicago, 1984) 和 Dennis Smith (New York, 1988) 所著, 他们都忽略了贝克尔 (Becker) 对阿尔比恩·斯莫尔的悲剧性悖论的论述。

〔49〕Robert Nisbet, The Sociological Tradition (New York, 1966); 特别是 Emile

Durkheim, *Montesquieu and Rousseau: Forerunners of Sociology*, tr. R. Manheim (Ann Arbor, 1960); Werner Stark, *Montesquieu: Pioneer of the Sociology of Knowledge* (London, 1960); and Eugen Ehrlich, "Montesquieu and Sociological Jurisprudence," *Harvard Law Review*, 29 (1916), 516.

〔50〕Arthur Mitzman, *Sociology and Estrangement: Three Sociologists of Imperial Germany* (New York, 1973), 该书讨论了滕尼斯、松巴特（Sombart）和米歇尔斯（Michels）; Harry Liebersohn, *Fate and Utopia in German Sociology*, 该书讨论了滕尼斯、特勒尔奇（Troeltsch）、韦伯、齐美尔（Simmel）和卢卡奇（Lukacs）; Raymond Aron, *La Sociologie allemande contemporaine* (Paris, 1936), 该书讨论了齐美尔、韦伯、奥本海默（Oppenheimer）和其他人；以及 M. Rainer Lepsius, Kurt Lenk 和 Jurgen Kocka 等人的论文，收录于 Volker Meja, Dieter Misgeld 和 Nico Stehr 编写的 *Modern German Sociology*, (New York, 1987), 37-111. 关于法学联系的特别含义的论述，可见 Otto Gierke, Die Genossenschaftstheorie (Berlin, 1887); John D. Lewis, *The Genossenschaft-Theory of Otto von Gierke* (Madison, Wis., 1935); and A. Schaffle, *Bau und Leben des socialen Körpers* (Tübingen, 1875), 由"综合社会学"（Allgemeine Sociologie）开始；以及 Timasherff and Gurvitch, L'Idée du droit sociale (Paris, 1932)。

〔51〕Lorenz von Stein, *The History of the Social Movement in France*, 1789-1850, tr. K. Mengelberg (Totowa, N. J., 1964), 43.

〔52〕*The Sociology of Georg Simmel*, ed. Kurt H. Wolff (New York, 1950); and see Peter Lawrence, *Georg Simmel, Sociologist and European* (New York, 1976).

〔53〕See, e. g., Franz von Holtzendorf, *Encyclopädie der Rechtswissenschaft* (Leipzig, 1870); and Henri Ahrens, *Encyclopédie juridiqueou exposition organisé de la science du droit privé*, tr. A. Chauffard (Paris, 1880) from first German ed. (1855).

〔54〕Clifford Geertz, *Local Knowledge* (New York, 1983), 150.

〔55〕Fernand Tönnies, *Community and Association*, tr. C. P. Loomis (London, 1955); cf. Tönnies, *On Sociology: Pure, Applied, and Empirical*, tr. W. Cahnman and R. Heberle (Chicago, 1971), *Custom: An Essay on Social Codes*, tr. A Borenstein (New York, 1961), and *On Social Ideal and Ideologies*, tr. E. G. Jacoby (New York, 1974); and cf. Feaver.

〔56〕Tönnies, *On Sociology*, 199.

〔57〕Emile Durkheim, *Les Règles de la méthode sociologique* (Paris, 1981); Durkheim, *Textes* (Paris, 1975), I. *Eléments d'une théorie sociale*, and III. *Fonctions sociales et institutions*; *Durkheim and the Law*, ed. Steven Lukes and Andrew Scull (New York, 1983); 尤其可参见 Lukes, *Emile Durkheim: His Life and Work* (New York, 1972)。关于涂尔干式理念的背

景知识,可参见 Marco Orrù, "Anomy and Reason in the English Renaissance," *Journal of the History of Ideas*, 47 (1986), 177-96。

[58] Max Weber, *Economy and Society*, ed. G. Roth and C. Wittich (New York, 1968), esp. II, 641ff (Rechtssoziologie), and *On the Methodology of the Social Sciences*, tr. E. Shils and H. Finch (Glencoe, Ill., 1945); 关于韦伯社会学的法学方面,参见 Anthony T. Kronen, *Max Weber* (London, 1983); 也有更多日益增长的文献,如 Brian Turner, *For Weber: Essays in the Sociology of Fate* (Boston, 1981), 318-51; Arthur Mitzman, *The Iron Cage: An Historical Interpretation of Max Weber* (New York, 1970); Wolfgang Mommsen, *The Political and Social Thought of Max Weber* (Chicago, 1989); and Mommsen and Osterhammel, eds., *Max Weber and His Contemporaries*。

[59] Weber, Economy and Society, I, 227; and see Ch. 6 at n. 34.

[60] Mannheim, *Ideology and Utopia: An Introduction to the Sociology of Knowledge*, tr. L. Wirth and E. Shils (New York, 1952), and Essays *on the Sociology of Knowledge*, tr. P. Kecskemeti (New York, 1952); cf. Colin Loader, *The Intellectual Development of Karl Mannheim* (Cambridge, Eng., 1985); Volker Meja and Nico Stehr, eds., *Der Streit uber die Wissenso-ziologie* (Frankfurt, 1981); and Georges Gurvitch, *The Social Framework of Knowledge*, tr. M. and K. Thompson (Oxford, 1971).

[61] Jürgen Habermas, *The Theory of Communicative Action*, tr. T. McCarthy (Boston, 1981), I, 4. See Lawrence A. Scaff, "Culture, Philosophy, and Politics: The Formation of the Socio-cultural Sciences in Germany," *History of the Human Sciences*, I (1988), 237; and cf. Charles Lemert, *Sociology and the Twilight of Man: Homocentrism and Discourse in Social Theory* (Carbondale, Ill., 1979).

[62] Léon Duguit, *Les Transformations générales du droit privé depuis le Code Napoléon* (Paris, 1912); and *Le Droitsocial, le droit individuel, et la transformation de l'état* (Paris, 1908); also Fassò, III, 164; and Williann Logue, *From Philosophy to Sociology: The Evolution of French Liberalism*, 1870-1914 (Dekalb, Ill., 1983). 1891 年,狄骥举办了一场以社会学为主题的席明纳(seminar),但是涂尔干却没有参加。See Terry Clark, *Prophets and Patrons: The French University and the Emergence of the Social Sciences* (Cambridge, Mass., 1973), 182。

[63] Timasheff, 49. 尤其可参见 Ehrlich, *Fundamental Principles of the Sociology of Law*; Georges Gurvitch, *Sociology of Law* (New York, 1942); René Worms, *La Sociologie et le droit* (Paris, 1895), and *Sociology of Law*, ed. V. Aubert (New York, 1969); Paul Vinogradoff, *Outlines of Historical Jurisprudence* (London, 1920), vol. I; and Julien Bonnecase,

La Pensée juridique française（Bordeaux, 1933）。

〔64〕Gurvitch, *Sociology of Law*, 69.

第十五章 结论：法的遗产

〔1〕Richard Rorty, "Solidarity or Objectivity?" in *Relativism: Interpretation and Confrontation*, ed. Michael Kranz（Notre Dame, 1989）, 35.

〔2〕Ernst Troeltsch, *Der Historismus und seine Probleme*（Tubingen, 1922）, 102–10, "Naturalismus und Historismus."对此有丰富的文献, see Franco Bianco, ed., *Il dibatto sullo storicismo*（Bologna, 1978）。

〔3〕尤其可参见 Heinrich Rickert, *Kulturwissenschaft und Naturwissenscbaft*（Freiburg, 1899）, 以及 *The Limits of Concept Formation in Natural Science*, tr. G. Oakes（Cambridge, Eng., 1986）。也可参见另一大部头文献, Michael Ermath, *Wilhelm Dilthey: The Critique of Historical Reason*（Chicago, 1978）, 186ff. , 这篇文献研究了文德尔班 1894 年就 Geschichte und Naturwissenschaft 问题的演讲之后的事情讨论；还可以参见 Troeltsch, 30, n. 15。

〔4〕Kant, *Der Streit der Fakultaten*, M. Gregor 将之译为 *The Conflict of the Faculties*（New York, 1979）, 141。

耶利内克（Jellinek）被 Paul Honigsheim 援引, *On Max Weber*, tr. J. Rytina（NewYork, 1968）, 68。

〔5〕H. G. Gadamer, *Truth and Method*, tr. G. Barden and J. Cumming（New York, 1975）, 290.

〔6〕Karl Renner, *The Institutions of Private Law and Their Social Function*, tr. A. Schwarzschild（London, 1949）；以及 Hans Kelsen, *The Pure Theory of Law*（Berkeley, 1967）。关于法律向现代思想妥协的近期努力, 参见 Peter Goodrich, *Legal Discourse: Studies in Linguistics, Rhetoric, and Legal Analysis*（New York, 1987）；S. H. Humphreys, "Law, Anthropology, and History", *History and Anthropology*, 1（1984）, 241–64；Sanford Levinson and Steven Mailloux, eds., *Interpreting Law and Literature: A Hermeneutical Reader*（Evanston, Ⅲ., 1988）；Ronald Dworkin, "Law as Interpretation," *The Politics of Interpretation*, ed. W. J. T. Mitchell（Chicago, 1985）；以及 Robert Gordon, "Historicism in Legal Scholarship," *Yale Law Journal*, 90（1981）, 1017–56。

〔7〕Edmund Husserl, Gesammelte Werke, IV, *Der Krisis der europäischen Wissenschaften und die tranzendentale Phänomenologie*（The Hague, 1954）；参见 Jürgen Habermas, *The Theory of Communicative Action*, tr. Thomas McCarthy（2 vols., Boston, 1981–87）, I, 4；Judith Shklar, *Legalism*（Cambridge, Mass., 1964）；以及 Erik Wolf, *Das Problem der Naturrechtslebre*:

Versuch einer Orientierung（Karlsruhe, 1955）。

［8］更近期的研究，可参见 Mark Kelman, *A Guide to Critical Legal Studies*（Cambridge, Mass., 1987）。

［9］See Ch. 14, n. 1.

［10］See e. g., Ernest Becker, *The Lost Science of Man*（NewYork, 1971）; Charles Lemert, *Sociology and the Twilight of Man*（Carbondale, Ill., 1979）；但是也可参考 David Thomas, *Naturalism and Social Science: A Post-Empiricist Philosophy of Social Science*（Cambridge, Eng., 1979）. Karl W. Deutsch, *Advances in the Social Sciences*, 1900-1980（Cambridge, Mass., 1986）, 356, 在这里，作者在"社会科学的两种基本风格""诠释学文本或经验和数学文本"之间做了区分。另一方面，也有研究者论及学科的"通俗化、分散化和 babélisation"，参见 A. J. Arnaud, *Dictionnair encyclopédia de théorie et de sociologie de droit*（Paris, 1988）。

［11］Gadamer, *Truth and Method*, 289, 495, 还可以参见 Giuseppe Zaccaria, *Ermeneutica e giurisprudenza: i fondamenti filosofici nella teoria di Hans Georg Gadamer*（Milan, 1982）。

［12］Donald N. McCloskey, *The Rhetoric of Economics*（Madison, Wis., 1985）, 5; 以及 Patrick Madigan, *The Modern Project to Rigor: Descartes to Nietzsche*（Lanham, Md., 1986）。

［13］Nietzsche, *The Will to Power*, 199.

［14］Donald McCloskey, *The Rhetoric of Economics*; Clifford Geertz, *Local Knowledge*（New York, 1983）; James Boone, *Other Tribes, Other Scribes*（Cambridge, Eng., 1982）; George E. Marcus and Michael M. J. Fischer, *Anthropology as Cultural Critique*（Chicago, 1986）; Richard H. Brown, *A Poetic for Sociology*（Chicago, 1977）; Charles Taylor, *Philosophical Papers*, vol. I, *Human Agency and Language*, and vol. II, *Philosophy and the Human Sciences*（Cambridge, Eng., 1985）. See also Richard Bernstein, *The Restructuring of Social and Political Theory*（Philadelphia, 1978）, and *Beyond Objectivism and Relativism*（Philadelphia, 1983）; *The Rhetoric of the Human Sciences*, ed. John S. Nelson Allan Megill, 和 Donald N. McCloskey（Madison, Wis., 1987）, 以及与 Peter Munz 在 *Journal of the History of Ideas*, 51（1990）, 121-47 的交流对话; Richard Rorty, *Philosophy and the Mirror of Nature*（Princeton, 1979）; Donald N. Levine, *The Flight from Ambiguity*（Chicago, 1985）; 以及 Paul Ricoeur, *Hermeneutics and the Human Sciences*, tr. John B. Thompson（Cambridge, Eng., 1981）。

［15］Clifford Geertz, *Works and Lives: The Anthropologist as Author*（Stanford, 1988）.

［16］Alasdair MacIntyre, *Whose Justice? Which Rationality?*（Notre Dame, 1988）, 7.

［17］Hans Blumenberg, *Work on Myth*, tr. R. Wallace（Cambridge, Mass., 1985）, 263.

[18] See e. g., Thomas Heller, Morton Sosna, and David E. Wellbery, eds., *Reconstructing Individualism: Autonomy, Individuality, and the Self in Western Thought* (Stanford, 1986), 以及现在的 Charles Taylor, *Sources of the Self: The Making of the Modern Identity* (Cambridge, Mass., 1989)。

索 引

A. A. J. 杜宾，Dupin, A. A. J., 261
A. F. J. 蒂堡，Thibaut, A. F. T., 243, 244, 247, 248, 252, 255, 270
A. G. 加缪，Camus, A. G., 260
A. R. J. 杜尔哥，Turgot, A. R. J., 185
A. W. 雷伯格，Rehberg, A. W., 243
A. Y. 戈盖特，Goguet, A. Y., 185
A. 卡普，Koeppe, A., 248
C. A. 雷尼尔，Regnier, C. A., 227
C. N. 科克伦，Cochrane, C. N., 54
C. P. 斯诺，Snow, C. P., 1
F. A. 沃尔夫，Wolf, F. A., F. A 244
G. C. 格鲍尔，Gebauer, G. C., 240
H. 斯特凡斯，Steffans, H., 264
J. C. L. 西斯蒙第，Sismondi, J. C. L., 261
J. F. 弗莱特，Flatt, J. F., 240
J. F. 赖特迈尔，Reitemeier, J. F., 240
J. J. 迈里阿－加拉，Maillia–Garat, J. J., 227
J. J. 施茂斯，Schmauss, J. J., 240, 258
J. S. 普特尔，Pütter, J. S., 240, 241, 252

J. B. V. 蒲鲁东，Proudhon, J. B. V., 249, 250
J. F. 菲内提，Finetti, J. F., 213, 233, 234
J. M. 卡隆，Carou. J. M., 250
J. M. 泰科斯特，Textor, J. W., 213, 218
J. P. A. 德·维尔内夫·巴杰蒙特，Villeneuve Bargemont. J. P. A., 261
Nomos, 1, 2, 3, 4, 6, 8–12, 14–34, 38, 43, 44, 45, 46, 48, 52, 56, 61, 64, 66, 67, 69, 70, 71, 74, 75, 76, 77, 79, 81, 82, 84, 86, 87, 88, 89, 92, 103, 104, 109, 110, 114, 116, 120, 125, 127, 134, 137, 140, 142, 143, 152, 155, 156, 157, 161, 163, 164, 168, 180, 194, 207, 212, 213, 216, 218, 219, 221, 225, 226, 228, 234, 235, 239, 240, 241, 242, 245, 246, 251, 257, 260, 263, 268, 269, 272, 275, 277, 279, 282
P. N. 瑞福－格奥布里，Riffé–Caubray,

P. N., 228

Physis, 1, 2, 12, 15, 25-28, 29, 33, 34, 38, 44, 54, 56, 61, 64, 67, 68, 69, 89, 92, 104, 109, 116, 120, 121, 125, 134,, 137, 139, 141, 142, 143, 150, 180, 208, 218, 221, 227, 228, 234, 235, 239, 240, 241, 242, 245, 246, 260, 269, 277, 279, 281, 282

Quod omnes tangit, 158, 167

Quod pro munere, 157

Summa Lipsiensis, 144

Thesmoi, 18, 22

Turbe, 100, 101, 103, 173, 231

W. K. C. 格思里, Guthrie, W. K. C., 24, 28, 29, 32

阿伯拉尔, Abelard, 118

阿布莱热的雅克, Ablieges, Jacques d', 100, 103

阿道夫·布兰奇, Blanqui, Adolphe, 258

阿德玛·埃斯曼, Esmein, A., 227

阿尔巴的本佐, Benzo of Alba, 82

阿尔巴里克·真蒂利, Gentili, Alberico, 136, 174, 177, 179, 187, 213

阿尔贝里科·德·罗塞特, Alberico de Rosate, 126, 128, 135, 138, 142, 233

阿尔比恩·斯莫尔, Small, Albion, 270

阿尔弗雷德·诺斯·怀特海, Whitehead, A. N., 216

阿尔弗雷德·舒尔茨, Schutz, Alfred, 271

阿方斯·奥拉德, Aulard, Alphonse, 226

阿方索十世, Alfonso X of Castile, 93,

124, 223

阿基米德, Archimedes, 282

阿库修斯, Accursius, 55, 113, 118, 129, 133, 144, 146, 191, 192, 238

阿拉里克二世, Alaric II, 93

阿拉里克一世, Alaric I, 79

阿拉斯戴尔·麦金太尔, MacIntyre, Alastair, 281

阿里司提戴斯, Aristides, 2

阿里斯泰尔·卡梅伦·克隆比, Crombie, A. C., 6, 7

阿里斯托芬, Aristophanes, 19, 20

阿诺德·约瑟夫·汤因比, Toynbee, Arnold J., 3, 44

阿瑟·奥肯·洛夫乔伊, Lovejoy, Arthur O., 270

阿佐, Azo, 106, 109, 116, 122, 125, 133, 140, 142, 167, 247

埃德里·杜波特, Duport, Adrien, 226

埃德蒙·伯克, Burke, Edmund, 172, 224, 244

埃德蒙德·胡塞尔, Husserl, Edmund, 276, 277

埃蒂安·帕斯奎尔, Pasquier, Etienne, 177, 178, 184, 199, 200, 202, 204, 210

埃蒂耶纳·博诺·德·孔狄亚克, Condillac, E. B. de, 241

埃尔莫劳·巴尔巴罗, Barbaro, Ermolao, 2

埃及亡灵书, *Egyptian Book of the Dead*, 4

埃吉纳伊男爵, Baron, Eguinaire, 187, 188-93, 195, 199, 200, 210

索引 509

埃里克·哈夫洛克, Havelock, Eric, 15
埃里克·罗伯逊·多兹, Dodds, E. R., 33
埃利·哈利维, Halevy, Elie, 225
埃利希·罗特哈克尔, Rothacker, Erich, 279
埃马努埃莱·杜尼, Duni, Emmanuele, 234
埃米尔·本维尼斯特, Benveniste, Emile, 9
埃米尔·拉弗勒, Laveleye, Emile, 267
埃米尔·涂尔干, Durkhemi, Emile, 5, 46, 270, 272-74, 280, 281
埃米利奥·贝蒂, Betti, Emilio, 13
埃涅阿斯, Aeneas, 37
埃斯库罗斯, Aeschylus, 17
艾克·冯·雷普高, Eike von Repgow, 89, 101, 102, 212, 231
艾萨克·牛顿, Neeton, Isaac, 2, 7, 180, 183, 221, 238, 259
爱德华·甘斯, Gans, Eduard, 247, 248, 249, 257, 260
爱德华·哈克, Hake, Edward, 177
爱德华·吉本, Gibbon, Edward, 185, 241
爱德华·柯克, Coke, Edward, 166, 172-75, 180, 181, 183, 206
爱德华·佩克曼, Pickman, Edward, 63
爱德华·泰勒, Tylor, Edward, 269
爱德华多·拉布雷, Laboulaye, Edouard, 249
爱丁堡大学, Edinburgh, University of, 259

爱任纽, Irenaeus, 72, 74
安德里亚·德·伊塞尔尼亚, Andrea de Isernia, 92, 142
安德烈亚·阿尔恰托, Alciato, Andrea, 128, 130, 136, 137, 138, 145, 177, 187, 191, 193, 196, 211, 247
安德烈·特拉松, Terrasson, André, 230
安东尼奥·德·热纳诺, Gennaro, Antonio de, 7, 113
安吉诺·波利齐亚诺, Poliziano, Angelo, 144
安茹的热内, René of Anjou, 223
安瑟姆·巴特比, Batbie, Anselm, 263
安提丰, Antiphon, 27, 28, 29, 33
安托万·卢塞尔, Loisel, Antoine, 200, 201, 202, 204, 205
安托万·罗兰·朱西厄, Jussieu, A. L., 265
昂利·圣西门, Saint-Simon, Henri de, 269, 272
奥伯图斯·德·奥尔托, Obertus de Orto, 99
奥多弗雷多斯, Odofredus, 105, 109, 110, 133, 140, 154, 247
奥尔良大学, Orieans, University of, 125
奥古斯都·恺撒, Augustus Caesar, 79, 123
《奥古斯都宪章》, Liber Augustalis, 123, 124, 223
奥古斯特·孔德, Comte, Auguste, 10, 269, 270, 272, 275
奥卡姆的威廉, William of Ockham, 152, 159

奥利弗·哥尔德斯密斯，Goldsmith, Oliver, 30

奥卢斯·格利乌斯，Gellius, Aulus, 42, 43, 44

奥秘之体，Corpus mysticum, 151, 153, 169, 217

奥托·基尔克，Gierke, Otto, 113, 150, 208, 213, 270, 271

奥维德，Ovid, 37

巴尔都斯·德·乌巴尔迪斯，Baldus de Ubaldis, 89, 91, 99, 128, 129, 130, 132, 133, 135, 137, 138, 139, 141, 142, 143, 145, 146, 147, 160, 203, 216, 236

巴托鲁斯·德·萨索费拉托，Bartolus de Sassoferrato, 128, 130, 134, 135, 136, 137, 138, 141, 144, 145, 147, 158, 160, 162, 232, 253

《巴黎大全》，*Summa Parisiensis*, 117

巴黎大学，Paris, University of, 158

巴黎议会，Parlement of Paris, 140, 151, 203, 204

巴鲁赫·斯宾诺莎，Spinoza, Benedict, 216

巴门尼德，Parmenides, 27

巴拿巴斯，Barnabas, 70

巴纳布·布里森，Brisson, Barnabé, 210

巴普蒂斯特·杜博斯，Bos, Abbé du, 221

巴托尔德·格奥尔格·尼布尔，Niebuhe, B. G., 245

巴特利米德·查塞内乌斯，Chasseneux, Barthélemy de, 13

百科全书学派，Encyclopedia, 109, 252, 257, 264, 271, 279

柏拉图，Plato, 1, 7, 14, 16-19, 2, 123, 25-29, 32, 33, 35, 41, 43, 44, 5597, 90, 115, 134, 178, 181, 194, 198, 199, 207, 213, 216, 241, 260, 270, 276

柏林大学，Berlin, University of, 239, 247, 253, 264

保罗（法学家），Paul (jurist), 42, 133

保罗·查尔林，Challine, Paul, 205

保罗·卡斯特罗，Castro, Paolo, 128

保罗·利科，Ricorur, Paul, 13, 14

本尼迪克特·卡普佐夫，Carpzov, Benedict, 232

本尼迪克特·列维塔，Benedictus Levita, 86

本土理性，*Lokalvernunft*, 11, 240

彼得·康托，Peter the Chanter, 120

彼得·克拉苏，Peter Crassus, 82

彼得·拉姆斯，Ramus, Peter, 177, 209

彼得·施泰因，Stein, Peter, 62

彼得罗·安德烈·伽玛罗，Gammaro, Pietro Andrea, 209, 210, 212

彼得罗·罗西，Rossi, Pietro, 261

彼特拉克，Petrarch, 130, 135, 144, 145

毕达哥拉斯，Pythagoras, 14, 29

波利比乌斯，Polybius, 30

波塞冬，Poseidon, 21

波塞多纽，Posidonius, 33

波塔利斯，Portalis, J. E. M., J. E. M., 244

波伊提乌斯，Boethius, 73, 116

伯尔赫斯·弗雷德里克·斯金纳，Skin-

ner, B. F., 271
伯里克利, Pericles, 18
伯纳德·奥托姆尼, Automne, Bernard, 203
伯纳德·曼德维尔, Mandeville, Bernard, 230
勃艮第国王冈多巴德, Gundobad, king of Burgundy, 93
勃艮第议会, Burgundy, Parlement of, 206
博洛尼亚学派, Bologna, University of, 111, 112, 125, 129
博尼法丘斯·阿默巴赫, Amerbach, Bonifacius, 136
布尔加鲁斯三世, Bulgarus III, 114
布尔日学派, Bourges, University of, 187, 188, 190, 191, 193, 195, 197, 199, 200, 219, 220, 229
布莱士·帕斯卡, Pascal, Blaise de, 220
布雷西亚的阿诺德, Arnold of Brescia, 112
布鲁诺·诗奈尔, Snell, Bruno, 27
布鲁诺·希尔德布兰德, Hildebrand, Bruno, 258
财产, Property, 10, 37, 39, 50, 59, 60, 91, 94, 97, 117, 156, 157, 167, 170, 171, 203, 207, 217, 228, 233, 236, 241, 247-51, 254-63, 266, 267
查尔斯·达尔文, Darwin, Charles, 267, 269, 283
查尔斯·杜根, Duggan, Charles, 87
查尔斯·杜姆林, Dumoulin, Charles, 162, 163, 187, 204-6, 223, 228
查尔斯·荷马·哈斯金斯, Haskins,

C. H., 111
查尔斯·泰勒, Taylor, Charles, 281
查理九世, Charles IX, 200
查理曼大帝, Charlemagne, 80, 81, 85, 95, 96, 204, 205
查理七世, Charles VII, 203, 222, 223
查理五世, Charles V, 223
查士丁尼, Justinian, 4, 45, 46, 48, 53-66, 76, 78, 79, 80, 82, 93, 109-13, 118, 120, 122, 123, 125, 130, 132, 133, 136, 140, 141, 142, 149, 170, 172, 177, 178, 186, 190, 191, 193, 196, 198, 200, 203, 210, 222, 223, 224, 225, 227, 230, 233, 237, 254, 255
成文的理性, Ratio scripta, 121, 149, 186, 232
传统, Tradition, 72, 73, 79, 148-64, 166, 167, 169, 180, 241
大法官法庭, Chancery, Court of, 168, 170, 174
大卫·李嘉图, Ricardo, David, 262, 280
大卫·诺尔斯, Knowles, David, 91
大卫·休谟, Hume, David, 240, 241, 242
大卫·詹金斯, Jenkins, David, 168
大卫王, David (King), 75, 77
《大宪章》, Magna Carta, 173
戴克里先, Diocletian, 63
丹尼斯·狄德罗, Diderot, Denis, 223, 241
但丁, Dante, 128, 141, 144, 161
德尔斐神谕, Delphic Oracle, 16, 20, 21,

31

德尔图良, Tertullian, 68, 69, 73, 74, 77, 83

德国科学院, Deutschenspiegel, 124

德拉古, Draco, 18, 21, 22

德谟克利特, Democritus, 27, 28, 33

德摩斯提尼, Demosthenes, 22

地方法, Ius proprium, 57, 62, 96, 121, 129, 167, 169, 182, 191, 216, 217

登位诏书, Privilegium majus, 82

狄奥多里克, Theodoric, 93

狄奥多西二世, Theodosius II, 111, 129

狄奥多西法典, Theodosian Code, 53, 63, 78

狄奥多西一世, Theodosius I, 11, 77, 79, 80, 84

迪丝诺美亚, Dysnomia, 18, 20, 22

帝国转移, Translatio imperii, 80, 109, 110

第二经院哲学, Second Scholasticism, 159, 160, 199, 217, 257

第二自然, Second nature, 4, 44, 67, 74, 105, 116, 117, 143, 146, 164, 168, 171, 172, 182, 183, 190, 192, 194, 197, 207, 208, 216, 218, 233, 234, 256, 265

蒂托·李维, Livius, Titus, 36

《丢格那妥书》, Epistle to Diognetus, 73

《断案法典》, Fuero Juzgo, 102, 124

多明戈·德·索托, Soto, Domingo de, 159

俄利根, Origen, 67, 68, 69, 70, 71, 72, 73, 83

厄恩斯特·特尔慈, Troeltsch, Ernst, 276, 277

厄里斯, Eris, 18

厄毗米修斯, Epimetheus, 24, 32

厄瑞涅, Eirene, 18

恩内斯特·莱维, Levy, Ernest, 63

恩培多克勒, Empedicles, 27

恩斯特·贝克尔, Becker, Ernst, 274, 275

恩斯特·康托洛维茨, Kantorowicz, Ernst, 81, 146, 150

恩斯特·罗伯特·库尔提乌斯, Curtius, Ernst Robert, 12

法, Habita, 111, 132

法, Ius, 35 – 43, 47, 50, 67, 75, 90, 115, 125, 136, 212

法典, Code, 54, 115, 121, 129, 132, 141, 223

法典编纂, Lexicography, 189, 211

法官是法律的代表, Judex est lex loquens, 173

法律规则, Regulae iuris, 46, 58, 84, 132, 146, 214

法律起源于事实, Lex ex facto oritur, 9, 89, 176, 238, 249

法律行为, Leges actiones, 39, 49, 103, 166

《法学阶梯》, Institutes, 53, 115, 131, 200

方法, Method, 187, 196, 209 – 14, 232, 272

菲利克斯·海涅曼, Heinemann, Felix, 24

菲利普·布格农, Bugnon, Philippe, 202

菲利普·德·博马努瓦，Beaumanoir, Philippe de, 101, 104, 105, 108, 125, 202, 203

菲利普·梅兰希通，Melanchthon, Philip, 162, 177, 209, 211

菲斯泰尔·德·古朗士，Fustel de Coulanges, 36

腓力四世，Philip IV, 159

斐迪南·滕尼斯，Tönnies, Ferdinand, 270, 271, 272

斐洛，Philo, 68

废弃，*Desuetudo*, 58, 90, 106, 108, 140, 202

费尔迪南·德·索绪尔，Saussure, Ferdinand de, 136

封臣制，Vassalage, 97-99

封建法，*Ius feudale*, 96-99, 122, 123, 139, 168, 178, 190, 204, 221, 238

《封建法汇编》，*Libri Feudorum*, 99, 101, 122, 123, 135, 142, 160, 173, 191, 220

封建主义，Feudalism, 97, 99,, 122, 123, 226, 238, 267

弗里德里希·李斯特，List, Friedrich, 263

弗莱德里希·尼采，Nietzsche, Friedrich, 24, 280, 281

弗兰克·曼纽尔，Manuel, Frank, 234

弗朗索瓦·奥利弗-马丁，Olivier-Martin François, 96, 213

弗朗索瓦·博杜安，Baudouin, François, 53, 187, 188, 89, 192, 199, 230

弗朗索瓦·布琼，Bourjon, François, 215

弗朗索瓦·德·洛奈，Launay, François de, 205

弗朗索瓦·霍特曼，Hotman, François, 162, 170, 187, 188, 196, 197, 201, 204, 209, 212, 238

弗朗索瓦·基佐，Guizot, François, 261

弗朗索瓦·科南，Connan, François, 187, 193-96, 198, 199, 220

弗朗索瓦·拉伯雷，Rabelais, François, 144

弗朗索瓦·勒·杜阿伦，Le Douaren, François, 187, 188, 190, 196, 214, 247

弗朗索瓦·皮图，Pithou, François, 202

弗朗西斯·哈奇森，Hutcheson, Francis, 184

弗朗西斯·培根，Bacon, Francis, 173, 179, 180, 214, 217, 229, 235, 224, 280, 282

弗朗西斯科·苏亚雷斯，Suarez, Francesco, 159

弗朗西斯科·维多利亚，Vitoria, Francesco, 159, 213

弗雷德里克·巴巴罗萨，Frederick Barbarossa, 111, 132

弗雷德里克·威廉·梅特兰，Maitland, F. W., 167, 168, 172, 178

弗雷德里克大帝，Frederick the Great, 224

弗雷德里克二世，Frederick II, 112, 123, 124, 223

弗里茨·舒尔茨，Schulz, Fritz, 42, 113

弗里德里希·阿斯特，Ast, Friedrich, 244

弗里德里希·恩格斯，Engels, Friedrich,

260, 262
弗里德里希·荷尔德林, Holderlin, Friedrich, 229
弗里德里希·卡尔·冯·萨维尼, Savigny, Karl Friedrich von, 162, 239, 243-49, 253-62, 266, 269, 270
弗里德里希·施莱尔马赫, Schleiermacher, Friedrich, 244
弗里德里希·索尔姆森, Solmsen, Friedrich, 23
父权, *Patria potestas*, 37, 39, 52, 192, 267
伽利略, Galileo, 7, 12, 27, 143, 215, 236
该隐, Cain, 80
盖伦, Galen, 7
盖森·德尔·梅诺, Giason del Maino, 126, 128, 138, 145
盖亚, Gaia, 17
盖伊·福廷, Fortin, Guy, 101
盖伊·科奎尔, Coquile, Guy, 178, 200
盖伊·斯旺森, Swanson, Guy, 75
盖尤斯, Gaius, 36, 38, 40, 42, 43, 47-5, 53, 54, 57, 59, 61, 62, 63, 89, 110, 116, 117, 118, 121, 126, 129, 138, 142, 150, 167, 168, 170, 184, 196, 198, 199, 200, 210, 214, 216, 228, 242, 245, 249, 253, 275
高尔吉亚, Gorgias, 28, 31
高卢习俗, *Mos Gallicus*, 163, 187-96, 201, 214
高卢主义的自由, Gallican liberties, 150, 158, 159, 163, 190

戈特·威廉·莱布尼茨, Leibniz, G. W., 2, 132, 143, 209, 210, 213, 214, 215, 216, 217, 241, 244
哥廷根大学, Gottingen, University of, 239, 240, 258
格奥尔格·奥布里特, Obrecht, Georg, 258
格奥尔格·弗里德里希·普赫塔, Puchta, G. F., 246, 248, 252, 253
格奥尔格·威廉·弗里德里希·黑格尔, Hegel, G. W. F., 8, 245, 247, 248, 249, 252-57, 260, 262, 264, 271, 273, 282
格尔德·特伦巴赫, Tellenbach, Gerd, 81
格尔恩豪森的康拉德, Conrad of Gelnhausen, 158
格尔森·卡迈克尔, Carmichael, Gershom, 184, 185
格拉斯哥大学, Glasgow, University of, 184
格拉提安, Gratian, 88, 89, 112, 118, 119, 120, 153, 154, 171
格兰维尔, Glanvil, 101, 103, 125, 166, 169, 172
格里高利九世, Gregory IX, 154, 161
格里高利七世, Gregory VII, 72, 81, 86, 87, 112
格里高利四世, Gregory IV, 87
格里高利一世, Gregory I, 84, 85
格内乌斯·弗拉菲乌斯, Gnaseus Flavius, 39
个人, Person, 8, 49, 50, 94, 117, 142, 153, 154, 167, 196, 199, 201,

索 引 515

212, 215, 255, 256, 258, 266, 280
公地, Ager publicus, 51, 248, 262
公民科学, Civil science, 110, 113-18, 126, 128, 129, 130, 141, 143, 145, 146, 148, 176, 213, 222, 228, 234, 245, 252, 253
公民人文主义, Civil humanism, 144-47
公平, Equity, 170, 171, 194, 214
公平、平等、衡平, Epieikeia, 139, 158, 168, 170, 171, 177
公有物, Res publica, 39, 52, 238, 256
共同的祖国, Roma communia patria, 63, 121, 125, 144
共同法, Ius commune, 62, 87, 96, 100, 182, 216
《古老法典》, Fuero Viejo, 101
古斯塔夫·胡果, Hugo, Gustav, 10, 239-49, 252, 254, 257, 264
古斯塔夫·施莫勒, Schmoller, Gustav, 274
惯例, Consuetudo, 44, 49, 58, 59, 74, 86, 89-92, 96, 99, 101-8, 115, 120, 136, 140, 147, 154, 165-71, 177, 178, 184, 185, 192, 95, 202-5, 216, 272
圭多·德·吉利斯, Guido de Guinis, 128
规定, Prescription, 60, 65, 91
诡辩家, Sophists, 1, 25, 28, 29, 31, 239, 241
哈佛大学, Harvard University, 186
哈罗德·伯尔曼, Berman, Harold, 143
海德堡大学, Heidelberg, University of, 243, 246

海克·奥伯曼, Oberman, Heiko, 145
海因里希·海涅, Heine, Heinrich, 249
海因里希·李凯尔特, Rickert, Heinrich, 1, 277
汉谟拉比, Hammurabi, 4
汉斯·布鲁门贝格, Blumenberg, Hans, 6, 12, 207
汉斯·凯尔森, Kelsen, Hans, 278
汉斯-格奥尔格·伽达默尔, Gadamerm Hans-Georg, 5, 9, 13, 241, 278, 279, 280
何诺里, Honorius, 92, 149, 154, 157
何诺里三世, Honorius III, 120
荷马, Homer, 4, 14, 16, 19, 20, 36, 71, 239
赫伯特·马尔库塞, Marcuse, Herbert, 254
赫尔莫杰尼安, Hermogenianus, 58
赫尔墨斯, Hermes, 4, 16, 25, 32
赫尔穆特·科因, Coing, Hlmut, 44
赫菲斯托斯, Hephaestus, 32
赫拉克利特, Heraclitus, 14, 19, 20, 25
赫墨吉内斯, Hermogenes, 25
赫西俄德, Hesiod, 20, 22
亨利·鲍德里亚, Baudrillart, Henri, 260, 263
亨利·芬奇, Finch, Henry, 173
亨利·弗兰克福特, Frankfort, Henri, 3, 8
亨利·萨姆那·梅因, Maine, Henry Sumner, 5, 36, 219, 266, 267, 268, 272
亨利·斯佩尔曼, Spelman, Henry, 178, 185

亨利八世，Henry VIII, 121, 174, 176

亨利德·布拉克顿，Bracton, Henry de, 89, 101, 103, 125, 126, 165, 166, 167, 169, 172, 183, 185

亨利-弗朗索瓦·德·达格索，Aguesseau, Henri-Francois, 223, 228

亨利一世，Henry I, 165

红衣主教巴罗纽斯，Baronius（Cardinal），86

红衣主教狄乌迪弟，Deusdedit（Cardina），87

胡古西奥，Huguccio, 149

护国公萨默塞特，Somerset, Protector, 176

护界神，Terminus, 3

吉欧·耶林内克，Jellinek, Georg, 277

纪尧姆·比代，Budé, Guillaume, 177, 187, 188, 191

既判力，Res iudicatae, 45, 55, 115, 192, 193, 195

加埃塔诺·菲兰杰里，Filangieri, Gaetano, 224

加布里埃尔·勒·布拉，Le bras, Gabriel, 148, 160, 274

加布里埃尔·博诺·德·马伯里，Mably, G. B. de, 241

《加洛林书》，Libri Carolini, 159

家父，Paterfamilias, 39, 40, 52, 92

简·哈里森，Harrison, Jane, 17, 18

剑桥大学，Cambridge, University of, 174, 266

教皇格拉西乌斯一世，Gelasius I（Pope），80, 85, 119, 149, 151, 153

教皇亚历山大，Pope, Alexander, 265

教皇诏令，Per Venerabilem, 150

教皇诏书，Rex pacificus, 157

教会法，Iuscanonicum, 82-88, 126, 174, 178, 191

教会公正，Aequitas canonica, 148, 154, 155

教会科学，Canonic science, 118, 148-57, 157, 159

教会至上主义，Conciliarism, 83, 157-60, 163

《教令》，Execrabilis, 159

教宗博义八世，Boulface VIII, 120, 149, 151, 156, 159

教宗利奥一世，Leo I（Pope），84

杰弗里·史蒂芬·柯克，Kirk, G. S., 4, 24

杰奎琳·德·罗米丽，Romilly, Jacqueline de, 21

杰里米·边沁，Bentham, Jeremy, 223, 224, 225, 226, 262, 266

解答权，Iusrespondendi, 42, 56

解释，Interpretation, 35, 41, 58, 106, 111, 114, 122, 132-37, 149, 154, 171, 172, 191, 193, 198, 205, 210-12, 227, 230, 241, 244

今天，Hodie, 65, 140, 202, 232

精神，Ethos, 25, 26, 90, 92

居普良，Cyprian, 72, 73, 74, 83, 87

绝对自然主义，Jusnaturalism, 213-19, 232

君士坦丁·罗格里乌斯，Rogerius, Constantine, 209

索引 517

《君士坦丁御赐教产谕》,Donation of Constantine,85,135,161

君主不为法律所约束,Princeps legibus solutus,177

君主法,Lex regia,82,175,177,227

君主决定之事,Quodprincipiplacuit,59

卡尔·奥托·阿佩尔,Apel,Karl O.,113

卡尔·贝克尔,Becker,Carl,265

卡尔·弗里德里希·艾希霍恩,Eichhorn,Karl Friedrich,246

卡尔·古斯塔夫·荣格,Jung,Carl Gustav,271

卡尔·克尼斯,Knies,Karl,258

卡尔·路德维希·米什莱,Michelet,Carl Ludwig,264

卡尔·伦纳,Renner,Karl,278

卡尔·马克思,Marx,Karl,5,8,99,239,240,247,249,251,254,257,260-64,267-71,273,274,278,281

卡尔·曼海姆,Mannheim,Karl,246

卡西奥多罗斯,Cassiodorus,109

恺撒,Caesar,47,54,74,75,76,77,79,85,94,110,160,198

康拉德·艾肯,Aiken,Conrad,14,276

康拉德·康林,Conring,Conrad,229,230,240,241

康拉德·拉古斯,Lagus,Conrad,209,211,212,229,231

康斯坦丁一世,Constantine I,54,63,76,77,78,79,82,83,85,98,190

柯里西亚斯,Critias,28

科鲁西奥·萨卢塔提,Salutati,Collucio,144,145

可能性,Probability,143,217

克拉苏·狄维斯·穆齐阿努斯,Mucianus,P. Licinius Crassus,41

克劳德·德·费里埃,Ferriere,Claude de,205,206,207,230

克劳德·德·塞瑟尔,Seyssel,Claude de,135,145,204,213,220

克劳德·贝约尔,Berroyer,Claude,205

克劳迪亚斯·坎蒂乌拉,Cantiuncula,Claudius,209

克雷蒂安·德·特鲁瓦,Chretien de Troyes,110

克雷格·汤姆斯,Craig,Thomas,184

克里安西斯,Cleanthes,69

克里斯蒂安·托马修斯,Thomasius,Christian,233

克里斯蒂安·沃尔夫,Wolf,Christian,233,240

克里斯提尼,Cleisthenes,18,19,22,23

克里斯多夫·圣戈耳曼,St. German,Christopher,169,170-73,182

克里斯多夫·德·图,Thou Christofle de,203,204,206

克里斯托弗·黑根多夫,Hegendorf,Christopher,209,211

克利福德·吉尔茨,Geertz,Clifford,11,271,281

克洛德·阿德里安·爱尔维修,Hwlvetiusm,C. A.,224

克洛诺斯,Chronos,18

克律西波斯,Chrysippus,48

克姆斯勋爵，Kames, Lord, 184
口述实录，Ars dictaminis, 109, 111
《库茨托斯人民法令》，Cujas, Jacques, 129
库萨的尼古拉斯，Nicolas of Cusa, 151
奎里纳斯，Quirinus, 40
昆塔斯·穆奇乌斯·司凯沃拉，Scaevola, Q. Mucius, 41, 46, 48
昆提利安，Quintilian, 44, 90, 137, 189
拉尔夫·瓦尔多·爱默生，Emerson, R. W., 8
拉克坦提乌斯，Lactantius, 79
拉姆斯主义，Ramism, 180, 210, 213, 214
拉文纳的彼得，Peter of Ravenna, 92
莱昂·狄骥，Duguit, Leon, 274
莱昂纳多·布鲁尼，Bruni, Leonardo, 146, 191
莱兰的文森特，Vincent of Lerins, 73, 83
莱斯特·沃德，Ward, Lester, 271
朗格斯坦的亨利，Henry of Langenstein, 158
劳伦蒂乌斯·希斯班鲁斯，Laurentius Hispanus, 155
勒内·笛卡尔，Descartes, Rene, 1, 7, 9, 214, 215, 216, 235, 236, 276, 280, 281
雷蒙·阿隆，Aron, Raymond, 21, 270
雷蒙·特罗普隆，Troplong, Raymond, 249, 250
理查德·H. 布朗，Brown, Richard H., 281
理查德·胡克，Hooker, Richard, 164, 171, 172, 185
理查德·罗蒂，Rorty, Richard, 276
理查一世，Richard I, 183
理论家，Ideologues, 227
利率，Interest, 64, 154, 156, 197, 224, 225, 227, 257
利特尔顿，Littleton, 170, 172
利乌特普兰德（伦巴第国王），Luitprand (king of the Lombards), 94
良知，Synteresis, 68
灵魂，Psyche, 14-17, 31, 49, 50, 52, 69
隆卡利亚的帝国议会，Roncaglia, Dier of, 111
卢卡的安瑟姆，Anselm of Lucca, 87
卢卡斯·德·潘纳，Lucas de Penna, 128, 134, 141, 142, 151
卢瑟，Luther, 72, 131, 148, 159, 161-63, 225, 254, 256
鲁道夫·阿格里科拉，Agricola, Rudolph, 209, 211
鲁道夫·耶林，Jhering, Rudolph, 246, 270
鲁菲努斯，Rufinus, 153
路易·加布里埃尔·杜布·亚特-南凯，Dubuat-Nancay, L. G., 209
路易·热尔内，Gernet, Louis, 28
路易九世，Louis IX, 98, 103, 104, 221
路易十四世，Louis XIV, 205, 224
路易十一世，Louis XI, 223
路易斯·布伦尼斯，Boullenois, Louis, 215, 258
路易斯·亨利·摩尔根，Morgan, Lewis

Henry, 267, 268

路易斯·勒·卡伦, Le Caron, Louis, 199, 200, 204, 213, 221

伦巴第国王罗瑟尔, Rothair, king of the Lombards, 94

《论空气、水和所在》, Air, Waters, Places, 33

《论语词的含义》, Verborum significatione, de, 58, 132, 137, 198, 210, 230

罗宾·乔治·柯林伍德, Collingwood, R. G., 1, 2, 7, 325

罗伯特·波蒂埃, Pothier, Robert, 223, 228, 248, 253

罗伯特·布拉迪, Brady, Robert, 183

罗伯特·怀斯曼, Wiseman, Robert, 175, 177

罗伯特·尼斯贝特, Nisbet, Robert, 270

罗伯特·沃德, Ward, Robert, 231

罗伯托·韦斯, Weiss, Roberto, 132

罗杰·欧文, Owen, Roger, 178

罗马的克莱门特, Clement of Rome, 70, 71, 76, 83

罗马法的继受, Reception of Roman Law, 122, 124, 127, 231, 232

《罗马法和摩西法的对照》, Collation of Roman and Mosaic Laws, 67

罗马法下的教会, Ecclesia sub legeromana, 75

罗马精神, Romanitas, 10, 43, 50, 51, 53, 54, 80, 85, 144, 146

罗慕路斯, Romulus, 37, 80

罗斯的亚历山大, Alexander of Roes, 110

逻各斯, Logos, 3, 14, 25, 27, 29, 30, 31, 32, 33, 54, 67, 69, 70, 71, 72, 74, 75, 76, 81, 82, 86, 87, 89, 120, 150, 155, 156, 161

洛伦兹·冯·施泰因, Stein, Lorenz von, 270, 271

洛伦佐·瓦拉, Valla, Lorenzo, 29, 136, 144, 161, 162, 189, 210

吕西安·列维-布留尔, Lexy-Bruhl, Lucien, 281

《律法书》, Torab, 67, 68, 87

律师学院, Inns of Court, 131, 166, 169, 175, 176, 179, 180, 266

马丁·海德格尔, Heidegger, Martin, 3, 25, 26, 241, 280

马丁·胡布纳, Hubner, Martin, 230

马丁·尼尔森, Nilsson, Martin, 17

马丁努斯·戈西亚, Martinus Gosia, 111, 114

马丁五世, Martin V., 158

马尔斯, Mars, 40

马费奥·维吉奥, Vegio, Maffeo, 135

马格努斯·亨德, Hundt, Magnus, 264

马基雅维利, Machiavelli, 145, 146, 170, 177, 191, 197, 198, 216, 230, 239

马吉安, Marcion, 70, 74, 77

马克·布洛赫, Bloch, Marc, 96, 97, 108, 202

马克斯·韦伯, Weber, Max, 5, 11, 44, 132, 152, 260, 270-74, 277, 279

马克西米利安·罗伯斯庇尔, Robespierre, Maximilien, 227

马里奥·昂特斯坦纳, Untersteiner, Mario, 17, 25, 30

马泰奥·格里博尔蒂, Gribaldi, Matteo, 197, 209, 210, 212

马文·哈里斯, Harris, Marvin, 280

马歇尔·克莱杰特, Claggett, Marshall, 7

马修·黑尔, Hale, Matthew, 166, 181, 182

玛丽·让·安托万·孔多塞, Condorcet, M. J. A., 227, 244, 269

迈克尔·克兰奇, Clanchy, M. T., 101

迈克尔·兰德曼, Landmam, Michael, 279

梅蒂斯, Metis, 17

蒙彼利埃大学, Montpellier, University of, 125, 261

米乔斯, Michaus, P. G., P. G., 207

米歇尔·德·洛皮塔勒, L'Hopital, Michel de, 223

米歇尔·福柯, Foucault, Michel, 280

民族精神, Volksgeist, 245, 246, 252, 269

摩涅莫辛涅, Mnemosyne, 18

《摩奴法典》, Code of Manu, 4, 267

摩西, Moses, 67, 68, 70, 77, 116

摩西·芬利, Finley, M. I., 7, 20

莫迪斯蒂努斯, Modestinus, 42, 89

莫雷利, Morelly, 223

拿破仑·波拿巴, Napoleon Bonaparte, 4, 11, 55, 66, 226, 227, 228, 243

《拿破仑法典》, Napoleonic Code, 50, 108, 172, 201, 223, 227, 228, 233, 240, 243, 244, 245, 248, 250, 256, 261, 262, 263, 274

尼格尔·吉拉德斯, Girardus Niger, 99

尼古拉·哥白尼, Copernicus, Nicolas, 282, 283

尼古拉斯·埃弗拉德斯, Everardus, Nicolas, 209

尼古拉斯·蒂马沙夫, Timasheff, N. S., 269, 274

尼禄, Nero, 242

尼西亚信经, Nicene Creed, 76, 77, 151

牛津大学, Oxford, University of, 125, 174

纽曼, Newman, J. H., J. H., 73

努马·庞庇里乌斯, Numa Pompilius, 37, 77

诺曼底习惯法汇编, Tres anciencoutume de Normandie, 100, 104

诺姆·乔姆斯基, Chomsky, Noam, 271

欧几里得, Euclid, 61, 214

欧里庇得斯, Euripides, 25

欧诺弥亚, Eunomia, 18, 20, 22, 54

欧仁·勒米尼尔, Lerminier, Eugène, 233, 247

欧瑟伯·洛里埃, Laurière, Eusèbe, 108, 205

帕比尼安, Papinian, 42, 48, 110, 130, 220

帕多瓦的马西利乌斯, Marsilius of Padua, 159

帕维亚的伯纳德, Bernard of Pavia, 120

潘多拉, Pandora, 25

判例, Weistum, 173, 231, 273

《佩特吕抗告录》, Exceptiones Petri, 111

彭波尼, Pomponius, 39, 44, 45, 58, 89, 137, 189, 229, 238

皮埃尔·埃罗, Ayrault, Pierre, 195, 196

索引 521

皮埃尔·安格尔伯曼, Angleberme, Pierre, 203, 207

皮埃尔·德·贝勒帕奇, Belleperche, Pierre de, 128, 133, 197, 221

皮埃尔·德·方丹, Fontaines, Pierre de, 104, 125

皮埃尔·德·库涅雷斯, Cugnières, Pierre de, 163

皮埃尔·迪拉特·德·盖拉德, Gaillard, Pierre Droit de, 196

皮埃尔·格罗斯利, Groseley, Pierre, 206

皮埃尔·利泽, Lizet, Pierre, 204, 206

皮埃尔·梅维尔, Merville, Pierre, 215

皮埃尔·沙朗, Charron, Pierre, 265

皮埃尔·约瑟夫·蒲鲁东, Proudhon, P. J., 250, 251, 260-63, 271

皮埃特罗·克里尼托, Crinito, Pietro, 144

皮浪, Pyrrho, 28

偏见（前见）, Prejudice (*praeiudicium*), 212, 213, 219, 225, 241, 280

品达, Pindar, 13, 17, 19, 193, 239

普布利乌斯·李锡尼·克拉苏·穆齐安努斯, Mueller, Johnnes von, 242

普布利乌斯·穆奇乌斯·司凯沃拉, Scaevola, P. Mucius, 41

普拉琴第努斯, Placentinus, 112, 114, 115, 117, 125, 128, 130, 140, 261

普林尼, Pliny, 35, 44, 70

普鲁登修斯, Prudentius, 80

普鲁塔克, Plutarch, 21

普罗库勒学派, Proclian School, 42

普罗米修斯, Prometheus, 17, 24, 32, 39

普罗斯佩·巴朗特, Barante, Prosper, 250

普罗泰戈拉, Protagoras, 28, 30, 31, 32

普通法, Common law, 103, 165-86, 204, 205, 206, 244, 245

《七章法典》, *Siete Partidas*, 93, 102, 106, 121, 124, 160, 223

奇诺·达·皮斯托亚, Cino da Pistoia, 128, 129, 130, 133, 137, 138, 141, 145

前苏格拉底, Pre-Socratics, 1, 14, 27, 36

乔达摩, Gautama, 4

乔瓦尼·皮科·德拉·米兰多拉, Pico della Mirandola, Giovanni, 4, 29, 50

乔万尼·格拉维纳, Gravina, Giovanni, 230

乔治·杜梅齐, Dumezil, Georges, 17, 40

乔治·冯·毛雷尔, Maurer, Georg von, 267

乔治·格洛特, Grote, George, 29

乔治·古斯多夫, Gusdorf, Georges, 265

乔治·华盛顿, Washington, George, 185

乔治·麦肯齐, Mackenzie, George, 179

乔治·齐美尔, Simmel, Georg, 270, 271

乔治三世, George III, 185

全体一致, *Unanimitas*, 152

诠释学, Hermeneutics, 13, 16, 25, 45, 52, 71, 132, 209, 210, 244, 279

让·巴蒂斯特·萨伊, Say, J. B., 261, 262, 263

让·巴尔贝拉克, Barbeyac, Jean, 230

让·博丹，Bodin, Jean, 192, 196, 198, 213, 218, 237, 241

让·布迪厄，Bouteiller, Jean, 101, 103, 104, 200

让·布依埃，Bouhier, Jean, 206

让·多马，Domat, Jean, 209, 213–23, 228, 230

让·加尔文，Calvin, Jean, 162, 193

让·科拉斯，Coras, Jean, 196, 197, 198, 213, 214

让·皮亚杰，Piaget, Jean, 271

让·雅克·雷杰斯德·康巴塞雷斯，Cambaceres, J. J. R., 226, 227, 228, 244

让·雅克·卢梭，Rousseau, J. J., 219, 226, 227, 234, 241, 253

人的状况，Status hominum, 124, 192

人民，*Populus*, 38, 40, 41, 42, 43, 62, 73, 8, 82, 93, 106, 124, 127, 130, 134, 151, 152, 193, 194, 198, 226, 227, 252

认知，Cognitio, 41

荣誉阶层，Honoratiores, 6, 43, 132, 193, 272

萨比尼昂学派，Sabinian Scholl, 42, 48

萨尔维安，Salvian, 75, 84

《萨克森明镜》，*Sachsenspiegel*, 101, 102, 124, 231

萨拉曼卡大学，Salamanca, University of, 159

萨利克法，Lex Salica, 94, 95

萨利克法，Salic Law, 10

萨鲁斯特，Sallust, 44

塞波拉·巴托洛米奥，Cepolla, Bartolomeo, 209

塞尔苏斯，Celsus, 47, 67, 132, 138, 198, 219, 237

塞缪尔·科奇伊，Cocceij, Samuel, 224

塞缪尔·雷切尔，Rachel, Samuel, 213, 218

塞缪尔·普芬道夫，Pufendorf, Samuel, 184, 185, 207, 213, 215–17, 224, 233, 234, 236, 243, 249, 265

塞缪尔·斯特里克，Stryk, Samuel, 232

塞内卡，Seneca, 74

塞维利亚的伊西多尔，Isidore of Seville, 26, 77, 89, 104

赛克斯都·恩披里克，SextusEmpiricus, 44

三分法，Trichotomy, 49, 61, 255, 262

色拉叙马霍斯，Thrasymachus, 194, 216

色诺芬，Xenophon, 29

沙特尔的伊沃，Ivo of Chartres, 87, 88

社会的法，*Droit social*, 148, 160, 217, 263, 274

社会科学，Social science, 227, 228, 246, 252, 260, 261, 263, 265

社会契约，Social contract, 10

社交性，Sociability, 217, 219

神法，*Fas*, 35, 37, 38, 40, 53, 59, 67, 75, 120, 238

神话，Mythos, 17–20, 27, 32, 33, 69

圣·杰罗姆，Jerome（St.）, 48, 73, 74, 79, 84, 106

圣安布罗斯，Ambrose（St.）, 73, 79, 90

圣奥古斯丁，Augustine（St.）, 54, 57, 70, 73, 74, 80, 84, 90, 106, 151, 158, 163, 281

圣保罗, Paul (St.), 68, 69, 70, 74, 75, 132, 156, 158, 160, 161, 211
圣本尼迪克特, Benedict (St.), 84, 91
圣彼得, Peter (St.), 76, 81, 83, 120, 148, 149, 163
圣路易斯教条, Etablisements de St. Louis, 101
圣斯蒂芬, Stephen (St.), 68
圣西玛库斯, Symmachus, 79
胜利女神祭坛, Altar of Vitory, 79
失范, Anomia, 22, 272
《施瓦本明镜》, Schwabenspiegel, 124
十二铜表法, Twelve Tables, Law of the, 36, 38, 39, 40, 41, 43, 45, 48, 58, 77, 94, 189, 193, 198, 207, 230, 238, 239
十人委员会, Decemvis, 36, 44, 106
实际上的主权者, Civitas sibi princeps, 130
实践智慧, Phronesis, 13, 26, 29, 144, 212
《实在法典》, Fuero Real, 124
实证法, Positive law, 61, 64, 104, 140, 153, 154, 160, 163, 181, 211, 221, 230, 231, 241, 244, 252, 254, 255, 257
世俗化, Secularization, 150, 152, 160
市民法, Ius civile, 39, 40-47, 49, 91, 126, 167, 174-80, 186, 190, 191, 194, 195, 197, 216, 228, 266
属地管辖原则, Locus regitactum, 105
《双重论证》, Dissoi Logoi, 29, 32
私有物, Res private, 39, 52, 238, 250, 256

斯蒂芬·弗雷德里克, Federicus, Stephanus, 209, 211
斯蒂芬·图尔明, Toulmin, Stephen, 5, 6
斯多葛学派, Stoics, 43, 47, 55, 139, 143, 180, 235
斯泰尔勋爵, Stair Lord, 184
死人抓着活人不放, Mort saisit le vif, 105
四阶段理论, Four-stage theory, 184, 185, 259
苏格拉底, Socrates, 5, 14, 27, 29, 30, 31, 32, 45, 240
宿命, Deceretum, 88, 118, 149, 154, 159, 161
梭伦, Solon, 5, 6, 15, 18, 20, -23, 29, 36, 38, 77
所有人, Omnes Populi, 129
所有权, Dominium, 51, 60, 63, 97-99, 117, 140, 156, 194, 233, 236, 248, 256
《所有权的纷争》, Dissensiones dominorum, 115
索尔兹伯里的约翰, John of Salisbury, 151, 160
索福克勒斯, Sophocles, 216
琐罗亚斯德, Zoroaster, 4
塔尔科特·帕森斯, Parsons, Talcott, 279
塔西佗, Tacitus, 20, 44, 70, 94, 95, 97, 232
唐纳德·麦克洛斯基, McCloskey, Donald, 281
陶利尔·弗雷德里克, Taulier, Frederic, 249
忒弥斯, Themis, 17, 18, 20

特里波尼安, Tribonian, 54, 55, 56, 64, 113, 144

特里波尼安主义, Tribonianism, 56, 188, 196

特权教堂, Proprietary church, 81

帖撒罗尼迦大屠杀, Thessanolika, massacre of, 79

图卢兹大学, Toulouse, University of, 125

图卢兹的格里高利, Gregory of Toulouse, 198, 199

托勒密（诺斯替派）, Ptolemy (Gnostic), 69

托马·法尔, Phaer, thoma, 173

托马斯·阿奎那, Aquinas, Thomas, 159, 160, 253, 281

托马斯·霍布斯, Hobbes, Thomas, 180–83, 195, 213, 215, 216, 217, 224, 230, 233, 234, 236, 239, 253, 272

托马斯·杰斐逊, Jefferson, Thomas, 186

托马斯·克伦威尔, Cromwell, Thomas, 121

托马斯·库恩, Kuhn, Thomas, 7, 225

托马斯·库珀, Cooper, Thomas, 176

托马斯·里德利, Ridley, Thomas, 178

托马斯·曼, Mann, Thomas, 3

托马斯·莫尔, More, Thomas, 170, 175, 176

托马斯·史密斯, Smith, Thomas, 174, 176

瓦伦蒂斯·福斯特, Forster, Valentinus, 229

瓦卡留斯, Vacarius, 105, 112, 125

瓦罗, Varro, 44

威廉·阿特伍德, Atwood, William, 183

威廉·布莱克斯通, Blackstone, William, 103, 171, 183, 185, 224, 267

威廉·达格代尔, Dugdale, Willian, 180

威廉·狄尔泰, Dilthey, Wilhelm, 277, 279

威廉·杜兰达, Durandus, William, 123

威廉·菲利普斯, Phillips, William, 179

威廉·福贝克, Fulbeke, William, 178

威廉·汉密尔顿, Hamilton, William, 184

威廉·卡姆登, Camden, William, 170

威廉·兰巴德, Lambarde, William, 172, 173, 175, 180

威廉·罗雪尔, Röscher, Wilhelm, 258, 259

威廉·诺伊, Noy, Willian, 179

威廉·皮特, Petyt, William, 183

威廉·塞尔·霍尔兹沃思, Holdsworth, W. S., 179

威廉·莎士比亚, Shakespeare, William, 165

威廉·汤斯顿, Tunstall, William, 174

威廉·文德尔班, Windelband, Wilhelm, 277

威廉一世, William I, 100

威腾堡大学, Wittenberg, University of, 161

维尔纳·斯塔克, Stark Werner, 270

维吉尔, Virgil, 37, 80, 138

《维吉尔之梦》, Songe du vergier, 159

维诺格拉多夫, Vinogradoff, 93

维斯帕先, Vespasian, 42

沃尔特·哈登, Haddon, Walter, 174

沃尔特·乌尔曼, Ullmann, Walter, 12, 78, 81, 150, 152, 160, 167

沃纳·耶格, Jaeger, Werner, 20, 28, 29, 31

乌尔比安, Ulpian, 42-48, 52, 55, 57, 62, 90, 92, 110, 115, 116, 126, 131, 138, 139, 143, 150, 168, 169, 220, 234, 242

乌尔里希·查修斯, Zasius, Ulrich, 126

乌尔里希·冯·胡腾, Hutten, Ulrich von, 161

无产者, Proletarii, 40, 43, 250

物, Res, 1, 8, 9, 40, 49, 50, 59, 117, 167, 210, 214, 236, 238, 255, 256, 258

欧根·埃利希, Ehrlich, Eugen, 8, 9, 91, 98, 247, 262, 270

西奥多·弗兰克·托马斯·普拉克内特, Plucknett, T. F. T., 166

西奥多·肖沃特, Chavot, Theodore, 249

西尔维斯特, Sylvester, 85

西格蒙德·弗洛伊德, Freud, Sigmund, 271, 283

西塞罗, Cicero, 31, 35, 36, 38, 41-47, 57, 72, 74, 79, 90, 114, 116, 131, 139, 144, 189, 198, 210, 211, 212, 215, 240

希庇亚斯, Hippias, 28, 33

希波克拉底, Hippocrates, 33

希波吕托斯, Hippolytus, 71, 72, 83

希罗多德, Herodotus, 4, 19, 29, 30, 33

习俗, Coutume, 100-7, 125, 169, 192, 199-207, 215, 218, 221-27

夏尔·德·孟德斯鸠, Montesquieu, Baron de, 11, 47, 99, 108, 123, 138, 196, 203, 206, 220-24, 230, 240, 241, 243, 254, 266, 269, 274

小奥利弗·温德尔·霍姆斯, Holmes, O. W., Jr., 173

心灵（法律）, Mens(legum), 36, 49, 107, 111, 115, 133, 138, 147, 181, 195, 197, 211, 212, 219-22, 237, 255

信徒的圣会, Congregatio fidelium, 151, 158

信仰, Fides, 86

行为, Action, 8, 38, 49, 51, 60, 61, 62, 117, 134, 196, 199, 214, 255

《学说汇纂》, Digest, 45, 53-66, 91, 111, 115, 118, 131, 132, 136, 141, 170, 188, 191, 195, 196, 198, 210, 214, 220, 229, 230, 232, 240, 245, 248, 254, 255, 264

学说汇纂的现代用法, Usus modernus Pandectarum, 113, 124, 140-44, 232, 244

殉道者游斯丁, Justin Martyr, 71

雅典娜, Athena, 32

《雅典政制》, Constituion of Athens, 21, 23

雅各宾派, Jacobins, 227

雅各布·阿格佐尼, Ardizone, Jacopo, 122

雅各布·伯克哈特, Burckhardt, Jacob, 124

雅各布·弗里德里希·弗里斯, Fries,

J. F., 264
雅各布·格林, Grimm, Jakob, 246, 248
雅各布·格伦布, Columbi, Jacopo, 122
雅各布斯, Jacobus, 111
雅克·居亚斯, Cujas, Jacques, 178, 187, 189, 196, 204, 247
雅克米诺, Jacqueminot, 227
亚当·格拉弗内, Glafney, Adam, 230
亚当·斯密, Smith, Adam, 184, 185, 253, 259, -62
亚拉图, Aratus, 69
亚里士多德, Aristotle, 2, 7, 15, 18, 20, 22, 23, 25~30, 33, 35, 38, 50, 92, 113-16, 123, 125, 139, 146, 150-53, 169, 171, 181, 197-99, 209, 198, 199, 209, 212-14, 217, 242, 253, 269, 270, 275, 281
亚历山大·塔尔塔格努斯, Alexander Tartagnus, 128
亚历山大城的克莱415, Clement of Alexandria, 71, 74
亚瑟·达克, Duck, Arthur, 122, 124, 174, 178, 229
延长, Extension, 137, 154, 172, , 175, 211
耶稣, Jesus, 68
《野蛮人的法律》, Leges barbarorum, 93-96
《一圣教谕》, Unam Sanctam, 151
伊恩·哈金, Hacking, Ian, 217
伊尔的克拉伦登, Clarendon, Earl of, 182
伊尔内留斯, Irnerius, 111-13, 118, 122, 162, 171

伊拉斯谟, Erasmus, 128, 137, 161, 162, 174, 175, 189, 210, 211
伊丽莎白一世, Elizabeth I, 174
《伊利亚特》, Iliad, 18
伊曼努尔·康德, Kant, Immanuel, 1, 240, 241, 253, 254, 262, 264, 277, 278
伊苏克拉底, Isocrates, 20, 31
义务, Obligation, 51, 60, 64
议会, Parliament, 168, 173, 181, 182, 191, 192
异化, Alienation, 256, 262, 270
意大利习俗, Mos Italicus, 128-40, 163, 188, 214
英诺森三世, Innocent III, 112, 120, 148, 149, 150
英诺森四世, Innocent IV, 149
尤尔根·哈贝马斯, Habermas, Jurgen, 274, 278, 280
尤西比乌斯, Eusebius, 54, 73, 76, 77, 78, 83
宇宙, Cosmos, 24
雨果（中世纪法学家）, Hugo (medieval jurist), 111
雨果·多诺, Doneau, Hugues, 187, 189, 190, 196, 197, 198, 247
雨果·格劳秀斯, Grotius, Hugo, 62, 102, 160, 179, 184, 196, 213-18, 230, 235, 239, 249, 250, 253
语源学, Etymology, 58, 59, 236-38
原初权利, Origineiuris, de, 55, 189, 193, 220, 240
原始共产主义, Primitive communism, 10

原因, Cause, 60, 64, 106, 117, 138, 139, 143, 144, 154, 165, 197, 198, 210, 211, 212, 214, 236

约翰·艾尔默, Aylmer, John, 176

约翰·艾森内特, Eisnart, Johann, 230

约翰·奥尔登多普, Oldendorp, Johann, 132, 209, 210, 211

约翰·奥斯丁, Austin, John, 10, 225, 247, 253, 266, 267, 268

约翰·彼得·冯·路德维希, Ludewig, J. P. von, 240

约翰·布里德尔, Bridall, John, 178

约翰·道森, Dawson, John P., 131, 232, 252

约翰·都德里奇, Doderidge, John, 177

约翰·冯·诺依曼, Von Neumann, John, 271

约翰·弗格森·麦克伦南, McLennan, John Ferguson, 267

约翰·弗莱基乌斯, Freigius, Johann, 209, 210

约翰·福蒂斯丘, Fortescue, John, 165, 168-75, 178, 182, 183, 185, 201

约翰·戈特弗里德·赫尔德, Herder, J. G., 245, 269

约翰·戈特利布·费希特, Fichte, J. G., 253

约翰·戈特利布·海内修斯, Heineccius, J. G., 213, 218, 230, 241, 254

约翰·海因里希·戈特洛布·冯·尤斯梯, Justi, J. H. G. von, 258

约翰·胡斯, Hus, John, 161

约翰·怀特霍尔, Whitehall, John, 182

约翰·考埃尔, Cowell, John, 100, 177, 178, 184

约翰·拉斯特尔, Rastel, John, 176

约翰·米勒, Millar, John, 184

约翰·塞尔登, Selden, John, 175, 178, 179, 213

约翰·斯图亚特·密尔, Mill, John Stuart, 277

约翰·提利尔, Tyrell, John, 183

约翰·威克里夫, Wycliffe, John, 161

约翰·沃尔夫冈·冯·歌德, Goethe, J. W. von, 213, 252

约翰·雅各布·巴霍芬, Bachofen, J. J., 39, 266, 268

约翰·雅各布·布鲁克, Brucker, J. J., 231

约翰·亚当斯, Adams, John, 186

约翰内斯·阿尔杜修斯, Althusins, Johannes, 210, 213

约翰内斯·特鲁尼科斯, Johannes Teutonicus, 118, 149, 150

约翰内斯·阿佩尔, Apel, Johannes, 209

约瑟夫·德杰兰多男爵, Degérando, Joseph, 265

詹巴迪斯塔·维柯, Vico, Giambattista, 2, 11, 44, 47, 62, 64, 138, 192, 193, 196, 234-39, 241, 250, 269, 276

詹姆斯·布恩, Boone, James, 281

詹姆斯·达尔林普尔, Dalrymple, James, 184

詹姆斯·密尔, Mill, James, 262

詹姆斯·斯图亚特, Steuart, James, 259

詹姆斯·威尔逊，Wilson, James, 185

詹姆斯一世，James, I, 177

占有，Possession, 10, 59, 60, 65, 117, 122, 169, 194, 245-51, 256, 261, 262, 263

真正哲学，*Vera philosophia*, 52, 56-61, 114, 188, 196, 197, 198, 199, 200, 209, 218, 222, 227, 230

箴言集，*Maxims*, 11, 170, 214, 215, 244

正义，*Dike*, 15, 17, 18, 19, 20, 22, 23, 24, 38, 115

政治权利平等，*Isonomia*, 23

治权，*Imperium*, 38, 39, 55, 75, -81, 96, 110, 111, 112, 122

重农主义，Physiocracy, 215, 225, 241, 258

宙斯，Zeus, 16, 17, 18, 19, 22, 32, 33, 37

朱庇特，Jupiter, 37, 40

朱尔斯·米什莱，Michelet, Jules, 239

朱利安·布洛多，Brodeau, Julien, 205

朱利安皇帝，Julian (Emperor), 78, 79

朱利叶斯·恺撒爵士，Caesar (Sir Julius), 174

自然等于上帝，*Natura, id est Deus*, 120, 140, 217

自然法，*Iusnaturale*, 47, 61, 62, 88, 127, 139, 143, 150, 160, 185, 194, 208, 211, 213, 216, 217, 221, 224, 230, 233, 234, 237-42, 253, 264, 265, 266

自卫的权利，*Vi vim repellere licet*, 157, 236

自由，Liberty, 50, 81, 118, 145, 161, 167, 193, 214, 236

祖先习俗，*Mos maiorum*, 35, 162, 192

罪的理性，*Ratione peccati*, 119, 153

译后记

唐纳德·R. 凯利曾任罗格斯大学（Rutgers University）历史讲席教授，也是著名的《历史观念杂志》（*Journal of the History of Ideas*）的主编。本书是凯利的代表作之一，强世功教授在给北大学生开设法理学课程时，也一直推荐本书。2017年暑假，强老师建议将这本书翻译为中文，从那时起，我们便与这本书结下了长达六年的缘分。

西方法律思想史的著作非常多，也不乏大部头的作品，这些作品基本上以时间为经线，以法学流派、法学人物、法学著作为纬线展开，难免让人审美疲劳。韦恩·莫里森的《法理学：从古希腊到后现代》试图从现代性的角度梳理法理学的历史，别具一格，但该书更多地是在时间维度的基础上，稍显生硬地套上了"前现代-现代-后现代"的线索，在他的论述中，在后的学者必然比在前的学者"更为现代""更为后现代"，并未突破时间次序下的线性逻辑。正是在这个意义上，虽然不少人开始直接阅读西法史原文，翻译本书依旧有其意义：一则本书并不局限于法学，更有历史基础上的知识谱系学叙事，这在深挖专业槽的中国法学界很特别；二则本书不是简单以时间为线索，并且超越了以法学学派、法学人物为中心的叙事体系，围绕中心词 Nomos

展开,更像是研究而非教材;三则本书对近代之前着墨很多,特别是对拜占庭教会法、基督教传统、中世纪法学重建等问题的阐述,在中国法学界属于小众但珍贵的研究。

希腊哲学家普罗塔哥拉的名言"人是万物的尺度"是今天所说的人本主义的智识起点,Human Measure 翻译为"人即尺度"是比较合适的,但我们最后选用了"人的尺度"的译名,这既符合法学研究关注"法"(规范、尺度)的特质,也更为全面概括了西方法律思想史的完整故事。在凯利看来,西方的社会思潮经历着从 Physis 到 Nomos 的转变,数千年的西方法律思想史是这一转变的中心舞台:希腊时期 Nomos 逐渐转变为人造的法,不再局限于对自然的崇拜,从而服从人法、服务城邦就成为最高的道德——无论城邦的法是否道德;务实的罗马人将神法(Fas)转变为人法(Ius),法律与罗马城关联起来,法律成为"善与公正的艺术"(*arsboni et aequi*)的实践智慧;基督教在习俗与自然的辩证法之间增加了逻各斯这一超验的神学综合体,从此奠定了两种传统之间持久的张力:一者以罪为基础,一者以恩典为基础;一者是理性的世界,一者是信仰的世界……Physis 与 Nomos 的故事在本书中不断延展,读者朋友们还可以继续去概括。

Nomos 是全书的主题,也是翻译时最折磨我们的问题。本书对 Nomos 有这样几种处理方式:第一,通常情况下将 Nomos 翻译为"法",这也是常用的译法;第二,在希腊时期"自然与习俗"(*Physis and Nomos*)是一组常见说法,在这些情形中 Nomos 翻译为习俗,而且凯利在表述 Physis and Nomos 的其他地方时,也是在延续希腊时期的自然与习俗之分,所以在这些地方也将 Nomos 翻译为习俗;第三,在 Nomos 与

law、ius、lex 同时出现进行比较时，Nomos 翻译为习俗更合适，以表示 Nomos 与国家法律的区别；第四，当 Nomos 作为概括性的词出现时，如导言或结论中，Nomos 是对全书代表习俗、法等不同含义的 Nomos 的总结，翻译为任何含义都不准确，因此直接使用 Nomos 原文。最后，Nomos 的含义大体上有分期，一个不十分精确的概括是：在希腊时代 Nomos 是与 Physis 相对的习俗；当罗马时代国家立法兴起后，Nomos 是与国家法相对的习俗；在神学时代，Nomos 是与神法〔也体现为逻各斯（logos）〕相对的实证法；而在实证主义法学兴起后，Nomos 是与自然法相对的人造法。

我们原本预计在 2017 年底完成翻译，2018 年推出本书。2017 年 11 月底，大家完成了翻译初稿，初稿的分工情况如下：

序言、第一章、第十五章：邵六益（任教于中央民族大学法学院）；

第二章：李阳阳（时为北京大学法学院本科生，后获北京大学法学学士、法律硕士学位）、董行（时为北京大学法学院本科生，后获北京大学法学学士、法律硕士学位，现为中伦律师事务所律师）；

第三章由董行负责；

第四章、第十三章、索引：曹文姣（时为中国政法大学法学硕士，后获清华大学法学博士学位，现任教于外交学院国际法系）；

第五章：李玥（时为北京大学法学院硕士，后获北京大学硕士学位，现为北京大学人事部人才工作办公室副主任）；

第六章：赵怡冰（时为北京大学法学院本科生，后获北京大学法学学士、法学硕士学位，现为金杜律师事务所律师）；

第七章：孙璐璐（时为北京大学国际关系学院博士后，现为中国电力工程顾问集团有限公司开发投资公司合同风控部主管）；

第八章：赵怡冰、陈欣怡（时为北京大学法学院本科生，后获北京大学法学学士学位、哈佛大学法学硕士学位，现为高伟绅律师事务所北京办公室律师）；

第九章：陈欣怡；

第十章：马旺资（时为北京大学法学院本科生，后获北京大学法学学士、法律硕士学位）；

第十一章：李阳阳；

第十二章：周雯燕（时为北京大学法学院本科生，后获北京大学法学学士学位，现为通商律师事务所上海分所律师）、张欣洁（时为北京大学元培学院本科生，后获北京大学哲学硕士学位）；

第十四章：周雯燕、马旺资、张欣洁。

2017年年底，我开始了第一次校对过程，每一章的修改都在两三千处以上，这项工作断断续续进行了一年。2019年3、4月间，我们开始与出版社沟通，由于一些原因这本书的出版进程被耽搁下来，虽然没能在团队成员毕业、保研、出国、工作时提供简历支持，但大家的收获是很明显的。2021年初从刘海光老师处得知，本书有可能在当代世界出版社出版，3月开始我又陆陆续续再校，2022年8月完成了第二次系统校对，修改了一万多处。感谢远在德国留学的李柯师兄，帮我完成了每一章题记的翻译和校对；首都师范大学外国语学院张欢老师帮我校对了多处翻译。2022年秋，修改稿交给出版社后，责编张阳老师进行了精心的编辑，5月返给我标注得密密麻麻的清样，我逐一做了修改。2023年暑假期间，我又对三校稿做了一些修改。尽管如此，本书的翻译难免还会有不少问题，敬请读者们多提宝贵意见，欢迎来信到 shaoliuyi@126.com。

邵六益
2023年9月